U0915651

自 然 文 库

N a t u r e

S e r i e s

GUILTY PIGS

The Weird and Wonderful History of

Animal Law

有罪的猪

稀奇古怪的动物法历史

〔澳〕凯蒂·巴尼特　杰里米·甘斯　著

邵逸　译

GUILTY PIGS: THE WEIRD AND WONDERFUL HISTORY OF ANIMAL LAW

谨以此书纪念露西 ·“蒂莉”· 霍顿

（Lucy ‘Tilly’ Houghton, 1992.10.03–2020.6.29）

目 录

引言：动物法 1

2012年8月一个周六的早晨，爱德华一家三代前往墨尔本丹德农岭山脚下名为“盆地”的郊区购物，这里因乡村氛围而颇受欢迎。在去当地面包店的路上，埃米莉·爱德华注意到，有两只斯塔福㹴在停车场附近游荡。过了一会儿，她的母亲珍妮弗在逛商店时，看到两只狗从购物街后的巷子里快速跑过。她感觉有点不对劲，就去找女儿，结果发现那两只斯塔福㹴正在攻击一只杰克罗素㹴和埃米莉四个月大的边境牧羊犬。埃米莉向那几只狗大声叫喊，珍妮弗则试图让那只紧咬住小狗脖子和耳朵的斯塔福㹴松口。当地的屠夫和一名路人前来救援，将两只斯塔福㹴拉开，但珍妮弗还是被咬伤，手指撕裂，因此不得不前往诊所治疗。这一事件致使那只四岁的斯塔福㹴（名叫伊兹）的生命受到威胁，并意外促使三年后高等法院做出一项具有里程碑意义的判决。

法律应如何应对事件及牵涉的各方——两只斯塔福㹴、它们的主人和爱德华一家？这个问题催生了对“伊斯贝斯特诉诺克斯城议会案”（*Isbester v Knox City Council*）的判决，这可能是近年来澳大利亚在动物法领域最重要的判决。

诺克斯城市议会是墨尔本东郊一个地方行政区的行政机关。当议会裁定将斯塔福㹴伊兹杀死时，狗主人塔尼亚·伊斯贝斯特起诉了诺克斯城议会。她先后在维多利亚州最高法院及其上诉法院提起诉讼，最后告到了澳大利亚高等法院。这些法院都对纠纷做出了判决，重要的是，他们还公布了判决的理由。正是这个案例促使我们撰写这本书。几年前，我们开始讨论其中涉及的众多关于动物、人类及其法律关系的议题。

我们将会看到，“伊斯贝斯特诉诺克斯城议会案”表面是针对伊斯贝斯特及其所在地市议会，但其实完全围绕着四岁的斯塔福㹴伊兹以及它的生死。伊兹的命运取决于维多利亚州议会制定的一项法规，案件原本可能是珍妮弗·爱德华因被伊兹咬伤而索赔的私法纠纷，但法规导致其先后变成对伊兹主人的刑事起诉和
2 针对伊兹本身的行政决定。简而言之，此案的核心是法庭就一条有关行政法的普通法条例做出的判决，该判决最终将挽救伊兹的生命。

非法律专业人士可能会好奇我们说这可能是私法纠纷是什么意思，让我们先探讨这一点，然后再考虑这个案例涉及的刑法和公法。

私法：补偿爱德华一家

私法的内容是人作为个体对彼此的法律权利与义务。有两种常见的私法，其一是合同法，双方通过合同同意承担对等义

务；其二是财产法，财产法允许我们对我们的所有物——包括动物——执行权利与义务，无须他人同意。本书主要关注私法中的侵权法（tort，来自表示“错误”的诺曼法语单词），侵权法适用于人侵犯彼此权利的情况，并规定侵权行为人必须采取什么措施来补偿对方。人侵犯彼此权利的方式很多，如妨害他人身体、财产和业务，因过失造成伤害，以及损害他人名誉。

侵权法和刑法有明显的重叠，不同之处在于，侵权法关注违犯方能够做什么来改善被害方的状况（而不是国家应该如何惩罚违犯方的行为）。在中世纪早期，英格兰法律经常用侵权法处理我们现在视为刑事犯罪的行为，通过约束私人义务的法律来解决类似我们描述的案例。

最初适用于伊兹的法律是财产法，如前所述，财产法是一种私法，规定人处理和对待他人所有物的做法。很多动物——尤其是在城市环境中——是某人的财产，就像自行车或包。这可能会让一些读者吃惊，因为伊兹当然不是一辆自行车或一个包。它对 3
其所有者有特别的价值，这一点从伊斯贝斯特在法庭上为它努力抗争就可以看出。伊兹与伊斯贝斯特一家建立了关系，他们为它提供住处，照顾它。尽管如此，就法律而言，它被视为财产。

财产法意味着人一般不能未经所有者允许对他人所有的伴侣动物做任何事情。但法律包含大量（多数）合理的例外，包括允许人——在合理范围内——为保护自身、他人甚至财产做出必要的行为，即便在其他情况下这些行为是被禁止的。这类例外显然允许珍妮弗、屠夫和路人那天将斯塔福狸从杰克罗素狸与边境牧羊犬身边拉开。几乎可以肯定的是，同样的例外也允许他们将斯塔福㹴置于一家自行车商店后面有围栏的区域，他们这么做，大概是为了防止它们攻击更多的动物和人。在极端情况下，法律可能允许本地人伤害甚至杀死两只斯塔福㹴，但前提是他们经过深思，认为没有其他办法保证每个人的安全。

斯塔福㹴的所有者伊斯贝斯特那天早晨不在“盆地”的商店，这一事实对于伊兹的案件有很多潜在的法律影响。在人们认为没有合理的方法确定所有者时，财产法允许扣押和处理他人财产。不过，在这一事件中，识别两只狗的所有者非常容易，无论是通过维多利亚州的猫和狗都必须植入的微芯片，还是直接在附近打听一下。

维多利亚州关于狗和猫的法规《1994年家养动物法》（*Domestic Animals Act 1994*）凌驾于相关私法之上，绝非仅此一次。该法规规定，任何人都可以扣押未关管的狗，但要及时送往地方议会；如所有者可识别，地方议会必须通知所有者。大多数澳大利亚法律都源自这样的法规。每个州和大陆领地都有自己的议会来制定不同的规则。联邦议会（像一把伞一样）罩在各州之上，只就澳大利亚宪法中列出的某些事项立法。在联邦体系中，联邦法律只有在宪法规定的权力和限制范围内才有效，但是如果有效，这些法律就适用于整个澳大利亚，并凌驾于与其相抵触的州法之上。在各级议会制度下，还有许多其他种类的成文规则——名称各不一样，有法规或条例、准则、法典或规则，分别由其他公共机构
4 甚至是一些私人机构制定。

正如我们所知，两只狗的所有者被确认为塔尼亚·伊斯贝斯特，她和她的5个孩子、3只斯塔福㹴一起住在距离“盆地”约1公里的地方。袭击发生当天，其中一只名叫巴德的母犬待在院子里没出来。另外两只狗，母犬伊兹和公犬乔克，似乎逃了出来，一路穿过街道和停车场，到达当地商店附近一带。《1994年家养动物法》规定，在走失犬被送往议会扣押8日内，如所有者能证明所有权，支付一笔费用并遵守议会的规定（如对犬只进行登记），就可以将其领回。很快，伊兹和乔克就回到了伊斯贝斯特的院子。

而爱德华一家的生活没有恢复原状。他们的小边境牧羊犬受到袭击后浑身是血，必须送往动物医院。珍妮弗·爱德华同样去诊所清洗了受伤的手指，并进行消毒处理。从账单和保险规定来看，这些医疗费用可能需要爱德华一家自掏腰包。埃米莉·爱德华后来表示，袭击发生后，她再也无法在“盆地”遛狗，4个月之后，她将狗送去“重新接受训练”。她还表示，甚至1年之后，她的儿子仍旧害怕狗且不敢在那个区域走路。这些事件意味着更多的金钱支出（可能要重新购买一只幼犬），他们的生活也可能继续受到影响（例如，应对生理及情感伤害并从中恢复，他们的惯常活动受到限制）。

侵权法以在经济上对受害者自付的费用及其所受痛苦与创伤进行赔偿的方式，为此类后果给予一定的补偿。针对不同的侵权行为，侵权法明确规定了可以要求谁来补偿他人的支出和痛苦，以及支付费用的时间和具体金额。澳大利亚的侵权法和合同法源自诺曼征服后出现在中世纪英格兰的一种判例法或普通法。中世纪国王要求英格兰不同地区的法官汇编他们的判决，确立哪些是他们全体“共有”的，而排除一切特异的或地方特有的。随着时间的推移，法官所判决的案件逐渐累积，产生了巨大的判例法体系。偶尔（现代越来越常见），议会决定普通法需要改革或澄清，他们会通过立法进行调整或取代。刑事诉讼和行政诉讼（我们将在后面介绍）最初也是普通法案件；然而，现在有成文法管
5 理这些方面的法律，而刑法几乎完全由议会决定。

很多现代侵权求偿权是由过失法确定的，过失法可能允许伤者向本该预见自身行为可能造成此伤害的他者索取金钱。过失法据说是1932年英国的法官制定的——当时一名女性声称在姜汁啤酒瓶中发现一只蜗牛并起诉了生产商——不过该法很快被包括澳大利亚在内的普通法世界采纳。

在“伊斯贝斯特诉诺克斯城议会案”中，显然可以对伊斯贝斯特提起过失指控，她是成年人，对伊兹和乔克负有责任。但要成功起诉她，爱德华一家必须证明她的行为不合理，且爱德华一家正是因此蒙受损失。实际上，爱德华一家需要证明伊斯贝斯特那天能够、也应该阻止她的狗从后院逃出。证明这一点取决于几个因素，包括两只狗究竟是如何逃脱的、这一事件和后续事件的可预见性，以及伊斯贝斯特可以采取哪些实际措施阻止它们。在法庭上证明这些事情可能很难，也很费精力。

动物袭击人的问题已存在上千年之久。我们将在第二章和第三章中谈到，在现代过失法出现的几个世纪前制定的更古老

的侵权法，可能为被他人的动物所伤害者提供了更便利的法律补救方法。一项在澳大利亚已废除的旧法律允许人们起诉土地所有者——如果危险的动物从其土地上逃脱并对某人或某物造成伤害或损害。澳大利亚部分地区也仍然存在一项叫作**“明知”**（*scienter*，来自表示“知情”的拉丁语）的法律，专门针对拥有伤人凶兽的人。重要的是，这些旧法律规则都不要求伤者证明动物所有者有过失。相反，所有者要对他们的动物造成的任何伤害严格负责。严格的规则在现代环境中往往不合适——比如，可能导致养狗变得经济风险颇高——因此，其中很多规则被废除了。

正如我们在第二章中解释的，有些非常古老的法律只针对四处游荡的动物，如奶牛、山羊和马等，不涵盖狗和猫，所以并不适用于伊兹和乔克。但是在维多利亚州，“**明知**”这条古老规则仍旧是现行法律的一部分。关键问题是，旧法律的主要限制——仅涵盖“危险”动物——也仍是现行法律的一部分（在另一些地方，议会已经取消或放宽了这一要求）。这意味着，针对狗等 6
驯养动物，爱德华一家仍需要证明**已知**涉案动物伊兹和乔克在发动袭击时是危险的。因此，为了成功起诉伊斯贝斯特，爱德华一家必须证明她的斯塔福㹴在案发的那个周六之前就有过危险行为。这将是一场艰苦的战役。随后伊斯贝斯特告诉诺克斯城议会，她的狗通常是友好无害的宠物，并指出她很愿意让它们与自家的5个孩子一同居住。

祸不单行，伊斯贝斯特饲养的3只狗后来又制造了新的事端。“盆地”事件发生9个月后，巴德和乔克攻击了另一只狗。

更重要的是，又过了9天，3只狗都参与了在距伊斯贝斯特家几千米远的博洛尼亚大型郊区购物中心附近的两次袭击。第一次发生在2013年6月初一个周日的早晨，3只狗袭击了1只名叫阿尔菲的卡伍德犬[1]及其主人。第二次尤其恶劣，发生于同一天早晨晚些时候。另一位涉事狗主人描述如下：

> 我向左侧滚，看到我的左手。我注意到小拇指只剩一点皮肤和手掌相连。我设法起身，就跪在地上，尝试用身体挡住帕格斯利。那3条狗还在攻击帕格斯利，紧咬着它不放。我大声喊叫，想赶走它们，但也没有吓退它们。我一直用手和膝盖打那几只狗，可它们就是不松口。

和爱德华一家相比，阿尔菲和帕格斯利的主人在起诉伊斯贝斯特时更具优势，不仅因为后来的袭击似乎更加可怕，且造成更严重的伤害，还因为他们此次遇袭**晚于**先前的事件，要证明伊斯贝斯特应该认识到她的斯塔福㹴具有危险性并采取措施，对他们来说容易得多。然而，如果爱德华一家想要起诉，后来发生的这些事件对他们的案子没有帮助：过失和“**明知**”都只考虑之前，不考虑之后。

因为没有任何人起诉伊斯贝斯特的相关报告，所有这些关

1 cavoodle，有骑士查理王猎犬（cavalier）和贵宾犬（poodle）的血统。——本书脚注无特殊说明，均为译者注。

于私法的讨论都是假设性的。大多数人不会采取行动起诉他人，
原因有很多——有些人就是不想；有些人负担不起或害怕花冤枉
钱；有些人私下达成协议，不用上法庭，可以私下达成协议或依
赖保险支付费用，经济地解决他们的问题。也可能确实有人上了 7
法庭。我们无法确定这一点，因为对大多数法庭事件，媒体、法
院或法律报道机构都不会公布。

我们知道的是，在博洛尼亚购物中心附近发生两次攻击事件的那天下午，塔尼亚·伊斯贝斯特对参与3起袭击的公犬乔克实施了安乐死。作为乔克的主人，伊斯贝斯特可以随意将其无痛杀死，不管是出于何种理由——自私的或无私的。她或许未能及时认识到乔克的危险性，但这不能作为对她不利的证据，因为法院不希望阻碍人们亡羊补牢，采取行动减少未来的伤害。无论如何，我们很快就会看到，其他法律可以（并将）应用于本案。

刑法：惩罚伊斯贝斯特

大多数人都熟悉**刑法**的概念。宽泛地说，刑法涉及官方惩罚。一般来说，各级政府官员为了维护社会利益而惩罚某人，首先需要证明此人有罪。在澳大利亚，惩罚包括监禁和各种处罚令或罚款，但过去也存在鞭笞刑和死刑等体罚——在部分国家如今仍旧存在。可能导致人受到惩罚的犯罪类型包括严重违法行为，如谋杀或强奸，通常会被判处监禁；也包括较轻的不法行为，如超速违法，通常处以罚款。对于介于两种极端之间的违法行

为——包括很多与动物相关的违法行为——法庭通常会下达命令，要求某人以某种方式行事或在一段时间内受到密切监察，有时还会结合罚款或监禁。本书将讨论刑法的历史形式，包括对动物的起诉和惩罚；同时讨论现代针对人的法律形式，包括虐待动物法。

证据法贯穿所有种类的法律，涉及我们如何向法庭证明某事发生了或未发生，以及法庭可以考虑哪些证据，不予考虑哪些证据。在非刑事案件中，检验标准是“衡量相对可能性”[1]，也就
8 是说，是否更有可能以被声称的方式发生。在刑事案件中，必须建立排除合理怀疑的证据。在第四章中，我们将探讨动物在证据法中可以发挥的作用，包括提供证据和证明，及协助执法。

在伊兹和乔克攻击埃米莉·爱德华的幼犬之前将近150年，维多利亚州议会制定了第一部关于狗的法规。（自殖民地建立到制定这部法规前的13年中，该殖民地已制定了好几部关于牲畜的法规。）《1864年犬只法》（*Dog Act 1864*）要求任何拥有6个月大以上犬只的人给犬只登记并戴上项圈，允许警察或地方官员扣押“被发现在外游荡”的已登记犬只，并在归还时收取费用。为鼓励地方机构执行该法规，登记费（5先令）、归还费（2先令6便士）以及对不遵守登记和戴项圈规定的行为所处的各类罚款（最高20先令），都支付给这些地方机构。

这一方案的目标不仅是让走失的狗与主人团聚，更直接的

1 the balance of probabilities，一种举证准则，比较对立的可能性，以确定何者较可能存在。

关注点是控制攻击羊的狗。这个问题是通过对侵权法的法定增补来解决的，该增补允许羊的所有者向狗的所有者索赔，且无须证明后者事先知道自己的狗有“为害的倾向”。

针对狗攻击人或其他种类的动物，该法规有截然不同的规则：

> 如任何犬只在维多利亚州的任何公共场所冲撞或攻击任何人或马或阉牛，导致任何人的生命或肢体受到威胁或任何财产受到侵害，犬只所有者应在该犬只造成的损失之外，交付一笔不少于5先令且不多于5镑的罚款，而且犬只造成的损失应可在任何有合法管辖权的法庭获得赔偿。

与针对狗攻击羊的规则一样，这条规则放弃了“**明知**”——犬只所有者只有知道自己的狗是危险的，才需要承担责任——的规定。与针对羊的规则不同，这条法规征收应付赔偿金“**之外**”的罚款。这一惩罚性因素使新条文属于刑法范畴而非私法范畴。换句话说，1864年维多利亚州议会决定将狗袭击事件当成每个人的责任。 9

这个决定意味着任何人都可以对犬只所有者提起诉讼——刑事诉讼，无论受害者是否希望，或事实上是否为损害赔偿提起诉讼。然而，在实践中，刑法几乎完全由政府官员执行。其中有几个原因。与对过失或“**明知**”等的私法诉讼不同，刑事诉讼中，起诉人即便获胜，通常也必须支付己方的费用，包括律师费。而赢得刑事诉讼通常比赢得私法诉讼更难，因为刑法规定起诉人必须承担繁重的责任并接受监督，同时赋予刑事被告一系列保护性权利。对有攻击行为的犬只在针对其所有者的制定法诉讼[1]案件中，维多利亚州的法庭最终确认，为了获得该方案唯一的好处——无须证明所有者事先知道犬只的危险倾向——人们必须承担所有这些费用。果不其然，几乎没有普通人选择这一方案，此类诉讼被留给了警察和地方机构。

这个体制至今仍在维多利亚实行，不过是现代经过扩充的版本（要求给猫登记，并涵盖狗对任何动物的攻击），2012 年到 2013 年亦然，当时，伊斯贝斯特似乎有多处违反相关法律的行为。显然，她未能适当地登记她的狗，未能成功将它们管束在院子里，也未能阻止它们袭击其他狗和人。但是这些过错并不一定意味着她会被起诉，更不要说受到惩罚。包括警察在内，政府官员受到预算、人手和资源的限制，并受一般准则约束，这使他们仅限于发起有极大的可能性成功且符合公共利益的诉讼。因此，尽管埃米莉·爱德华 2012 年向诺克斯城议会投诉了伊兹和乔克，但有关方面并未发起诉讼，直到 2013 年年中这几只狗再次发动攻击。

对伊斯贝斯特的第一次刑事控告是在博洛尼亚购物中心的袭击事件发生 11 天后提出的，所有指控都针对后面的两起事件。伊斯贝斯特因一系列违法行为——包括她未给狗登记、2013 年 5 月和 6 月任其在外游荡并攻击人——总共面临 23 项指控。这

1 statutory action，指由制定法规定的诉讼，区别于依普通法、衡平法进行的诉讼。

些指控被提出后，诺克斯城本地法律协调员希尔斯滕·休斯才得知前一年 8 月埃米莉的投诉。几天之后，她亲自控告伊斯贝斯特犯有另外 6 项与“盆地”事件有关的违法行为，其中关键的是，指控其养的狗咬伤了珍妮弗的手指。 10

对伊斯贝斯特的起诉相当简单，至少与那些更严重或更复杂的犯罪（前者如谋杀，后者如欺诈）起诉相比是如此。家养的犬只伤人，这个罪行是“简易”罪。也就是说该案件不由法官和陪审团审理，而是由治安法官审理。治安法官也接受过法律训练，但他们的收入比法官低，而且通常在郊区非常繁忙的地方法院工作，每天要审理几十乃至更多个案件。伊斯贝斯特的案件相对简单，也是因为基本事实没有争议：她拥有 3 只狗，没有登记，它们自行离开她的私人领地，并咬了人和其他狗。此外，对这种违规行为，起诉人无需证明罪犯有任何造成伤害的意图，或知晓自己在造成伤害或有任何不合理的行为。

然而，刑法允许伊斯贝斯特通过一些途径来避免受到惩罚。她可以辩称她未给狗登记是因为诚实的误解（比如说，可能因为有一封信没送到，她不清楚登记何时截止或费用是否已经支付）；然而如果起诉人能证明存在任何不合理的过失，则仍然能够胜诉。伊斯贝斯特也可以抗辩，称发生的伤害归根结底是她无法提前防范的人或事件造成的（如陌生人打开了门，或雷雨、烟花及其他意外事件促使狗逃离并举止不当），这种抗辩思路最早是针对农家的牲畜引起交通事故的情形提出的。伊斯贝斯特甚至可以辩称伤者在一定程度上有过错——比如，如果是其以逗弄或其他方式激怒她的狗。

虽然诺克斯城议会可能推翻这些论辩，但这会让起诉的成本变得更高，不单是对议会而言，巴德、伊兹和乔克的多名受害者也可能会被要求出庭作证，就所发生的事情接受交叉询问。相反，正如在几乎所有刑法案件中发生的那样，原告和被告达成了一项协议：伊斯贝斯特将同意对各项指控认罪，以换取议会的让步。更确切地说，伊斯贝斯特对 20 项指控承认有罪，以换取议
11 会放弃其余 9 项起诉。

作为协议的一部分，议会同意在有关 2013 年年中事件的指控中不指认某一只狗（可能是因为这些袭击事件的目击者无法分辨那几只斯塔福㹴）。然而，议会坚持一点：确认伊兹就是咬伤珍妮弗·爱德华手指的那条狗。尽管 3 条狗都是伊斯贝斯特的，但哪条狗咬了谁，这个问题将影响量刑法官的判决，进而对伊斯贝斯特和她的狗产生影响。除了惩罚伊斯贝斯特并让其赔偿被她的狗伤害的人，量刑法官还可以下令让议会官员“销毁”这条狗。果不其然，在达成协议之前，伊斯贝斯特的律师给议会的律师写信询问：“鉴于伊斯贝斯特已自愿对名为乔克的狗实施安乐死，议会对剩下两只狗的命运有何打算？”第二天，律师回信表示：“市议会不会向法院寻求销毁犬只的命令。”但注意这几个词：“向法院”！

两周之后，伊斯贝斯特承认犯有 20 项违反维多利亚州《1994 年家养动物法》的罪行，包括与伊兹相关的罪行。法案第 29 条规定：

> 犬攻击或咬任何人或动物导致人或动物死亡或受严重伤害的，如果该犬并非危险犬或限制品种，犬只所有者……犯有一项罪行，并可能被处以不超过40个罚金单位的惩罚。

通常，刑法规定的“严重伤害”指的是永久或危及生命的伤害。但在这个案件中，维多利亚州议会表示，需要医疗处理的狗咬伤只要造成身体组织被撕裂或有多处刺伤，就符合条件。这意味着珍妮弗·爱德华手指被咬伤——皮肤撕破，医生用抗菌剂进行了处理——性质足够严重，可以算作“严重伤害”。令人吃惊的是，如果伊兹致人死亡，伊斯贝斯特可能会被以完全相同的罪名起诉，该指控会由治安法官判决。对这种罪行最高将处以7000澳元的罚金。动物致人死亡，对其所有者的惩罚如此之轻，是因为即便所有者对狗的行为完全没有责任，也可以被定罪。

在最后一次狗咬人事件发生3个月后的量刑审理上，治安法官约翰·卡什莫尔告诉伊斯贝斯特，他本想对她判处监禁，因为她多次让狗从她的私人领地逃出，但最终对她下达了12个月的社区矫正命令。这是维多利亚州最重的非监禁刑罚，一般要求 12
罪犯完成教育计划，从事志愿工作并服从监督。卡什莫尔还命令伊斯贝斯特赔偿被她的狗袭击的受害者，并偿还法院在判决上的花费。但他没有下令将伊兹处死，大概是因为议会没有要求他这样做。其实议会不需要法院下达这项命令，因为这里还将用到法律中的另一个部分。

公法：处死伊兹

有些读者可能不太熟悉的第三种法律是公法。公法涉及政府对其所管辖人民的权力和决定。大多数现代国家都有法律限制政府的行为，在政府不同部门之间进行特定权力的分割，认定国家对其人民的巨大权力，同时予以限制。公法的这一分支被称为宪法。公法的第二个分支是赋予政府对人民权利的法律，包括政府官员做什么或不做什么，以及让他人做什么的抉择。法律的这一分支被称为行政法，因为其目的是确保政府不超越其被赋予的权力范围，并确保政府权力执行者的决策过程是适当和公平的。

公法通常与动物无关，但在本章描述的重要案例中，行政法决定了动物的命运。动物的处境也受到很多专门法律的影响，这些法律涉及特定的问题或实体，例如环保法、公司法等。但在此案中，发挥关键作用的是公法。

在伊斯贝斯特被判刑的次日，诺克斯城议会就伊兹一事给她写信：

> 2013 年 9 月 12 日，您在灵伍德治安法院，就 2012 年
> 8 月 4 日您的狗伊兹在“盆地”严重袭击他人的事件认罪。
> 13 根据《1994 年家养动物法》的第 84P（e）节，如果犬只
> 所有者被认定犯有第 29 节规定的罪行，议会会考虑销毁
> 犬只。

自 1864 年以来，维多利亚州地方政府被允许按照自己的意愿“销毁”流浪的、无人要的或危险的狗。但是对于有主人的狗，如果狗未被宣布为危险的，他们可做的就有限得多——他们可以起诉狗主人，但是否处死狗，则留待法官去判决。在伊兹和乔克跑到“盆地”之前近 20 年，情况发生了变化。1994 年维多利亚州议会针对猫狗（这是首次将猫涵盖进来）制定了更现代和全面的法规。对新法的众多创新进行“辩论”的政治家们，甚至均未提及允许地方议会自行判决是否处死狗的新条文。

允许法官下令处死一只狗和允许议会这样做，存在很大的区别。法官，包括审理几乎所有刑事案件的治安法官，都是在正式听审后做出决定，其中涉及律师、证人和各种法律。但是政府机构，包括议会在内，在做出影响人们生活的决定时，通常未经听审、辩论，甚至——例如做出某些政治决定时——不参考任何规则。

维多利亚州 1994 年的法规意味着，一旦伊斯贝斯特被判犯有第 29 节规定的罪行——她的狗咬了人——诺克斯城议会的民选成员有权以任何理由投票决定是否处死伊兹，只要他们愿意。他们还被允许让其他人——比如犬类专家——代他们做出决定。

寄给伊斯贝斯特的信描述了诺克斯城议会是如何定夺伊兹生死的：

诺克斯城议会将于 2013 年 9 月 30 日在位于南万提那

> 伯伍德公路 511 号的诺克斯市政中心举行小组听证会。在做出任何决定之前，3 名议会官员组成的小组将考虑所有信息……我们邀请您参加本次小组听证会并提供书面和/或口头意见，以协助议会对您的狗做出决定。在做出决定时，议会将考虑袭击的严重性、未来对社区的潜在风险以及法庭
> 14 程序、受害者的任何回复和您呈递的意见。

两周后，伊斯贝斯特一家前往议会办公室，“协助”3 名议会官员就是否处死伊兹做出决定。听证会一开始，另外 2 名雇员宣读了狗袭击事件的概要和治安法官的量刑评论。随后塔尼亚·伊斯贝斯特宣读了她的律师准备的声明，并提交了“盆地”屠夫、一位邻居和一名动物行为学家的信件。爱德华一家也要求发言，但坚持伊斯贝斯特一家先离开房间。所有人均获发言机会后，小组成员私下讨论了他们听到的信息，并做出决定：伊兹将被处死。

《1994 年家养动物法》及其他任何法律均不要求议会遵循此类流程。尽管该法规允许人们就议会的一些决定向专业仲裁庭上诉，但它不允许对命令将狗处死的决定进行上诉。然而，议会的决定受制于维多利亚州行政法。

1994 年澳大利亚议会在允许地方议会决定一些狗的生死时，应该并不希望地方议会通过抛硬币、向狗主人索贿的方式做出决定，或将决定权交给自称厌狗者。基于这种假设，如果有人提出请求，澳大利亚的法院可以审查地方议会做出判决的实际操作是

否符合这些默认的要求。

在对动物权利感兴趣的律师帮助下，伊斯贝斯特要求维多利亚州最高法院对小组的决定进行“司法审查”。她不质疑小组是否做出正确的决定，而是质疑其做决定的方式是否正确。尽管伊斯贝斯特的律师指出一系列他认为小组有过错的地方，但法官卡琳·埃梅尔东驳回了他的批评。伊斯贝斯特声称她被诺克斯城议会的律师们诱骗而认罪，他们让她以为伊兹没有性命之忧；然而，埃梅尔东发现伊斯贝斯特自己的律师曾警告她，认罪协议不会影响议会对狗的判决，他们有权处死她的狗。伊斯贝斯特还辩称，在爱德华一家对小组发言前，让她离开房间是不公平的——这在刑事审判中是不允许的。但是埃梅尔东认为在这一案例中程序足够公平，尤其是伊斯贝斯特被告知了她不在时的发言内容，并被给予了回应的机会。伊斯贝斯特指出，珍妮弗·爱德华 15
最初无法说出是伊兹还是乔克咬了她的手指，但法官裁定小组成员有权得出伤人者是伊兹的结论。埃梅尔东的决定让伊兹陷入了非常不利的境地，当伊斯贝斯特要求维多利亚州上诉法院另外 3 名法官复审此案时，情况变得更糟，他们再次驳回了她的申诉。

伊兹只剩一点渺茫的希望。判例法之所以被称为“普通法”，是因为其取代了中世纪英格兰形成的无数不同的地方法律制度。普通法背后的想法是，它允许英格兰每个人诉诸单一的权威——国王——以确保得到与其他任何人相同的待遇。在实践中，几乎没有人能够负担去伦敦寻求裁决的费用，而国王无论如何没有时间裁决每个争端；然而，最后复审的可能性尽管微乎其微，也有助于约束其他裁判者。随着英格兰统治的区域扩大，同样的程序推行至英国，随后遍及整个大英帝国（后来的英联邦）：任何人均可要求女王的枢密院（法官同时也是贵族）进行终局裁决。澳大利亚联邦成立时，一个新的机构——由澳大利亚政府任命的少数法官组成的澳大利亚高等法院——被赋予了同样的职能，最初与枢密院并行，从 20 世纪 80 年代中期开始独立运作。这意味着伊斯贝斯特可以前往堪培拉，就她的案件寻求终局裁决。

处于不利境地的伊兹成功翻盘。高等法院不仅决定受理伊斯贝斯特的案件，还裁定议会关于伊兹的决定是不公平的——仅就一个方面而言。引起法官注意的不是诺克斯城议会的决定，也不是做出该决定的方式和原因，而是做出决定的人。这个问题，早在议会于 2013 年 9 月寄给伊斯贝斯特的信中就能够看到：

> 担任小组主席的将是城市安全和健康理事史蒂文·迪克森，他被授权对您的狗所涉案件做出决定。第二位小组成员是本地法律协调员希尔斯滕·休斯。第三位小组成员将是此前没有参与此事的一名议会官员，他会为决策过程提供
> 16 帮助。参与调查的官员可能会在场，但他们不会参与决策。

第二位小组成员希尔斯滕·休斯深度“参与”了对“盆地”事件的调查。正是她对伊斯贝斯特提出指控，与律师联络并与包括珍妮弗·爱德华在内的部分证人交谈。而且，尽管她并不

是决定伊兹是否应被处死的人，但在小组做出决定时，她参与了封闭讨论。

重要的是，高等法院并未裁定希尔斯滕·休斯实际上有任何偏见。事实上，此案在堪培拉审理时，澳大利亚首席大法官非常坚决地驳回了任何此类提法，并指出休斯显然并不仇视诺克斯城的狗：她曾 7 次参加类似的小组，其中只有 2 次小组做出处死涉事犬只的决定，伊兹的案件正是其中之一。问题在于这样的决策过程看起来是否合理公正：关注听证程序的人有理由担心，休斯早先参与埃米莉·爱德华对伊兹和乔克的投诉，因此很可能受到那段经历的影响。维多利亚州法庭驳回了这一担忧，因为维多利亚州议会决定赋予地方议会双重角色——地方议会既是刑事案件中的起诉人，又是行政裁决的裁决者。但是 5 名高等法院法官表示，指定同一名雇员担任这两种角色，违背了一项基本原则：在同一事件中，任何人都不可以既是诉讼当事人又是裁决者。

高等法院的判决并不代表伊兹是安全的。相反，它意味着诺克斯城议会将不得不再次做出决定，这一次任何参与先前诉讼的人均不参与。议会本可以很容易地再次决定处死伊兹，但没有这么做。这背后有一些可能的原因。第一，据报道，议会在伊斯贝斯特的法律诉讼中已花费 60 万澳元，最终没有成功，议会肯定不太愿意再次和她对簿公堂。第二，根据高等法院的判决，要成立一个新的小组决定伊兹的命运。这一次，议会选择不在小组中加入任何自己的雇员，而是任命了 3 名治安法官（justice of the peace）——与上一个小组不同，可向所有人保证他们在此案中并不预先存在任何利害关系。第三，可能也是最重要的，在第一个小组做出决定后的18个月里，伊兹的情况发生了变化。

三个不同的法庭仔细考虑了诺克斯城议会的决策过程，在此期间，伊兹被送到距离伊斯贝斯特的房屋20公里的皇家预防虐待动物协会（Royal Society for the Prevention of Cruelty to
17 Animals，RSPCA）墨尔本总部的犬舍。RSPCA的收容所经理告诉新的小组，在伊兹出现抑郁迹象后，她大部分时间将这只狗养在她的办公室中。在RSPCA，伊兹每天会接触约20只陌生的狗，但根据经理的说法，它只“扑”过一次。这段时间一名动物行为学家对伊兹进行了评估，认为它“对社区几乎不造成威胁”，不过也建议将伊兹安置在除伊兹之外不养其他狗的家庭，并且只能在训练有素的训犬员陪同下外出。最后，最关键的是，RSPCA南澳大利亚州分部的负责人主动提出完全承担伊兹的护理、康复和重新安置。（维多利亚州分部表示，他们因忙于安顿从幼犬繁殖场救出的狗而分身乏术。）

小组也听取了塔尼亚·伊斯贝斯特的陈述，伊斯贝斯特请求将斯塔福㹴伊兹还给她。她说这件事令她和孩子们都很难过，并补充说她已经浇筑了混凝土，防止狗再从她的院中逃脱。此外一系列证人（包括收容所经理和伊斯贝斯特的律师）也表示，如果情况允许，他们愿意亲自照顾伊兹。小组最终决定接受RSPCA南澳大利亚分部的提议。案件画上句号。但伊兹安全了吗？

一只狗的生命

在“伊斯贝斯特诉诺克斯城议会案”中，高等法院的判决一时间引出了众多“每只狗在法庭上都有出头之日”之类的新闻标题。但是高等法院的判决其实并不是关于伊兹、狗甚至更宽泛意义上的动物的，而是关于一条非常普遍的法律原则如何适用于一组特定的法规。这个例子说明了贯穿本书的一个宽泛的观点：很多动物法其实只是人类法律的特定应用。高等法院对伊兹本身的讨论仅有一次，是在描述伊斯贝斯特对她的狗所具有的特定权益时：

> 无论将狗涉及的权益描述为一种财产权，还是承认家养宠物对很多人的重要性，上诉人均可能受到要求其权益
> 服从于公共利益的判决影响。 18

伊兹到底仅是伊斯贝斯特的财产，还是更重要的存在？对这个问题，法官模棱两可的态度是本书反复出现的主题。引人注目的是，在本案中，这个问题的答案无关紧要。

一只狗，或任何动物，甚至一个人，都很少上法庭。但法律仍可能影响每个动物个体。我们在本书中的目的是用尽可能多的例子来描述这些法律。我们会尽最大努力解释为什么法律是这样的，但这并不意味着我们认为法律总是好的或是被正确应用。与

伊斯贝斯特的案件相关的很多法律——私法中关于补偿被狗咬伤的受害者的复杂赔偿规则、刑法对犬只所有者的严格管束，和公法中关于官员如何决定处死犬只的模糊规定——都引起了我们的疑虑，不过我们也理解支持这些做法的论点。就连高等法院的判决，尽管很吸引人，也有待商榷。毕竟，在审理此案的 9 名法官中，只有 5 名赞成。重要的是，判决随时可以被维多利亚州议会改变，比方说，如果其认为让外人参与决定是否处死一只狗是低效的。就连我们对伊兹自然的同情也应该适度，毕竟还有持不同观点的人，如爱德华一家、阿尔菲或帕格斯利的主人，或未来可能与伊兹打交道的人。说到未来……

本案的完美结局，本该是伊兹在阿德莱德过上幸福的生活，但实情要复杂得多。在维多利亚州议会的小组面前，RSPCA 南澳大利亚州分部的负责人概述了一个“通过医疗和行为评估……以确认需要康复的程度和伊兹是否会给其他动物和社区带来任何风险”的流程。小组做出决定 6 个月后，他宣布了结果：伊兹对其他狗构成危险，“无法安全地在南澳大利亚州重新安置”。尽管他向诺克斯城议会的小组承诺，如果伊兹被“认为构成风险，不适合康复或重新安置”，它就会被实施安乐死，但他告诉媒体“对伊兹的最终处置没有最后期限”。

3 个月之后，RSPCA 昆士兰州分部的“宠物领养”网站发布了一则新广告：

所有的因迪粉丝们，大家好。请允许我自我介绍。我是

> 一个甜美而文静的女孩，喜欢独处，需要在室内和室外活
> 动。我在寻找那个可以关怀照料我的特别的你。我的养母说
> 我喜欢轻轻拍、挠肚皮和坐在你的腿上。如果妈妈允许，我 19
> 可以这样度过一整天。我喜欢散步，拴绳时表现很好。我的
> 举止超乎想象。你会以为我上过礼仪培训学校，因为我很有
> 礼貌、举止得体，但我并没有上过。妈妈说这是天生的……
> 我希望成为你的唯一，不与其他狗或小动物一同生活，因为
> 我们对事物有不同的看法。我最好和大一点的孩子在一起，
> 因为很小的孩子会让我不知所措。

伊兹不仅获得了第二次缓刑，而且得到了新的名字“因迪”，用 RSPCA 昆士兰州分部负责人的话来说，还有“一个全新的开始”。该组织解释，昆士兰州有一名对斯塔福狸有丰富经验的寄养者。同一名昆士兰官员表示：“与寄养人抚养过的其他狗相比，因迪的问题其实是最少的。看来因迪确实是因关联而获罪的。”他还补充说，任何新主人都会被告知这只狗的“全部历史”。在伊兹去“盆地”商店 4 年多一点后，也是在它的案件进入澳大利亚高等法院 1 年后，伊斯贝斯特的这只斯塔福狸被一对并未因为这些事件而打退堂鼓的匿名夫妇收养。

21 第一章 拥有动物

2012 年 12 月，一个寒冷的日子，在多伦多“宜家”家具连锁店购物的人们惊讶地发现一只看起来迷路了的小猴子，它身着一件羊皮衬里的外套，无人陪伴地在店铺里游荡。它很快被称为“宜家猴”，并在网络上引起轰动，在表情包、视频、游戏和动画中流传。

事实上，这只日本猕猴名叫“达尔文”，其主人是对异域动物情有独钟的律师亚斯明·纳库达。纳库达的车停在购物中心的停车场，“达尔文”从放在后座上的箱子里逃了出来。一听到兴奋的顾客和围观者报告说这里有只猴子，多伦多动物服务中心（Toronto Animals Services，TAS）就将猴子带走并送往他们的收容所。TAS 没有适合“达尔文”的设施，因为在多伦多，饲养猴子是违法的。这只猴子是纳库达从神秘可疑的异域动物贩子阿亚兹那里花 5000 加元买来的。

“达尔文”被带到 TAS 的收容所后不久，纳库达给阿亚兹打电话，希望他帮忙找回猴子，但鉴于“达尔文”已经在社交媒体上引起广泛的关注，阿亚兹拒绝了。纳库达十分痛苦。她后来提供证据，证明她视“达尔文”为“家庭成员”，它是她的“儿子”。她前往 TAS 的办公室，要求将“达尔文”归还给她。但他们拒绝了，理由是纳库达无法证明“达尔文”已接种疫苗，它可能携带疾病。TAS 表示，如果“达尔文”的乙型肝炎（对人类致命）或其他病毒检测呈阳性，他们有权对其实施安乐死。如果不携带病毒，“达尔文”会被转移到一个灵长类动物保护区。最终，它来到了故事书农场灵长类动物保护区（Story Book Farm Primate Sanctuary）。

正如日本猕猴“达尔文”的案例所展示的，动物所有权问题可能引起强烈的情绪并导致法律诉讼。但是可以相当确定地说，我们中的很多人——尤其是非律师和没有经历过动物所有权纠纷的人——没有深入思考过，说自己“拥有”一只动物意味着什么。

所有权是一个很难清晰界定的概念。说某人拥有某物，就是 22
说对该物（作为一个整体，或仅对其某些属性）有某些权利和责任。如果你拥有这本书——假设是实体书——你可以在上面随意涂画，撕掉书页，烧毁它，送给朋友，丢弃它，有偿借出或把它当作二手书出售。当然，我们希望你足够喜欢这本书，不会做以上大部分事情，但这些都属于所有权带来的“权利束”。然而，如果你不拥有这本书，而是从图书馆或朋友处借来的，情况就不同了。你对这本书没有同样的权利：你不能销毁它、污损它或将其送人。财产权界定我们与事物（包括不同种类的财产，如土地和著作权）的关系，至关重要的是，它也界定了他人与这些事物相关的权利。如果你不拥有这本书，一旦你损坏或毁灭这本书，其所有者可以通过侵权[1]法从你处获得赔偿。

说我们对动物有所有权会产生一些后果。想一想如果你拥有本书你可以对它做什么，再将同样的权利应用到动物身上。拥有一只动物意味着我们有权控制、销售和出租它，有权将它赠予他人、遗弃或杀死，有权禁止他人未经允许使用该动物，有权从其身上获取产品（奶、毛等）或带走其后代。

控制某物和拥有某物之间存在一种关系，但这两个概念并不完全吻合。有时，法律使预先存在的控制权合法化，或将对某物的控制权分配给特定的人。动物越容易控制，就越容易拥有。因此，在各个时代不同的文化中，蜜蜂的所有权一直是一个很难解决的法律问题。

在 1999 年澳大利亚涉及野生鳄鱼所有权问题的案件“扬纳诉伊顿案”（*Yanner v Eaton*）中，高等法院的 4 名法官指出很难界定财产是什么，尤其是在涉及野生动物时：

> “财产”指的不是事物；它描述的是与事物的法律关系。它指的是某种程度的权力，即法律承认的行使某物的权力。“财产”的概念可能是难以捉摸的。一般它被视为一个“权利束”。然而即使是这种观点，在作为一种分析工具或要准确描述时，也会有局限性。或许正如格雷教授所说，“关于

1　不法行为（wrongs），指侵害他人权利、致人损害的行为。尤其是指侵权行为，但并非完全等同。

> 财产的终极事实是它并不真正存在：它只是一种幻觉。”

在本章中，我们将看到，动物的财产权在不同的文化中是不同的， 23
并且随着时间的推移而变化。这也反映了所有权概念本身的可塑性。所有权是受法律、文化和历史影响的。

我们的财产法的语言学历史揭示了拥有动物的概念在西方文化中多么根深蒂固。表示“物”或动产的法律用语“chattel”与“cattle”（牛）一词有关。18 世纪的法官兼法学家威廉·布莱克斯通爵士指出，这两个词都来自拉丁文 *catalla*，这个词主要用来表示农场动物，但也表示所有动产。事实上，在一些古代社会，甚至在一些现代社会，牛等生产动物具有货币的功能，也是地位的标志。古老的爱尔兰传奇《夺牛记》（*Táin Bó Cúailnge*）围绕一次有计划的盗牛展开：康诺特国女王梅芙和她的丈夫艾利国王计划从阿尔斯特的康奇厄伯王那里偷一头种公牛，以确保梅芙的牛群不逊于她丈夫的。后来，在爱尔兰古代的布雷亨法律体系（Brehon law）中，牛、猪和马实际上是货币单位，奶牛则是价值最高的物品。

这让我们思考人类这种动物**为何**会想拥有其他动物。原因很多，这表明所有权是复杂的，不是单一愿望或政策的表达。人类希望拥有动物，可能是为了它们的陪伴，为了保护它们或为它们负责，为了吃它们，使用它们生产的资源，为了保护自己、作战、劳动、运输、运动或获利，也可以作为地位的标志；有些野生动物则是迷恋的对象，或被视为人类征服自然的象征。

尽管美索不达米亚法明确考虑了动物财产权，最早完整、系统地概述这些权利概念的古代法律体系是罗马法。其区分了对**野生动物**（*ferae naturae*）和**家畜**（*mansuetae naturae*）的所有权。对野生动物只存在有限制的所有权，但家畜可以被完全拥有。此后罗马法中的区分与条例被普通法（包括现代澳大利亚法）采纳和调整，表示野生动物及家畜的拉丁术语至今仍在法律案件和教科书中使用。

> 野生动物和家畜之间的区别是复杂的。事实上，生态学家兼动物学家法布里斯·泰勒切亚表示："野生动物和驯化动物不应被视为绝对反义的概念（如真和假、生和死），而应该被视为相对反义的概念（如长和短、快和慢），因为它们代表一个过程的两个极端，并不是简单的二分。"

24 驯化动物和驯养动物之间还有进一步的区别值得注意。驯化动物是被有选择地繁育出来的，它们具有某些遗传特征，包括容许人类接近。例如澳洲野犬，即使被重新引入野外并已野化数千年，它们在基因上也与野生同类不同。相反，驯养动物是通过接触学会容忍人类并对人类有用，但在其他方面与野生同类没有区别。因此，动物园里的大象和野生大象在基因上没有不同，而驯化的狗即使回到野外，在基因上也与狼有很大差异。

在本书中，我们看到，法律并未始终如一地区分野生动物和家畜及驯化动物与驯养动物：判断动物所有权，是一种标准；而在依据**“明知”**法（适用于具有固有危险性的动物）来确定动物饲养者是否对动物造成的损害负严格责任时，又是另一种标准。

与奴隶制的相似性

拥有一只“达尔文”那样的日本猕猴，显然不同于拥有一支圆珠笔：它不仅是你的笔那样的**物体**。然而，在某种意义上，拥有和控制其他生物是否类似于蓄奴？美国有些学者指出人类奴隶制和对非人类动物的所有权之间的相似性，但此举一直存在争议。也有人用历史上的奴隶案件来论证应将非人类动物从囚禁中解放。

在不同时代，有很多社会允许人类拥有其他人类作为奴隶。如前所述，古爱尔兰人通常将动物用作货币单位，但有时也将奴隶用作货币单位。众所周知，罗马法允许对其他人类的所有权，并对人如何成为奴隶（可能生来就是奴隶，或者儿时被卖为奴隶、被俘虏后沦为奴隶或被罚成为奴隶）和如何摆脱奴隶身份有复杂的规定。不久之前，英国普通法也许可奴隶制，并将一个特别“种族”的人类同胞比作动物。因此，现在法院在使用人类和动物的类比时非常谨慎。同样，我们提及奴隶制也绝非轻率之举。 25

在华盛顿上诉法院最近审理的一个案件中，首席法官彭内尔辩称，并非所有人类和动物之间的类比本质上都是非人化或种族主义的：

> 在庭审中使用动物类比是有问题的。很多动物类比是种族主义的代码。还有一些确实是非人化的，但是没有一成不变的规则。不是所有动物类比本质上都是错误的。当一个特定的类比没有明确传达不当信息时，上诉法院不应立刻将其视为冒犯……
>
> 约瑟夫·里士满已提交免于定罪的申请书，首次辩称州检察官在终结辩论中使用了一个不当的动物类比。里士满先生未能证明该类比是明显种族主义或非人化的。这个类比将里士满先生比作马蜂窝，旨在描述里士满先生不稳定的行为，意图是合理的。

里士满的免罪请求被驳回，因为法院不认为这里用到的动物类比是非人化的。

我们可以比较一下里士满案中用到的类比与哈德威克法官在1749年英国的“皮尔内诉莱尔案”（*Pearne v Lisle*）中将人类奴隶比作牛的种族主义类比。在该案件中，原告以每年100英镑的价格向被告出租了14名非洲奴隶，他声称被告未向其付款，也未按要求将奴隶交给他的代理人。他在衡平法院寻求合同的特定履行。“特定履行”指不遵守合同条款的一方必须履行他或她的义务，否则就要因藐视法庭而受到惩罚。

哈德威克认为奴隶的所有者可以就非法占有奴隶提起诉讼，因为“它（指奴隶）和其他任何物体一样都是财产”，这与之前两个案例中霍尔特法官的建议正好相反。但最终，哈德威克以奴隶不够“独特”为由，拒绝特定履行合同：

> 黑奴在被要求的时间身处困境，就无法交付，因为他们像牛或其他物体一样，会因为劳动损耗；他们也无法一经要求就被交付，因为像农场的牲畜一样，占有者不能没有他们，而在突然交付的情况下，他们就必须离开种植园。

我们认为这个类比令人厌恶的一个原因是，它反映了一种错误的看法，即一部分人低人一等。 26

1772 年，“皮尔内诉莱尔案”23 年之后，曼斯菲尔德法官在著名的“萨默塞特诉斯图尔特案”（*Somersett v Stewart*）中质疑奴隶合同的合法性，拒绝允许一名逃亡奴隶的所有者将其抓回并带往国外。从 1807 年直到 1833 年，通过立法干预，奴隶贸易才在英国被完全宣布为非法的。

臭名昭著的是，奴隶制在美国的合法性一直持续到 1865 年美国宪法第 13 条修正案通过。此前北方和南方各州之间惨痛的南北战争，正是奴隶制引起的。

与引发美国南北战争的奴隶贸易不同，罗马施行奴隶制并不是基于“种族”，这使得“奴隶解放”（把一个人从奴隶制中解放出来的行为）更加普遍，并允许前奴隶获取完全的公民身份和地位。事实上，罗马时代的前奴隶有时会在墓碑上自豪地宣告他们的解放。

但无论是在何地、何时和何种情况下存在，**一切**奴隶制在现代人眼中都是令人反感的。这是因为（与“皮尔内诉莱尔案”相反），人不是“可替代的”。也就是说，一人不能简单地被另一个人取代。人也不是简单的“工具”或可使用的物体。说一个人是财产，就是否认其尊严和自决权，因为所有权允许另一个人控制发生在其身上的事情，也表明其没有能力照顾自己或自行做出决定。事实上，在今天的澳大利亚，类似合法奴役的行为，如对一个人行使财产权或使其沦为奴隶，即便默认得到了这个人的同意，也属于最严重的联邦罪行之一。

相反，法律将动物视为财产，即便它们是独特的，有自己的个性、愿望和需求。2013 年，当安大略省高级法院的玛丽·瓦莱法官被要求就日本猕猴“达尔文”的命运做出判决时，她说：

> 几方同意，法庭无权决定怎么做最符合猴子的利益……
> 猴子不是一个孩子。这看起来可能十分冷酷，但猴子是动
> 27 产，也就是说，是一件财产。法庭在考虑本案中的问题时只
> 能应用财产法原则。

因此，法院没有以任何明确的方式考虑“达尔文”的需求。收留“达尔文”的收容所报告说，它正在新家与其他灵长类互动，并接受高质量的兽医护理。这只猴子在收容所似乎比跟着纳库达更好；然而，它的健康幸福并不是决定此案的依据。问题只是它的所有者是谁。

瓦莱法官知晓将“达尔文”描述成一件动产听起来十分冷酷，

因为任何拥有过伴侣动物的人都知道，非人类动物可能拥有独特的个性，通常有感受痛苦和情感的能力（在过去，这一点有时会被质疑），有不同程度的感知能力。这意味着一个生物有欲望和需要，而这些欲望和需要应该得到承认。因此，很多国家和地区都通过法律承认非人类动物的感知能力和独特地位，尽管象征意义大于实际效果。有些学者提出了折中的解决方案：他们认为，为了保护动物，预防或尽量减少对它们的虐待，法律应该将动物视为一种特别的财产——“有知觉的财产”。

然而，动物所有权观念普遍存在于全球，尤其是在出现了家养动物的社会。这就表明，一旦动物被驯化，一些关于永久所有权的规则就会不可避免，即使这些规则因文化和时代而不同。相反，没有驯化动物的社会可能有不同的所有权观念。比如，虽然原住民社会可能有规则确定谁有权获得被猎杀的动物（在澳大利亚原住民产权法中就十分明显），但限制动物从而永久拥有它的概念是不存在的。这向我们表明，有关动物所有权的法律是或然的，在很大程度上受到其产生的文化、历史和时代的影响。

野生动物的所有权

在日本猕猴“达尔文”的案件中，“达尔文”是野生动物，这一点最终对法官的推理非常重要。人们认为它是野生动物，是因为它无法被驯养——它一再咬人，必须时刻用绳子拴缚，否则就会尝试逃跑（它最终成功了）；未受如厕训练（它穿尿不湿）。 28

因为“达尔文”是野生的，纳库达对它只能持有所谓“有限制的所有权”，瓦莱法官认为“达尔文”一旦逃脱，纳库达就立即失去了所有权，无权要求将达尔文归还给她。

有限制的所有权意味着什么？我们必须再次回顾罗马人的做法。如前所述，是罗马人率先系统地概述了野生动物与驯化或驯养动物之间的区别。这很重要，因为根据罗马法，人不能像拥有驯化动物一样拥有野生动物。正如《查士丁尼汇编》(*The Digest of Justinian*)中引述的罗马法学家盖尤斯所说：“所有在陆地、海洋和空中捕获的动物，即野兽、鸟类和鱼类，将成为捕获者的财产……(但是)当它们摆脱控制并恢复天然的自由状态时，它们就不再是我们的，而是再次对第一位捕获者开放。”

很多现代欧洲国家受到罗马法的影响，其现行法律反映了这一点。例如，苏格兰继续采用罗马法和普通法相结合的“混合”法律体系。从拿破仑时代开始，欧洲国家经常制定包罗万象的民法典，对法律进行总结，使其更容易为民众所理解。这些民法典起源于并部分基于罗马法典。民法典在欧洲许多地区及日本、南美等地仍在实施。

德国民法典有专门针对野生动物的条文，明显反映了罗马的所有权概念：

一、野生动物只要是自由的，就是无主的。动物园的野生动物、池塘或其他自成一体的私人水域中的鱼，都不是无主的。

二、当被捕获的野生动物重获自由时，如果所有者未能及时追捕或放弃追捕，则该动物变为无主的。

三、如驯养动物停止返回确定地点的习惯，则变为无主的。29

和许多其他欧洲国家相比，英格兰受罗马法的影响较小，但罗马法关于野生和家养或驯养动物的所有权观念，也流入了英格兰普通法，后来又被输出到澳大利亚。

根据普通法，一个人不能拥有野生动物，除非他通过捕获或杀死该动物来获得所有权。几百年来，这一直是英格兰法律的一部分。13 世纪的法学家和教士亨利·德布雷克顿谈到野生动物时说：

它们被抓获时，就开始属于我，因为它们被强行置于我的监护之下，同理，如果它们逃脱并恢复天赋自由，它们就不再属于我，再次成为捕获者的财产。当它们逃出我的视线，在空中自由飞翔，不再受我监控时，或尽管仍在我的视线之内，但已不可能再追上它们时，它们就恢复了天赋自由。

占有的方式还包括捕鱼、狩猎和捕捉。让一个物体属于我的，不仅是追逐，因为尽管我把一只野兽伤得很重，以至于它可能被捕获，但除非我捕获它，否则它就不属于我；相反，它将属于下一个捕获它的人，因为可能发生很多事情让我无法捕获它。

控制的概念是所有权的一个重要因素——如果你对一只动

物的控制达到足够的程度，你就可能拥有它——尽管有些动物无法控制（如蜜蜂和猫），它们仍然可能被拥有。然而，问题仍然存在：必须表现出何种程度的控制，才可以说一只野生动物属于某个人?

18世纪，威廉·布莱克斯通在《英格兰法律释义》（*Commentaries on the Laws of England*）中指出，根据普通法，野生动物所有权必然受到限制或限定，但它可能以三种方式发生。

第一，一个人可以捕获或饲养野生动物，让动物待在其领地内或变得驯服，这样就能拥有动物。饲养方式被称为“**通过劳作**”（*per industriam*）获得所有权。如果动物离开主人的领地，但有**回归的意向**（*animum revertendi*），也就是回到主人身边的倾向，主人将继续拥有这只动物。正是法律的这个方面意味着，当“达尔文”逃脱时，纳库达不再拥有“达尔文”：它显然没有表现出
30 回到她身边的倾向，因此她失去了对他的任何权利。

第二，一个人可以暂时拥有生活在其领地，因年幼、受伤或照顾幼崽而无法离开的野生动物。这被称为“**由于软弱无力和处所**”（*ratione impotentiae et loci*）。

第三，如果一个人有权捕捉、狩猎或杀死一只野生动物，他就可以拥有该动物。这项权利可能源于与拥有土地相关的专属权的一部分，被称为“**由于土地**”（*ratione soli*）。或者，这种权利可能是被授予的一种特权，被称为“**由于特权**”（*ratione privilegii*）。这种特权一般由王室授予，如本章后面讨论的天鹅标记权。这其实是一条狩猎法规。

关于所有权、狩猎和谁拥有捕获物的规则与标准，可能在人类进化出来之前就出现了。我们最近的亲戚黑猩猩，捕到猎物后，对于谁能得到最多的肉，就有一定的规则。例如，塔伊国家公园的雄性黑猩猩合作狩猎红疣猴（red colobus monkey），但是雄性黑猩猩可能需要练习 20 年才能成功伏击猎物。参与狩猎猴子的黑猩猩总是比不参与狩猎的雄性获得更多的肉。实际的捕获者通常会得到最多的肉，但那些预测到猴子的行动或伏击猎物的个体也会得到丰厚的份额，作用较小者得到的份额较少。

关于普通法中野生动物所有权的构成要素，存在丰富多样的法律。土地所有者拥有死在其土地上的野生动物的尸体。此外，当一只野生动物在某人的土地上时，它实际上是土地所有者的资源，土地所有者可将在其土地上狩猎或带走动物的权利授予他人。因此土地所有权与拥有、狩猎、使用野生动物和通过野生动物获利的权利密切相关，这样我们又回到了财产权本质上支配个体之间的关系的观点。在土地上狩猎或带走动物，本身是一种财产权益（展现了所有权的“权利束”可被分割的一种方式）。它被称为“*profit à prendre*”（中世纪法语，意为“共同用益权”）。对其他有价值的资源，如砾石或石油，也可以授予相关的共同用益权，但要服从王室特权。

当野生动物出现在一片土地上时，非土地所有者或无权在该土地上狩猎的人，将不得从该土地获得野生动物，甚至不得向未经许可在该土地上获取野生动物的其他人购买野生动物。在 1865 年英格兰的“布莱兹诉希格斯案”（*Blades v Higgs*）中，双方为了确认一些兔（成年兔子）的所有权，官司一路打到了上议院（有一个委员会充当英格兰的最高法院）。偷猎者从埃克塞特侯爵的土地上带走兔子，在市场上卖给布莱兹，随后希格斯和其他几名为侯爵效力的人从布莱兹手中夺回了这些兔子。摆在上议院面前的问题是：谁拥有兔子，是布莱兹还是侯爵？

31 最终裁决这些兔子归侯爵所有，因为侵入者（未指名的盗猎者）未经许可将它们从他的土地上抓走。兔子的所有权并没有被给予布莱兹，因为盗猎者无权给予。这一原则的拉丁名是 *nemo dat quod non habet*，意为“没有人可给予自己不拥有的东西”。换句话说，如果你一开始就没有对某物享有财产权，你就不能将其出售给其他人。如果布莱兹是“不知情的善意买受人”，他可能拥有兔子的所有权，但他大概知道兔子是盗猎来的。尽管布莱兹暂时控制了兔子，但他对它们的所有权并未被法律合法化，因此侯爵可通过“自行解决”的方式夺回兔子。

那么像野鸟一样白天飞离巢穴然后再返回的动物呢？法律认为这类动物也可以被拥有（依据“**回归的意向**”）。像该领域的很多法律一样，这一原则可追溯到罗马时代。《查士丁尼汇编》中写道：

> 对于这些习惯性地离开又返回的动物，公认的规则是只要它们有返回的本能，就可认为是我们的；但如果它们失去了该本能，就不再是我们的，而是向首位捕获者开放。当它们放弃返回的习惯时，视为已失去该本能。

在接下来的章节中，我们将探讨几种不同类型的野生或半野生动物的情况，分别是鳄鱼、野生鱼、贝类、蜜蜂、狐狸、孔雀、鸽子、天鹅、鲸和异域动物。

鳄鱼

在澳大利亚，国家对本土动物的“所有权”与澳大利亚原
住民狩猎和捕获本土动物的权利存在潜在的冲突。在本章开头提 32
到的“扬纳诉伊顿案”中，昆士兰州的甘加利达[1]人默兰杜·扬
纳用一种传统式样的鱼叉刺死了两条幼年湾鳄。他和其他甘加利
达人吃了一部分鳄鱼肉，将剩余的冷冻起来。

当时有效的相关州法律昆士兰《1974年动物保护法》(*Fauna Conservation Act 1974* [Qld]) 第7节 (1) 中规定：

> 所有动物，除了在该动物渔猎期不违反本法捕获或饲养的之外，均为王室财产，受动物当局控制。

该法第54节 (1)(a) 还规定个人须经许可获取动物。

扬纳没有得到许可。然而澳大利亚的原住民拥有普通法承认原住民产权权益，该权益在“马博诉昆士兰州案”(*Mabo v State of Queensland* [*No.2*]) 的著名判决中被普通法承认，也被联邦1993年《原住民产权法》(*Native Title Act 1993* [Cth]) 承认。

1 Gangalidda，澳大利亚昆士兰州的一个农村地区。

> 《原住民产权法》第 211 节规定，如州法律妨碍原住民进行一项传统活动，如狩猎、采集或捕鱼，或任何属于其个人、家庭或社区需求的一部分、反映原住民产权利益的文化活动，则不适用。

扬纳声称在殖民地化之前他的家族就与这块土地有联系，而且狩猎鳄鱼仍然是一种传统习惯。因此，他声称，昆士兰《1974 年动物保护法》因与原住民产权的权利冲突而并不适用。然而，昆士兰州声称 1974 年的动物保护法案废止了任何原住民狩猎动物的权利，因为在联邦《原住民产权法》颁布之前，昆士兰州已经取得了任何动物的所有权。

格利森首席大法官和戈德龙法官、柯比法官和海恩法官（在 7 名法官中占据多数）认为，昆士兰州政府对本土动物所具有的权利不是所谓的“完全受益”或“绝对”所有权。换句话说，州政府不像你拥有一本书那样拥有本土动物，部分因为其对本土动物没有你完全拥有某物时可能拥有的权力。州政府对动物没有绝
33 对所有权，还有其他几个原因。

第一，无法准确确定昆士兰州政府拥有哪些本土动物。第二，正如我们在本章前面所讨论的，人无法完全拥有野生动物这是普通法中长期存在的原则。第三，昆士兰州政府对动物的所有权，不等同于个人拥有家养动物的所有权：本地动物来来去去，而且政府不对动物的行为负责。第四，最初提出本地动物所有权，似乎是为了对在昆士兰州获得的动物或鸟类的皮毛征抽权益金。

尽管动物保护法案规定昆士兰州政府“拥有”本土动物，

但这只表达了一个事实：昆士兰州有权保护和管理野生动物。因此，多数法官认为法案并未废止扬纳或其他甘加利达人持有的任何原住民产权利益。

鱼和贝类

有关野生鱼所有权的案件以不同方式多次出现在法庭上。想象这样的情况：一名渔民捕鱼时未将渔网封死，导致鱼从中逃出，另一名渔民过来把鱼抓走。第二名渔民是否拿走了属于第一名渔民的鱼？事实上，这个问题已两次被提上法庭（一次在英国，一次在美国），而答复截然不同！

在英国 1844 年判决的“扬诉希钦斯案”（*Young v Hitchens*）中，原告在沙丁鱼群周围拉网，未完全包围，留了一个小口，他准备用“拦网”将小口封闭。被告划船至开口处，在未完全封闭的围网中撒网，捕捞走一些鱼。原告起诉被告，要求赔偿损失。法庭认为原告不能表明他有足够的控制权，因此这些鱼不是他的财产。

1902 年，美国出现一个非常相似的案件——“俄亥俄州诉肖案”（*State of Ohio v Shaw*）。此案结果大不一样。一些渔民在伊利湖放置了开放式渔网，鱼可以从中逃脱。被告从网中拿走了鱼，法院认为被告犯有盗窃罪，应承担相应的法律责任。控制的程度（涉及防止鱼逃脱的合理预防措施）和表明的拥有意图，足以确立原告的所有权。对鱼施加更大的控制，似乎是让美国法庭的判决方向与“扬诉希钦斯案”不同的决定性因素。 34

鱼的所有权引起的争议，在21世纪仍有出现，如英国2020年判决的“‘博威克开发解决方案’有限公司诉‘清水渔业’有限公司案”（*Borwick Development Solutions Ltd v Clear Water Fisheries Ltd*）。博威克公司购买了相当多的鱼，养在一个废弃的砾石矿形成的人工湖里。该公司在此地经营渔场业务，客户付费钓鱼，然后再将渔获物放回湖中。当博威克公司拖欠以这块土地为抵押的贷款时，博威克的接管人将渔场所在的土地出售给了清水公司。接管人告诉博威克公司，他们认为这些鱼不受导致土地被售卖的抵押影响，在销售合同中也未提及鱼属于谁。博威克公司声称其仍然拥有这些鱼，而这是一种有价值的资源，由于清水渔业不正当地妨碍了其占有权，博威克公司有权获得鱼的价值。

主审法官认为博威克公司仍然持有鱼的所有权，但英国上诉法院推翻了这一决议。法院认为这些鱼是野生的，因此，唯一能够主张的所有权是“有限制的所有权”。法院在做出判决时，参考了古代法学，包括罗马法；事实上，法庭引用了盖尤斯在《查士丁尼汇编》中提及的原则，即野生动物只能被暂时拥有，脱离控制时就重获自由。博威克公司主张所有权的唯一方式是证明对它们的持续占有——无论是**通过劳作**（通过努力占有和饲养它们）还是**由于土地**（通过占有它们被饲养的土地）。一旦土地被出售，至少在这一事件中，博威克公司不再对鱼拥有“有限制的所有权”，因为其无法实际控制或持有鱼，也无法进入饲养这些鱼的土地。

这个案件在意大利可能更容易解决，因为《意大利民法典》第 926 条专门涵盖了迁徙的鸽子、兔子和鱼：

> 兔子或鱼从一个养兔场或鱼塘进入另一个养兔场或鱼塘，只要不是受诱骗或诡计吸引过去的，就属于后者所有。
>
> 同样的规定也适用于迁徙到其他鸽舍的鸽子，针对信鸽的各种法律规定除外。 35

尽管这里的鱼没有“迁徙”，但根据这项规定，似乎谁拥有鱼生活的土地，谁就是鱼的所有者。

那么捕鱼呢？澳大利亚普通法最初赋予公众捕鱼的权利，这继承自英国普通法；然而，这已经大多或全部被现代法规所推翻，尤其是 20 世纪 80 年代以来，捕鱼受到了严格的监管。2008 年，澳大利亚高等法院判决北部地方的渔业立法完全废除了公众捕鱼的权利。而在维多利亚州，《1995 年渔业法》（*Fisheries Act 1995*）在第 10 节（1）中明确主张王室“拥有”州水域“发现”的所有野生鱼类。无论王室“拥有”所有野生鱼的概念是否切实可行，这都似乎很有可能废除公共捕鱼权。

1898 年——很久之前了——有几个人因从新南威尔士州国家公园（现称为皇家国家公园）捕捞牡蛎而被指控犯有盗窃罪。奥康纳法官认为，因为牡蛎是野生动物，它们在被捕获之前不能被视为财产（法官承认，捕获一只牡蛎的说法有些奇怪）。尽管法规试图将牡蛎的所有权授予王室，但实际上并未生效，因此根据法规制定的规章制度是超出权力范围的（拉丁文称“*ultra vires*”）。因此，这几个人被认定未犯盗窃罪。报告指出，此后，州长宣布国家公园为“公共牡蛎保护区”，以避免未来的任何疑问。

如前所述，虽然不符合某些州或联邦法律，“扬纳诉伊顿案”还是认可澳大利亚原住民可以保留原住民的狩猎权。然而，原住民是否保留捕捞鲍鱼的特定权利，取决于能否展示他们有持续这么做的传统。因此，澳大利亚两个独立的案件就此问题得出了不同的结论。1993 年，在“卡帕尼诉迪特曼案”（*Karpany v Dietman*）中，澳大利亚高等法院宣称南澳大利亚州 2007 年《渔业管理法》（*Fisheries Management Act*）并不禁止澳大利亚原住民捕捞尺寸不足的绿唇鲍，前提是他们能够证明这是一项持续存在的原住民产权，而且他们的行为是为了满足个人、家庭或非商业的公共需求。然而，在 1994 年新南威尔士州的“梅森诉特里顿案”（*Mason v Tritton*）中，一名没有鲍鱼捕捞许可证的澳大利亚原住民因拥有超过允许数量的鲍鱼，被认定违反了《1989 年新南威尔士渔业和牡蛎养殖场（一般）条例》（*Fisheries and Oyster Farms [General] Regulation 1989*）。他辩称自己有原住民采集鲍鱼
36 的产权，但未能证明这一直是其族人特定的权利。

原住民产权法和捕鱼活动之间的冲突更广泛地反映在 1995 年西澳大利亚州的“苏顿诉德肖案”（*Sutton v Derschaw*）中。在该案中，德肖等澳大利亚原住民用来捕捞鲱鱼的渔网因尺寸过大而被禁用。被告辩称，他们拥有原住民捕鱼的产权，但是法庭认

为他们没有确立对这些区域的原住民产权，而且从包括原住民和非原住民在内的所有澳大利亚人的利益出发，他们从事的活动是应被禁止的。

蜜蜂

人类和蜜蜂的共存有着悠久的历史：最早可追溯到公元前8000年到前7000年，在新石器时期的加泰土丘[1]遗址，就发现了养蜂的证据。但养蜂的证据首次出现在法律法规中，是在几千年后赫梯人的时代。

蜜蜂在古代的重要性源于糖的稀有和昂贵：蜂蜜可替代糖让食物变甜，蜂蜡可用来制作蜡烛。蜂蜜酒，世界上已知最古老的酒精饮料之一，就是用发酵的蜂蜜制成的。亚里士多德、老普林尼和威尔士吟游诗人塔利埃辛都曾提到蜂蜜酒。

蜜蜂给任何法律制度，甚至是现代法律制度，都带来了特别的挑战。由于几个原因，蜜蜂的产权很难确立。首先，牛马可以被打上烙印，但没有办法将某只蜜蜂标记为“你的”蜜蜂，蜜蜂的价值在于它是蜂巢的一部分。其次，蜜蜂可以去它们想去的任何地方，尽管一般会回到蜂巢，但可能在不可预知的时间飞往不同的土地；一个蜂巢也可能分裂出一个单独的蜂群。再次，蜜蜂可能蜇人，有时甚至会致人死亡。这就引出了问题：如果某人的蜜蜂蜇伤了另一个人，谁来负责？

1　Çatalhöyük，位于土耳其安纳托利亚地区的人类定居点遗址。

在《查士丁尼汇编》中，盖尤斯对蜜蜂的看法被详细阐述：

> 蜜蜂，本质上同样是野生的，所以那些群居在我们树上的蜜蜂，除非被安置在我们的蜂箱里，否则就像在我们的树上筑巢的鸟一样，不再视为是我们的。因此，如另一人安置它们或将它们放入蜂箱，他将是它们的所有者。同样，任何人都可以取走它们制造的蜂巢，这不存在偷窃的问题。不过如前所述，主人知道后，可以合法地禁止他人进入其土地。飞离我们蜂箱的蜂群，只要在我们的视线范围内，且不难找回，就被认为仍是我们的；否则就向第一
> 37 个捕获者开放。

虽然盖尤斯认为蜜蜂是野生的，但其他罗马作家，如普林尼，认为它们介于野生和驯养之间。现代法律根据具体情况将它们视为野生的或驯养的动物。

古代对蜜蜂的所有权提出详尽理论的并不只有罗马人。中世纪爱尔兰古代法律制度有一整节关于“蜜蜂审判”的内容，爱尔兰盖尔语称为“*Bechbretha*”。（“*Bech*”是古爱尔兰语中蜜蜂的意思；颇有意思的是，熊蜂在盖尔语中被称为“*bumbóg*”。）**蜜蜂审判法**规定，如果蜜蜂成群飞行，所有者只有追踪或追赶蜜蜂，不让其离开视线范围，才能保留所有权。

如果蜜蜂成群飞到另一个人的土地上，如何分享蜂蜜呢？这要由复杂的法律来确定，依据包括谁追踪蜜蜂、谁最初拥有蜜

蜂、蜜蜂栖居在谁的土地上，以及蜜蜂在谁的土地上觅食。例如，如果蜜蜂成群飞到某位显要人物的土地上，原所有者追踪它们到了那里，即使是该显要人物在照看蜜蜂，三年内原主人也有权获得三分之一的蜂蜜；三分之一的蜂蜜归拥有土地的显要人物所有；最后三分之一的蜂蜜归蜜蜂觅食的土地的所有者。不同种类的土地对应不同种类的分配。

有趣的是，关于蜜蜂，英澳法律和之前的英国法律 600 多年来都没有发生太大变化。教士兼法学家布雷克顿在他著名的 13 世纪法律专著《论英格兰的法律与习惯》（*De Legibus et Consuetudinibus Angliae*）中讨论了蜜蜂，威廉·布莱克斯在他 18 世纪的著作《英国法释义》中亦是如此。两人都以类似罗马法的方式对待蜜蜂，认为蜜蜂在被放入蜂箱之前不产生任何所有权，而且蜜蜂飞走时所有者必须让蜜蜂停留在视线范围之内，才能重申对飞走的蜜蜂的权利。

在一些司法管辖区，这条规则有一个持续至今的例外：土地所有者可阻止蜜蜂原主人侵入他或她的土地。这在 1939 年英格兰的“凯里诉帕廷森案”（*Kearry v Pattinson*）中凸显了出来。凯里的蜜蜂成群飞走并停留在邻居帕廷森的土地上。尽管凯里能看到蜜蜂也能认出自己的蜜蜂，但邻居不允许凯里进入他的土地取走蜜蜂。王座法庭认为，因为凯里没有进入该土地的合法权利，所以他失去了所有权，这些蜜蜂恢复野生状态。 38

当然，蜜蜂是否真的可以识别，这个问题始终存疑！ 1911 年，昆士兰的莱纳姆发现一些蜜蜂聚集在他家养牛场的围栏上，于是把它们装进蜂箱，成功获得了所有权。蜂箱丢失后，莱纳姆声称是一个叫加德的人偷走了，他在加德的院子里发现了那些蜜蜂。加德被指控犯有盗窃罪，但是陪审团认为不能排除合理的怀疑，很难说加德土地上的蜜蜂究竟是不是莱纳姆最初放入蜂箱的蜜蜂，加德因此被无罪释放。

拥有民法典的欧洲国家允许蜜蜂所有者到他人土地上追踪蜜蜂，对追踪问题另有一套处理方法。德国民法典对蜜蜂所有权有详细规定，不仅赋予所有者在属于他人的土地上追踪蜜蜂的权利，还规定，如果蜜蜂进入属于他人的空蜂箱，蜜蜂所有者可以破开蜂箱，如对蜂箱造成任何损坏则支付赔偿。

如果两个或多个蜂群合并，则总蜂群由最初拥有独立蜂群的人按比例共同拥有。如果一个蜂群移动到已被其他蜜蜂占据的蜂箱，蜂箱主人获得所有蜜蜂的所有权，任何其他人对该蜂群的所有权或权力均被废除。

凯里因帕廷森不让其追踪蜜蜂而失去蜜蜂，这似乎并不公平。在这方面普通法的处理方式看起来不如民法公平，这可能反映了传统普通法对土地财产权至上的坚持。

狐狸

美国著名的“皮尔逊诉波斯特案”（*Pierson v Post*）常被用来给美国法律专业的学生讲授财产法。洛多威克·波斯特和朋友带着猎犬在纽约一片无人居住的沙滩上徒步追逐一只狐狸，这时杰西·皮尔逊介入，用栅栏横木将狐狸打死。当时涉案双方均

20 多岁，是来自纽约显赫家庭的富家子弟。关于这种性质的“消遣”是否合适，或狐狸（捕食鸡的野兽）是否应该被迅速且毫无竞技精神地杀死，两家之间似乎存在一些矛盾。 39

法律问题是波斯特是否“拥有”这只狐狸，以及皮尔逊是否侵占他的财产。多数法院认为光是追捕是不够的，波斯特并未拥有这只狐狸。皮尔逊杀死它可能缺乏竞技精神，但这不是盗窃——利文斯顿法官将皮尔逊描述为一名“无礼的妨碍者”。

做出主要判决的汤普金斯法官表示：

> 为了确定起见和维护社会的和平与秩序，我们倾向于将对野生动物的拥有和占有限制在以上引用的学者规定的范围内。如果最先看到、惊起或追捕这些动物，并没有通过使其受伤、将其围住或用陷阱捕捉而剥夺其天赋自由、使其受追捕者的控制，就构成不让他人拦截和杀害该动物的依据，将会引发大量争吵和诉讼。

法律史学家安杰拉·费尔南德斯（Angela Fernandez）概括了“皮尔逊诉波斯特案”中多数判决背后的逻辑。在《狩猎狐狸》（*The Hunt for the Fox*）一书中，她详述了案件背后的历史：

> 狩猎时……动物能够且经常逃脱；因此最明确的控制，就是将其杀死（像皮尔逊所做的那样）。杀死该动物构成最佳占有权。这有时被称为“明线”规则，这个规则更明确，

> 也更容易运用。相比之下,“即将捕获”充其量是一个“模糊”的标准,仍然可能出现变数。

利文斯顿法官持异议，认为应把狐狸给波斯特。他表示所有权并不取决于是否实际接触或捕获该动物，“只要追捕者在可及范围内，或有合理的成功机会（在此案中肯定有），因而已经产生了将该动物据为己有的意图”。他的异议似乎有种不同寻常的幽默味道。

其实，驯养和养殖狐狸是可能的（通常是为了它们的皮毛），但加拿大在这个问题上存在矛盾的判例法。在 1917 年的一个案件中，“农场”饲养的一只狐狸逃脱并被人杀死，狐狸被认定为重获自由的野生动物：法庭认定狐狸无意返回农场。后来在 1932 年一个类似的案件中，法庭认为涉事狐狸已足够驯服，成为驯化动物，能够被拥有，杀死逃逸狐狸的人有责任照价向所有
40 者赔偿。

据说苏联科学家德米特里・别利亚耶夫（Dmitri Belyaev）和同事在新西伯利亚通过对四十多代最温顺的银狐进行选择性繁殖，驯化了银狐，这一事件十分著名。狐狸明显表现出了“驯化综合征”（domestication syndrome）：它们的腿、尾巴、鼻子和上颌更短；耳朵松垂、尾巴卷曲、皮毛有斑纹或斑点、额头上有星形图案；它们的交配变得更加频繁，没有季节限制；它们更友好，会摇尾巴。然而，最近有人提出，这些狐狸一开始就不完全是野生的，而是来自加拿大的毛皮狐狸养殖场，在实验之前就

具有这些特征。因此，有人认为“驯化综合征”可能被夸大了，需要更多的实验来证实。

2012年成立了一家慈善机构“悉尼狐狸救援”（Sydney Fox Rescue），开始营救被捕获的狐狸，对它们进行驯化并将它们安置进家庭。这导致驯养狐狸的法律地位在新南威尔士州成了一个问题。2014年，新南威尔士州政府宣布狐狸是一种害兽，并表示所有者必须申请许可才能饲养它们。尽管2016年“悉尼狐狸救援”进行了游说，但新南威尔士州政府拒绝改变在这方面的立场。

孔雀和鸽子

有些驯养鸟类具有野生特征。同样，罗马法在《查士丁尼汇编》中指出了这一点：

> 孔雀和鸽子的野性并不重要，因为它们习惯飞走再返回；蜜蜂亦是如此，其野性被普遍承认。

这与驯化家禽和鹅更驯服的特征形成鲜明对比。虽然飞走的野鹅不再被拥有，但是飞走的家鹅仍旧属于所有者，任何占有它们的人都构成盗窃罪，须负法律责任。尽管盖尤斯似乎认为孔雀本质上是野生的（尽管它们被引入了意大利），但彭波尼（Pomponius）提出，它们在某些情况下可以被视为驯养的：

> 如果我驯养的孔雀从我家逃脱，你追它导致它失踪，
> 41 万一它被他人占有，我可以对你提起盗窃诉讼。

这可能看起来有点奇怪：盗窃驯养的孔雀竟然会如此普遍，以至于需要一条特定的规定。不过罗马人痴迷于饲养异域动物，因此对拥有它们有特定的规定。

有趣的是，在英国法律中，正如历史学家克丽丝塔·凯塞林（Krista Kesselring）所解释的，人们曾经疑惑会不会有人去偷孔雀，因为它们是用于娱乐的，并非赚钱的动物。然而，观点在16世纪开始发生改变：

> 1539年通过的一项议会法案标志着这一转变：该法案将盗窃国王的鹰或它们的蛋定为死罪，坚称人“对令人高度愉悦的事物……以及特别的消遣物，也能像对一般有价值的物品一样”主张权利。有些观点至今仍有回响，有人开始指出，愉悦本身就是有价值的，比如听笼子里的鸟唱歌，就能令人心身康泰。法官甚至开始将愉悦和利益的区别运用于乐器等物品，并尝试用同样的方式对待钻石，这类物品被认为除了给人带来愉悦之外并无内在价值。

现在，经济学家称仅因为价格高而有价值的商品为“钻石商品”，然而从本质上说，叫“孔雀商品”也同样合适。

在中世纪欧洲，鸽和白鸽不是“钻石商品”，尽管在英格兰，

只有庄园领主有权在其领地上放置鸽舍。鸽子和鸽子蛋被食用，鸽子粪便被收集起来用作肥料，并用于鞣皮和制作火药。当然，还有信鸽被用于传递邮件和战时通信，其不同寻常的归巢能力，被认为与磁场感应有关。因此，1948 年英国的“汉普斯诉达尔比案”（*Hamps v Darby*）确认：逃脱的赛鸽只要有返回所有者处的意图（**回归的意向**），就仍是所有者的财产。从古至今，关于鸽子所有权的法律并没有发生太大变化。 42

天鹅

英格兰和威尔士的天鹅所有权有一段非同寻常的历史。天鹅有一些实际用途——肉可以吃，羽毛用作羽毛笔，但它们也是地位与王室的象征。有说法称只有女王可以吃天鹅肉，女王拥有英国所有的天鹅。严格来说，这并不正确。真相要有趣得多。

第一，英国君王对天鹅的所有权仅限于原产英国的一种天鹅，即疣鼻天鹅（*Cygnus olor*）。第二，君王似乎只拥有英国水域未被标记的天鹅。

威尔士的杰拉尔德（吉拉尔德斯·坎布伦西斯）[1] 最早于 12 世纪末提到疣鼻天鹅是“王室之鸟”，不过现在君主对疣鼻天鹅的所有权被普遍视为王室特权的一部分。该权利的适用范围仅限于英格兰和威尔士，不包括苏格兰、北爱尔兰或任何其他仍由女

1 Gerald of Wales（Giraldus Cambrensis），1146—1223，曾任布雷克诺克大主教，也是一名历史学家。他对 12 世纪末人们生活的记录，是宝贵的历史资料。

王统治的领域。

在某个时刻，君主开始将天鹅的所有权授予贵族。13 世纪，天鹅的所有者们开始得到君主的许可在天鹅的喙上“标记”（拉丁语称为 *cigninota*）。1405 年至 1406 年的一份宣言重申只有国王能够授予这项权利。此前，天鹅的所有权受习惯法[1]管辖。

1361 年，国王命托马斯·德鲁斯汉姆负责“监管和照顾我们所有的天鹅，及泰晤士河流域和我们王国内其他地方的天鹅”。此后国王有一名“国王猎禽天鹅主管”，又称王室天鹅倌、天鹅官或王室天鹅主管。天鹅主管也负责在恶劣天气中保证天鹅的安全。

1482 年和 1483 年，爱德华四世通过《天鹅法案》（*Act for Swans*），禁止“自耕农和农民，及其他无名之辈”非法饲养天鹅。因此，可以标记天鹅或拥有天鹅的只有贵族和富人：那些“无限期持有的土地和物业的年值超过所有年费五马克[2]”的人。如果该法案剥夺了某人拥有天鹅的资格，此人必须放弃所有权，如不在米迦勒节[3]前完成，那些有资格拥有天鹅的人有权“没收上述天鹅；一半归国王所有，另一半归自己”。这就是所谓的“限奢法”

1 customary law，习惯法是独立于国家制定法之外，依据某种社会权威和社会组织，具有一定强制性的行为规范的总和。

2 mark，1 马克相当于三分之二镑。马克是一个用于会计的常用金额，并不存在价值 1 马克的钱币。

3 Michaelmas，基督教节日，每年 9 月 29 日。

（sumptuary law）：用法律来限制某些社会阶级拥有或消费某物，旨在实施社会等级制度。 43

天鹅标记正式登记注册在这一时期前后成为一种惯例。额外的法规和条例制定了细则，说明在特定区域什么人能拥有天鹅和幼天鹅。只有君王可以认领未被标记的疣鼻天鹅，不过君王自己也有好几种天鹅标记。

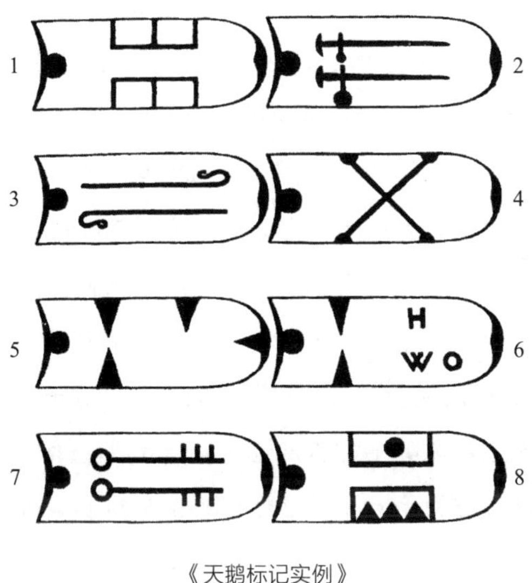

《天鹅标记实例》

现在，法律上仍允许捕猎和食用未被标记的疣鼻天鹅的，只有剑桥大学圣约翰学院的研究员，这是过去授予保皇党支持者的一项特权。他们不再行使此权利，但学院围墙内仍有天鹅陷阱。

对天鹅的标记、记录和处置被称为“天鹅清点”（swan

upping)，由天鹅主管监管。人们捕捉天鹅，记录它们及其后代的所有权归属，并在天鹅的喙上做标记。标记似乎是用刀刻或用热烙铁烫印的。天鹅主管会在“天鹅名册”上一丝不苟地记录标记。

天鹅为何如此重要？它们被视为奢侈品，与皇恩的联系使它们在中世纪拥有崇高的地位。这种联系的确切原因不明，但可能与天鹅的美丽、孤独的天性、对幼天鹅的奋力保护有关，而且饲养天鹅需要广阔的土地。天鹅也被食用，1247 年，亨利三世
44 在温切斯特举办圣诞宴会，为此订了 40 只天鹅。

标记天鹅的程序一经确立，国王就组建了特别法庭执行关于天鹅的法律，该法庭被称为天鹅法庭（Courts of Swan-mote 或 Swan-moot），解决与天鹅相关的纠纷。天鹅主管负责在法庭上主张国王的权利。天鹅主管的办公室变得有利可图，地方代表被任命。地方的天鹅所有者颁布严格的规定，保护君王的天鹅不受伤害。1523 年《关于林肯威瑟姆河天鹅的条例》（*Ordinances Made in Respect of Swans on the River Witham in Lincoln*）包含以下内容：

> 任何在天鹅可能繁殖或习惯繁殖的水域或溪流边拥有土地的渔民等，不得在天鹅巢 40 英尺[1]范围内或溪流 40 英尺范围内收割、修剪或砍伐任何灌木、芦苇或禾草，每次违

1 1 英尺等于 0.3048 米。

反，违者须向国王或其代表缴纳 xl（40 先令）……

任何人或团体均不得在白天鹰猎、狩猎、用狗捕鱼，或设网、陷阱或机械装置捕捉鱼或家禽，或在圣菲利普和圣詹姆斯的盛宴[1]和收获节[2]之间用手枪或十字弓射击，每次违反，违者向国王或其代表上交设置之物和 6 先令 8 便士罚款。

不得在任何流动水域，及水域 40 英尺的范围内浸泡大麻或亚麻，不得向流水中投掷任何可能导致水被污染的其他污物，任何人不得以任何形式侵害流水，使水受到损害，每次违反，违者向国王或其代表缴纳 xl（40 先令）。

盗窃天鹅蛋是被禁止的，违者处以监禁和罚款。亨利七世在位期间（1485—1509），“从巢穴中”盗窃“任何猎鹰、苍鹰或天鹅的蛋”，处以一年零一天的监禁，所收缴的罚款一半给国王，一半给鸟巢所在土地的所有者。詹姆斯一世在位期间（1603—1625），任何人“将任何野鸡、山鹑或天鹅的蛋从巢穴中”取出或“故意弄碎、损坏或毁坏巢中的蛋”，处以 3 个月监禁，不得保释，或每取走或破坏一枚蛋，须支付 20 先令的罚款（用于帮助教区内的穷人）。

1　Feast of Philip and James，5 月 3 日。

2　8 月 1 日。

45

《泰晤士河上的天鹅清点》

1592 年的“天鹅案”（*Case of Swans*）确立了天鹅所有权的原则，并确认了野生动物所有权和君王权利的一般原则。本案的纠纷，缘于多塞特郡长指示琼·扬夫人和托马斯·桑格在多塞特的河流中围捕 400 只没有标记的天鹅，因为女王伊丽莎白一世想要占有它们。扬和桑格争辩说这些天鹅属于他们。这些天鹅的权利曾经由阿伯茨伯里的圣彼得修道院持有，这一圣本笃修会[1]的修士团体已不复存在。修士拥有这样的珍馐看似非同寻常，但杰

1　天主教修道会，由 6 世纪意大利名修士努西亚的本笃于 529 年创立。修道会遵循本笃撰写的有关修道院生活准则的《圣本笃准则》。

弗里·乔叟在《坎特伯雷故事集》的总引中对修士的描述表明这并不罕见：

> 这高级教士确实非常地体面；
> 他绝不苍白，绝非消瘦的饿鬼。
> 烤熟的肥天鹅最合他的口味。[1] 46

琼·杨夫人第一任丈夫的祖父曾协助解散修道院，亨利八世允许其购买该地产，地产随后传给他的孙子兼继承人（琼·扬夫人已去世的第一任丈夫贾尔斯·斯特兰奇韦斯）。琼·扬夫人和桑格声称斯特兰奇韦斯授予了他们对天鹅一年的权利。然而，因为天鹅是“王室之鸟”，对这些天鹅的权利只能“**由于特权**”（由国王）授予。因此，严格意义上君王可以对所有**未被标记**的疣鼻天鹅主张权利。最后的情况是，阿伯茨伯里天鹅饲养处今天仍归斯特兰奇韦斯家族的后代所有，很多天鹅依然生活在那里，但是女王选择不对它们主张权利。

正如“天鹅案”所体现的，关于幼天鹅的所有权有详尽的制度。如果幼天鹅的父母被两个不同的人所拥有，幼天鹅将在他们之间分配：雄天鹅的所有者和雌天鹅的所有者获得相同数量的幼天鹅，由雄天鹅的所有者先挑选。或者，如果只有一只幼天鹅，裁决不下，一名所有者可以向另一名所有者支付一半的价值，或

1　出自《坎特伯雷故事集》，译义参照黄杲炘译本。

承诺这对天鹅产下的下一只幼天鹅归对方。如果有三只幼天鹅，天鹅巢所在的土地的所有者只要向君王支付一笔费用，就有权获得第三只幼天鹅，而价值可能低于另外两只。

幼天鹅的所有权制度与适用于大多数其他动物幼崽的所有权制度不同，根据普通法，动物幼崽一般属于母兽的所有者。在“天鹅案”中，爱德华·科克对此解释如下：

> 这条法律建立在自然界的一个原因之上；因为在所有禽鸟中，雄天鹅是对妻子充满爱意的忠诚丈夫的象征和代表；雄天鹅只忠心于一个异性；为此，自然赋予它无与伦比的礼物；那就是，如此喜悦地死去，在死前优美地歌唱；对此诗人说道：
>
> *Dulcia defecta modulatur carmina lingua,*
> （天鹅，为自己的死亡歌唱，）
> *Cantator, cygnus,funeris ipse sui, etc*
>
> （甜蜜的歌谣、渐逝的歌喉抑扬婉转）
> 47 因此天鹅的情况确实与牛或其他野兽不同。

判决中引用的拉丁文来自罗马诗人马提亚尔（Martial），反映了一个古老的信念：天鹅一般不鸣叫，只在死前唱出美妙的歌声。事实上，“天鹅之歌”完全是传说，但天鹅一夫一妻的说法具有一定的真实性：天鹅一般长相厮守（很少“离婚”）。然而，雌性澳大利亚黑天鹅对伴侣的忠诚度明显不如其欧洲亲戚。

除了泰晤士河某些河段的天鹅，伊丽莎白二世女王选择不对未标记的天鹅行使权利。现在还拥有带标记天鹅的私人团体只有御用洗染者公司(Dyers Company)和御用酿酒者公司(Vintners Company)。为了保护天鹅，洗染者公司、酿酒者公司和女王每年仍在泰晤士河清点天鹅。

直至今天，在英格兰吃天鹅通常都是违法的，但原因各不一样。疣鼻天鹅作为一种“野鸟”，受到英国《1981 年野生动物和乡村法》（*Wildlife and Countryside Act 1981*）的保护。根据该法案，杀死、伤害或捕捉野鸟，干扰、毁坏或取走野鸟蛋都是犯罪行为。在英格兰，唯一可以吃天鹅的人大概是女王，但这仅是因为她有主权豁免，并无任何更深层次的原则。

“王室之鱼”

“天鹅案”还指出，所有的鲸和鲟鱼都是“王室之鱼”，归英格兰君王所有。1322 年爱德华二世颁布的一条法案说明了这一点。法案名称为“国王特权”（*Prerogativa Regis* 或 *Of the King's Prerogatives*），其中规定：

> 国王应拥有整个王国海洋中的沉船残骸，以及在王国范围内海洋中或其他地方捕获的鲸和（大鲟鱼），国王特许的某些地方除外。

也适用于鼠海豚和海豚该法的管辖范围延伸至苏格兰和北爱尔兰。

君王对沉船残骸（因海难而被冲上岸的货物）的权利被《1894年商船法》（*Merchant Shipping Act 1894*）取消，但《国王特权》
48 这一部分其余的内容仍旧有效。因此，2004年，当威尔士渔民罗伯特·戴维斯捕到一条10英尺长的鲟鱼时，他将这条鱼交给了沉船残骸接收者，该官员当时受命代表女王处理英格兰、威尔士和北爱尔兰的“王室之鱼”。女王没有接受这条鱼，并表示戴维斯先生有权按照自己的意愿处理这条鲟鱼。

当然，鲸被称为“王室之鱼”，不可避免地引发了反对意见，因为鲸、鼠海豚和海豚实际上根本不是鱼。A. P. 赫伯特（A.P.Herbert）在1935年出版的《非普通法》（*Uncommon Law*）一书中编造了一个幽默的案例：一头死去的鲸被冲上英国一个小镇附近的海岸。当鲸开始腐烂发臭时，镇上的人和君王都拒绝承担处置它的责任。最终，渔农业及粮食部指出，鲸是哺乳动物，不是鱼，这个起诉君王的案件被延期。

鲸一度被例行捕杀，某些情况下几乎濒临灭绝。在这一时期，也有真的判例法描述谁拥有野生鲸鱼。梅尔维尔的著名小说《白鲸》总结了“有主鲸”和“无主鲸”的法律区别：

> 说实在的，这些法规完全可以镌刻在安妮女王的铜元上，或者在镖枪的倒钩上；由于这种铜元和倒钩体积极小，可以挂在脖子上作为装饰。

> 一、有主鲸属于将鲸拴住的一方。
>
> 二、无主鲸是谁先逮住就归谁的正当猎物。
>
> 但是这部出色的法规问题就出在它异常简练，要想解释清楚，需要用一大卷书来评注。
>
> 首先，怎样的鱼算是有主的鱼？一条鱼不管是死是活，只要它与一条有人的船或小艇相关联，只要它受船上一个或更多人控制，不管用来控制的是什么——一根桅杆、一支桨、九英寸（22.86 厘米）长的绳索、一根电话线，还是一根蛛网丝——情况都一样，严格来说这头鱼便是有主的。同样，一头鱼只要身上插着一根浮标杆或者任何其他可以辨认的已有归属的标记，严格来说便是有主的。但有一个条件：它的主人一方要能明确无误地表现出有能力随时将它拉到船边，并且打算这样做。[1] 49

这段话准确地描述了适用于格陵兰捕鲸者的普通法，正如 18 世纪的“利特代尔诉思凯斯案”（*Littledale v Scaith*）和“霍格思诉杰克逊案”（*Hogarth v Jackson*）所述。同样，控制和阻止移动的能力是关键。

然而，格陵兰规则的运用并不是始终如一的。财产法学者罗伯特·C. 埃利克森（Robert C. Ellickson）指出，不同的管辖区域有不同的规则，取决于区域内鲸的行为。“有主鲸”规则适用

1　译文基于《白鲸》（人民文学出版社，2018 年，赫尔曼·梅尔维尔著，成时译），有改动。

于格陵兰，栖居在那里的是露脊鲸。这些鲸相对迟缓、温和，不太可能弄断鱼叉绳。因此，要求有绳索相连的“明线”规则是合适的。世界其他地方的鲸速度更快，如果捕鲸者试图拴住它们，它们更容易弄断绳索或颠覆船只。相应地，就必须有不同的规则。

因此，1881年在美国的“格恩诉里奇案”（*Ghen v Rich*）中，格恩用有特定标记的“爆炸鱼叉”（bomb lance）射杀了一头长须鲸，当长须鲸沉没后，尸体在17英里[1]外被冲上海滩时，格恩仍能主张鲸鱼属于他。第三方为埃利斯，他发现这头鲸，随后将其卖给里奇，但格恩提供了证据：在鳕鱼角一带，按当地的习俗，鲸属于射中“第一叉”的人，任何人发现那头鲸，都应通知渔民并获得救援费。法庭接受了这一习俗，认定格恩保留所有权。里奇已经对鲸进行加工，将鲸脂运走，并提取了鲸油，但他必须向格恩支付“转为己用”（conversion）或“对物非法占有”（trover）的侵权损害赔偿金，因为他妨碍了格恩的占有权。

法庭表示有充分理由应用当地习俗而非普通法规则：

> 除非（习俗）得以维持，否则该行业分支必然无法继续存在，因为如果劳动成果会被任何偶然发现者私占，那么没有人会从事该行业。它为保卫或报告财产提供了合理的救援费。该规则在实践中行之有效，这一点从在该规则下发展起

1　1英里等于1609.344米。

> 来的产业规模和可能质疑它的整个社区的普遍默许可以看出。很明显，不考虑习惯做法，普通法不会得出同样的结论。

通知猎手并向发现者支付救援费，这一本地习惯让庞大的、即将腐烂的尸体得到有效处理，同时保护了猎手的劳动成果。1901年在新西兰的“鲍尔迪克诉杰克逊案”（*Baldick v Jackson*）中，当地习俗被应用，取得了类似的效果。 50

顺便一提，君主对“王室之鱼”的权利不太可能应用于英联邦国家。该问题在“鲍尔迪克诉杰克逊案”中被提及，首席法官斯托特谈及新西兰时说：

> 在新西兰被宣布为英国领土的一部分之前，捕鲸在新西兰很普遍。在新西兰被宣布为英国领土的一部分之后，在新南威尔士州的统治下，从未有人主张在新西兰捕获的鲸是“王室之鱼”，而1829年之后，新西兰的捕鲸活动十分活跃……我认为该法规不适用于新西兰，尽管爱德华二世第17号法案[1]第二章明确规定对鲸的权利是王室特权的一部分，但该权利不仅从未被主张，而且不与毛利人冲突就无法主张，因为毛利人习惯从事捕鲸；《怀唐伊条约》[2]默认他们

1 即《国王特权》法案。

2 Treaty of Waitangi，1840年2月6日毛利人和英国政府签署的重要条约，确认了新西兰作为英国殖民地的地位，并旨在保护毛利人的权益。然而，因为英文版与毛利文版之间存在翻译和理解上的差异，条约的解释和执行在历史上引发了争议与纷争。

> 的捕鱼活动不受干扰——他们将不受干扰地拥有自己的土地、房产、森林和渔场等。

因此，这种对“王室之鱼”的权利也不太可能延伸到澳大利亚。

异域动物

人一直渴望拥有异域动物。罗马人甚至有一个专门的码头用来卸载异域动物。纵观历史，异域野生动物被饲养在私人动物收藏处、动物园和家中，或用于马戏表演等活动中，其中有罗马式的——角斗士或囚犯有时和野生动物殊死搏斗，也有更现代的马戏表演，以动物表演杂耍为特色。

在 1898 年美国的“穆莱特诉布拉德利案”（*Mullett v Bradley*）中，一只海狮的所有权引起了争议。穆莱特从事的业务是在加利福尼亚海岸捕捉海狮，再将它们卖给纽约的展商。他在捕捉时弄伤了一只海狮，原定的买主拒绝了这笔交易。穆莱特去寻找另一位买家时，将海狮置于一座岛上，但海狮逃脱并消失了。
51 这只海狮消失一年后，穆莱特发现其被布拉德利占有。布拉德利从渔民手上买到这只海狮，该渔民是在纽约海岸外 70 英里处捕获它的。

问题仍是最初的追捕者（穆莱特）是否还拥有该野生动物，尽管他后来失去了对它的控制。纽约最高法院判决海狮为野生动物，当其逃脱时，即重获自由并再次成为野生动物。穆莱特试图辩称海狮在回到其原先栖息的水域之前无法重获自由，但法院驳回了这一观点。因此，当渔民捕获逃脱的海狮时，他对这只动物建立了有限制的财产权，可以将其出售给布拉德利。

这场论辩又把我们带回异域动物收藏者亚斯明·纳库达的案例。在日本猕猴“达尔文”一案中，纳库达败诉，未能保留所有权。但她并未气馁。她搬到加拿大的另一个地区，购买了一个很大的农场，当时那里没有禁止拥有异域动物的地方法规。2015 年，《多伦多星报》(*Toronto Star*) 报道她弄到了两只日本猕猴，名叫蒂贝特和苏莫，分开饲养在围栏中。颇为神秘的是，2016 年《赫芬顿邮报》(*Huffington Post*) 的一篇文章报道，她有一只名叫“恺撒”的日本猕猴，还有一只名叫迪娃的猴子和两只迷你驴、一只毛袋鼠、一些羊驼、两只狨、两只雪貂和一只黑白狐。不知道是蒂贝特和苏莫改名了还是换了其他的动物。2017 年，纳库达迁居的地区通过了禁止拥有异域动物的地方法规，但允许居民保留现有的动物。

驯化动物的所有权

如果瓦莱法官认为“达尔文”是一种驯化动物，能够以无限制的方式被亚斯明·纳库达拥有，情况又会怎样呢？从实情来看，在这个特定的案件中，并不会有什么区别。在多伦多，地方法规禁止人们饲养猴子和多种其他动物，基于此，TAS 有权扣押“达尔文”。而且，纳库达来到 TAS 的办公室要求将“达尔文”归还给她时，签署了将“达尔文”交给 TAS 的表格。不过，相较于野生动物，家养动物所有权的情况更加简明。

进一步讨论之前，有必要考虑一下驯化的内涵和外延。有理论认为动物的驯化是以三种不同的方式产生的。第一，当野生动物（包括狗、猫和鸡）因食物的存在而被吸引到人类定居地并与人类建立伙伴关系时，驯化的“共生途径”（commensal pathway）出现了。第二，当人类积极狩猎的动物（包括牛、山羊、绵羊和猪）开始被人类管理，驯化的“捕获途径”（prey pathway）出现了。第三，当人类有意识地捕捉、驯化或使用某些动物（包括马、骆驼和驴）时，驯化的“定向途径”（directed
52 pathway）就出现了。

人类和动物一起生活和工作了很长时间，因此一些关于动物所有权和动物管控的法律十分古老，但是驯化始于何时，并没有准确的答案。驯化可能于不同时间在不同的地点出现。

狗可能是最早被驯化的动物，但我们同样不清楚狗的驯化究竟是何时开始的：可能是 4 万年前到 1.4 万年前之间的任意时间点。狗和人类共存，实际上是狗驯化了自己。

法国肖维岩洞中发现的遗迹可能是最早的考古证据。据估计，2.5 万年前，即最后一个冰河时代之前，该岩洞因岩崩而封堵。岩洞地面上保存着约 10 岁的人类儿童的脚印，和一只狗的脚印。在洞穴中也发现了狼的脚印，但狗的脚印可区分出来，其前爪的中脚趾较短。

也有早期证据表明人类和狗之间存在亲密关系。1914 年，一只患过犬瘟热的小狗的骨头和人类的骨头一起被发现，它们

1.4 万年前被埋在德国的一个采石场；如果没有细心的照料，这只小狗不可能存活。

考古证据显示，有些新石器时代的人似乎将狗和死者合葬或埋葬在死者附近，并用人类的食物喂它们，这表明他们对狗有深厚的感情。早期美索不达米亚史诗《伊南娜下冥界》（*The Descent of Inanna*）和《吉尔伽美什史诗》（*The Epic of Gilgamesh*）中的人物给狗戴项圈、系狗绳。

接下来驯化的动物是山羊、绵羊和鸡。那么猫呢？在驯化时间表上，它们出现得相对较晚。猫似乎以野生状态和人类共存了一段时间（我们一旦开始存储谷物，它们就狩猎啮齿目动物一类），直到它们同意被驯化。 53

在鲁德亚德·吉卜林（Rudyard Kipling）的故事《独来独往的猫》（The Cat that Walked by Himself）中，人类邀请了狗、马和奶牛加入人类，这几种动物都这么做了，服从驯化，但是猫每次接到邀请，都对人类说：“我不是朋友，也不是仆人。我是独来独往的猫，哪里对我都一样。”故事的最后，猫被部分——而非完全——驯服了：

> （猫）抓老鼠，在屋里时对婴儿很友善，只要他们不太过用力地拉扯它的尾巴。但是在做完这些之后，在做这些事情的间隙，在月亮升起、夜幕降临时，它总是独来独往，所有地方对它来说都一样。然后它外出，去潮湿的野外树林，或爬上潮湿的野生树木，或跳上潮湿的野外屋顶，摇着它野

性十足的尾巴，做一只野外漫步的独行者。

吉卜林的故事之所以能引起共鸣，是因为它像所有好的寓言一样包含真实性，这种真实性也反映在历史和法律中。尽管猫在基因上已被驯化（野猫的皮毛没有斑纹），它们仍旧保留了独特的漫游倾向。我们无法以通常对待其他家养动物的占有或拥有的方式来控制它们。因此，正如新西兰高等法院的哈蒙德法官所说："狗受到严格控制，而恕我直言，猫有权在城镇里游逛，完全不受管制。"

美国法官也有类似看法。1890 年，在美国的"麦克唐纳诉乔德雷案"（*McDonald v Jodrey*）中，一只家猫杀死了邻居的金丝雀，对此法官表示：

> 猫依附于地点而非人类，被收容而非被拥有。它们不像狗那样服从指示，也无法像其他大多数家养动物那样受到约束。在这种情况下，它们可被视为仍未被驯化，它们的捕食习惯不过是其野性的残余。

猫的漫游倾向可能会引起问题，例如，当所有者外出时，猫经常去别人家。最近在英格兰，伦敦哈默史密斯的一对夫妻指控邻居企图夺走他们的猫奥兹。奥兹经常去邻居家，邻居一直给它喂食。随后邻居声称奥兹和她在一起更好，导致了为期 4 年的法律纠纷。那对夫妻要求禁止邻居给这只猫喂食和互动。2020 年

1 月，在伦敦中央区的郡法院审理此案之前，邻居做出大量承诺表示不再与该猫互动，随后此案和解。显然，漫游的猫引起的纠纷并不罕见。

很多人把家养动物（尤其伴侣动物）视为家庭成员。然而，其他家养动物被用于劳动及生产食物和其他产品，如羊毛。正如本章开头指出的，家养动物是财产，法律上通常也有相应的规定，关于虐待动物行为的惩罚条例和某些刑法，我们将在第五章中进一步讨论。

所有权的形式

对家养动物可以施行多种形式的所有权。我们可以以合伙形式（一种共同所有的形式）持有，以信托方式持有，或者抵押出去。对羊、牛和各种农业动物，可以行使家畜留置权[1]。英国甚至有一个案件涉及狗的抵押！赛马通常被共同拥有。赛马可能是价值很高的资产，因为它们为喜欢赛马的人提供了娱乐，而且如果它们在比赛中获胜，所有者会拿到奖金。赛马甚至可以作为贷款抵押品。

1978 年新南威尔士州的“索尔顿诉莱克案”（*Saltoon v Lake*）涉及好几种形式的所有权。疑点在于对赛马“大汗”的抵押是否有效。斯卡利向索尔顿借贷 2 万美元，以 4 匹马抵押担保，“大汗”就是其中一匹马。斯卡利将“大汗”卖给 3 个人（都是

1　扣押某人财产直至债务清偿方予放还。

莱克家族的成员），但并未告知他们抵押贷款的事。索尔顿的律师邮寄了一封信，告知新所有者抵押的情况，但他们没有收到。当斯卡利破产，无法偿还贷款时，索尔顿试图拿回这匹马以偿还斯卡利的债务。“大汗”的新所有者作了无谓的抗争。

接受他人作为礼物赠送的动物而成为其所有者，这是可能的。然而，为了在法律上有效，礼物必须符合一些要求。比如，
55 将动物作为礼物赠送的意图应该是明确的。

在“格莱斯特-卡莱尔诉格莱斯特-卡莱尔案”（*Glaister-Carlisle v Glaister-Carlisle*）中，一对夫妻争夺一只名叫“春光巴利胡”的白色迷你贵宾犬。这只贵宾犬最初归丈夫所有，但当该犬与他妻子的黑色贵宾犬交配并怀孕后，夫妻俩发生了争吵，丈夫将“春光巴利胡”扔给妻子，说：“她现在归你管了。”妻子宣称丈夫这样做就是将怀孕的贵宾犬送给了她。后来，双方关系疏远了，丈夫试图把“春光巴利胡”要回去，甚至从妻子那里诱拐了这只贵宾犬。上诉法院认为，尽管狗的占有权被交给了妻子，但并不存在把狗作为礼物送给妻子的意图（实际上恰恰相反）。

相反，在 2021 年澳大利亚的“周诉张案”(*Chow v Chang*)的纠纷中，法院认定一方有将宠物赠送给另一方的意图。莫里斯·周和玛丽娜·张（张思文［音译］）因博美犬科贝的所有权发生了纠纷。两人之前是“事实伴侣关系”，2019 年关系破裂后，张留下了这只狗，周为了获得所有权而提起诉讼。周辩称这只狗是他花钱买，科贝属于他。张辩称科贝是送给她的礼物。治安法官霍尔认定周有将科贝送给张的意图：

> 足量的证据，尤其是张女士提供的证据，辅以当时的短信内容，如“给我买只狗，哈哈”和“送我生日礼物吧”等，足以令我信服，在事实和法律上，周先生买狗时有将其作为礼物送给张女士的意图。我认为周先生购买这只狗是应她的要求，以在当时的亲密关系中满足她的强烈愿望。……权衡口头证据和当同的短信后，我认为，他说是为自己购买这只狗，仅打算让张女士享受其带来的乐趣，这是站不住脚的。

周是一位精明的商人，他在所有权文件和收据上写了张的名字（尽管他确实支付了购买费用），这个事实进一步支持了治安法官的结论。判决宣布后，张对媒体说：“我花了大量时间照顾它，训练它；就像我的孩子一样。这就是我为什么花时间和精力打官司——我不想失去它。”同时，周表示他不会对判决提出 56
上诉，但他每天都想念科贝。“不管法庭怎么说，我仍然认为那只狗应该是我的。它很棒。跟同等大小的狗相比它速度很快，勇敢，也很顽皮。”

就连公司也可能卷入关于狗的激烈斗争。为了争夺一只名叫罗克西的比特犬杂交犬的所有权，纽约人巴里·迈里克卷入了与他受雇的清洁公司“M & M 环境”的一系列法律纠纷。罗克西为清洁公司所有，它的工作是用嗅觉寻找床虱。而在迈里克和罗克西搭档的 4 年中，迈里克夫妇支付了罗克西的食物和兽医费用。不工作时，罗克西和他们住在一起。2020 年 3 月，受“新冠”

疫情影响，迈里克被解雇。根据合同要求，他将其他物品和设备交回公司，却没有归还罗克西。公司认为罗克西是属于他们的一件有用且有价值的设备，而迈里克将罗克西视为家庭的一员，由此产生纠纷。公司声称他偷走了狗，2020 年 8 月他被监狱关押了 1.5 小时。公司还对迈里克提起民事诉讼，试图阻止他的支持者筹集资金来帮助他支付法律费用。2021 年 5 月，公司与迈里克就该纠纷达成和解，罗克西的所有权现已被转让给迈里克。

“有缺陷的”动物

有缺陷的动物被视为有缺陷的财产。1976 年新南威尔士州一个著名的案件涉及对一头有缺陷的公牛索赔。麦克布赖德以 2.1 万美元（接近 4 万元人民币）的价格购买了种公牛至尊米杰（Midgeon Supreme）。此前受雇于埃尔德·史密斯·戈德堡·莫特有限公司的拍卖师表示，他认为这头公牛是被展示的牛中最好的。销售合同包含一个“除外责任条款”，规定因为公牛可供检查，售出后卖方对任何瑕疵概不负责。然而，后来发现至尊米杰不能生育，这是一个无法通过检查发现的缺陷。

法官认为至尊米杰的销售受新南威尔士州《1923 年货物销售法》（*Sale of Goods Act 1923*）约束，因此受制于货品应该符合描述的默示条款。至尊米杰被描述为种公牛，并作为种公牛出售，
57 但它没有繁殖后代的能力。法官判决麦克布赖德获得其购买公牛支付的钱款（2.1 万美元）与把牛送往屠宰场所得的价值（500

美元，约 1000 元人民币）之间的差价。肉显然被认为是这头公牛唯一的价值，如果麦克布赖愿意，他可以将其宰杀。没有证据表明至尊米杰最终怎么样了。

对于有缺陷动物，损害赔偿额度取决于动物的用途和购买情况。2012 年的"维埃拉诉奥谢尔案"涉及一匹赛马的销售：维埃拉在驯马师奥谢尔的建议下购买了一匹赛马，奥谢尔称这匹马不会有任何健康问题影响其比赛资质。结果，这匹马左后腿的一个关节发现囊状透亮，需要接受手术并休养两年才能再次参加比赛。新南威尔士州上诉法院也将此案视为一人根据错误信息购买了有缺陷的财产。同样，动物的价值被认为是其售出时的价格与其真正价值的差额。在此案中，是按照马在伤病恢复后的价值来算的，可以合理地预期，那时维埃拉会通过出售这匹马来减少损失。法律上这一原则被称为"减轻损失"（mitigation）。维埃拉还被允许收回在治疗马时支出的某些费用。

如果人对动物的关注不是经济上的，而是情感上的，判断动物的价值显然更加困难。"巨蟒剧团"（Monty Python）著名的《死鹦鹉小品》（*Dead Parrot Sketch*）谈到一个人向宠物店店主投诉他从该店购买的鹦鹉死了的情境：

> 普拉林先生：我要投诉，这只鹦鹉是我不到半小时前刚从这家店买的。
>
> 店主：哦，好的，挪威蓝鹦鹉，有……什么问题吗？
>
> 普拉林先生：我告诉你有什么问题，伙计。它死了，这

就是问题！

店主：不，不，嗯……它在休息。

普拉林先生：拜托，伙计。鹦鹉死没死我能看出来，这
58 只就是死了。

店主：不，不，它没有死，它睡着了！特别的鸟，挪威蓝鹦鹉，不是吗？美丽的羽毛！

普拉林先生：羽毛没有用。它已经死翘翘了！

店主：不不不，没死，没死！它在休息！

尽管这是巨蟒剧团最搞笑的小品之一，但涉及生病的伴侣动物，对其所有者来说可能一点儿也不好笑。如果一只动物被发现身体不好或有健康问题，它就会被视为一种有缺陷的财产。

在2020年加拿大的“戴维诉基德瓦伊案”（*Davy v Kidwai*）中，迈克尔·戴维以2100加元（约1.08万元人民币）的价格从阿赫塔尔·基德瓦伊处买了一只名叫泰比里厄斯的折中鹦鹉（eclectus parrot，又名红胁绿鹦鹉）。据戴维说，基德瓦伊声称泰比里厄斯在换羽，翅膀已剪羽，其他方面都很健康。一个月后，泰比里厄斯被诊断患有鹦鹉喙羽症（psittacine beak and feather disease，PBFD），此后病情迅速恶化。审理此案的不列颠哥伦比亚省民事调解法庭认定，按不列颠哥伦比亚省《货物销售法》（*Sale of Goods Act*）的规定，泰比里厄斯是一件“动产”，应有保证商品在合理期限内耐用的默认担保。折中鹦鹉的预期寿命通常是30到40年，一位兽医表示泰比里厄斯的寿命会因PBFD无法治愈

而大大缩短，它可能命不久矣（还能活几个月到几年时间）。法庭成员命令基德瓦伊退还销售价的 75%，并支付泰比里厄斯的兽医护理费用。

类似案件也发生在澳大利亚。在一起案例中，伯德一家（在动物法协会［Animal Law Institute］和无偿法律代表的协助下）指控一名养狗人卖给他们的狗那拉并非其声称的已驱过虫的纯种犬。那拉买来不到一周，伯德一家发现它身体不适并感染了寄生虫，可能是在其母亲的子宫内感染的。伯德一家立即为那拉找兽医治疗，挽救了它的性命，但它一直有健康问题。澳大利亚消费者保护法规定，向消费者提供的货物和服务必须满足质量标准，伯德一家可以依据法规起诉那拉的培育者。法规第 54 条规定（除其他事项外），向消费者提供的货物必须具有让消费者接受的质量，切合用途、无缺陷并耐用。判决结果未公布，但维多利亚州民事和行政法庭判给伯德一家 15,521.96 美元（超过 10 万元人民币），用于支付过去和将来为那拉花费的兽医费用。 59

这些案件可以与 2021 年威尔士的“彭德拉根诉库姆案”（*Pendragon v Coom*）进行对比。朱迪·库姆以 1000 英镑的价格从专业育犬师安妮特·彭德拉根处购买了一只名叫拉迪的英国古代牧羊犬。培育者以较低的价格将拉迪卖给了库姆，因为它是一次意外交配的产物，并没有在纯种犬俱乐部注册。库姆对这笔交易很满意——她不想把拉迪作为纯种犬展示，而是想将其作为宠物饲养。然而，在库姆买下拉迪几个月后，拉迪出现了髋关节发育不良和尿崩症，需要大量的医疗护理，包括髋关节置换术。库姆要求彭德拉根支付拉迪的医疗费用。彭德拉根拒绝了，但提出如果将拉迪还给她，可以给库姆退款。库姆不想将狗退回，而是根据英国《2015 年消费者权益法》（*Consumer Rights Act 2015*）起诉彭德拉根，理由是所售商品“质量不令人满意”。

第一次听审时，地区法院备补法官威尔逊认定拉迪的髋关节发育不良使其质量不令人满意。尽管拉迪的母亲没有髋关节发育不良，但对其髋部的测量表明，其幼犬极有可能患上这种病。尽管彭德拉根在销售前是否意识到这一点还存在争议，但威尔逊认为她应该告知库姆这种风险。在其他方面，彭德拉根被要求支付“修复费用”，即不在保险范围内的髋关节发育不良治疗费（4000 英镑以上）。

然而，在上诉中，凯泽法官认为该缺陷是潜在的缺陷，销售时无法获知，因此不存在虚假陈述。凯泽法官认为库姆无权就 2019 年 4 月之后为治疗拉迪所产生的任何费用获得补偿，理由是她保留拉迪并试图“修复”它是不合理的：

> 根据我的判断，库姆女士合理的做法是行使其拒收拉迪的法定权利。然后，她将有权收回她为购买该犬支付的费用。她可能还有权获得一些赔偿。无论如何，她可以避免与狗的价值完全不成比例的巨额支出……
>
> 库姆女士进一步提出了两个不拒绝拉迪的理由。第一，她表示对她的宠物有感情。或许如此，但我不接受这让花

> 费与动物价值不成比例的金钱保留动物变得合理，而且如
> 果不求助于保险和第三方来支付，她很可能不会考虑承担
> 这样的费用。第二，她说担心彭德拉根女士会尝试用拉迪 60
> 繁殖。我不接受这是以导致如此巨大的经济支出的方式行
> 事的合理理由，尤其是在其声称的想法十分缺乏证据的情
> 况下。

凯泽法官仅像对待任何其他有缺陷的动产——可随时替换为新的动产——一样对待拉迪。出庭律师罗莎琳德·英格利希表示，该判决尽管“符合消费者法和合同法，但在现在的时代是不和谐的”。

这个案件引出了我们的下一个话题：当某人的动物被他人伤害时，如何对其进行补偿？我们即将看到，法律再次在将动物视为动产和将动物视为有特殊价值的存在之间摇摆不定。

伤害属于他人的动物

如某人伤害或杀死属于他人的家养动物，其将因干涉他人财产（因侵害他人财物或转为己用而侵权）或未能给予合理的注意（因过失侵权）负法律责任。这一原则有着悠久的历史，甚至《汉谟拉比法典》——可追溯到公元前1754年的一套巴比伦法律——就有如何处理牛和驴受到伤害的条款：

> 如有人租用一头牛或一头驴，狮子在田间将其杀死，损

失由所有者承担。

如有人租用一头牛，虐待或殴打牛致死，此人应赔偿所有者，以牛还牛。

如有人租用一头牛，打断牛腿或割断牛颈韧带，此人应以牛还牛，补偿所有者。

如有人租用一头牛，弄瞎它的眼睛，此人应向所有者支
61 付相当于牛价值一半的钱款。

如有人租用一头牛，折断牛角，或砍断牛尾，或让牛鼻口受伤，此人应支付相当于牛价值四分之一的钱款。

如有人租用一头牛，牛被神打死，租用者应向神发誓并被视为无罪。

圣托马斯·阿奎那后来的看法与这些法律相符，他表示，如有人误杀他人的牛，就犯了盗窃罪，因为牛是财产。

间接行为也可能对动物造成伤害，导致所有者受到损害。最近，两只罕见的紫蓝金刚鹦鹉（价值合计约 4 万欧元）和一只黄脸亚马孙鹦鹉（价值 1250 欧元）的所有者，指控一名热气球飞行员参加比赛时在距离鹦鹉仅 50 米处点燃主燃烧器导致鹦鹉休克死亡，经确认后，成功索赔 6.2 万欧元。显然，热气球飞行员一般会标记动物所在的位置并注意不要吓到它们，但在此案中，鹦鹉的存在不知为何被忽略了。

另一方面，在加拿大 1951 年的“诺瓦水貂诉环加拿大航空案”中，一架低空飞行的飞机让一家商业水貂养殖场的水貂受到

惊吓，导致它们吃掉自己的幼崽。养殖场所有者遭受重大经济损失，但最终航空公司未被认定负有疏忽责任。本案的难点在于航空公司无法预见飞行员行为的后果——用法律术语说，飞机可能飞过一个水貂养殖场并导致水貂吃掉其幼崽，不是“可合理预见”的事件。

法律很难为伴侣动物提供比其作为财产的价值更高的补偿——注意，鹦鹉所有者是按照鹦鹉相当可观的市场价获得补偿的。当有人侵害财产时，一般以替代物的市场成本计算损失，但这假定了该财产是可替代的，且对所有者没有特殊意义。

这一规则难以适用于伴侣动物，因为所有者可能因为伴侣动物受伤或死亡而遭受巨大的痛苦。比如，在 1927 年塔斯马尼亚州的“戴维斯诉本尼森案”中，戴维斯在邻居本尼森开枪打死她的猫后寻求赔偿。戴维斯要求赔偿 150 英镑，不仅是赔偿猫的价值，还是赔偿她看到猫被杀害而遭受的极度痛苦和身体健康问题。法庭认为，本尼森向戴维斯的院子开枪是侵害行为，但衡量损失的标准只是市场上同样一只猫的价值（2 英镑）。在那时，62
即便戴维斯目睹一个人被杀，她也无权因痛苦而获得赔偿。

最近，美国也采取了类似的做法。在得克萨斯州一个案件中，卡罗尔·舒斯特的狗利科赖斯被送到一家宠物店做美容。宠物店员工带利科赖斯到外面大小便时，它逃脱监护，找不到了。舒斯特和商店员工花了好几天寻找利科赖斯，遗憾的是，4 天后找到狗的尸体，显然它被车撞死了。舒斯特就寻找利科赖斯期间的工资损失、失去陪伴和精神上的痛苦索赔，并要求获得惩罚性损害赔偿（旨在惩罚恶意不当行为）。尽管彭伯顿法官承认“有很多例子表明如今的得克萨斯州人更多地将狗视为伴侣、朋友甚至家人，而非经济工具或经济利益”，但他表示不能打破先例，因为之前的案例都声称伴侣动物的主观价值是无法补偿的。动物只是财产，舒斯特只有权获得市场上对这只狗公平的替代价值（500 美元）。

相反，在 2004 年澳大利亚的“博蒙特诉贾希特案”中，法庭认可了人和马之间的独特联系。博蒙特一时疏忽，将他的热气球降落在一个围场中，导致贾希特的马雅尼受到惊吓，被尖头栅栏刺伤。贾希特不想再买一匹马来替代，因为她与雅尼感情深厚，非同一般。她转而要求获得让雅尼恢复健康的费用，治安法官判决其获此赔偿。博蒙特对判决提出上诉，理由是让雅尼恢复健康的愿望是不合理的，他只应向贾希特支付另买一匹马的费用和对雅尼实施安乐死的费用。在上诉中，库珀法官驳回了博蒙特的论点，他表示：

> 一个重要的情况是，这匹马是有生命的动产，被告自获得它以来，投入了大量的时间和金钱，以提升其总体状况，并将其作为参加盛装舞步骑马比赛的马来训练，而且这匹
> 63 马适合她作为骑手的特定要求……
>
> 这匹马是一只痛苦的、受了伤的动物，需要立刻对其做出处置决定。治安法官所做的是将这一事实作为检验合理性的相关情况。

贾希特有权获得让雅尼恢复健康的费用。然而，如果雅尼死亡，根据澳大利亚法律，贾希特很可能无法因此事带给她的痛苦而获得损害赔偿。

在加拿大的“弗格森诉伯奇蒙特寄宿犬舍有限公司案”中，失去伴侣动物所造成的痛苦得到了赔偿。主人弗格森一家在夏威夷度假期间，将名叫哈利的狗安置于寄宿犬舍。哈利被带去锻炼时，从封闭游戏区的两块木板间挤出去，逃离犬舍，从此不见踪影。哈利的逃脱给弗格森夫人造成的不良影响尤为严重——她得知消息后心烦意乱、歇斯底里，后来还饱受失眠和噩梦的煎熬，不得不暂停工作。之后，弗格森一家又养了一只与哈利品种相同的狗。案件首次在小额索赔法院审理时，备补法官伊判决，要赔偿的损失不仅包括再买一只狗的费用，还包括弗格森一家因失去哈利而遭受的痛苦和折磨。犬舍公司提起上诉，但查普尼克法官认为，鉴于“有证据表明（弗格森一家）与哈利的关系以及哈利独特的能力和天性”，备补法官伊裁定对痛苦和折磨进行赔偿是正确的。也就是说，哈利不能被简单地等同于无生命的财产。

伴侣动物和家庭破裂

正如我们已经看到的，婚姻或事实关系破裂时，任何共有的伴侣动物的所有权都可能存在争议。有时候动物甚至能成为分手的原因！报纸上时不时报道，双方共同拥有一只鹦鹉，一方教鹦鹉说另一方的坏话，导致情侣或夫妻反目，劳燕分飞。

就资产分配而言，伴侣动物被视为“财产”。因此，在澳大利亚，联邦《1975年家庭法》（*Family Law Act 1975*）决定配偶间如何分配财产的条文涵盖了动物。然而，金钱容易分割，活着
64 的伴侣动物却是不可分割的。在澳大利亚，关于动物监护权的判例法不多。对于婚姻或事实关系中的子女，父母之间可能存在共享同居[1]和联络制度，但没有明确条文规定法院可对伴侣动物做出这样的安排。一般来说，当事方寻求在法庭外解决有关动物监护权的争议。

澳大利亚联邦巡回法庭2017年判决的“唐尼和比尔案”（*Downey & Beale*），是充分考虑伴侣动物监护权的罕见案例。唐尼和比尔曾是夫妇，他们为一条狗的所有权起了争执。狗是两人结婚前一起去买的，费用由男方支付。他们婚前没有同居，狗买来后住在女方父母家。后来狗看兽医的开支和其他花费都由女方负担，兽医账单上“主人”一栏填的也是女方的名字。关系破裂后，狗和女方住在一起，但男方随后将自己登记为狗的主人并要求法官将所有权转给他。

乔·哈曼法官清楚双方可能并不将狗视为财产，而是视为更重要的东西：

> 我清楚，正如罗杰·卡拉斯[2]所说，“狗不是我们的整

---

1 shared residence，指夫妻离婚后，孩子在不同时间分别与父亲、母亲住在一起。

2 Roger Caras（1928—2001），美国动物福利拥护者、作家、电视名人，曾任美国爱护动物协会（American Society for the Prevention of Cruelty to Animals）主席，出版了多部有关动物保护和博物学的书籍。

> 个人生，但它们让我们的人生完整。”我完全理解这个问题对双方的重要性，清楚双方……可能认为这个有知觉的生物、有生命的个体对他们至关重要。

法官提到“双方均未寻求对狗的价值进行分配，这是恰当的。他们没有争辩狗值多少钱。狗的价值是他们对这只生物表达的爱和感情”。然而，尽管唐尼、比尔和法官有这样的感觉，但狗的所有权争议还是要根据财产法条例解决，因为这就是我们的法律对动物的分类。最后，法庭判决妻子为狗的主人，将其从她身边带走是不合适的。

在 2020 年的“达文波特诉达文波特案”（*Davenport & Davenport*）中，一位男子要求前妻“共同监护”他们在婚姻期间拥有的一只狗。妻子是登记注册的狗主人，狗在她那里。到底是哪一方购买的这只狗，还存在争议。汤金法官得出的结论是，因为丈夫的诉求是获得对狗的监护权（而非分割财产），她无权处
理此事，因此驳回了申请。然而，像在唐尼和比尔案中一样，法 65
庭有权将狗的所有权问题视为财产问题来处理。

法庭可能对伴侣动物的监护权做出判决的罕见情况是，当伴侣动物的监护权与儿童的监护权挂钩时——如果让伴侣动物陪伴孩子符合孩子的最大利益。例如，在 2017 年的“贾维斯诉韦斯顿案”（*Jarvis & Weston*）中，孩子担心如果他和母亲在一起并把狗留在父亲屋里，狗可能没人照顾。法官判决这只狗应该随孩子去留。

法庭无法感性地处理家庭破裂时伴侣动物的监护问题，这使得澳大利亚法律学者托尼·波格丹诺夫斯基认为应立法处理这个问题，承认伴侣动物作为家庭成员的重要性。

美国的情况不尽相同：有很多引人注目的案件涉及离婚时伴侣动物的监护权。美国一些州采取的进路是“动物利益至上”，这意味着，在适当的情况下，无论动物的法定所有权属于谁，都可以判共同监护。美国其他州采取基于财产的方式处理动物纠纷。这些州做出的判决通常认为占有应遵循法定所有权，监护协议没有法律效力，动物利益与此无关（事实上，法庭不愿考虑动物利益应该与此相关的建议，这一点已是众所周知的）。如有证据表明法定所有者虐待了涉事动物，则另当别论。

以色列家庭法庭在“普罗尼诉普罗尼特案”（*Ploni v Plonit*）中考虑了“动物利益至上”的处理方式，法律学者巴勃罗·勒纳（Pablo Lerner）对此案有重要的论述。一对事实夫妻，在5年的伴侣关系中救助了一只失明的流浪猫，取名叫简·爱，还有一只狗叫谢娜。这只狗曾被蜱虫侵染并多次感染，不得不做了子宫切除。夫妻关系破裂，妻子离开时带走了动物。丈夫寻求探视权，但妻子表示他不关心动物，寻求探视权只是骚扰她的一种手段。有争议的主要是那只叫谢娜的狗。法庭没有否认动物是财产，但
66 裁定它们是“有灵魂的生物”，介于物体和有理性的生物之间。如果当作财产处理，动物只会留在妻子（主要照料人）处。然而，法官决定从专家处寻求基于动物最大利益的证词。专家表示这只狗对猫和妻子都有很强的依恋；它同丈夫显然也熟悉，但是与他

在一起有些紧张。因此专家建议授予妻子监护权，授予丈夫探视权。最终，法官拒绝授予丈夫探视权，因为他认为这会给妻子造成压力。他认为妻子的情感健康高于狗和丈夫的利益，特别是考虑到狗的快乐似乎是与妻子的快乐联系在一起的。

新加坡一个案例也考虑了动物的最大利益。令案件更加复
杂的是，在发生纠纷时双方分居，生活在不同的国家。谭先生和
谭女士在美国同居时收养了一只狗，名为萨莎。双方关系破裂后，
谭女士在谭先生知情的情况下将萨莎带回新加坡。然而，谭先生
随后试图辩称他是狗唯一的主人，拥有监护权。陈成安法官表示，
证据显示他们曾是狗的共有人，此前也有意继续保持这种状态。
在考虑谁应拥有狗的监护权时，他考虑了萨莎的最大利益，指出
如将萨莎还给谭先生，需要先把狗送回美国。谭先生是一位独居 67
的外科医生，工作时间很长，没有能力照顾萨莎。相反，谭女士
在过去两年半的时间里一直在照顾萨莎，她和她的家人对狗有深
厚的感情。在这种情况下，将萨莎留给谭女士是最符合其利益的。

一般来说，如果某人以侵权的方式获取货物或动产，或拒绝按合同交付货物，除非货物或动产是“独特的”，否则法院认为赔偿损害是充分的补救措施。这对动物所有者来说是个特别的问题，他们可能更倾向于“特定履行”，尤其是在伴侣动物的监护安排方面。正如我们之前指出的，“特定履行”是指法院命令不履约的一方履行合同中包含的义务。在美国，如有证据表明存在可执行的监护合同，法院有时会特定执行离婚后对动物的监护安排。

在美国的“豪斯曼诉戴尔案”（*Houseman v Dare*）中，戴尔先生和豪斯曼女士在解除婚约后达成口头协议，豪斯曼女士获得狗的主要监护权，戴尔先生也能接触狗。豪斯曼女士出门度假，把狗交给戴尔先生。度假归来后，她要求戴尔先生归还狗，但戴尔先生拒绝了。在一审中，主审法官判豪斯曼女士获偿1500美元，相当于最初购买狗时支付的金额（背后的理念是损害赔偿通常是对违约的充分补救）。然而，豪斯曼女士提起上诉，这次新泽西州高等法院同意强制戴尔先生将狗还给豪斯曼女士。法院指出，传统上，独特货物的合同是特定履行的，而豪斯曼女士对狗的喜爱使其具有了独特性。

目前尚不清楚这在澳大利亚会如何应用。尽管我们关于独特的货物有类似法律，但截至目前，还没有出现这类案例——任何案件如果涉及动物合同的特定履行，我们都主要关注动物在资产上的价值，而不关注动物的情感价值。

将动物视为不仅是财产的存在

法庭在把动物视为单纯的“物体”和有自身能动性及需求的生物之间摇摆不定。我们在引言中探讨的斯塔福獲伊兹的案件中看到了这种摇摆不定。在那个案件中，澳大利亚高等法院指出，可以将伴侣动物的所有权简单地视为财产权，或承认动物对人类非常重要，但并未解决哪种关于动物的概念适用于伊兹。

在很多情况下，动物不可像无生命物那样被视为财产，这一点在我们看来相当清楚。但同样，动物所有权的概念在很多社会根深蒂固，难以消除。

如果加拿大有类似澳大利亚首都领地的法律条文，日本猕猴“达尔文”的案件是否会有不同的结果？2019 年澳大利亚首都领地通过修改《动物福利法》（*Animal Welfare Act*）承认了动物的知觉。修订如下： 68

（1）本法的主要目标是承认——

（a）动物是能够主观感受和感知周围世界的有知觉的个体；及

（b）动物具有内在价值，值得以同情心对待，也值得拥有反映其内在价值的生活质量；及

（c）人有责任关心动物的身心健康。

（2）这将特别通过以下方式实现——

（a）推广及保护动物福利；及

（b）为动物提供适当和人道的照料、管理和治疗；及

（c）阻止和预防虐待动物以及滥用及忽视动物的行为；及

（d）执行与（a）（b）（c）所述事项有关的法律。

有了这样的条文，审理“达尔文”案件的法官可能不仅可以视其为财产，而且可以视其为有权获得反映其价值的生活质量的有知觉个体，将达尔文的最大利益纳入考虑范围。但是在这里，法官会遇到 些困难——在本书的不同部分我们会多次谈

到——“达尔文”的最大利益到底是什么？鉴于动物无法直接告诉我们，我们只能尽量去猜测。

无足为怪，收容所声称让“达尔文”与其他认可它是野生动物的灵长类动物在一起才符合“达尔文”的最大利益，而纳库达仍坚称，不要把它关在笼中，让它在她的监护下与人类接触并被人类爱护，才符合它的最大利益。实际上，一开始就不与其家人和其他同类分开，才最符合“达尔文”的利益。如今它无法和其他日本猕猴生活在一起，因为加拿大没有该物种的保护区；由于缺乏关于其来源的详细信息，也无法将它送往美国的专业保护区。

2019 年“达尔文”生活的庇护所报告，尽管它因为很小的时候就与母亲分开，所以难以与其他灵长类动物和饲养员交往，
69 但它过得很好。它被安置于单独的围栏中，但与相邻围栏中两只名叫“甜豆”和“皮埃尔”的东非狒狒结为好友。不寻常的是，“达尔文”最终能够搬进那两只东非狒狒的围栏——不同物种的灵长类动物通常无法和谐相处。“甜豆”死去后，“皮埃尔”成了“达尔文”的代理父亲。在情况允许的范围内，“宜家猴”的故事似乎以最好的结局收尾了。

第二章　控制动物 70

小羔羊谁创造了你
你可知谁创造了你
给你生命，哺育着你
在溪流旁，在青草地；
给你穿上好看的衣裳，
最软的衣裳毛茸茸多漂亮；
给你这样温柔的声音，
让所有的山谷都开心；
　小羔羊谁创造了你
　你可知谁创造了你；[1]

《羔羊》，威廉·布莱克，1789 年

不是所有人都像威廉·布莱克那样喜爱羔羊。1885 年，美国亿万富翁威廉·路易斯·怀南斯在莫尔维奇森林——他 1882

1　参照杨苡译本。

年与J.T.麦肯齐签了21年租约的巨大苏格兰庄园的一部分——的边缘发现了一只羔羊，他非常愤怒。羔羊属于默多克·麦克雷，一名鞋匠，他和妻子与孩子住在庄园的小屋里。所谓小屋住户（cottar），是指没有土地的佃户，以劳动换取对小屋的所有权。多年来，前任庄园主和佃户允许麦克雷一家在森林边缘放羊，但怀南斯想把莫尔维奇森林变为猎鹿森林，他认为庄园里的小屋住户很烦人。当他告知麦克雷一家他们的羊是非法侵入时，麦克雷一家将羊处理掉了。但麦克雷一家曾救助并亲手养大一只受伤的羔羊，这只羊成为一家人的伴侣动物，它有时会游荡到森林里。怀南斯为禁止羔羊侵入提起法律诉讼，并在一
71 审中获得在苏格兰等同于“禁制令”的“强制令”（interdict）。

应该如何处理侵入动物？我们将看到不同文化和不同时代的几种法律解决方案。在“怀南斯诉麦克雷案”（*Winans v Macrae*）中，一种方案是允许怀南斯杀死或带走羔羊。在古代，很多法律制度这样运作，但随着时间的推移，它们都逐渐远离了这种方案（动物特别容易造成伤害时有少许法定的例外）。第二种解决方案是允许怀南斯扣留羔羊，直到麦克雷赔偿所造成的损害，但如今对扣押动物通常有法定限制。第三种解决方式是通过禁制令命令麦克雷让羔羊远离森林，如果这看似过于严厉，也可让其赔偿损害。但一只羔羊对森林边缘的野地会造成什么样的损害，以货币计算价值多少呢？

这些问题导致最高民事法院驳回了怀南斯要求的强制令，因为羔羊造成的损害没有严重到需要采取强制补救措施。法官

扬表示：

> 20万英亩（8万多平方米）高低不平的草地，有一条公共道路穿过，边上有一间小屋，没有围栏，通过法庭强制令将这块土地围起来，防止儿童或宠物羔羊进入，我认为将会是骇人的行为。儿童不可能被限制在主路上；宠物羔羊就像猫狗一样，无法被限制在主路上。如果这些没有围栏的土地因为本院颁布禁止这类侵入的强制令而被围起来，在那片乡村就无法正常生活。本院和其他法院授予强制令，只在明显不法行为发生时，无论是某人的财产或其他权利受到威胁还是被认为有危险。这里不存在任何明显的错误……我们会保护一个人的权利不受侵犯，但不会禁止儿童在路边的土地上学步，或禁止猫狗进入。

苏格兰的这起案件令人高兴：贫穷的鞋匠和他的小羊羔战胜了美国亿万富翁。正如爱丁堡大学财产法教授安德鲁·史蒂文（Andrew Steven）对《苏格兰法律新闻》（*Scottish Legal News*）
所说的："就像大卫和歌利亚[1]的故事。" 72

值得注意的是，苏格兰法律处理这些问题与英国和澳大利亚法律有些不同，因为前者部分源自罗马法，而正如我们之前指

1 "David and Goliath"，指《圣经》中巨人歌利亚被男孩大卫以石击杀的故事，多用于形容在强弱悬殊的较量中以弱胜强。

出的，在这种情况下罗马法要求必须有一定的损失才能颁布强制令。相反，英国和澳大利亚法倾向于非常严格地对待土地的财产权：哪怕是脚手架或垂悬的起重机侵犯了某人的空域，也判过禁制令和数额可观的损害赔偿。因此，在澳大利亚，怀南斯要求的禁制令可能会被批准。

“怀南斯诉麦克雷案”生动地阐述了一个事实：我们和动物共享一个世界，却试图控制它们对世界的影响。人类利用一些动物，确实也将它们引入我们的世界，但我们希望与另一些动物保持距离，有时甚至采取强制手段。我们这样做的方式之一是通过法律。在本书的引言中，我们解释了，惩处不当行为的，可能是国家（通过刑法），也可能由个人起诉要求损害赔偿（通过私法，根据侵权法）。国家可以介入，对动物的饲养方式进行监管。本章的重点是民事不当行为（侵权），并会略微提及犯罪和政府监管。

我们在讨论拥有动物的问题时已经看到，法律以不同的方式对待野生动物和家养动物。不过，在控制动物方面，这种区分以另一种方式起作用。考虑一下蜜蜂。就所有权而言，法律通常将蜜蜂视为野生（或半野生）动物，在将其安置入蜂箱后，只要它们返回蜂箱，就可以被有限制地拥有。这种观点与蜜蜂难以被控制和被限制在某一区域内的事实有关。不过，对某人因未能控制蜜蜂所应承担的责任，法律的立场反映了一个事实：蜜蜂对人类和植物有用，对公共利益有贡献。因此，它们被视为“驯化”动物，而不像黄蜂那样有时被视为“害虫”。因此，考虑养蜂人不控制自己的蜜蜂是否应承担责任时，法律认可蜜蜂能带来相当大的益处，并不将其视为一种具有固有危险性的动物，尽管蜜蜂可能蜇伤人类。

这些法律侧重于人类的竞争利益，而不是非人类动物的利益，但在某些方面，也确实考虑了非人类动物——无论是作为种族还是作为个体——的特点。在有些法律领域，评判非人类动物的行为，要依据特定物种“合理的”行为。“理性动物”的概念，类似“理性人”这一常被用于裁定人类侵权行为的法律术语。因 73
此，法院在将动物视为物品和将动物视为有知觉或有个体愿望与需求的生物之间游移。

在本章的前半部分，我们会探讨驯化动物。不受控制的驯化动物可能主要以三种方式对土地、财产和人造成潜在伤害。首先，驯化动物可能误入私人拥有的土地，毁坏有价值的农作物或财产。第二，驯化动物可能因气味、粪便或噪声而惹恼附近的人。第三，驯化动物在公共场合下与人接触时可能伤人。这些情况都有可能涉及不当行为。

在“里德诉J.里昂有限公司案”(*Read v J. Lyons & Co. Ltd.*)中，西蒙兹法官表示：

> 历史上侵权法是在独立的隔间中发展起来的……动物在自己的隔间中发展。

这表明多项古老诉因是专门为应对游荡动物和危险动物而

产生的。“为赔偿损害而扣押财物”和“家畜侵入”都是针对那些生产奶、肉、毛和蛋的游荡动物的诉因。导言中提到的**明知**旨在处理对人类造成伤害的危险动物。还有一些一般侵权诉因适用于更宽泛的不当行为，包括侵入（不当地进入某人土地）、妨害（侵扰某人安静地享用其财产的权利）和过失（未对某人尽应尽的注意义务，不小心对其造成伤害）。

在本章的第二部分，我们重点讨论法律如何尽力控制野生动物，主要是在动物被视为“害兽”（一般指对人类造成的问题多于益处）的情况下。由此引发了三个法律问题。

第一，政府法规有时会规定某些动物是害兽，因为它们影响人类繁荣，或许是破坏或啃食农作物，传播疾病或对人与其他动物或生态系统造成伤害。有害动物常闯入人类划定的用地范围，比如农田或动物保护区。一般来说，在这类情况下，法律授权甚
74 至鼓励人控制或杀死害兽。

第二，对于被判定为妨害物或对公共健康和安全构成威胁的野生或半野生动物，如果有一方维持其栖息地，个人或企业之间就可能发生私人纠纷。在这种情况下，法律必须制定规则，防止邻里之间发生纠纷。当我们能够确定一方要对动物的存在及其影响负责时，就可使用“妨害”一词。法律的关注点是确保责任方阻止动物成为妨害物。

历史上，还有第三种可能性：在欧洲大陆，法律可以通过对害兽进行咒逐（anathematisation）来起诉动物本身。咒逐是天主教会将“异端”排除在信徒社会之外的作法。本章将简要讨论

一个这样的案例，第六章会更详细地探讨这段历史。

我们已经看到，管理野生动物所有权的法律比管理驯化动物所有权的法律更加复杂。然而，控制动物的法律恰恰相反。人对驯化动物施加的控制意味着更容易表明对动物的所有权，但随之而来的义务是详细而古老的。相反，人对野生动物施加的控制是有限的——意味着更难证明所有权——但义务也有限。

驯化动物

侵地动物

西方土地所有权的概念通常意味着，如果你拥有土地，那你就对这块土地有独占权，可以选择让什么人或什么东西踏上这片土地，包括驯化动物。如有人未经允许进入土地，此人就是侵入者。如果驯化动物进入你的土地，其所有者可能也要对侵入负责。

动物被驯化，农业普及之后，关于动物侵入的纠纷就出现了。很多古代法律制度有处理这一问题的法令。在罗马法中，针对在他人土地上放牧的不当行为，放牧之诉（*actio de pastu*）没有并入关于不当损害的法律，仍是单独诉讼。在爱尔兰法律中，邻里法（*comaithches*）制度要求人们向邻居“预先担保”，如果他们的农场动物侵入，他们会对造成的损失进行赔偿。 75

澳大利亚被殖民时，继承了两项古老的英国侵权法：“扣留牲畜要求赔偿损失”（distress damage feasant）和“家畜侵地”（cattle trespass）。一些州随后废除了这些古老的侵权法，而另一些州则针对游荡动物，尤其是可能对其他农场动物或庄稼造成最大伤害的狗、山羊、鹅和猪，制定了法定应对措施。

扣留牲畜要求赔偿损失

回顾一下：在“怀南斯诉麦克雷案”中，允许庄园所有者怀南斯扣押并占有麦克雷的羔羊，直至其支付损害赔偿，可能是一个合法的补救措施。这就是所谓的“扣留牲畜要求赔偿损失”——可追溯到盎格鲁—撒克逊时代古代英格兰的侵权法。占有动物被称为“扣押”（impounding），被当作抵押品扣押的动物被称为“质物”（gage）。这种侵权行为的英文名称源自诺曼法语“*faisant dommage*”（意为“造成损害”）。

更早的习俗似乎是杀死游荡动物而非占有。因此，盎格鲁—撒克逊国王伊尼（Ine，688—695）的法律规定：

> （如果）任何动物破坏树篱并在其中游荡，鉴于其主人不会或无法控制它，在自家玉米地发现该动物的人应占有并杀死它。（动物）所有者应该获得它的兽皮和肉，并承担其余损失。

然而，法规的下一段提到，在其他情况下，例如土地所有者未能妥善维护围栏或未将土地围起来，可以考虑货币补偿和扣押动物。

可以看见，杀死游荡动物的权利在英国法中存续了一段时间。因此，在坎特伯雷、布里斯托尔或伦敦，游荡的猪如被人发现反复越界，可能被杀死。1272 年在朴次茅斯，一只游荡的“猪”在第三次犯事时，可能被“从眼睛处割掉鼻子”。在南安普敦和考文垂，游荡的鸭子可被任何人占有。1295 年在苏格兰的四个自治市，法律更加严酷：

> 任何人如发现鹅或山羊在外游荡并造成损害，可取鹅
> 头，将其喙扎在土中，食其肉，也可杀死羊，将其作为无人 76
> 认领的财产据为己有。

因为某些行为而惩罚动物的概念源于古代欧洲（希腊、罗马、条顿、凯尔特和斯堪的纳维亚）社会的法律，这些法律规定，家畜如造成他人死亡或受伤，必须交给受害者或其家人作为赔偿，或让该动物接受惩罚。这被称为“交出罪体”（noxal surrender），“noxal”来自拉丁语“*noxa*”（意为“有罪的身体”）。古代欧洲社会普遍对杀人的动物感到恐惧，这意味着没人会去食用或利用这种动物的尸体。

后来罗马法律规定伤人的家养动物所有者有义务“交出罪体”（*noxae dedere*）或对其造成的损害进行赔偿（*pauperies*）。交出动物一开始似乎是通常的补救，但损害赔偿逐渐被视为更加合适。只有当动物伤人并非出于本性，也不是因为被人逗弄或遭受痛苦时，才适用“交出罪体”。这不仅适用于动物，也适用于奴隶，

有时还适用于儿童，由此可见动物在法律上被等同为在法律上没有能力自主做出决定的人。

英国法律中有类似的发展。交出罪体也存在于阿尔弗雷德大帝（约 899— ？）的盎格鲁—撒克逊法律中。如果一只“家养牛”（neat，可能是公牛或奶牛）伤人，所有者要交出动物或赔偿受害者。类似的惩罚适用于在外游荡造成财产损失的动物。还有关于树的交出罪体的条文：如果在砍伐树木时砸到人并致人死亡，木材会被送给受害者的家庭。在这种意义上，动物要么被视为物品，就像倒下的树木一样；要么被视为普遍环境的一部分。

著名英国法学教授格兰维尔·威廉斯（Glanville Williams）设想法律是从交出罪体自然过渡到损害赔偿：一开始，游荡动物的所有者与土地所有者讨价还价，想收回动物，不允许土地所有者毁坏或扣留它。然后，在英格兰一个特定区域，动物所有者支付罚款成为惯例，这赋予他们从他人土地上收回动物（这种行为称为“replevin,”即“收回没收的物件”）的权利。最终，受害者对动物进行报复的权利彻底消失，所有者仅承担赔偿损害的
77 责任。

作为这一发展的例证，伊尼国王的盎格鲁—撒克逊法律演变为中世纪英格兰“扣留牲畜要求赔偿”的侵权法。“扣留牲畜要求赔偿”的优势是不基于过错；困难在于必须在动物正在实施造成伤害的行为时抓获，然后扣押，诉讼才能成立。另外，这只适用于“生产动物”（*avers*，诺曼法语中对家畜的称呼），包括公

牛、奶牛、山羊、绵羊、猪、马、驴、鸭、鸡、火鸡、家禽和鹅，简而言之，为某种初级生产而饲养的动物。

另一个困难是，人必须确定自己有扣押动物的权利，因为不当获取他人的动物也会引起纠纷。1844 年 9 月 18 日，在悉尼纽敦，约翰·布思因丹尼尔·里普利的山羊侵入其土地而试图将其送往收留走失牲畜的围场（pound），邻居丹尼尔·里普利、威廉·道森和托马斯·佩里戈三人想从他那里救出羊，被罚款 10 先令。（其实，佩里戈是本书作者之一凯蒂·巴尼特的曾曾曾曾祖父。）然而，事情并非看起来那样。1844 年 10 月，里普利声称他和同伴们根本没有试图营救山羊。他声称他只是在邻居能听见的情况下说："你愿意承认是从这里带走山羊吗？"这意味着布思扣留山羊时，这只羊在里普利的土地上，而不是在布思的土地上。旁观者证明里普利的说法更准确，温德耶法官决定布思应被控伪证罪并受审。此后发生的事情尚不清楚：当时的报纸或判例报告中没有提到更多。

当动物难以控制时，很难说要如何对它们进行约束。出于这个原因，大多数法律对蜜蜂并没有规定要抓住并扣留。中世纪的爱尔兰法律是个例外。其蜜蜂审判法有一条规定，如果蜜蜂多次侵入某人土地，就可以"扣押蜜蜂"（*athgabál bech*）。弄清蜜蜂的归属当然很难，但现代版中世纪爱尔兰法律文本的编辑及译者托马斯·查尔斯-爱德华兹和弗格斯·克利假定，受害土地的所有者会往侵入的蜜蜂身上撒面粉，以便在其返回蜂箱时进行识别。哲学家亚里士多德提到这是古代识别蜜蜂的一种手段。扣押

蜜蜂的法律如何运作目前尚不完全清楚，但对土地所有者的补救似乎是“拦住”并扣押蜜蜂。如蜜蜂所有者不承认不当行为，土
78 地所有者尽可消灭未来侵入的任何蜜蜂。

狗和猫不是家畜，通常不会依照“扣留牲畜要求赔偿损失”。历史上这种划分一直持续到今天，狗（和一些猫）与其他驯化动物不同，受单独的法规约束。根据维多利亚州《1994 年家养动物法》，如狗或猫“多次未经许可”进入私人领地，领地的所有者或占有者可以“扣押”它，但是必须告知地方议会他们这样做了。动物所有者接到通知后可以有偿领回动物，并为未来任何时候该狗或猫“进入或留在”该领地交付罚款。

“扣留牲畜要求赔偿”在英国、澳大利亚首都领地和新南威尔士州已经被废除，其应用在塔斯梅尼亚岛受到限制，不过仍旧适用于澳大利亚其他州。话虽如此，在某些司法管辖区，处理游荡家畜的法律法规可能已使之实际上无效。例如，维多利亚州对扣押家畜有严格的立法规定，人们无权消灭在外面游荡的动物。新南威尔士州的法律对何时可以扣押动物也有规定。

尽管普通法未授权一个人“销毁”在其领地发现的游荡动物，但过去法律有时允许这么做。在 19 世纪末和 20 世纪初的新西兰，法律允许人们“销毁”其领地上发现的未登记注册的狗。

在 1890 年的“汤普森诉比尔林案”（*Thompson v Burling*）中，比尔林和他的狗侵入汤普森父亲拥有的土地，后者警告比尔林离开，否则就让儿子开枪射杀狗。比尔林不服从，汤普森开枪打伤了比尔林的狗，汤普森被控恶意伤害财产。上诉至新西兰最高法

院时，定罪被推翻，因为相关法律授权汤普森“销毁”这只狗（当然也包括伤害狗）。狗未登记的事实与案情无关，因为当时新西兰没有登记员或登记办公室。

在相关法规更新后，1911 年发生的“鲁宾孙诉瓦格纳案”（*Robinson v Wagner*）中，瓦格纳在其领地上发现鲁宾孙的狗，这只狗也未登记，于是瓦格纳将其阉割。这只狗随后变得无精打采，无法再作为工作犬使用。这时鲁宾孙要求赔偿损失——这只狗在被阉割前价值 10 英镑，现在鲁宾孙只能以 3 英镑的价格将其出售。首席法官斯托特认为鲁宾孙有权阉割这只狗，因为法律允许 79
人们“销毁”未登记的狗，而“销毁”既意味着“毁坏”，也意味着“杀死”。

在这方面，澳大利亚法律并未输给其近邻新西兰，其奇特之处主要在于允许销毁在他人土地上游荡的山羊。新南威尔士《1901 年封闭土地保护法》（*Inclosed Lands Protection Act 1901*，仍有效）第 7 条规定，封闭土地的所有者或占有者可以“销毁”任何侵入该土地的山羊：

> （1）任何封闭土地的所有者、占有者或负责人均可销毁侵入该土地的山羊。
>
> （2）条款（1）未授权销毁任何符合以下条件的山羊：
>
> （a）有清晰的烙印，或
>
> （b）脖子上有项圈，项圈上清楚地刻有其所有者的姓名和地址，或

（c）有耳标，或

（d）佩戴耳牌。

澳大利亚首都领地的相关法律有几乎相同的条款。

这些条文是早期殖民时代的遗留物。从澳大利亚殖民地建立之初，游荡的山羊和猪就是个问题。1811 年，新南威尔士州州长发布命令，要求扣押游荡的山羊和猪。如果在“宝藏”（Trove，澳大利亚国家图书馆的历史报纸数据库）上搜索“游荡山羊”，你就能对山羊是多大的问题有一定的概念：你会被大量关于游荡山羊毁坏花园和农场的新闻报道淹没——直到 20 世纪中期。

1854 年通过的第一版新南威尔士州《封闭土地保护法》只允许“销毁”山羊（后来对安哥拉山羊制定了法定例外，使其免于被“销毁”），但 19 世纪 70 年代维多利亚州和昆士兰州类似的法律（现已失效）还规定“销毁”侵入的山羊、猪和鹅，巴布
80 亚新几内亚条例亦是如此。然而，正如昆士兰州两个案例所证实的，这些法律并未赋予农民“销毁”侵入的火鸡或公牛（即便公牛很危险）的权利。

家畜侵地

在“怀南斯诉麦克雷案”中，另一种可能的补救是羔羊所有者麦克雷向土地所有者怀南斯支付损害赔偿。然而还有一种可能性是怀南斯要求颁布禁制令，确保麦克雷的羔羊不再次游荡（这基本上就是怀南斯所寻求的）。“家畜侵地”允许采取上述两

种补救方案。它是一种“严格责任”侵权，这意味着，如果动物游荡进入他人土地，所有者无论是否有过错，都必须对造成的损害进行赔偿。这种侵权行为仅适用于游荡动物；如动物被故意赶入他人的土地，则适用一般侵入法。

与“扣留牲畜要求赔偿”一样，“家畜侵地”侵权法历史悠久，不过起源相对较晚。格兰维尔·威廉斯表示，直到1214年国王约翰一世统治时期，“家畜侵地”才开始出现在英国法律中。尽管字面意思为“牛侵地”，但不仅适用于游荡的牛，还适用于所谓的生产动物这个类别，基本相当于任何用来生产肉、奶或毛的家养动物。

“家畜侵地”侵权法在澳大利亚首都领地、新南威尔士州和南澳大利亚州已废除，但在其他州仍偶尔被使用。事实上，在2005年昆士兰州的“拉德有限公司诉布莱克案”（*Lade & Co. Pty. Ltd. v Black*）中，拉德一家因“家畜侵地”（该案确实涉及牛）向昆士兰州最高法院起诉邻居布莱克。布莱克的牛游荡到了昆士兰州普罗瑟派恩附近拉德一家拥有的种植甘蔗的土地。拉德一家获得禁制令，禁止布莱克让牛群再次游荡。之后的一个月，拉德一家表示牛群仍在继续游荡，布莱克犯了藐视法庭罪。卡利南法官认为布莱克应被罚款500澳元，并向拉德一家支付因多次侵入而损失的任何收入。

然而，事情并未就此结束。2007年此案回到昆士兰州最高法院，由另一名法官审理。拉德一家不仅就2005年的侵入寻求损害赔偿，还声称2002年10月至11月也发生了家畜侵地，也

81 要求赔偿。首席法官德泽西认为拉德一家无法确认 2002 年的侵入是布莱克的奶牛所为，也未证实其因 2005 年的侵入遭受任何损失。因此，他们无权就这些事件获得损害赔偿。

从此案出发，思考英国或澳大利亚法院会如何处理“怀南斯诉麦克雷案”将会很有意思。昆士兰州最高法院的判决表明，法院一定程度上愿意颁发禁制令以禁止动物或家畜侵入。另一方面，怀南斯似乎是个不近人情的人，澳大利亚法院或许会因为这个原因而做出与苏格兰最高民事法院类似的反应。

与“扣留牲畜要求赔偿”类似，“家畜侵地”也不适用于狗或猫，且从未适用过——可能因为我们不吃它们，也不从它们身上获取奶、毛或蛋，因此不将它们视为生产动物。在中世纪，对游荡的狗（尤其是恶狗）所应承担的责任，是根据几种不同的学说来处理的，包括一种古老形式的侵地论、新生的明知学说和煽动致伤害说。

在 1864 年的“里德诉爱德华兹案”（*Read v Edwards*）中，一只猎犬逃脱后在他人土地上冲散或杀死 160 只雉鸡。对此威尔斯法官提到了多种理由，指出猫狗为何不是生产动物：

> 在此方面对牛和猫狗进行区分，之前提出过多种理由，现在我们无须再论证。理由一是难以或不可能对后者进行控制，理由二是它们的游荡造成的损害轻微，理由三是人类的共同习惯允许它们有更广泛的自由，理由四是它们在法律上未被绝对视为所有者的动产以至于成为盗窃的对象。

格兰维尔·威廉斯指出，威尔斯提到的最后一点不完全正确：猫和狗似乎很明显既可以被拥有又可以被偷盗（考虑到猫的游荡）。

你可能认为，鉴于蜜蜂非常难控制且不在现代法律体系内，家畜侵地相关法律不涵盖蜜蜂。正如在 1978 年澳大利亚的“斯托默诉英格拉姆案”（*Stormer v Ingram*）中莱戈法官所说：“蜜蜂不是牛。不会产生类似家畜侵地的严格责任……”但他指出，如果故意将蜜蜂“驱赶”到某人的领地，情况可能有所不同：这可能算通常的侵地事件。

然而，中世纪爱尔兰的蜜蜂审判法对蜜蜂有非常特殊的处理方式，视其有“家畜侵地”能力。如前所述，中世纪爱尔兰的邻里法要求人们向邻居保证对自家牲畜侵入造成的任何损害予以赔偿。蜜蜂审判法的作者将同样的法律体制应用于蜜蜂。查尔斯–爱德华兹和克利承认，作者“坚持认为蜜蜂与牛没有太大区别，这种做法……使（他）陷入荒谬”，但他们鼓励读者思考其动机：

> 和很多律师一样，他可能有两个目的：第一，希望为可能的纠纷或法律问题找到某种解决方案；第二，希望以最小的代价实现第一点，也就是说，尽可能减少对既定原则或制度的干扰。

根据蜜蜂审判法，在养蜂人建立蜂巢的前三年，领地与养蜂人土地接壤的 4 名邻居无权获得损害赔偿（第一年是让蜜蜂安定下来，第二年豁免是因为蜜蜂被移动后一般数量稀少，第三年是让蜂群充分恢复)。蜂巢建立后，蜜蜂觅食区域的土地所有者有权获得三分之一的蜂蜜。此外，蜂巢周围的4名邻居有权获得原蜂巢扩散出的第一个蜂群。权利顺序取决于哪个邻居与蜂巢关系更亲密，以及谁的土地最好、最近，但必须对蜜蜂进行看守，以确保蜂群不逃逸到他人领地中。如果发生这样的事情，邻居们就无权获得蜂群。查尔斯-爱德华兹和克利表示这项法律显然是一种妥协，为的是阻止邻居和亲属向原蜂巢的主人索要一定份额的蜂蜜：在适当的时候邻居能够得到他们自己的蜂群，进而也有权享受三年不受邻里法约束的豁免期。

尽管像蜜蜂法这样把蜜蜂当家畜对待可能与众不同，但即使在现代，蜜蜂的大范围觅食也造成了问题。2011年，巴伐利亚业余养蜂人卡尔·海因茨·巴布洛克成功起诉了邻近一名种植转基因玉米的土地所有者。巴布洛克的蜜蜂生产的蜂蜜中残留有这种玉米的花粉。欧洲法院认为，源自转基因生物的物质需要
83 获得批准才能作为食物投放市场。法院认为花粉是蜂蜜的原料，如果蜂蜜含有从转基因植物中采集的花粉，就不能作为食物投放市场，无论污染多么轻微或是否有意。然而，同年晚些时候，欧盟一项指令宣布："残留物"不算"原料"。

美国出现了很多涉及杀虫剂对蜜蜂造成影响的案件。土地所有者在其土地上喷洒杀虫剂，邻近蜂群的蜜蜂进入他们的土地并因接触杀虫剂而死亡。如果出现这种情况，土地所有者是否有责任？决定因素是这些蜜蜂是否是"侵入者"：如果是，土地所

有者一般不对它们负责，除非他们曾被告知蜜蜂的存在。因此，在“伦克诉斯佩齐亚案”（*Lenk v Spezia*）中，土地所有者不对觅食的蜜蜂受到的伤害负责，因为它们是“侵入者”。判定蜜蜂为侵入者，可能反映了蜜蜂为私人所拥有的概念。对于此事，更好的方法可能是将蜜蜂视为公共财产，让它们自由觅食符合我们所有人的利益（符合环境的利益）。

《14世纪养蜂插图》

在美国另一个案例“本内特诉拉森公司案”（*Bennett v* 84
Larsen Co.）中，威斯康星州最高法院判决蜜蜂不是侵入者，因为无法阻止其进入合意的土地觅食（这里再次突显了蜜蜂的野生特性）。根据这种推理，如土地所有者未能遵守不在有蜜蜂觅食的土

地上使用某种杀虫剂的指示，土地所有者就要为伤害蜜蜂负责。

围住动物

如果农民未能适当地将其领地围住，让他们的动物逃出来了，又将如何呢？普通法认为，如果一只不具危险性的动物逃出并误入公路致人受伤，农民不承担责任。这被称为“瑟尔诉沃尔班克案（*Searle v Wallbank*）规则”，名称源于与这一问题相关的一个重要案件。然而，如果土地所有者知道动物具有危险性，或故意让家畜进入公路，他们就要承担责任。在澳大利亚很多司法管辖区，“瑟尔诉沃尔班克案规则”在法律上已被废除，然而仍适用于北部地方和昆士兰州，在这些地方会产生不公平的影响。

这一规则被用于2006年昆士兰州的“史密斯诉威廉斯案”（*Smith v Williams*）。威廉斯在试图躲避穿过因诺特温泉附近肯尼迪公路的牛时受伤：他为了躲避牛而转弯，驾驶的满载的油罐车翻倒。这头牛属于农民史密斯一家。因为他们未故意让牛进入公路，所以不对威廉斯所受的伤害负责。实施“瑟尔诉沃尔班克案规则”，意味着威廉斯无法以未将牛围起为由向史密斯一家索赔。

在2016年昆士兰州的“赫顿诉RLX运营有限公司案”（*Hutton v RLX Operating Company Pty. Ltd.*）中，伤者比较幸运，因为昆士兰州法院对“瑟尔诉沃尔班克案规则”做出了例外规定。赫顿在“摩羯公路”上开车时，遇到了一群从格雷斯米尔家畜市场逃脱的马，因此受了重伤。这些马属于马斯喀特，他为了参加“罗克汉普顿表演马公司”组织的一场活动，将马带到了家畜市场。而家畜市场由 RLX 运营有限公司租赁。赫顿同时起诉这三方未能将马管好。法官判决此案适用于“瑟尔诉沃尔班克案规则”的一条例外规定：如动物逃脱，负责管理家畜者应承担责任。因此，赫顿能够获得损害赔偿。 85

已经有人提议在澳大利亚全国范围内完全废除“瑟尔诉沃尔班克案规则”，无论是就过失侵权行为而言，还是就妨害而言。北部地方、南澳大利亚州和西澳大利亚州更进一步，规定“被发现在任何街道或公共场所游荡、未被控制、被拴住、放牧的牛”的所有者构成犯罪，可处以罚款。法院认为，无论所有者是否知道他们的牛跑脱或是否希望如此，即使他们有理由认为将牛看管得很好，这都是一种犯罪。新西兰一家法院宣布类似条文时表示，这是因为条文的目的是保证“公路上人的安全”。然而，当证据表明牛跑出来是因陌生人闯进来打开门所致时，南澳大利亚州的法庭不倾向于让所有者承担责任。在“斯内尔诉瑞安案”（*Snell v Ryan*）中，首席法官内皮尔称，在这种情况下让所有者负责的做法属于“暴政和不公”：

> 我十分尊重立法机关，因此我觉得不应该惩罚牛的所有者。这头牛在外游荡，不是因为需要所有者负责的任何人的失职或疏忽，而是因为陌生人的不当行为，而且可能是犯罪行为。

内皮尔的观点后来得到其他法官的支持，但这并没有帮到羊在公路上被车撞死的农场主瑞安。法庭被告知，是农场主的工人们将 650 只羊从路一侧的小围场赶到另一侧的小围场的。初审法院认为工人认真地引导羊群，没人知道羊是怎么逃脱的，但法官认为这不足以免除农场主的罪责。正如治安法官所指出的，辩称“羊是出于天性在主人或其雇员及代理人不知情的情况下从围栏中逃出”，亦不足以免罪。只有证明动物逃脱是因为他人过错或不可抗力——而不仅是羊的行为，主人才能免除责任。法官肯定至少有点怀疑雇员是否像初审法院认定的那样认真。

在判决之后，南澳大利亚州对该罪行进行了修订，为那些“适当勤勉”地限制其动物的所有者及其雇员提供辩护——只要所有者按照预期不可能知道动物已经逃脱，或发现后采取一切措
86 施进行控制。法院制定的例外也被南澳大利亚州法院应用于与动物无关的案件（例如，一名卡车司机驾驶的卡车超重是因为加油站加错了油，该司机被认定没有责任）。刑事责任的例外现在是澳大利亚联邦刑法的一部分，其不同版本被应用于澳大利亚大部分地区以及斐济和瑙鲁。

侵入、过失和妨害

回到“怀南斯诉麦克雷案”，我们假设麦克雷故意把羔羊赶到怀南斯的土地上，或鲁莽、粗心地让其游荡。侵入保护法是一种保护我们对土地“独占权”的侵权法：我们有权决定谁能进入我们的土地，如有人未经许可进入，就是非法的。同样，如果有人未经许可故意在我们的领地上放牧或鲁莽地允许动物进入我

们的领地（与仅针对游荡家畜的侵地不同），则构成侵入。在这种情况下，动物被视为所有者的延伸。如果麦克雷故意或鲁莽地让他的羔羊游荡到怀南斯的领地上，澳大利亚法院可能会颁发禁制令——除非法院同样对苛刻的美国亿万富翁缺乏同情。

在“里德诉爱德华兹案”中，猎犬冲散或杀死 160 只雉鸡，法官认为狗的所有者应对侵入负责，因为主人知道这只狗性格顽皮，喜欢追逐并杀死猎物，却允许它在树林中游荡。

如今，英格兰和威尔士的流浪狗适用英国《1971 年动物法》（*Animals Act 1971*）第四节，该条规定：

> 如狗因为杀死或伤害牲畜而造成损害，狗的所有者对损害负责，除非本法另有规定。

同一法规还规定了在某些条件下牲畜侵地所应承担的责任。然而，该法明显未涵盖一种家养动物：猫。有时人们会说，猫有“游荡的权利”。这可能是因为捕捉害兽的游荡猫被视为符合公共利益。也可能是因为，除非把猫关在屋里或用其他方式围住，否则无法阻止猫游荡。这在澳大利亚造成了困难，要保护本土动物必 87
须防止猫游荡。

曾经有过几起案例，猫杀死他人的鸟后，主人遭到起诉，而结果各不相同。在 1878 年苏格兰的一个案例中，韦布起诉麦克菲特允许他的猫杀死韦布的信鸽。事情发生时，这些动物既不在韦布的领地，也不在麦克菲特的领地。法庭表示，如果麦克菲特的猫侵入韦布的领地，结果可能会有所不同。但是鉴于两只动物都在他人土地上，“(韦布)有责任监护他据说价值很高的鸟，因此两位所有者同责，本案必须按自然法的观点来处理，两位没有过失（*culpa*）的所有者均无法承担责任。”尽管双方都没有责任，但麦克菲特必须承担韦布的支出，因为他“没有同情(韦布)，而是与其对立，并强迫他证明是(麦克菲特的)猫杀死了他的鸟”。

相反，在1890年美国的“麦克唐纳诉乔德里案”(*McDonald v Jodrey*)中，乔德里未因为他的猫杀死麦克唐纳的金丝雀而被追究责任。尽管法官确信金丝雀可能是有价值的财产，但他指出，猫无法像其他家畜一样被约束和占有，因此无法阻止它们侵入：

> 因为这一点，它们游荡时造成的破坏可能类似于其他半野生动物造成的损害，比如从笼中逃出进入他人土地的兔子或鸽子，这些均不造成诉讼。

尽管司法上不可能存在“猫侵入”，但猫的所有者仍可能因猫的行为造成的妨害或过失而承担责任。另外，根据维多利亚州《1994年家养动物法》，如果地方议会曾下令禁止猫出门，被人发现在外游荡的猫的所有者就犯有违法行为。不过，该违法行为的最高罚款是适用于狗的罚款金额的一半。

针对“妨害”的侵权法防止土地所有者安静地享用其领地的权利受到妨害。在“怀南斯诉麦克雷案”中，怀南斯或许可以辩称羔羊妨害了他安静地享用林地，然而考虑到他租赁的土地范围，再加上羔羊的行为明显无害，这一理由似乎不太可能得到支持，除非他能够证明羔羊不可逆转地破坏了森林被改造用来养鹿的前景。 88

怀南斯也可以过失为由起诉麦克雷——未能妥善照顾羔羊并行使合理注意防止羔羊游荡到其领地上。过失意味着，如果某人未能对逃脱的动物行使合理注意，将为“可合理预见”的损失承担责任。然而，在本案中，很难看出实际损失是什么（除非有证据表明怀南斯建立猎鹿森林的前景被毁掉了），如果不能证明这一点，过失索赔很可能会失败。

造成妨害的动物

我们拥有或占有土地时，就拥有所谓“安静享用”这片土地的权利，换句话说，我们有不受邻居不合理妨害的权利。允许我们防止他人干涉该权利的侵权法即妨害法，顾名思义，涉及各类干扰，包括气味、巨大噪声、流水、污染、地下挖掘等。

关于家养动物，保护“安静享用”的法律是相当明确的（猫狗除外，一直以来就十分缺乏针对猫狗的立法干预）。如果邻居饲养的马或猪等动物发出臭味、噪声或污染邻居的土地，可以通过禁制令的方式加以限制。情况并非总是如此。南安普敦《采邑刑事法庭记录》（*Court Leet Records*）的引言生动地描绘了在英国女王伊丽莎白一世时代及以前，英格兰城镇中动物造成的各种问题：

> 猪在街上溜达；鸭子也学习它们的这种鲁莽行为；牛站在那里沉思，人就去街上挤奶；屠夫把街道当成屠宰场，店里的下水扔到街道上。鱼贩倾倒腥水，“恶臭让女王的臣民不堪其扰”。

格兰维尔·威廉斯指出，最初的妨害法对于处理这种问题不理想，因为它是针对永久性的建筑物造成的妨害设立的，而且“扣留牲畜要求赔偿”与妨害法有重叠。不过，随后妨害法被修改，以适用于猪的气味——用威廉斯的话说，“饱经磨炼的中世
89 纪鼻子也受不了”这种气味。

在1610年一个著名的案例中，诺福克郡的威廉·奥尔德雷德声称邻居托马斯·本顿在自家领地上堆放了大量木材，导致奥尔德雷德家的窗户几乎不透光。奥尔德雷德还声称，本顿恶意地在距离奥尔德雷德的房屋非常近的地方建了一座猪圈，以至于奥尔德雷德和他的仆人不得不搬走，逃离“母猪和猪的粪便发出的有害健康的恶臭……恶臭渗入大厅、客厅和宅院（带有附属建筑物和土地）并在各处流动。”猪粪、采光不足，此类情况非常严重，以至于法院将该猪圈归为公害。显然，在这种情况下，私人妨害诉讼也是合理的。

在1949年澳大利亚的“弗雷泽诉布思案”（*Fraser v Booth*）中，可以看到妨害法被用于半驯化动物的例子，该案确认，大量鸽子能够构成妨害。布思在其位于悉尼的地产上养了大约350只鸽子。邻居弗雷泽抱怨这些鸽子很吵并向她和她的房屋俯冲，要

求法院颁布禁制令，禁止布思饲养这些鸽子。布思则表示弗雷泽和她的丈夫骚扰他的鸽子，对它们大喊大叫、拍手、吹六孔小笛、放鞭炮，还用水管向它们喷水。他反诉声称有权获得针对她和她丈夫的禁制令。新南威尔士州最高法院首席法官诺克斯认为弗雷泽“并非过分苛刻或古怪”——尽管在经历这一切之后谈及鸽子的话题可能不会太愉快——这些鸽子确实对她和家人造成严重的妨害。禁制令被颁发，禁止布思在房地产上饲养这些鸽子，但执行延迟 2 个月，以便布思另找地方安置那些鸽子。

很显然，吵闹的驯化动物也可能构成妨害。因此，在英格兰多个古老的案件中，邻居有权制止他人经营吵闹的马房，这可能是因为马嘶鸣和喷鼻息的声音很响。马蹄声和跺脚声可能也令人烦恼。

公鸡是另一种能引发噪声干扰的驯化动物。在 1936 年的“利曼诉蒙塔古案”（*Leeman v Montagu*）中，萨里郡的利曼寻求禁制令禁止其邻居蒙塔古——一位家禽养殖者——养殖那些在凌晨两点到早晨七八点间鸣叫的小公鸡。利曼请人将公鸡鸣叫的声音录在唱片上，但法官决定不听该唱片。制作录音的证人表示，噪 90
声像是“三把短号在演奏，其中两把跑调”。利曼所住小屋的前所有者将这种噪声比作“足球观众为决赛加油”。证据表明，家禽养殖场很容易就能被重新布置以确保小公鸡离小屋更远。格里夫斯-洛德法官批准了禁制令，该禁制令在一个月内暂不执行，允许养殖者重新安置家禽。

即使在现代，也有关于公鸡打鸣的纠纷。2019 年，法国奥莱龙岛出现一起纠纷，涉及一只名叫莫里斯的小公鸡，其主人是科琳娜·费索。她的邻居，在岛上拥有一座度假屋的退休老人，抱怨莫里斯黎明打鸣的响亮声音构成“超乎寻常的噪声干扰”。最终，罗什福尔的法院认为莫里斯发出的声音不是妨害，对那些希望保护法国农村生活方式的人而言，莫里斯意外地成为英雄。不幸的是（对邻居来说可能并非不幸），莫里斯死于 2020 年 5 月，享年 6 岁。这并非法国唯一涉及农村噪声的案件。城市居民搬到法国乡村寻求“安宁与安静”，却因乡村生活中各种声音，包括上萨瓦省哞哞叫的牛、苏斯通嘎嘎叫的鸭子和鹅、普罗旺斯大声鸣叫的蝉和格里尼奥勒哇哇叫的青蛙而感到不满，这类案件越来越常见。

不是所有农村新居民都反对动物噪声。几年前，在法国南部的村庄托尔纳克，拥有一座避暑别墅的英国出版商爱德华·埃尔加，允许当地农民克劳德·梅斯让在他的别墅周围的土地上牧牛。而从城市搬到该地的法国人伊夫·梅尼昂则抱怨牛铃的噪声让他“疲惫焦虑”，这令当地居民十分不满。他起诉埃尔加和梅斯让，希望禁止牛在该区域吃草，但该案的结果未被报道。

2021 年 1 月 29 日，此类案件的普遍性引发广泛不满后，法国通过立法保护农村的声音和气味，称之为法国“感官遗产”的一部分。法国政府也在考虑修订民法，以更好地处理这类邻里纠纷。

近 10 年前，法国多尔多涅省格里尼奥勒的一对夫妻遭遇了
91 困境。邻居因为他们花园里天然池塘中青蛙的大声鸣叫造成妨害

而起诉他们，法庭命令他们将池塘填平。然而，有些青蛙是保护物种，这对夫妻如果赶走青蛙或填平池塘，将面临两年的监禁和15万欧元的罚款。最终，2021年3月——经过9年的法律斗争，官司一直打到法国的最高法院——最高法院下令将池塘的水抽干，将青蛙迁往别处。青蛙的幸福结局似乎只存在于童话故事中。

青蛙在澳大利亚也造成了问题。在“盖尔斯控股有限公司诉特威德郡议会案”（*Gales Holdings Pty. Ltd. v Tweed Shire Council*）中，妨害源自积水。盖尔斯买了一些土地打算开发。特威德郡议会在该土地上修建了下水管和雨水排放口，导致积水并最终形成一个池塘。该池塘成为一群濒临灭绝的瓦伦蛙（wallum froglet）的栖息地。盖尔斯尝试开发该土地时，被告知青蛙栖息的区域不能开发，必须留作青蛙的永久栖息地。盖尔斯控股以妨害（让水流入土地显然是一种妨害）和部分土地不符合开发条件造成的损失为由起诉郡议会。然而，2013年新南威尔士州上诉法院认为，郡议会的排水工程导致青蛙建立栖息地，这并不是可以合理预见的风险。

尽管蜜蜂对环境和人类非常有用，但被蜜蜂蜇伤很痛，它们成群飞行的倾向导致其可能构成妨害。养蜂人应该防止它们不合理地烦扰邻居。邻居如果被蜜蜂烦扰，往往同时会控诉妨害和过失。有时妨害会成立，特别是在情况严重的案件中。

1906年的案件涉及两位存在竞争关系的养蜂人帕克和雷诺兹，两人是邻居。帕克抱怨雷诺兹的养蜂方式不合理。根据披露的证据，雷诺兹在帕克房屋20英尺范围内饲养了约50万只蜜蜂，它们侵入帕克的家，蛰他的妻子、孩子和仆人。帕克自己的蜜蜂则养在距离住所更远的地方。

菲利莫尔法官也是一名养蜂人，他告知陪审团，“原告家庭持续面临被蜇的危险，无法正常生活或吃饭”，如果陪审团也认为“原告在 8 月无法按照简单的英国观念在家正常生活，而其合
92 理舒适因为被告的蜜蜂受到严重干扰，可能会认定存在妨害”。陪审团同意这些蜜蜂构成妨害，雷诺兹被要求将蜜蜂转移到距离帕克房屋 200 码[1]以外的地方。

另一个案件至少有一名法官愿意认定属于妨害，那就是爱尔兰的“奥戈尔曼诉奥戈尔曼案”（*O'Gorman v O'Gorman*），一名男子和他的马被一大群蜜蜂蜇伤，伤势严重。也有一位法官指出，如果该男子只是偶然被少量蜜蜂蜇伤，则不会引起责任。

在南澳大利亚州的“斯托默诉英格拉姆案”（*Stormer v Ingram*）中，莱戈法官不愿让养蜂人承担妨害或过失的责任。斯托默夫妇抱怨隔壁邻居英格拉姆饲养的蜜蜂蜇伤他们的孩子和伴侣动物、淹死在他们的三个鱼塘中，并在他们的衣物上留下黄色的蜂粪。然而，法官认为仅仅养蜂不构成妨害，斯托默夫妇未证明这对其享用领地有任何“不合理的”干扰。

莱戈法官在判决中引用了古老的美国案件“厄尔诉范阿尔斯汀案”（*Earl v Van Alstine*），在其中塞尔登法官说：

1　1 码相当于 3 英尺或 0.9144 米。

> 在现代，蜜蜂几乎像牛一样被完全驯化。其习性和本能已被研究，通过由此获得的知识，蜜蜂几乎可以像任何家养动物一样相当确定地被控制……我理解，蜜蜂攻击对人身或财产造成严重伤害是非常罕见的，显然不比马踢打或狗咬人造成伤害的概率更高。

塞尔登法官还说：

> 无人会质疑蜜蜂的效用，因此无须对本案应用非常严格的规则。总的来说，我明确认为，在任何情况下蜜蜂的所有者都不对蜜蜂可能造成的意外伤害负责。

莱戈法官同意这种观点，并认为蜜蜂对整个社会足够有用，
因此偶尔的蜇人事件并非不合理的。然而，在澳大利亚的另几起 93
案例中，人们被禁止养蜂，其中一个案例是因为一名邻居对蜜蜂蜇刺严重过敏。

此时了解到法律对狗和猫的看法与其他动物有所不同，可能并不值得惊讶。历史上，在普通法中，关于一只吵闹的狗是否造成妨害，存在一定的疑问。如今，法律规定狗和猫在某些情况下可能造成妨害，它们的所有者可能面临刑事罚金。比如，根据维多利亚州《1994 年家养动物法》第 32 条，如果狗和猫不符合一系列标准，它们的所有者会被罚款：

（1）任何饲养狗或猫或允许它们在家中逗留者，不得允许该动物构成妨碍。

处罚：1 个罚金单位

（2）如有本条所列的情况，狗或猫将被视为妨害——

（a）如果它伤害或危及任何人的健康；或

（b）如果它通过吠叫或其他方式制造噪声，持续频繁发生或达到不合理地干扰其他任何房屋中任何人的安宁、舒适或便利的程度。

（3）如果某人被判犯有违反本条的罪行，法院可命令其采取行动（如有）以减轻命令中指明的妨害。

（4）任何人必须遵守根据第（3）款发布的命令。

处罚：3 个罚金单位

正常吠叫（或号叫）不是妨害。噪声必须是持续的，且不合理地干扰邻居的安宁、舒适或便利。这通常可以通过记录狗吠叫的频率和原因来证明。

狗的所有者还负责捡拾狗的粪便。在新南威尔士州，如果狗
在公共场所排便，狗的所有者或任何年满 16 岁的监管人必须“立
94 刻清除狗的粪便并妥善处理”。相关法律规定，地方议会有责任
在狗经常活动的任何地方提供适当的容器。澳大利亚其他法律要求狗的所有者在带狗外出时携带收集狗粪便的袋子。无论所有者是否注意到狗排便，不遵守规定都是一种不法行为。但有些法律允许合理错误——大多数法律规定，协助犬的所有者一律例外。

如果粪便无法处理，例如，如果狗腹泻，刑事责任的标准原则上可能会免除所有者的责任。

针对这种不法行为的处罚出了名的难以执行。2006 年针对北爱尔兰公园（天气晴朗，有醒目的标志提醒狗主人清理狗的粪便，也有免费提供的袋子和垃圾桶）400 名遛狗者的一项观察研究发现，几乎一半的狗主人没有捡拾自家狗的粪便。研究还发现（根据遛狗者后来提供的信息）大多数不遵守规定的主人是社会经济地位较低或遛狗不拴绳的年轻男性。作者总结道：

> 尽管这种描述较为笼统，其他因素可能与狗粪便管理有关，但它还是就哪一部分人最可能让他们的狗污染公共区域提供了有用的信息。针对这些特定人群进行适当的教育宣传和执法，可能朝向建立更清洁和健康的环境迈出正确的一步。

情急之下，澳大利亚地方部门经常发表不太可能实现的声明，称他们打算通过对狗粪便进行 DNA（脱氧核糖核酸）分析以调查未解决的悬案。

有害动物

动物可能以其他多种方式伤害人或财产。就动物可能对人类造成的伤害而言，它们可能抓咬或以其他方式攻击人类、与人类在道路上相撞、追逐人类等。有时动物也可能伤害其他动物。

动物饲养者或所有者是否要负责任，取决于几个因素：动物是否具有固有的危险性，饲养者是否知道其危险性，饲养者是否疏忽，
95 以及关于动物饲养有哪些法定规则。

危险动物与明知

我们在本章开头引用了威廉·布莱克的诗《羔羊》，然而布莱克与之相对的作品《老虎》描述了一只截然不同的动物：

老虎！老虎！火一样灿明！
照亮了黑夜的密密丛林，
是何等神奇的手和眼睛
能塑造你那可怕的匀称体形？

在何等遥远的深海或高空，
锻烧出你眼中的火焰？
凭何等双翼他敢于凌空？
是何等手臂敢于夺此火种？

是何等肩膀、是何等艺术
能把你心脏的肌肉捏出？
一旦你的心脏开始跳动，
手何等强劲？脚何等勇猛？

是何等铁锤？是何等铁链？
在何等熔炉将你脑髓熔炼？
是何等铁砧？臂力何等惊人
敢于紧紧抓住这可怖的死神？

当群星将锋芒投向大地，
又用珠泪将天庭润湿，
看着自己的杰作他可欣喜？
他创造了羔羊又创造了你？[1]

和布莱克一样，法律对待老虎和羔羊的方式截然不同。这同样起源于罗马。自然哲学家老普林尼提到罗马元老院一开始禁止人们把动物从非洲带到意大利，但这种情况在公元前 670 年发生了变化，当时护民官奥菲迪乌斯（Aufidius）允许为马戏团引进非洲动物。从远方捕获野生动物并将其带到罗马，似乎能带 96
来一种特定的威望。人们对这种奇观的胃口非常旺盛：罗马著名演说家、律师马库斯·图利乌斯·西塞罗担任西里西亚（西西里岛）总督时，他的朋友兼门生马库斯·凯利厄斯·鲁弗斯一再请求西塞罗为他提供“希腊豹”（来自西西里岛的豹）。尽管鲁弗斯警告“我没有希腊豹就是你的耻辱”，但西塞罗没有理会他的要求。

1　参考陆水庭译本。

以钟爱异域动物著称的罗马人在“市政官法令”（被称为市政官［*aediles*］的官员为确保罗马城良好运行等目的发布的法律声明）中针对危险动物制定了不同的规则，这一点可能并不令人惊讶。罗马法律规定：

> 任何人不得在交通繁忙、可能造成人身伤害或损害的场所养狗、野猪、狼、熊、豹、狮子……以及通常说的任何危险动物，无论是自由游荡的还是被束缚或拴住而不会造成伤害的……违反这一规定的处罚是：如自由人因此而死亡，处罚200金币；如自由人受伤，处以法官认为适当的罚金；在所有其他情况下，处以相当于所造成的损害价值两倍的罚金。

这是一种须负“严格责任”的不法行为，危险动物的饲养者是否有过失并不重要。危险动物致人死亡或受伤的事实确立其主人的责任。罗马人非常务实——如果有人做本质上危险的、可能伤害公众的事情，那就应该为所造成的任何损害付出代价。

严格责任也存在于盎格鲁—撒克逊的阿尔弗雷德法典（形成于约899年）中。比如，犬伤人，所有者要受惩罚：

> 23. 如果狗撕咬人，首犯应支付6先令。如果所有者继
> 97 续饲养狗，再犯支付12先令，第三次犯支付30先令。
>
> 23. 1 如果狗在犯下罪行后丢失或消失，所有者仍须支

付费用。

> 23.2 如果狗犯下更多的罪行而所有者继续饲养它，所有者根据(受害者的)全额抚恤金(wergeld，字面意思为“人身价值”)的金额，对可能造成的任何伤害进行赔偿。

同样，严格责任也进入各种现代法律体系，包括民事体系，例如，现代《德国民法典》规定：

> 如果人被动物杀死，或人的身体及健康被动物伤害，或某物被动物损坏，那么饲养动物者有责任向受害者赔偿由此产生的损失。如果损害是由旨在为饲养者的职业、经济活动或生计服务的家畜造成的……而动物饲养者管理动物时已尽合理注意义务，或即便尽合理注意义务，损害也会发生，则不适用损害赔偿责任。

在澳大利亚和（英国）法律中，历史上通过明知学说，以不同的方式处理危险动物。正如引言中提到的，该学说仅对饲养“危险”动物的人施加严格责任。该学说于1358年在英格兰产生，是在1348—1349年黑死病席卷英国后的几年里发展起来的。明知这个名称来自古英语令状中描述这种行为的拉丁语：*scienter retinuit*（“明知保留”）。中世纪历史学家罗伯特·帕尔默（Robert Palmer）认为明知反映了当时人们的普遍信念，即应该遵守道德义务，包括在饲养危险动物方面的义务。最初，明知尤其关注危险的狗，它可能咬羊和人，以及惯于攻击动物的野猪。讽刺的是，正如我们将看到的，明知后来变得不适于处理危险的狗。

明知学说规定，如果动物被归为具有固有危险性的，那么其占有者（饲养者）无论是否有过失，都将对动物造成的损害负严
98 格责任。相反，如果动物未被归入具有固有危险性的类别，则必须证明饲养者知道特定动物的凶恶习性，才能让饲养者承担责任。无论伤害发生在何处（受害者的土地上、公路上或饲养者的土地上），饲养者都要承担责任。

在明知法中，我们再次看到，法院对野生动物和驯服或驯化动物进行了区分，但是这种区分的运作方式与所有权法的区分不同。明知法区分本质上可能造成伤害的动物（主要是野生动物，但也有一些驯服动物，比如大象），和一般无害的动物（主要是驯化动物，但也有一些野生或半野生动物，如兔子）。

因此，有些在所有权法中被视为“野生”的动物，在明知法中不会被视为“野生”。例如，在明知学说中蜜蜂通常不被认为是野生动物，尽管在所有权法中它们被认为是野生动物。原因似乎在于一大群蜜蜂可能造成危险，但仅限于它们的蜂巢受到危险或干扰时。这也反映了，人们认为蜜蜂在社会和环境方面都对人类有益，所以不希望每次蜜蜂伤人都让所有者承担严格责任。在“斯托默诉英格拉姆案”中，莱戈法官也指出，蜜蜂蜇人后，自己死亡，这也是他认为蜜蜂不是野生动物的原因之一。因为它们会死亡，所以除了被蜇的人或动物，它们本质上不会对其他人构成危险。

所有权法视为“野生”的其他动物，如猴子，在明知法中也可以被视为“野生”的。在 1846 年著名的“梅诉伯德特案”（*May v Burdett*）中，伯德特的猴子咬了梅，使她“非常害怕和惊慌”，并“恶心、酸痛、瘸腿和身心失调”，法庭认为伯德特负有责任。伯德特知道猴子的凶恶习性，即便不知道，他也要承担责任。

涉及危险动物的一起影响深远的案件是“贝伦斯诉贝尔特拉姆·米尔斯马戏团有限公司案”（*Behrens v Bertram Mills Circus Ltd.*）。在该案中，贝伦斯夫妇被大象踩踏受伤。贝伦斯夫妇在游乐场和马戏团表演。贝伦斯先生身高 80 多厘米，按法官的说法，“身材比例完美”，他自称是“地球上体形最小的男人”。他的妻子贝伦斯夫人身高 90 多厘米，拉手风琴。他们和他们的猫一起表演节目。 99

踩踏事件发生当日，贝伦斯夫妇在附属于马戏团的一个摊位上表演。马戏团的经理怀特黑德先生坐在附近的摊位收钱并招揽游客。尽管属于陌生人的动物不得带入马戏团，但怀特黑德先生要照看他 12 岁女儿的博美犬，因此让它躲在摊位下，将牵引绳拴在他坐着的那把椅子的腿上。

大象完成马戏团的开场游行后，穿过怀特黑德先生和贝伦斯夫妇的摊位所在的通道。狗跑出去，朝大象狂吠，使其中一只大象受到惊吓，发出号叫。狗试图退回怀特黑德先生的摊位时，两只大象跟在它身后。尽管驯兽师很快控制住了大象，但怀特黑德先生和贝伦斯夫妇的摊位都倒塌了，狗死了，贝伦斯夫人受了重伤，贝伦斯先生也受到严重惊吓。此后，他们有 2 年 3 个月无法工作，贝伦斯夫人也无法以过去的水平演奏手风琴。贝伦斯夫妇根据明知法，要求获得贝伦斯夫人受伤以及两人无法工作的赔偿。

在做出决定时，德夫林法官必须考虑大象是否是野生动物（本质上是野生的）。马戏团辩称被狗吓到的大象布鲁是驯服的，不是野生动物。德夫林指出，明知法对野生动物的分类有些不合逻辑：

> 本案涉及的明知诉讼格外死板，就在于规则要求不参照其所属物种的一般习性对肇事动物的危害性进行判断。该法忽视了丛林中的野象和马戏团受过训练的大象之间的天壤之别。大象布鲁实际上不比牛更加危险；它的反应与被小狗激怒的牛的反应相同；它的体形也许使它能够造成更大的伤害，但它更高的训练度使它更快被控制住。但我不得不评估被告在此案中的责任，将其等同于在游乐场放出一只
> 100 野象。

大象被判为野生动物，因此问题是所有者是否对其保持了控制。事故发生时，大象失去控制，尽管只是短暂的一瞬，马戏团也要对事故负严格责任。代表马戏团的律师试图辩称这不公平，这样的判决会导致如果已知凶恶的狗意外撞倒一个孩子，狗的所有者可能也要承担责任。德夫林法官表示不应把天性凶猛的野生动物和已知性格凶猛的驯化动物置于同样的位置。律师辩称该规则不符合逻辑，因为分类决定了太多的事情。尽管德夫林法

官承认该规则缺乏逻辑性，但他表示：

> 如果一个人半夜醒来发现一只逃脱的老虎在他的床上，因此心脏病发作，那么就算老虎的意图相当友善也无关紧要。如果游乐场放出一只老虎，一个人是因为老虎直接攻击还是因为看到老虎而逃跑并摔倒受伤，在我看来是无关的。本案中始终干扰推理的一个事实是，这头特定的大象布鲁是驯服的。但正如我所说，这一事实必须被忽略。它将被当作野象对待；如果一只野象在游乐场被放出并四处踩踏，被木材掉落下来砸伤的人有权获得赔偿，我认为认定这一点并不是太难。根据我的判断，将犯罪意图（*mens rea*，伤害或杀死的意图）和恶意运用在动物身上并不是不可行的。

就明知学说而言，其他被视为野生动物的动物包括猴子、猩猩、熊、大象、狮子、斑马、浣熊、老虎、野狗和澳洲野犬。

"马洛诉鲍尔案"（*Marlor v Ball*）是1900年一个涉及斑马的案件。鲍尔和他的妻子及连襟一同参观动物园时，很偶然地发现马厩的门没有关好。鲍尔遇到了4匹在单独隔间中的斑马，轻轻地拍了拍其中一匹。结果证明这是一个特别糟糕的举动。斑马狠狠地踢了鲍尔一脚，以至于他穿过木质的隔板落入隔壁的隔间，这时第二匹斑马将鲍尔的手严重咬伤，他不得不截去这只手。法庭认为，斑马和大象一样，本质上是危险的野生动物。斑马很

难驯服，甚至无法驯服。尽管它们看起来像有条纹的马，但性情
101 截然不同：

> 斑马具有攻击性。它们不是在较温和的温带地区进化出来的，而是在非洲进化生存下来的物种，在那里狮子是主要的捕食者。有很多斑马杀死狮子的案例被记录在案。通常是斑马踢狮子的头部，造成狮子死亡或下巴骨折，因无法进食而饿死。要了解斑马踢腿的力量，只需指出从来没有马把狮子踢到下巴骨折。此外，很少有人能够逃脱斑马的踢踹。斑马不仅用腿踢踹，还会从两腿之间观察，以便确定位置，然后弓起背，用两条后腿猛踢。斑马也会严重咬伤同类和人——当人以为它们安分或“驯服”而靠得太近时。

津巴布韦政府曾经尝试将16匹斑马转移到另一个地方。令公园员工毛骨悚然的是，卡车到达新地点后，只有一匹斑马还活着。其他斑马在旅途中互相踢踹，全部死亡。

澳大利亚读者可能有兴趣了解，澳大利亚法院认为，按明知学说，骆驼和袋鼠本质上不具危险性。因此，如果要这两种动物的所有者对其造成的伤害负责，必须以所有者知道它们品性凶恶为前提。

在1979年的“莱克诉塔格特案”（*Lake v Taggart*）中，自然保护区的一只袋鼠逃脱，在莱克骑自行车经过时攻击了她。之前一位路人已经警告过她，逃脱的袋鼠很好斗，建议她要是看到

袋鼠就“拼命骑”。但袋鼠追着她跑，当莱克遇到一座小山时，她“没力气了”，下了车。她在证词中说明了接下来发生的事情：

> 我下了自行车，不自觉地把自行车举在面前保护自己。
> 袋鼠在我自行车的另一侧。我能看见它的门牙，它发出嘶嘶
> 的声音。然后它突然用尾巴支撑身体，打掉了我的自行车。
> 我低头保护我的脸，然后我意识到自己在空中翻滚，脖子发
> 出了很响的碎裂声。我记得当时感觉自己要完了。脖子要 102
> 摔断了。我记得摔倒时看到有灰色的毛皮在我上方——我
> 在空中翻了一圈，我想它一定撞了我，因为我大腿差不多就
> 在那个位置有两处抓痕。我爬起来，意识到我必须呼救，于
> 是开口叫“救命”，但只发出了破碎的声音。袋鼠伸出爪子
> 开始朝我走来。我的声音恢复了。我大喊“救命”——我想
> 我本能地抓住了袋鼠的爪子。我紧抓不放。我发现我叫喊的
> 声音不够大，无法叫来救援。我张大嘴，拼命尖叫。我能看
> 到它的后腿在我身上乱蹬。我跌跌撞撞地后退，但没有摔
> 倒……我一直在尖叫。我们都恢复了平衡，它又朝我冲过
> 来。这一次我知道它要做什么了。我还是一直在尖叫。我再
> 次抓住它的爪子，用尽全力往下拉，因为我知道它要用后腿
> 攻击我。因为我拉得很用力，它的头就在我的肩膀上。我拼
> 命尖叫，跌跌撞撞地后退到了灌木丛中。我向后倒，袋鼠在
> 我身上。它坐在我的大腿上，我完全无法动弹。它用爪子抓
> 我，我使劲推开它。我拼命尖叫。然后我听见一辆车沿着托

马斯路过来了。我努力更大声地叫。而在我不断推开它的爪子时，那辆车过去了。我感觉自己要完了。然后它（袋鼠）突然停了下来。我简直不敢相信。我开始挠它下巴下面的地方，哄它乖乖。

一个男人和一只狗从山上跑下来，赶走了袋鼠。莱克前臂受撕裂伤，需要缝针，手臂、腿部、背部和面部还有瘀青和抓伤。一位公园护林员后来在该区域射杀了一只与莱克描述的那只发动袭击的袋鼠情况相符的雄性袋鼠。袋鼠的所有者不知道它凶恶的品性——他在袭击事件发生当天刚买下它——鉴于其本质上不具危险性，他不承担责任。如果他知道袋鼠的本性，这个案件的解决方式可能会有所不同。

与袋鼠不同，骆驼不是澳大利亚的原生动物，尽管它们很适合澳大利亚干旱的条件。单峰骆驼哈里是第一只被引入澳大利亚的骆驼，遭遇了不幸的命运。一开始，哈里似乎是一只幸运的骆驼，它是1840年菲利普斯兄弟试图进口到澳大利亚的几只骆驼之一，而旅程中它是唯一幸存下来的。探险家约翰·安斯沃思·霍罗克斯决定带着哈里前往南澳大利亚州探险。霍罗克斯在去世前写给资助其探险的组织的最后一封信中，说明了1846年9月1日他是如何受伤的：

绕过我以吉尔（陪同考察的画家S. T. 吉尔）的名字命名的那个湖时，走在队伍前面的伯纳德·基尔罗伊停下来，

> 说他看到一只漂亮的鸟，建议我射杀它，加入收藏里。我的枪一个枪管里装了独头弹，另一个装了军用子弹，我让骆驼停下去拿弹药袋，我必须让它趴下才能拿到。
>
> 吉尔先生解下弹药带时，我正站在骆驼身边，将推弹杆旋进子弹上的弹托。这时，骆驼突然朝一侧倾斜，身上的包裹撞到了枪的保险栓，我正在卸子弹的枪管走火了；弹药从我右手中指的第二、三个关节之间穿过，打断了手指，然后从下巴下方进入我的左侧脸颊，打掉了我上颚的一排牙齿。

霍罗克斯的同伴把他送回家，竭尽全力让他得到适当的治疗。在旅途中，吉尔画了一幅画，名为“伤残者的帐篷，阿登山西北 75 英里处的盐湖”。背景中能够清楚地看到骆驼哈里在吃草。尽管同伴尽力了，但 23 天后，1846 年 9 月 23 日，霍罗克斯伤口感染，还是去世了。在去世之前，他要求将哈里杀死。霍罗克斯的朋友帕迪·格利森试图按照霍罗克斯的遗愿射杀哈里，但他当时非常痛苦，没能立刻杀死骆驼。哈里在疼痛中站立起来，咬了牵着他的原住民畜牧工吉米·穆尔豪斯的头。另一位旁观者不得不终结可怜的哈里的痛苦。

尽管引入澳大利亚的骆驼发生了不幸，但在 1917 年西澳大利亚州的一个案件，法官裁定，依照明知法，澳大利亚的骆驼是驯化动物，而非野生动物。因此，骆驼被指控袭击并杀死阉牛，其所有者对骆驼的行为不负严格责任。另外，没有证据表明该骆驼是凶恶的——甚至没有证据表明是它造成公牛的死亡。

104

S. T. 吉尔描绘的《约翰 · 霍罗克斯的“伤残者的帐篷”》

明知学说对狗的定位引发了特殊的问题。狗一般不被认为具有固有危险性，因此根据普通法，必须证明所有者知道狗的凶恶习性，狗的所有者才对狗的行为负责。因此，管理危险犬类的详细法定制度取代了普通法。不过有意思的是，澳洲野犬是野生动物，尽管它们是一种犬，可能源自澳大利亚原住民带来的驯化狗。这表明家养动物、驯化动物和野生动物之间的界限并不容易划清。

疏忽的所有者

在罗马法中，对于在公路边饲养危险动物的行为，如果市政官法令规定的严格责任不适用，则可对所有者提起动物致人损害之诉（*actio de pauperie*）。为了确立这种侵权行为，必须证明该动物的行为方式是受害者无法预料的。根据一般的“总括”侵权法，或《阿奎利亚法》（*Lex Aquilia*），动物主人也可能要对其他伤害负责——比如一个骡车车夫让骡车失控，撞到了人。

动物致人损害之诉在南非仍然适用，南非的司法是“混合的”，结合了普通法和罗马法。2020年南非的“范迈伦诉克卢蒂案”（*Van Meyeren v Cloete*），导致最近南非最高上诉法院考虑了
动物致人损害的责任性质。园丁兼垃圾搬运工克卢蒂遭到范迈伦 105
的3只有比特犬血统的杂交犬野蛮攻击。克卢蒂没有任何导致或挑起袭击的行为。袭击非常严重，前来营救克卢蒂的邻居最初都以为他死了，后来他的左臂被截去。

南非最高上诉法院认为，由于动物致人损害之诉是南非法律的一部分，驯化动物的所有者对它们造成的任何伤害负严格责任，除非涉事动物是因受惊吓、遭受痛苦或受挑衅而行事——任何动物都可能会那样。证明这一点的义务由动物所有者承担。德国法学家赖因哈德·齐默尔曼（Reinhard Zimmermann）解释道：“这实际上相当于在司法中创造‘理智的牛’或‘理智的鸭’，作为确定所有者责任的标准。”

在这个特定的案件中，范迈伦被认定负有责任，尽管他声称是第三方没把他的门关好。沃利斯法官（法庭其他成员也同意他的看法）总结道：

> 南非有很多人为了陪伴和保护而选择拥有动物。这是他们的选择，但责任随之而来。无论支撑动物致人损害责任的是什么拟人的概念，现实是动物可能以多种方式对人和财产造成伤害。当它们这样做且它们行为的受害者对此无

> 过错时，司法公正要求由所有者对这种伤害负责……随着城市生活的发展，我们城镇的宠物，尤其是狗的数量和它们对人造成伤害的可能性都大幅增长，司法公正的观念得到了加强。人们有权在街道上行走而不必担心被狗袭击，当这种袭击发生时，在大多数情况下他们应该能向狗的所有者寻求补偿。

有人建议将过失作为一种备选罪，但是对这一特定案件而言没有必要考虑。

澳大利亚也有涵盖一般不当行为的“总括”过失法。过失适用于所有不法行为，包括很多经济伤害以及对人、土地和个人
106 财产的伤害。尽管这在20世纪初才作为一种独立的侵权法出现，但此后一路“高歌猛进”，取代了很多旧的侵权法。过失的基本概念是：人对他人应尽合理注意的义务，如果违反该义务，可能要对给他人造成的任何可合理预见的损害负责。

过失可能适用于动物游荡进入公路（只要“瑟尔诉沃尔班克案规则”在该管辖区域被废除）或因主人疏忽而游荡到他人领地上等案件。显然，在动物方面，过失适用的范围是有限的。因此，在“特伦德诉特伦德案”（*Trend v Trend*）中，一只野生袋鼠跳到摩托车前，造成碰撞，使摩托车后座乘客受伤，对此无人需要承担责任。

和罗马人一样，澳大利亚人也倾向于考虑一只“理智的动物”会怎么做。在南澳大利亚州，按照《1936年民事责任法》（*Civil*

Liability Act 1936）第 18（2）节，有必要考虑涉事动物的天性和性情：

> 决定饲养、管理、控制动物所应采取的监护标准时，法院应考虑：
>
> （a）动物的天性和性情（应根据特定案件的事实确定，而不是根据任何法律分类）；以及
>
> （b）其他任何相关事宜。

同样，养蜂人的过失行为催生了大量可追溯到古代的判例法。古代爱尔兰国王独眼康加尔（Congal Cáech）据说被蜜蜂蜇伤，导致一只眼睛失明。蜜蜂审判法提到，失明后他必须让出塔拉王[1]的位置（国王不得有这样的生理缺陷）。还有一些说法称这些蜜蜂属于多纳尔·麦克艾德国王（King Domnall mac Áedo），因此失明的国王要求挖出多纳尔·麦克艾德一个儿子的眼睛，以补偿他受到的伤害。

后来 1900 年的一个爱尔兰案件（此前提到过）展示了对于蜂群造成的伤害是如何以过失处理的，尽管只有一位法官选择在这一案件中运用过失法。迈克尔·奥戈尔曼用烟熏其父亲的蜂群 107
以收集蜂蜜，导致蜜蜂成群飞出。他们一家人拥有 20 或 22 个蜂箱，养在紧邻邻居房屋的一个很小的花园里。隔壁农民的儿子帕

1 King of Tara，古代爱尔兰王权头衔。

特里克·奥戈尔曼在惯常的时间和地点牵着他的马（估计是为了拴到车或犁上）。成群的蜜蜂落在马身上，马受到惊吓。帕特里克和马都被反复蜇伤，马冲出去时，帕特里克的脚被长缰绳缠住。帕特里克被拖过一堵矮墙，被马的胸部和头部压伤，脊柱受到永久性的伤害，最终因伤去世。陪审团认为蜜蜂的饲养者存在过失，其养蜂的数量和地点都不合理，迈克尔和他的父亲应该知道蜜蜂可能对帕特里克造成威胁。

迈克尔和他的父亲不服，向爱尔兰王座法庭提出上诉。肯尼法官选择将此事当作妨害致人受伤的案件处理（可能因为当时过失法律还处于初创阶段），维持原判。巴顿法官则对这是否是妨害案件持怀疑态度，并认定其中真正的不法行为是过失（迈克尔和他的父亲未尽合理注意义务）。他表示如果只是简单的蜜蜂蜇伤，他不会追究养蜂的奥戈尔曼父子的责任，但此案有所不同：迈克尔知道帕特里克很可能在那里，知道蜜蜂会成群飞行并可能蜇人（他自己穿着防护装备）。赖特法官也明确同意陪审团的裁决。

很不幸，英联邦各地都有养蜂人被认定有过失的案件，不过没有其他案件像奥戈尔曼诉奥戈尔曼（*O'Gorman v O'Gorman*）这样悲惨。

在我们已经讨论过的澳大利亚“斯托默诉英格拉姆案”中，莱戈法官认为养蜂人对其邻居应尽注意的义务，但他无法认定养蜂人以任何方式违反其义务，因为养蜂人是按照相关法规以适当的方式饲养和处理蜜蜂的。这反映了这样的事实：最初，饲养蜜蜂是属于私法管理的，也就是作为争夺蜂群所有权或因某种伤害索赔的私人纠纷来处理。

如今，正如我们在引言提到的“伊斯贝斯特诉诺克斯城议会案”中所见，政府往往对各种动物的饲养有详尽的规定，对蜜蜂也不例外。例如，在维多利亚州，《1994 年家畜疾病控制法》（*Livestock Disease Control Act 1994*）规定，任何饲养蜜蜂者都必须注册为养蜂人，并用养蜂人的烙印标记他们的蜂巢。这么做的部分原因是担心蜜蜂接触疾病，如美洲幼虫病 108
（American Foulbrood）。养蜂人还必须遵守《维多利亚养蜂场守则》（*Victorian Apiary Code of Practice*），除其他要求外，守则具体规定了（在供水、蜂箱密度、防止蜜蜂成群飞行的措施等方面）饲养蜜蜂的条件。

动物可能造成人类受伤的另一种方式是道路事故，这在动物常被用于运输的时候更普遍。在 1918 年维多利亚州的“塔克诉亨尼西案”（*Tucker v Hennessy*）中，亨尼西让他的马和马车处于无人照管的状态，马失控奔跑，撞到在墨尔本市中心的威廉街上走路的塔克。亨尼西之前似乎把马拴起来了，但马挣脱了拴住它的“麦科尔带”（McColl strap），可能因为带子太老旧了。法官多数认为亨尼西应对过失负责，因为没有被适当约束的马可能撞倒行人，这是可预见的。库森法官提出异议，依据是让车夫为通常温顺、听话的动物的意外行为负责，可能是不公平的。

有些人运气特别糟糕。在 1938 年英国的“法登诉哈考特-里文顿案”（*Fardon v Harcourt-Rivington*）中，法登和妻子去市场时，路过一辆停着的“轿车”，哈考特-里文顿的狗被拴在其中。

那是一只通常很温顺的万能㹴（Airedale terrier），但当它看到路过的法登时，突然变得很激动，吠叫着跳向汽车后窗，导致车窗碎裂，一块碎玻璃飞进法登的眼睛。法院认为事故是不可预见的，不应预期哈考特-里文顿对这种特殊情况进行防范。

其他针对造成伤害的狗提出的上诉更加成功。如前所述，明知学说不是处理危险的狗的好方式；因为狗不是“具有固有危险性的动物”，所有者只有在知道该动物有凶恶习性时才负有责任。然而，因疏忽而未能将狗拴好的人，可能要承担责任。两个涉及儿童受伤的案件说明了这一点。

在英国的“德雷珀诉霍德案”（*Draper v Hodder*）中，3 岁的加里·德雷珀在他家后院里被六七只杰克罗素㹴幼犬袭击，这些幼犬是从他家隔壁一位经验丰富的育犬师家中逃出来的。无人目睹袭击，但加里受了重伤——身上被咬伤 100 处，失去了
109 一大块头皮和左脸颊上的一些皮肤。这些狗以前也曾经进入院子，但没有使任何孩子受伤。不过，有证据表明，让杰克罗素㹴成群自由游荡是危险的，因为这可能导致它们过度兴奋，攻击任何移动的物体。英国上诉法院认为，霍德应为缺乏合理注意负责——法院认为这些动物可能伤人是可预见的，而霍德未能充分进行约束它们。无须准确预见这种伤害，只要能够预见可能发生某种伤害就够了。参与袭击的幼犬被实施安乐死。

“加利亚诉吉林厄姆案”（*Galea v Gillingham*）是澳大利亚一个类似的案件。在本案中，一个 12 岁的女孩被一只德国牧羊犬袭击。这个女孩陪同父亲前往一处建筑工地，遇到这只逃跑

的狗，狗把前爪搭在女孩肩膀上，咬她的胸腹部并抓伤她的身体。狗的所有者吉林厄姆跑出来将狗控制住，并解释了几句，表示他之前已经告诉他的妻子把狗拴起来。昆士兰州上诉法院援引“德雷珀诉霍德案”，认定吉林厄姆未能适当约束狗，有过失行为。他能够预见狗可能以某种方式（如撞倒）伤害孩子；没有必要证明狗是凶恶的或已知是凶恶的。因此，吉林厄姆仍有责任。

显然明知论的一些元素也渗透进过失论，甚至包括关于“理智的狗”的观念。我们再次看到，评估物种和动物本身性格的方式，与将动物视为“物体”，是相当不同的。

危险的狗

当代法律提供了一种在危险的狗伤人之前（如有前科，则是在再次伤人之前）对它们进行管理的方式。这允许法庭或政府官员对特定的狗做出声明或命令，要求主人以特定的方式对其进行控制。例如，如果一只狗冲撞或弄伤人与其他动物，但并未引起严重伤害，维多利亚州《1994 年家养动物法》允许被授权的官员宣布其“构成威胁”。之后官员可以要求狗的所有者外出时给狗戴上嘴套，并用牵引绳或链子约束它。如果所有者多次不遵守这些要求，或如果狗致人重伤或被训练成了攻击犬或护卫犬，它可以被宣布为“危险”，所有人必须采取措施，确保其未经允许不得离开所有者的房屋（而且儿童不得进入其中）。所有者被 110
要求在其领地外设立警示牌。这一类狗如果被发现自由游荡或袭击人，所有者要受严重得多的惩罚。宣布一只狗“危险”，也会以其他方式影响其所有者。例如，当斯塔福㹴伊兹被宣布为“危险”，所有者就不能再饲养它，因为她住在禁止饲养此类犬只的公共住房中。

谁必须遵守适用于某些狗的特别规定？狗、遛狗的人，还是狗的所有者？在 18 个月期间，澳大利亚一只卡尔比犬与罗特韦尔犬的混血犬贝利，在其所有者的领地外咬伤 3 只狗，被地方议会的护林员宣布为“危险”。这意味着禁止所有者把它交给她的孩子单独照看，并要求她把它留在院子里时关上围栏。

贝利的所有者向法院上诉，结果法院发布了为期 5 年的“控制令”，要求所有者采取各种“行动”，包括在外出时给贝利戴上嘴套，并让其“被有能力的人通过牵绳有效控制，链子或牵引绳要足够牢固，另一头由人抓住（或固定在人身上）”。

所有者安排一位可靠的朋友每天早晨带贝利散步一小时。她给这位朋友看了控制令，并将特别的要求高亮标出，在狗每次离开家时都检查其嘴套和牵引绳是否固定好。然而，2010 年，一位议会工作人员走近这位朋友，注意到牵引绳扔在地上，贝利的嘴套也没有戴好。议会选择起诉卡尔比犬的所有者，她被判有罪，并被处以“良好行为保证”[1]。

但第一名复审有罪裁决的法官表示，狗主人让他人遛狗，显

1 good behaviour bond，法院发出法令要求违法者在一定期限内遵守某些规定并保证行为良好。

然没有超出管制令的范围。法官认为:“狗主人已经采取了一切合理措施确保控制令的条款得到遵守，在这种情况下，仍然认定其犯有这一罪行是极不寻常的结果。”法官判定，起诉人必须证明贝利的所有者实际上想要违反控制令。

最终，更高一层的法院裁定，要求这样的证据过于艰难，会导致无法执行。和很多相对较轻、不会判处监禁的罪行一样，起 111
诉人只需证明所有者所犯的不是“合理的事实错误”(honest and reasonable mistake of fact)。在本案中所有者难以证实这样的错误，因为要她相信嘴套永远不会脱落，或牵引绳永远不会被放下，是不合理的。但是上诉法院给出了不同的答案:方案和命令明确允许他人照顾贝利，这意味着所有者已经遵照它们的要求，采取“所有可能的措施”将命令传达给照料者，并指导其遵守。

在 2011 年 8 月一个悲剧性的案件中，一只没有暴力前科的比特犬，因卷帘门没有关闭，从位于墨尔本北郊的后院逃脱。狗袭击街上的一个行人，这个人逃进邻近一幢房屋时，狗跟了进去。在房屋内，狗袭击了 4 岁的女童阿延·肖尔，咬她的脸和脖子。女孩的母亲试图营救，但女孩被拖进厨房，直到狗主人到达才脱身。女孩因伤势过重而去世。狗主人是一名男子，其儿子在海外期间，他负责照顾这只狗。狗主人最终被判有罪——1 年后塔尼亚·伊斯贝斯特被判犯有同样罪行——并被处以最高罚款。

阿延·肖尔去世两个月后，维多利亚州议会决定，如果某人未能对危险的、对人造成威胁的或属于限制品种的狗加以控制，在有理智的人看来会让他人受到死亡威胁，就构成刑事犯罪。如果因此导致狗咬死人，论罪最高判处十年监禁。

澳大利亚政府禁止进口包括比特犬在内的几个犬种，维多利亚州在阿延·肖尔去世前一年禁止饲养此类品种。然而其中存在两个问题。首先是禁令不适用于禁令出台之前拥有的狗，尽管狗的所有者必须遵守类似饲养被宣布为危险级别的犬种的规定，而且议会可以拒绝登记某些特定的狗，因此必须将此类狗转移至其他地方或销毁。另一个更严重的问题是这一方案难以执行，因为往往很难证明一只狗属于特定的品种。

警察在为一只名叫阿克塞尔的狗与所有者发生争执后扣押了这只狗，维多利亚州一家法院被要求复审议会将阿克塞尔认定为比特犬的决定。法庭听取了一名兽医的证言，他作证说该犬不
112 是这个品种，最多只能说这只狗“可能看起来像比特犬”，是“比特犬类型的狗”的混种犬。听取这些证词之后，法庭考察了阿克塞尔是否符合政府针对该品种制定的详细标准。该标准要求 5 条“确认标准”中至少满足 3 条：

- 雌犬和雄犬从地面到肩隆的高度为 43 到 53 厘米。
- 雌犬和雄犬的体重为 14 到 36 千克。
- 鼻口部略短于头部，鼻口部与头部的比例为 2∶3。
- 该品种整体轮廓长度（肩部到臀部）略大于高度（肩隆到地面）。雌犬可能比雄犬略长。
- 肩隆到肘部的距离与肘部到地面的距离一般是相等的。

法庭认为这些标准中至少有一些未被证明，并指出多个测量结果并不专业（例如，狗的身高是通过在狗的头上放一个文件夹测量的，根据一些目击者的说法，文件夹是倾斜的）。

次年，议会立法调查听取了关于品种难以代表危险性的证据，最终建议允许维多利亚州居民在未来饲养限制品种的狗，但仍对饲养方式提出限制。议会在第二年实施了该建议。

野生动物

纵观历史，一些野生动物对人类造成了伤害，人类一直致力于控制或杀死那些动物。动物“灾祸”早在古代就被提及。《出埃及记》提到的十灾中，有好几个与现在所谓的“害兽”有关，包括青蛙大量进入人的房屋和灶台引起青蛙灾，虱子咬人和牲畜引起虱子灾，苍蝇泛滥使人畜深受其害，蝗虫啃噬庄稼导致遍地饥荒。因此，尤其是在定居的农耕文化中，存在这样一种观念： 113
有些动物是有害的，应该被控制或杀死。

有时动物也会携带疾病。黑鼠被视为通过身上的跳蚤在全世界传播腺鼠疫的罪魁祸首，尽管现在认为跳蚤可能是在人与人之间传播的，因此害兽可能是跳蚤和人类，而非老鼠。

关于某些动物是否有用的看法是由文化和历史决定的。正如我们所看到的，在澳大利亚，有些过去被视为益兽的动物如今被视为害兽。澳大利亚农业和水资源部如是定义“有害动物”：“对人类重视的资源和社会福利造成的损害大于益处的动物。某些物种可能也有积极的影响。”这并不具有法律约束力，但提供了有用的定义。

有害物种

法律允许通过合法消灭或祛除来处理有害物种。有时，政府会制定积极的激励措施，鼓励人们杀死被视为害兽的动物。比如，1958 年到 1962 年中国“大跃进”期间，政府颁布了激励消灭老鼠、苍蝇、蚊子和麻雀的法令。这一运动的生态后果是灾难性的。麻雀一般捕食蝗虫和其他害虫，其数量减少之后，蝗灾毁灭庄稼，导致上百万人挨饿。麻雀在中国几乎灭绝，政府不得不从苏联进口麻雀。很多其他国家也受到有害物种防治法的长期影响。

都铎王朝法律

在都铎王朝之前，熊、野猪、海狸和狼等动物在英国已经被消灭。到 16 世纪，人口大幅增长加上庄稼歉收，导致政府通过
114 法律消灭有害物种，并向消灭者颁发赏金。

1532 年亨利八世国王通过《为消灭山鸦、乌鸦和秃鼻乌鸦制定的法案》(*An Acte Made and Ordeyned to Dystroye Choughes, Crowes and Roks*)。同属乌鸦科的寒鸦、乌鸦和秃鼻乌鸦显然消耗了“大量的玉米和各种蔬菜，不管是在玉米和蔬菜播种时，还是成熟和结种时”。显然它们也毁坏房屋和建筑中使用的茅草。国王通过法律对控制乌鸦提出了一系列要求：所有土地所有者都要尽力消灭这些鸟；所有教区都要使用捕鸦网，所有农民都要在未

来十年内开会讨论消灭情况；任何人都可以向他人颁发消灭乌鸦和其他鸟的许可证，土地所有者要向消灭者支付每12只2便士的报酬；不得伤害白鸽或鸽子。

1566年，亨利八世最小的女儿伊丽莎白一世女王大大扩展其父针对害兽的立法，制定了《菜蔬保护法》（*An Acte for the Preservacion of Grayne*）。同样，土地所有者要消灭乌鸦科的鸟类及其他多种鸟类，包括燕隼（Martyn Hawke）、茶隼、莫尔德鸢（Moldkytte，一种鸢）、鵟、欧鸬鹚、鸬鹚或白尾鹞等。出示这些动物的头或蛋，能从教区委员处获得赏金。哺乳动物也是目标，包括“狐狸或獾”“欧洲艾鼬（fitchewe）、艾鼬、鼬及所有类似鼬的生物或野牛”“水獭或刺猬”“大鼠或小鼠”“鼹鼠”，收集每种动物的头都有不同金额的赏金，也由教区委员支付。该法案被多次更新。

英国皇家鸟类保护协会（Royal Society for the Protection of Birds）前会长罗杰·洛夫格罗夫解释这些法律对很多英国本土物种产生了严重的影响，一直延续至今。杀死动物获得酬劳的做法在一些地区持续到1800年左右。从18世纪末开始，英国某些捕食动物对“狩猎地产”的影响引发了担忧，为此采取的措施一直持续到第二次世界大战时期。公共用地的圈地也对野生动物产生了巨大的影响。公共用地以前没有围栏，允许动物自由通行，而“圈地”意味着土地被栅栏围起，用于农业或其他用途。最终，海雕和鹗被彻底消灭，野猫、松貂和红鸢被捕杀至几乎灭绝。 115

澳大利亚法律

澳大利亚的地质和气候历史使其情况与众不同：澳大利亚是5000万年前从南极洲分离出的一座岛屿，直到530万年前印度—澳大利亚板块与亚洲板块相撞之前都相对孤立。因为澳大利亚很大程度上与世界其他地区分离，所以它拥有大量其他地方没有的本土动植物。这些物种中有很多因为从其他地区引入的物种激增而灭绝，或受到威胁。

最早被引入的动物是澳洲野犬（与原住民一起到来），但英国人到达后，众多不同的外来物种随之而来，包括兔子、狐狸、猪、骆驼、猫、狗和马。兔子在澳大利亚的成功启发了部分人建立"环境适应协会"（acclimatisation societies），这些协会将来自世界各地的非本土物种引入澳大利亚，用作观赏或食物来源。尽管有些外来动物未能存活，但也有些繁衍兴旺，给本土动植物带来毁灭性的后果。外来动物中也有很多成为对人类有害的物种。

有时本土动物也被判定为"有害动物"。曾有臭名昭著的悬赏面向袋狼或"塔斯马尼亚虎"（一种有袋食肉动物），最终似乎导致其灭绝。在欧洲殖民者到来之前约2200年，可能是因为澳洲野犬造成的竞争，袋狼从澳洲大陆上消失，但它们仍然存在于塔斯马尼亚。范迪门土地公司1830年悬赏捕捉袋狼，因为他们担心袋狼捕食羊。1887年，经过激烈的游说，塔斯马尼亚州议会通过一项法律：如果市教区委员或警务司法官证明有人消灭了袋狼，就允许向消灭成年袋狼者支付1英镑的报酬，向消灭未完全成年袋狼者支付 10 先令。悬赏于 1909 年结束。到 1910 年，袋狼在塔斯马尼亚州已经十分稀有，最后一只为人所知的袋狼于 1936 年在圈养中死亡。

澳大利亚还一度对其国家象征之一鸸鹋进行悬赏。在西澳大利亚州，这种灭杀在一场古怪的“鸸鹋战争”中达到高潮。1923 年，第一次世界大战之后，在西澳大利亚州一个地区，鸸鹋被从保护动物名单中除名，一项悬赏捕杀它们的法律被通过，部分因为它们毁坏庄稼，部分因为它们传播有毒的霸王树（本身是外来物种）的种子。然而，对于农民来说，该法的执行不够有效。1932 年， 116
国防部长乔治·皮尔斯爵士被说服，派出澳大利亚军队去消灭鸸鹋。鸸鹋被证明是强大的对手——它们行动敏捷，分成小队，能够抵御猛烈的炮火——但最终还是有大量鸸鹋被杀死。效果堪忧的“鸸鹋战争”之后，法律解决方案（悬赏捕杀这种鸟类）被恢复，并始终生效，一直到 1947 年。

在澳大利亚，猎杀袋鼠至今仍是合法的。殖民地化后，袋鼠种群在为农业开垦的土地上繁衍壮大。根据 2008 年《为商业目的人道射杀袋鼠和沙袋鼠的国家行为准则》（*National Code of Practice for the Humane Shooting of Kangaroos and Wallabies for Commercial Purposes*），猎杀袋鼠和沙袋鼠者根据州法必须持有许可证，且必须以人道的方式射杀袋鼠，如射杀母兽须确保同时射杀幼崽。

外来动物也曾是捕杀的对象。这一直是有争议的，因为有很多动物是为造福人类而引进的，现在却被视为害兽。被称为“brumby”的澳大利亚野马，出现在阿尔卑斯国家公园

（Alpine National Park），它们在那里破坏栖息地和水路，威胁到本土动物和植物。然而，有人反对捕杀野马，因为它们是澳大利亚民间传说的一部分，A.B.“班卓”·佩特森（A.B.‘Banjo’ Paterson）所作的《雪川来客》（*The Man from Snowy River*）就是例证：

> 车站有动静，因为消息已经传开
> 老雷格莱特的小马逃脱了，
> 加入了野马群——它价值 1000 英镑，
> 顶尖骑手济济一堂，好不热闹。

顶尖骑手的原文是“crack”。最终，无名的“雪川来客”骑马冲下陡坡，历经令人胆战心惊的骑行，找回小马。小马的英文“brumby”一词的起源并不清楚，但似乎是佩特森后来的诗作《野
117 马奔腾》（*Brumby's Run*）普及了这个词。

一些人想将野马作为澳大利亚文化遗产的一部分进行保护，另一些人将野马视为害兽，这种紧张关系引发 2020 年澳大利亚野马联盟（Australian Brumby Alliance）和维多利亚公园组织（Parks Victoria）之间的法律纠纷——澳大利亚野马联盟试图禁止维多利亚公园组织在博贡高原和东阿尔卑斯山用陷阱捕捉并带走野马。然而，奥布赖恩法官认为，为保护生物多样性、生态系统和澳大利亚阿尔卑斯山的独特栖息地，移除或捕杀野马是适当的，不会对澳大利亚阿尔卑斯山的国家遗产价值产生重大影

响。在 2020 年初的山火后，维多利亚公园组织表示可能不得不捕杀而不是迁走野马。

海蟾蜍（*Bufo marinus*）的引入给澳大利亚带来灾难性的后果。为控制几种以甘蔗为食的本地甲虫数量并减少杀虫剂的使用而引入的海蟾蜍，在澳大利亚北部迅速泛滥，但未能控制甲虫数量。海蟾蜍有天然毒素，因此会杀死试图吃它的本土动物，同时它与本土青蛙和蟾蜍构成竞争。联邦参议院保利娜·汉森曾建议发布法律对海蟾蜍进行悬赏，应征人每向地方议会上交一只海蟾蜍，就可得到十分澳币，之后本地议会将把它们放进冷库进行安乐死。目前，海蟾蜍悬赏还处于讨论阶段，但值得注意的是，悬赏有时会造成不当激励，比如德里的殖民政府对眼镜蛇进行悬赏时，当地人就开始养殖眼镜蛇以获利。

妨害动物

野生动物引起纠纷的另一种方式是土地所有人为野生动物的繁衍创造条件，因此激怒邻居。对于野生或半野生动物，有关妨害的法律立场更难以确立，因为野生和半野生动物显然更难控制。

众所周知，土地所有者没有义务限制其土地上的野兔挖地洞，他人不得通过杀死这些兔子来“消除”妨害。13 世纪起，英格兰庄园领主在他们的土地（尤其是公共用地）上放养兔子（当时称成年兔子为“conies”或“coneys”）。这么做非常有利可图，因为兔子的肉和皮毛都是有用的。然而，兔了无法被限制在某 118

块土地内，它们繁殖、向外扩散，吃庄稼，它们的地洞还会破坏土地。一般来说，如果领主的兔子破坏了平民的庄稼，而平民因此试图杀死兔子，法院会判领主胜诉。

在 1597 年著名的“博尔斯顿诉哈迪案”（*Boulston v Hardy*）中，两个平民就因兔子产生了纠纷。哈迪在他的土地上建了两个“兔子窝”，兔子的数量迅速增长，最终破坏了邻居博尔斯顿的玉米。哈迪因多个原因无须负责：第一，正如我们在第一章了解到的，对任何野生动物的所有权都是有限制的；第二，法院认为哈迪无法像经营石灰窑或染坊的人那样控制其行业的产品。

就明知法而言，野兔不被视为具有固有危险性的，可能是因为它们一般不凶猛也不直接伤害人类。然而，尽管兔子在英国相对无害，但它们对澳大利亚的乡村和野生动物造成极大的危害，防止它们破坏土地的措施或彻底消灭它们的捕杀尝试都失败了。澳大利亚从英国继承的法律并不完全符合逻辑，因为这些法律是在与后殖民时代的澳大利亚大相径庭的历史和地理条件下发展起来的。

苍蝇绝对是野生动物，一般无法被拥有，但土地所有者如果使其土地处于一种持续吸引苍蝇的状态，则可能要为妨害行为负责。1914 年在英国的一个案件中，布兰德一家住在耶茨先生隔壁，耶茨先生用一种称为“法式园艺”的方法耕种菜园，“需要大量使用粪肥”。布兰德一家抱怨有气味，还有大量苍蝇侵扰他们的房屋，据他们说是粪便滋生的。法官认为布兰德一家“根据在通情达理的英国男性和女性中普遍存在的观念，作为房屋和花园的占有者，受到严重的干扰，无法舒适生活”。耶茨先生使用了过多的粪肥，未来他将不得这样使用粪便。

澳大利亚也有类似的纠纷，几年间发生过多起由此引发的
诉讼。其中有一起案件，多名住户向地方议会投诉，一个种蘑菇
的邻居使用一种以马厩干草、马粪和马尿混合制成的肥料，吸
引来苍蝇并发出难闻的气味。1988 年的第一次判决判定情况非 119
常严重，构成公害，因此议会有权发出通知，要求蘑菇农“减
轻”妨害或降低影响。1994 年，纠纷还在继续，蘑菇农的邻居
和议会再次请求法院禁止其使用这种混合肥料。但这一次判决
有所不同，禁制令只是因为气味。布朗尼法官认为苍蝇与本案无
关，只起到“强调和增添色彩”的作用，但不具“任何持久的
意义”。

布朗尼的判决表明，妨害等私人诉讼已经由重叠的公共监管（如监管邻里行为的议会）补充。澳大利亚对苍蝇的文化态度可能也与英国不同。苍蝇在澳大利亚要普遍得多——尤其是本土的“灌木蝇”（bush fly）——因此可能会被视为一种必须忍受的日常烦扰。

相反，在 1919 年英国的“斯特恩诉普伦蒂斯兄弟有限公司案”（*Stearn v Prentice Brothers' Ltd.*）中，土地所有者被判无须为老鼠造成的妨害负责，主要是因为土地所有者的做法并不过分，而且与老鼠泛滥之前相比，其做法并无变化——鼠灾起因不明。土地所有者是普伦蒂斯兄弟有限公司，他们生产肥料用骨粉。作为业务的一部分，普伦蒂斯兄弟有限公司收集了大量的骨头，

堆集在厂房里，由此引来老鼠。有一年，啮齿动物数量特别多，吃了邻居农民斯特恩先生的玉米。随后斯特恩先生试图以“布兰德诉耶茨案”（此前讨论过的关于苍蝇的英国案件）为依据，获取禁止普伦蒂斯兄弟有限公司堆放骨头的禁令。法庭拒绝颁发禁令，认为耶茨先生的做法是不同寻常的，普伦蒂斯兄弟有限公司最近的做法就其业务来说是正常的——其厂房里的骨头数量和过去 30 年一样——公司没有做任何增加老鼠数量的事情。

最近，有报道称新西兰奥克兰的蒂蒂朗伊郊区野鸡和老鼠泛滥，那些老鼠是被一个好心的人留给鸡吃的食物吸引来的。该事件引起郊区邻居之间的冲突：

> “这件事重新引燃了村里以前的分歧，”怀塔克雷山脉（Waitākere Ranges）社区委员会长期受到困扰的主席格雷格·普雷斯兰在处理这个问题时说道。蒂蒂朗伊有些居民
> 120 在社交媒体上说，这些鸡赋予村庄古怪又迷人的气质。另一些人表示它们像斯蒂芬·金（Stephen King）电影中的东西。
>
> 普雷斯兰说“大约 15 只鸡在距离他房屋 50 米的地方定居”，他表示问题始于 2008 年，当时一名居民在村里放走了两只家鸡，它们“变野了”。
>
> 此后几年，鸡的数量大幅增长，2019 年达到高峰，多达 250 只。
>
> “睡眠受到影响，再加上看到附近地区被破坏，弄得有些人非常讨厌它们。”普雷斯兰说道。他还补充说，这些鸡

损害了濒临灭绝的新西兰本土植物考里松（kauri tree）的根系。

但最后一根稻草是郊区面临老鼠泛滥的威胁。他表示，那些“跟猫一样大”的老鼠，是残留的鸡食吸引来的。居民们终于达成一致：这些鸡必须消失。

这样的情况并不特别。哪怕鸡不是野生的，喂鸡的饲料吸引来老鼠，有时也会引发投诉。在这一事件中，委员会试图对鸡进行围捕，但他们无法将它们全部捕获。“新冠疫情”封锁发生后，鸡的数量又上升了。现在有些居民建议食用这些鸡，而另一位邻居一直在给它们投喂粮食。这位好心的邻居可能要像因施粪肥招来苍蝇的园丁耶茨先生一样为造成妨害而负责。

法律的奇怪矛盾

考虑某些动物是否应被控制，或人是否应该为其造成的损害负责，法律的关注点通常是人类及其利益受到的损害。然而，关于涉事动物的行为是否合理，法律考虑这些问题时关注点难免出现偏移。

极端的例子可能是中世纪晚期和现代早期欧洲对害兽怪异的“咒逐”。在此类事件中，当地人在教会法庭上起诉大鼠、鼠、蝗虫、象甲和其他害兽，对拒绝离开他们的田地与房屋、不服管教的动物宣布咒诅的判决。法庭会以几乎令人吃惊的体贴细致来

121 详细考量动物个体的特质。

1519 年，奥地利蒂罗尔州的斯泰尔维奥市镇起诉了当地的一种田鼠（*lutmäuse*），因为它们打洞破坏农作物，导致本地人无法缴纳“什一税”。1520 年，威廉·冯哈辛根法官在格劳恩斯法庭上宣判，对这些啮齿动物进行放逐，违者会被咒逐。他还要求给予田鼠缓刑：

> 给予所有处于婴幼儿期的个体……免费安全通行权和 14 天的额外缓刑；但缓刑期满后，所有个体必须离开，不论年龄和之前是否怀孕。

法官在陈述中承认啮齿动物打洞、照顾幼崽是自然的，也考虑到啮齿动物的个体情况。据说人们建造了一座桥梁让田鼠安全过河，不过这座桥上没有留下任何痕迹。格劳恩斯当地人显然自豪地记得这条“老鼠通道”（Mäuseprozess），还开发了一种名叫“格劳恩斯老鼠”（Glurnser Mäuse）的老鼠形状的甜点（巧克力包裹杏仁糖）。

第六章中会更详细地讨论所谓的“害兽审判”（包括令人吃惊的老鼠和象甲审判）。就目前而言，请再次注意法律在对待动物时展现出的矛盾——在只考虑人类的需求和将动物视为有特定倾向、愿望与需求的群体或个人之间摇摆不定——就足够了。下一章将继续讨论这一主题，探讨有关“归罪动物”的法律。

第三章　归罪动物 122

1386 年，法莱斯法庭以谋杀儿童的罪名判处一名刑事被告死刑。行刑前，被告穿上了新衣服，为了反映“她”对孩子造成的伤害，“她”的头和腿被弄伤了。然后，“她”在人群前被绞死。

这一悲惨案件有何值得注意之处？被告是一头母猪，像人一样被审判并被判有罪。这一事件颇令人难忘，以至于法莱斯圣三一教堂曾有一幅表现行刑场面的壁画，不过是 1820 年画的。然而，尽管在法莱斯的居民看来这次审判不同寻常，但事实上对动物进行起诉的报道可见于世界各地，包括欧洲、印度、东南亚、新西兰和非洲。

在本章中，我们将探讨我们有时是如何因动物的行为而惩罚或归罪于它们本身的。动物伤害或杀死他者，我们的处理方式很有启示意义，其中揭示了人类心理的某些特性、我们对惩罚犯罪行为的合理化，以及法律如何反映我们的偏见和观念。

为了理解为何动物会被当作刑事被告，我们需要简要考虑在更普遍的惩罚犯罪的行为背后错综复杂的动机、目的和政策，包括报复、威慑、改造、公开宣示权利和维护公共安全。

报复原则规定，对伤人者应以同样的方式待之：“以眼还眼，以牙还牙”。这有时被称为**同态报复法**（*lex talionis*），或“利爪法”（law of the claw）。尽管这看起来很暴力，但刑法的功能之一是防止血仇和世仇，在没有强大法律体系的社会，常会出现延续多年的连环复仇。一旦国家惩罚犯罪者，报应就已实现，同态报复法旨在遏制这一问题。

刑事处罚的另一个动机是威慑，对象既包括要受处罚的特定罪犯，也包括其他有犯罪意图的人。然而，就动物而言，威慑不太可能发挥强大的作用，除非我们相信动物有能力理解为何惩
123 罚它们。

刑事司法存在表演性的主要原因是让公众看到正义得到了伸张，这使惩罚的其他预期效果得以实现。

在现代，惩罚杀害或弄伤其他动物或人类的动物，通常是维护公共安全所必需的，而不是报复、威慑或表演性司法。尽管如此，过去的动物审判所提出的问题今天仍然存在。动物杀死人类或犯下其他严重罪行，是否应该为其行为负责？如果答案是肯定的，应该如何应对？

正如我们在引言中所讨论的，2015 年诺克斯城议会决定伤害珍妮弗·爱德华的斯塔福㹴伊兹应被销毁。伊兹本身是否因咬伤他人而受到“惩罚”？法律也许应该考虑非人类动物是否可以被改造而非处死？

法律对危险或杀人动物的态度因文化和动物而异，取决于涉及的历史时期。接下来的讨论将区分驯化动物和半驯化动物及

野生动物，这一区分总体上贯穿全书。相较于被视为本性狂野或凶猛的半驯化或野生动物，驯化动物会因为不当行为受到更严厉的对待。驯化动物按预期是可控和温顺的，因此对它们的控制涉及更多的法律。

驯化动物和犯罪

当驯化动物杀死或伤害他者时，至少有两个可能的犯罪者：动物和动物的所有者。有时被谴责的是所有者；在另一些案件中，动物自身被归咎；有时两者都被归罪。法律对待动物的方式各不相同。根据一些法律，动物被当作可咎责的无生命物体；根据其他法律，动物被等同于可咎责的人（当其被赋予法律身份时）。 124

抵人的牛

寻求确定动物伤害他者的法律责任，在法律上有悠久的历史。分别可追溯至公元前 1850 年左右和公元前 1754 年左右的美索不达米亚法典《伊施嫩纳法典》(*Laws of Eshnunna*) 和《汉谟拉比法典》，都包含相关法规，规定如果牛杀死他人，牛的所有者有责任支付赎罪金。如果已知一头牛具有危险性，而所有者未捆绑牛角或将牛拴好，所有者有责任为牛造成的任何人类死亡事故承担赔偿责任。造成自由人死亡比造成奴隶死亡的罚款更高。《伊施嫩纳法典》还提到了狗，对狗的主人也有类似的惩罚。至此，这些法律与第二章讨论的现代法律或伊尼法没有太大区别。

《出埃及记》中包含了后来的犹太法律，其中规定抵人的牛和所有者都要因为牛造成的死亡而受到惩罚。如果表面上无害的牛杀死自由人，牛要被石头砸死，但牛的所有者不受惩罚。相反，如果预先有人警告过牛的所有者这头牛具有危险，牛和所有者都可能被石头砸死。不过，有可能允许所有者全额支付逝者生命的价值以挽救自己的生命（牛没有这个选项）。如果牛抵死奴隶，牛要被石头砸死，所有者必须向奴隶所有者支付奴隶的价值。尽管措辞是明确的，但不清楚是否曾对所有者实施过死刑。可以确定的是，并没有此类记录。

在收录拉比评注《圣经》律法的古书《第一道门》（*Bava Kamma*）中，拉比们考虑了已知具有危险性的牛和表面上无害的牛之间的区别：

> 圣人教导：如果无害的牛致人死亡，之后又造成损害，法庭将案件作为刑事犯罪案件审理，牛要被杀死，尽管其造成损失，法庭也不将其作为金钱法案件审理。
>
> 相反，如果曾被警告过的牛致人死亡，之后又造成伤害，法庭将案件作为民事违法案件审理，所有者有责任对牛造成的损害进行赔偿，然后法庭再回头将案件作为刑事犯
> 125 罪案件审理，牛要被杀死。

这被认为是指动物要因其行为单独受审，也可能被判处死刑。

《以实玛利拉比释经集》（*Mekhilta de Rabbi Shimon bar Yohai*）

中的评注认为，除非案件经 23 人组成的犹太教法庭审理，并得到很多适用于人类的程序保护，否则牛不应因致人死亡而受处决。然而，犹太教义研究者加布里埃尔·坎特-韦伯指出，没有明确描述牛在这样的法庭上受审的记录。

在古代拉比的评注中，有多处文字表明，关于牛的法律曾被延伸用于耶路撒冷的一只公鸡。据说这只公鸡啄婴儿的头，导致婴儿死亡。公鸡被恰如其分地用石头砸死——可能是在接受法律审判之后。因此，朱达·本巴瓦拉比将这些规则沿用到其他致人死亡的动物身上。事实上，阿基瓦拉比认为，就连致人死亡的狼、狮子、熊、老虎、鬣狗和蛇，都应享有在人员配置达标的犹太教法庭听证的机会（埃利泽拉比则会说，立刻杀死更凶猛的野兽是正确的）。

人们可能会问犹太法律中对牛的痴迷从何而来？这些法律似乎至少部分受到早期美索不达米亚法律的启发，因为无论在这里还是其他领域都存在许多重叠。法律对牛的痴迷也有充足的理由。运营“犹太法典学”（*Talmudology*）博客的医学博士杰里米·布朗指出，即使在今天，奶牛的危险性也出乎意料：

> 2009 年，爱尔兰卢尔德圣母医院的矫形外科医师发表了一篇名为“与牛有关的创伤：对单一机构十年间收治的受伤病例进行回顾”（Cow-Related Trauma: A 10-Year Review of Injuries Admitted to a Single Institution）的引人入胜的论文。10 年间，医院收治了 47 名因牛受伤的患者，其中大

> 多数是被牛踢伤的……下次在田野里遇见一些看起来很温顺的牛，请记住这个案例：有一名患者在田野里被他的牛踩踏，数小时后才被人发现，入院时头部受伤、髋骨骨折、体温过低……牛看起来很温顺，大多数情况下，它们确实也是温顺的。但它们是力大无穷的大型动物。徒步旅行者（和农民）请小心。

事实上，2015 年一群牛踩踏一名 60 岁的爱尔兰妇女，致其死亡，
126 并使另一名妇女受重伤。

在犹太法之外，也有其他审判牛的案例。1641 年爱尔兰梅奥郡的新教牧师托马斯·约翰孙报告叛军带走了英国种植园主的牛，并因不明罪行对它们进行审判。叛军似乎举行了完整的审判，让牛享有“神职人员特权”（benefit of clergy），依照这种古老的英国普通法程序，可以将审判转到较少宣布死刑判决的教会法庭。“神职人员特权”需要被告能阅读《圣经》。据说法官表示牛“看起来好像会说英语，把书给它们，看它们能不能读”。不出所料，牛“沉默地站着，无法读书”，于是被判死刑，顺理成章地被宰杀。我们不清楚这次审判是对英国程序的嘲弄，还是真正试图给牛获得宽恕的机会。

即使在现代，公牛也曾因为致人死亡而被判一种“死刑”。2016 年 7 月，西班牙斗牛士维克托·巴里奥被一头名叫洛伦索的公牛杀死，牛角刺穿巴里奥的胸部，刺破右肺和胸主动脉。根据西班牙传统，洛伦索要被杀死，不让其血统再延续。目前不清

楚它被处死是作为惩罚以确保其特性不被传给其他牛，还是因为它的行为“玷污”了它。按照传统，洛伦索的母亲也要被杀死以完全消除其血统，但它已经老死。

有趣的是，犹太法律认为“竞技场上的牛”如果致人死亡则不应被处死，因为当时的情况迫使其违背意愿抵人。在此处，拉比们考虑了牛的个体情况。

在现代澳大利亚法律中，没有公牛因伤人而受到惩罚的问题。如果发生袭击，公牛和其所有者一般都不会被判犯罪。问题在于公牛的所有者对其进行控制时是否有过失。因此，澳大利亚法律采取的方式与《汉谟拉比法典》和《伊施嫩纳法典》相差不大。这些法律认为，相较于惩罚公牛，更好的处理方式是：如果所有者知道动物的危险性，则要求其对动物造成的伤害进行赔偿。唯一的区别是，根据澳大利亚法律，所有者是否有义务补偿受害者，取决于如果受害者知道一只危险的牛在附近，他是否履行合理注意的义务。 127

2004年澳大利亚的“史密斯诉卡佩拉州立高中家长和公民协会案”（*Smith v Capella State High School Parents and Citizens Association*），就涉及受害者合理注意的义务。原告史密斯在一次牛仔竞技筹款活动中被一头名叫里奇·迪奇的公牛弄伤，公牛用角顶住史密斯的右臀，将他抛向空中，导致他受重伤。尽管里奇·迪奇显然具有攻击性，但彼得·杜特尼法官拒绝将其归类为具有固有危险性的野生动物进行明知诉讼，因此公牛的所有者柯伦不对史密斯所受的伤害负严格责任。问题在于，柯伦未警告史密斯就让里奇·迪奇进入竞技场，是否存在过失？结果，法官认为柯伦和史密斯都有过失：柯伦知道公牛特别危险，不应该不发出警告就把它放出去；史密斯也拥有公牛，知道柯伦将另一头公牛领过来，应该意识到风险。史密斯获得了对其过去和现在所遭受损失的赔偿，包括收入损失、医疗费用以及所受的疼痛和痛苦。

其他古代法律体系

古代其他法律体系也惩罚动物的罪行，但历史上具体案例的信息不多。古希腊人曾起诉致人受伤或死亡的动物和无生命物（包括矛和雕塑），但这些案例只被亚里士多德偶然提及。被起诉的动物下场如何无从得知，但无生命物体会被放逐，也就是说被移出相关区域。正如本章后面所讨论的，致人死亡的动物现在仍旧会被放逐。

在关于法律的对话中，柏拉图也构想了一个名叫“马格尼西亚”（Magnesia）的虚构殖民地，在那里对动物和无生命物体进行审判：

> 如果一只驮兽或任何其他动物杀了任何一个人……那么亲属们必须控告谋杀者；近亲必须指定某些城市维护者（他高兴要谁就谁，要多少就多少），由他们审理案件：如果动物被判有罪，他们应该把它杀了，扔出国境线。如果有一样无生命的东西使人丧失了性命（但不是雷击或神使用的某种类似武器，而是其他东西砸着他，或者他倒在某一东西

> 上），那么近亲必须指定一个近邻审理此物，从而实现他自己和死者整个家族系统的道德净化，被判的物件必须扔出国境线，办法同动物案。[1] 128

在大多数古代欧洲社会，致人受伤或死亡的家畜受制于要求“交出罪体”的法律，这意味着该动物要被交给受害者或受害者家人。食用致人死亡的动物，或使用其产出的物品也是禁忌。随着时间的推移，“交出罪体”逐渐演化为支付损害赔偿的义务。因此，8世纪的法兰克法律规定所有者要为致人死亡的马、牛或猪（或因食用尸体而亵渎遗体的猪）支付“赎杀金”（weregild）。

可以说，“交出罪体”涉及动物本身一定要被惩罚或负某种责任的概念：当动物被交给受害者或其家人时，他们可以对动物进行报复。交出罪体也具有民事色彩：所有者也通过被强制交出动物的所有权而受到一定的惩罚——“交出罪体”被赔偿损害的惩罚取代，强化了这一点。

杀人动物受审

动物审判在中世纪晚期似乎变得特别普遍，不过对犯罪动物进行报复的案例在其他社会也有记录，包括非洲、亚洲和新西兰。在欧洲大陆，如果动物造成人受伤或死亡，有时会被送上世俗法庭并像人类一样受到审判。这种审判一直持续到早期现代末

1 译文参考何勤华、张智仁译本。

期，在整个欧洲的法律档案和历史中都有记录，以至于我们有对致死动物的宣判记录、对杀人的猪行刑的人手中的收据，以及犯事的猪受审的照片。

《圣经》中惩罚“抵人的牛”的条款，可能导致一些司法体系认为起诉动物犯罪是正当的。历史学家彼得·丁泽尔巴赫（Peter Dinzelbacher）指出动物审判在非天主教国家似乎没有被广泛接受，大多数案例出现在少数几个国家。许多审判涉及杀死婴儿或幼童的游荡猪，尤其是在现在法国、瑞士和德国所在的地区。意
129 大利和西班牙似乎没有举行过这样的审判。宗教改革后，新教地区也不倾向于举行动物审判。1666 年，伯尔尼新教精神盟约的委员会表示：“鉴于牛没有接受任何法律，牛无法因为违反法律而犯罪。”

在审判中，动物有时会因为致人死亡或伤残、参与兽奸或巫术等罪行而被判处死刑。受到这种惩罚的动物不仅有猪，还有公牛、奶牛、马甚至蜜蜂。864 年，蜂群蜇死人后，沃尔姆斯议会下令在蜜蜂酿造更多的蜂蜜之前将蜂群闷死在蜂巢中，以免蜂蜜被玷污。这种审判的实际数量可能比至今发现的更多；当时的文献表明，人们很习惯对各种动物，包括野生动物和家畜进行审判。

杀人的猪

在历史上遭到起诉的杀人动物记录中，为什么猪如此普遍？美国学者和语言学家爱德华·佩森·埃文斯（Edward Payson Evans）撰写了迄今为止关于中世纪动物起诉最详尽的图书，他

给出了以下解释：

> 猪经常受到审判和被判死刑，很大程度上是因为它们被允许在街上到处跑，而且数量众多。它们受到圣安东尼的特别保护……这赋予了它们某种豁免权，因此它们变成一种严重的妨害，不仅威胁儿童的生命，还产生疾病、传播疾病。

1100 年左右圣安东尼医院牧师修道会（The Order of Hospitallers of St. Anthony）出现于格勒诺布尔，旨在照顾受病痛折磨的人；他们尤其擅长医治食用被真菌感染的谷物引发的麦角中毒。为了感谢他们的善举，将一窝猪崽中最小的一只捐给医院牧师成了传统，因为圣安东尼是猪和其他家养动物的守护神（据说他做修士时曾有一只忠实的伴侣猪）。医院牧师们给他们的猪脖子上挂上铃铛，让它们在城市里觅食。“安东尼猪”因为跟随任何看似有食物的人而臭名昭著，尽管中世纪的英格兰城镇至少尝试过控制它们。 130

中世纪历史学家杰米·克里纳（Jamie Kriener）提出，猪在古代和中世纪初期被例行饲养，它们的肉在很多社会中都颇具价值，包括罗马社会。然而，猪非常聪明且体格强壮——它们可以跳 4 英尺高，游几英里。它们能够向其他的猪学习并拥有很好的空间感。猪也喜欢解谜，如果被囚禁则喜欢尝试逃跑。古代和中世纪的人们知道这一切，并试图约束它们，征召猪倌控制它们。

在中世纪早期，猪倌倾向于在森林里牧猪，土地所有者甚至向猪主人征税，这被称为“猪只放牧费”（*pannage*）。然而，在中世纪晚期动物审判开始出现时，猪更经常被养在城市里，引发越来越多针对其气味和粪便的投诉。

人们不禁会问：幼儿是否是饥肠辘辘的猪容易得手的目标？众所周知，猪是杂食动物，吃死去的动物、腐烂的垃圾和人类排泄物。我们也知道，家养母猪如果感觉紧张或不适，会吃掉自己的猪崽。而且，猪确实偶尔会吃掉跌倒在猪圈里的农民或婴幼儿：过去 10 年，世界各地发生了好几起这样的事件，包括在美国。这些事件没有发生在澳大利亚郊区，因为猪主要生活在工业化的农场中，不在我们的街道上游荡——尽管澳大利亚的灌木丛中确实有野生猪。

本章开头我们讲述了法莱斯的母猪致人死亡，这绝非个例——过去有很多猪被指控杀害儿童。1457 年，1 只母猪被判害死了萨维尼 5 岁的男孩让 · 马丁。6 只猪崽身上沾有血迹，它们最初被指控为共犯，但埃文斯指出：“由于缺乏任何直接证据证明它们协助伤害死者，它们被归还给了所有者，条件是如果有进一步的证据证明它们是母亲罪行的共犯，所有者必须为保证它们出庭而缴纳保释金。”有意思的是，就像对人的审判一样，在判决不杀死小猪时，它们的年龄和共犯证据的不足被认为是相关的。虽然小猪免于被处死，但原主人表示不想要它们，因此它们被作为无主财产没收，交给萨维尼夫人凯瑟琳 · 德巴诺。

131

《对母猪及其猪崽的审判》

在 1494 年另一个案件中，1 只猪因“压死摇篮中的幼童并使其毁容”而被逮捕。审判时，几名证人称：“复活节早晨，由于父亲在看守牛群，母亲吉隆去了迪济村，大人都不在，婴儿单独留在摇篮中。猪在该时间段进入房屋，啃咬婴儿的脸和脖子。婴儿因被咬伤而丧生。”提出指控的是住在这家人隔壁农场的修道士。法官对猪进行判决时说道：

> 出于对上述罪行的厌恶和惊骇，和以儆效尤、维护正义的目的，我们讨论、审判、判决并宣布，命令涉案的猪——现已被作为囚犯关押在上述修道院——遵循崇高的旨意，在属于上述修道士的绞刑架和刑场——该地与他们位于阿文的永久租佃地产相连——附近的木绞刑架上吊死。 132

有时牵涉罪案的猪会被赦免。1379年，在圣马塞尔勒热塞，两群动物混在了一起，一群是社区共有的，一群属于当地的小修道院。3只母猪被1只小猪的尖叫激怒，撞倒猪倌的儿子佩里诺特·米埃并致其死亡。母猪被判处死刑。据说“由于两个畜群都迅速到达谋杀现场，并通过其叫声和攻击性行为展示它们对袭击行为的赞同……它们作为共犯被逮捕，并被法庭判处接受同样的惩罚”。然而拥有其中一个畜群的修道士要求赦免除3只肇事动物之外所有其他的猪，勃艮第公爵批准了这一要求。

有时所有者也会被惩罚，如杰汉·德拉朗德和其妻子——1499年他们的猪伤害并杀死一个叫吉隆的小孩。猪被判死刑，德拉朗德夫妇也被罚款，理由是他们在照顾孩子方面有过失，而非任何与猪相关的过失。埃文斯提到，一般来说“动物犯下血案，其所有者被认为完全无过失，有时甚至会因损失获得补偿”。正如我们所见，英国法律对此持相当不同的看法。

对杀人动物的惩罚不尽相同。有时，动物会受到折磨，似乎是为了获得它们的“供述”（尽管我们不清楚它们如何认罪）。埃文斯讲述了欧洲13只猪被吊死的例子，还有3只被活埋、1只被烧死在火刑柱上，全都是因为犯下杀死婴幼儿的罪行。有趣的是，遵循适当的程序仍然很重要。在施韦因富特，一只母猪咬掉当地一个孩子的耳朵，并撕破他的手，因此被关进了监狱。刽子手在没有法律授权的情况下绞死了母猪，这一事件激怒当地民众，刽子手被迫逃亡。“Schweinfurt Sauhenker”（施韦因富特母猪刽子手）这一短语，后来被用来指无视法律的无赖。

正如我们所提到的，杀人动物一般不会被食用——哪怕这类动物一般是被人类食用的——因为它们的肉被认为受到了玷污。埃文斯记录了 1553 年的一个事件：在美因河畔法兰克福，一些猪杀死一个孩子，结果被处决并扔进了河里。同样，1621 年，在萨克森州马赫恩，一头牛杀死一名妇女，结果被杀死并焚烧，其肉和皮均未被使用。然而，1578 年在根特，一头牛杀死人后被宰杀，其肉被出售，所得的收入一半给了受害人的家人，另一半给了城里的穷人。牛的头被砍下，放在绞刑架附近的木桩上， 133
以示惩罚。

动物审判背后的动机是什么？

罗马人喜欢看罪犯被角斗士或野生动物处决，面包和游戏（*panem et circenses*）满足了公众对这种场面的需求。在帝国时代的罗马，公众有权投票决定斗兽场上的生死，这让他们有一种权力感，同时又不威胁到皇帝。英国公众也喜欢看罪犯被绞死、戴上枷锁或遭受各种羞辱，如打上烙印。伦敦附近泰本 1571 年竖立并一直使用到 1783 年的“泰本树”（Tyburn Tree），是一处臭名昭著的绞刑架，可以同时处决多名罪犯。动物审判肯定也有表演性的一面：它们和对人的审判与处决一样，都是一种奇观。

拉开距离来看，我们很容易认为动物审判的存在反映了一个更加迷信的时代；然而，历史学家詹姆斯·麦克威廉斯（James McWilliams）认为，这关系到一个事实，即在前工业化时代——从中世纪到 19 世纪——人和动物的关系更加密切：

> 生活在前工业化农业社会的人们几乎一直在与驯化动物互动。17 世纪的农业账簿表明那个时代的农民每天花 16 个小时观察和照顾驯化动物。他们看着这些动物做出选择、对人类指令做出反应、形成社群关系并彰显自己独特的个性。这种观察到的亲密关系持续到 19 世纪，直到饲养场和食品加工厂整合畜牧业的业务，最终取代了让动物和农民相对长期地近距离相处的做法。在这种整合之后，人们的观念发生了变化。人类开始把动物当作物品来谈论和对待。“猪，”1880 年的一部农业手册解释道，“是农场上最有价值的机器。”如今，近 99% 的动物产品都来自这种“工厂化
> 134 农场”，将动物视为物品的观点仍占据主流。

尽管可能有一定道理，但我们不应过于夸大麦克威廉斯的观点。在中世纪社会，尽管动物一直在人的周围，但仍旧被视为财产。圣托马斯·阿奎那明确认为牛可以被拥有，杀死一只牛绝不等同于杀死一个人。而且，中世纪很多人认为人类优于动物，并认为人类有权对动物发号施令。确实，有人认为家养动物受到审判不是因为它们被等同于人类杀人犯，而是因为它们颠覆了自然规律：它们杀死了本应掌控它们的人类。

相反，历史学家彼得·丁泽尔巴赫认为，动物审判开始盛行，要归功于中世纪晚期和现代早期的先决条件：传染病、经济萧条和社会冲突带来不安全感；相关地区存在罗马法和法律程序；看到法律程序和司法被实行，能给人带来安慰；举行这种审判，律

师、贵族和法官能从中获得利益；此外，人们在极端状况下有将动物人格化的倾向。丁泽尔巴赫设想这些审判仅在极不寻常的状况下发生，目的是帮助地方社群应对难以驾驭的威胁——不是因为它们被证明有效，而是因为它们能够给人留下一种印象，即当局正在以合作和坚决的方式不懈地维护法律与秩序。

在以天主教为主并继承了罗马法的区域，依法惩罚动物的倾向似乎更加普遍。然而，正如我们之前所指出的，罗马法不归罪于动物本身；相反，依照“动物致人损害之诉”（*actio de pauperie*），户主应为其奴隶、孩子和动物的行为造成的损害负责。因此，思维方式明显发生了转变，至今也不知其原因。不过，对动物进行法律惩罚，也许与罗马法将动物等同于儿童和奴隶而非物品的做法是一致的。

在此我们推测，法国首次审判动物可能也曾受到拉比著作的启发：中世纪晚期，一个备受尊重的拉比评论学派在最早出现动物审判的法国北部地区蓬勃发展。当然，基督教徒和犹太教徒都接受《出埃及记》，也许至少讨论过关于“抵人的牛”的规则，以及动物杀死孩子时应当如何执行这些规则。 135

如今，我们可能并没有像我们以为的那样远离中世纪的思维方式。心理学家杰弗里·古德温（Geoffrey Goodwin）和法律学者亚当·本福拉多（Adam Benforado）最近进行了一项很有意思的心理学研究，探究是什么触发了我们的报复欲望，尤其是和动物相关的。他们向参与者呈现了动物发动袭击的几种不同可能性：在某些情形下，受害者是人类——依照不同的设定，包括

10 岁女孩、55 岁无家可归的男子、48 岁的恋童癖患者（但没有因其罪行受到惩罚）——在其他情形下，受到损害的是财产或其他动物（如家养的狗）。肇事者包括野生动物和驯化动物。

研究显示，当动物杀死年幼的孩子时，参与者惩罚动物的欲望，显著高于它杀死年纪更大的人或另一只动物的情形。同样的结果多次出现。古德温和本福拉多称之为“受害者身份”效应。他们指出，如果受害者值得同情，哪怕动物不再危险，这种效应也会存在。因此，参与者赞成某种惩罚，似乎是基于这样的观点：相较于杀死其他不那么令人同情的人，杀死儿童应该受到更严厉的惩罚。

古德温和本福拉多还向参与者呈现了当局杀死一条“无辜”的鲨鱼的情景，以及杀死因致人死亡而“有罪的”鲨鱼的情景。他们称所发现的现象为“定向惩罚效应”，这个研究结果也多次得到确认：参与者表示，只有杀死正确的鲨鱼，才能对受害者的死做出适当的赔偿；他们不太赞成杀死“无辜的”鲨鱼。此外，参与者更倾向于赞成对“有罪的动物”而非“无辜的”动物施加痛苦，特别是当受害者是儿童时。但如果受害者有恋童癖，则不那么赞成。这表明报复动机占主导地位。

古德温和本福拉多设想，即使在现代，报复主义也会延伸到动物身上：

> 一般，人们大概不会认为鲨鱼（及大多数其他动物）有分辨正确和错误行为的道德能力，然而我们仍旧观察到，

> 对鲨鱼伤人做出的反应表明了报复动机……我们推测，引
> 发这种反应，部分是因为参与者赋予动物相关的心理状态
> 和特性（如某种低层次的目的性或蓄意性）。尽管这些心理 136
> 状态可能达不到法律规定的传统的“犯罪意图”（*mens rea*）
> 的标准，但赋予这种状态，使参与者能够将动物视为适当的
> 报复对象。
>
> 这一假设……与最近在拟人化和心理状态归因方面的大量发现一致。比如，研究者已经发现，个体倾向于将类人的特征和能力赋予非人类行为方，包括在一定条件下的动物……个人似乎易于在道德事件——发生伤害或新增利益的情形——之后发现能动性……这表明参与者想要报复动物的原因之一是，在坏事发生后，他们将应咎责的心理状态（如一定程度的目的性或蓄意性）赋予动物罪犯。

尽管我们不再审判或绞死致命动物，但现代人似乎和中世纪人一样可能判定动物“有罪”且应受惩罚。

中世纪审判杀人的猪，更普遍的原因可能在于受害者多是婴儿或7岁以下的儿童。尽管法国中世纪学者和历史学家菲利普·阿里耶斯（Philippe Ariès）认为“童年”在中世纪欧洲并不存在，社会只把孩子视为微型的成人，但舒拉米特·沙哈尔、芭芭拉·哈纳沃特和尼古拉斯·奥姆等后来的中世纪历史学家都激烈地反对，认为中世纪存在清楚的童年阶段，尽管（或者可能因为）当时婴儿的死亡率很高，但儿童仍被视为有价值

的存在。

古德温和本福拉多的研究表明，今天，儿童的死亡特别容易引发报复反应（杀人偿命）。类似的心理反应可能也出现在中世纪。我们不再举行动物审判，原因之一也许只是目前的法律与之
137 不容，毕竟惩罚动物的心理冲动可能仍然存在。

英国例外论

中世纪英格兰法律并没有像欧洲大陆法律那样兼容动物审判。13 世纪末，布雷克顿声称，在英格兰法律中，杀人罪仅针对人类：

> 杀人罪是人杀死人。如果是被牛、狗或其他东西杀死，则不应称为杀人罪。

因此，英格兰把致命动物作为“危险物品”处理，审判是不必要的。中世纪英格兰验尸官的报告告诉我们，英格兰的驯化动物有时也会致人死亡；不同的是法律的反应。

英格兰对待动物暴力的方式，关系到澳大利亚继承的普通法中另一个奇怪的领域——供神物法（“供神物”意思是“给上帝的供奉”）。英格兰法律和后来的澳大利亚法律允许伤者强迫伤人的动物或无生命物体的所有者将该动物或物体上交国家，或支付相当于该动物或物体价值的罚款，这些钱通常被用于慈善目的。这源自之前提到的盎格鲁—撒克逊法律的“交出罪体”。不

过根据“交出罪体”，没收的动物要交给受害者的家庭而非国家。

受供神物法约束的动物包括杀人的猪，以及使骑手坠马或溺亡的马。被“供奉”的物体包括大锅、船、梯子、碗、马车、轮子和绳子。1846年英格兰和威尔士废除了供神物法，因为此前曾有乘客在火车车厢上去世，亲属无法以任何其他方式获得救济（火车票排除了合同责任），导致火车车厢被“供奉”。新南威尔士州议会随后也废除了供神物法。

1396年，托马斯·霍克恩在牛津的圣贾尔斯教区对6个月大的婴儿阿格尼丝·佩罗内的死因进行了调查。据称，“一头母猪吃掉阿格尼丝的头，甚至鼻子，因此母猪被逮捕；猪价值2先令4便士。”母猪被逮捕并不意味着它被审判：相反，猪似乎被没收了，所有者还要向国王支付等同于其价值的款项。相关记录的现代译注称：

> 这类事故在中世纪并不罕见。林肯郡的主教登记册中，有主教应某妇女的要求签发的一份证书副本，告知全世界该妇女婴儿时期躺在地上时被母猪咬掉了一只耳朵，她的耳朵并不是因为她的任何不当行为而被割掉的。 138

法律历史学家萨拉·巴特勒发现一个类似的案件：1370年有一头猪杀了人，但所有者的结局并不相同。受害者是谢菲尔德一名儿童，艾伦·克拉克之女艾丽斯·克拉克，陪审员估计杀死艾丽斯的那头猪价值12便士。猪的所有者仅被要求支付猪的价值，但死因调查可能让他蒙受羞辱，因为是当着邻近村庄所有人的面进行公开调查，场面极大。

正如巴特勒提到的，动物所有者并不总是愿意交出他们的动物："托马斯·德坎蒂卢普的封圣审判[1]中讲述了一个神奇的故事，罗伯特和莱蒂西亚·罗素宁愿把儿子的尸体藏起来，也不想揭穿这件事，避免他们的牛因引发意外事故而被没收。"

据说英国法中有相关的说法：动物杀人所有者要为谋杀负责任。1329年法院在讨论案件中一匹杀死儿童的母马时，似乎有这样做的意愿：

> 据称一匹母马踢到孩子的耳朵下方并致其死亡。法庭问陪审员这匹母马是否常有危险的行为，他们予以肯定。法庭问母马的所有者是否还在世，陪审员表示已不在世。据说，如果他还在世，他会被控犯有杀人罪并被逮捕，因为既然明知母马的糟糕脾气，他应该一直把它拴在安全的地方。

17世纪律师、法学家和法官马修·黑尔爵士表示，如果驯化动物所有者将动物妥善拴好，而它逃脱并杀死人，所有者将不受惩罚，但动物要被供奉。他还说，"如果所有者在被警告或告知动物的状态后，因过失让其逃出并致人死亡，我认为所有者存在过失杀人"。这一看法在18世纪也被威廉·布莱克斯通爵士重

---

1 canonization trial，天主教会为决定某位逝者能否被认定为圣人进行的正式调查。

申过。如果所有者为了威吓他人或自娱自乐放出动物，布莱克斯通爵士也会将这种行为判为谋杀，哪怕所有者并无意让其杀死任 139
何人。因此，1865 年，当一名旅店老板明知一匹马危险而让其进入公地，导致这匹马踢死一名儿童时，旅店老板被判谋杀。英国对让孩子置身于危险境地的父母也同样严厉。在 1628 年的一个案例中，多德里奇法官提到，如果母亲将私生子藏在猪圈里而导致这孩子被猪吃掉，母亲要因谋杀罪而被绞死。

有趣的是，苏格兰法律在一些方面结合了英国普通法和罗马法，形成一种介于英格兰和大陆之间的“混合司法”。在一些苏格兰案件中，“狂野或任性的”马如果“违背骑手意愿，将骑手从悬崖或高处扔下，或扔进水里，导致其死亡或溺亡”，该马必须被上交给国王。然而，如果骑手是因愚蠢和轻率而造成自己的死亡，则无须将马上交。托马斯·布洛克策马渡雅芳河并溺亡，马（属于布洛克的主人“达勒姆的詹姆斯”）未被上交给警长，因为渡河的决定是愚蠢的。因此，当时有这样一种观念：如果马致人死亡的行为背后存在合理的理由，马可能“无罪”。不过，与英格兰供神物法不同，国家没有义务将没收动物所得的资产用于慈善目的。

对巫术的起诉

动物审判最后值得一提的一个方面，是将动物——尤其是猫、蟾蜍和野兔——与巫术、妖术联系在一起的倾向。因此，犯罪动物有时会被指控被恶魔附身，犯罪的人有时也会受到这样的指控。在一些文化中，女巫被认为拥有“亲密的”动物，这些动物以她们的血为食，协助她们作恶。

根据埃文斯的记述，1474 年，巴塞尔的治安法官判决，一只小公鸡因下蛋“这一骇人的、不自然的罪行”，应在火刑柱上烧死。刽子手把鸡切开后，又在其体内发现三个蛋。尽管埃文斯怀疑这只鸡被“陷害了”，但就像 20 世纪初发生的几起“公鸡”下蛋事件一样，这只不幸的鸡可能是一只母鸡，只是羽毛更像公鸡。患有卵巢肿瘤的母鸡可能会暂时长出公鸡的羽毛，恢复后继
140 续下蛋。“麦迪逊的公鸡”就是这样。它后来褪去羽毛，恢复了雌性的外表。

1692 年到 1693 年，马萨诸塞湾殖民地发生臭名昭著的塞勒姆审巫案，一些狗与 14 名女性和 5 名男性被一并处决。对狗的处决是“即决处决”，而不是司法处决。1692 年 10 月，安多弗的一个女孩指责邻居的狗试图施法蛊惑她，村民立刻射杀了狗。狗死后，安多弗的牧师宣布它是无辜的，理由是如果它被魔鬼附身，它就不会死。后来，在塞勒姆，当一只狗举止怪异时，女孩声称当地人约翰·布拉德斯特里特在“骑跨”这只动物，并用他的灵折磨它。狗被杀死了，布拉德斯特里特逃到邻近的县。

被判死刑的家养狗

本书一开始，我们讨论了现代的“审狗案”—— 伊兹被判处死刑，但是狗使人受伤或死亡的问题历史悠久。波斯琐罗亚斯德教的法典《万迪达德》年代不详，但有人认为可追溯到数千年

前。法典包含对狗伤害人或动物的具体处理规定。没有吠叫就咬羊或人的疯狗，视为蓄意谋杀：初犯后每次再犯，都会导致更加严重的肢解：犯事的狗会被割去耳朵，然后是腿，再然后是尾巴（大概未发出警告声就发动袭击特别该受谴责）。《伊施嫩纳法典》也有规定：如果狗咬了人，其所有者应负责任；阿尔弗雷德大帝的盎格鲁—撒克逊法律（在9世纪被使用）详细规定了狗咬人所应负责任的浮动计算制，以狗咬人的次数为依据。

如今，家养的狗比牛或猪造成的问题更大，尤其是在城市环境中。（澳大利亚从英格兰继承的）普通法传统上把狗视为驯化动物，在明知诉讼中会推定为驯服的动物。这意味着为了追究所有者的责任，被狗咬的受害者必须证明所有者知晓狗的危险性。显然，这对受害者来说并不理想，澳大利亚大多数州现在都有专门的法律，规定所有者对狗造成的任何伤害负严格责任。 141

回到伊兹的故事，我们可以思考：狗本身是否因它的“罪行”，和应负责任的人一样受到惩罚，甚至受到更多的惩罚？尽管我们将刑法限定为对人类的惩罚，但是对狗的责任人进行刑事起诉是国家下令“销毁”狗的先决条件。正如维多利亚州《1994年家养动物法》所规定的，在这一点上，现代与中世纪动物审判有最明显的关联。

这一规定涵盖几种差异很大的罪行，从所养的狗使人或动物受“重”伤或死亡，到所养的狗袭击但并未造成多少伤害，或仅是“冲向或追逐”某人。与直接实施暴力行为的人相比，因这种罪行被起诉的人受到的惩罚相对较轻：最常见的惩罚是罚款，不过如果狗过去曾被宣布具有危险性或属于限制品种，理论上犯罪者可能面临监禁。但狗是另一回事。只要所有者被认定有罪，不管罪行是否严重，量刑法官都可以要求地方议会将狗杀死，如果法官没有下令，地方议会可以命令将狗销毁。

如前所述，行使这一权利的主要条件是狗的责任人被起诉，并被认定有罪。在维多利亚州，起诉可针对狗的法定所有者，或“饲养或藏匿该动物者，或当时照顾该动物者，无论动物是在游荡还是被关在某处”。在澳大利亚首都领地，相关犯事者是狗的“饲养者”。

2001年，帕梅拉·埃利奥特饲养的狗霍德什——未注册、品种不明——威胁到人并袭击一只动物，她因此获罪。尽管埃利奥特后来给这只狗注册了，但她的事实伴侣，也是唯一去收容所看望霍德什的人，声称狗属于他。澳大利亚首都领地的首席法官迈尔斯在判定霍德什饲养者的身份时指出，埃利奥特以为拥有霍德什并为其注册就能成为犬的“饲养者”，这样想的人不只她一个。迈尔斯参考20世纪30年代英国关于居民对“邻居”义务的一项举世闻名的判决，提出用一种社会测试来确定狗的饲养者：

> 你有义务照顾自己的狗，这种社会和人道主义准则变成法律，就是你有义务遵守这条法规，律师的问题“责任在
> 142 谁？”得到了有限制的回复。你作为狗的饲养者，必须遵守。那么，在法律上，谁是狗的饲养者呢？答案似乎是这个人应当与狗有密切的关系，且会受到直接影响，因而他或她会

主动承担（也可能是应该主动承担）照顾和看管狗的责任，给狗喂食、喂水，从各方面照顾它，可能期待得到一定程度的忠诚和喜爱作为回报。

根据这个测试，埃利奥特的事实伴侣是霍德什的饲养者——无人辩称霍德什有不止一个饲养者——因此给埃利奥特定罪是错误的。因此，这意味着无人有权利命令“销毁”霍德什，除非埃利奥特的事实伴侣被起诉并被认定有罪。

有些司法管辖区对销毁犬只令设置了进一步的条件。2000年之前，塔斯梅尼亚州只要求一位法官认定涉事犬只致人死亡、危险或“过分顽皮”。1998年，奶白色拉布拉多混血犬米西在11个月内“骚扰”了4个人，并“攻击”了2个人和1只贵宾犬。治安法官对其主人定罪后总结道：

我认为每个人都想尽量让狗被公正对待，确认所发生的事情是否只是仅此一次的小事件，是否不过是狗有点顽皮，这是普遍原则。但我认为本案已远远超出这种情况……综合考虑所有情况，我认为基于我在本法庭认定属实的每一个投诉，宣布该狗为顽劣的狗是适当的。

他没有选择对所有者处以罚款，而是“作为对其惩罚的一部分”，下令处死狗。然而，最高法院推翻了该命令：

显然“一次性的事件”或仅相当于“狗玩耍”的情形，在一般情况下不会表明狗是顽劣的或危险的。博学的治安法官认为狗在11个月里的行为“远远超出这种情况”，并不能表明他确信狗除了像他所宣布的那样顽劣之外有更过分的行为。事实上，他指出有些投诉是投诉人担忧狗会咬他们，但事实上没有人被咬，贵宾犬也没有被咬，尽管那可能是因为其所有者弗莱彻夫人挥舞耙子保护了它。

143 塔斯梅尼亚州随后改变了销毁犬只的条件：在发出这样的命令之前，不要求狗是“危险的”或“过度顽劣”，而要求狗必须已经“袭击”某人或动物。“袭击”的定义相当宽泛，包括啃咬、“威胁”或“骚扰”，因此米西显然达到这一要求。

尽管销毁犬只令是审判犬的所有者时发出的，但这有点像对狗进行刑事审判。回到澳大利亚首都领地霍德什的案例，首席法官还必须裁决霍德什的狗崽印第安纳的命运。印第安纳的所有者兼饲养者内森·埃利奥特，正好是霍德什主人的儿子。霍德什和印第安纳在一条郊区街道上无人陪伴地游荡时，对其他狗吠叫并触发一辆车的汽车警报，之后又对两个人咆哮嘶吼，最终袭击了马尔济斯混血犬佩珀和澳大利亚丝毛㹴罗西，并在罗西惊恐的主人面前将其杀死。这两条狗的暴行引发对埃利奥特母子的起诉。两名巡警后来抓住霍德什和印第安纳，并把它们送到收容所，经佩珀和罗西的所有者们确认，它们就是袭击其宠物的恶犬。

首席法官讥讽地指出，指认霍德什和印第安纳无须遵循高等法院为辨认被拘留的嫌疑人而制定的详细规则——一般要求列队认人，以避免误认的风险。根据适用于澳大利亚首都领地的联邦和国家统一立法，这本来不是一个问题，这些法律只对被控犯有刑事罪行的人实施这些规则。维多利亚州有更宽泛的法律规则，要求警告误认任何“人或物品”的风险，但就连该规则似乎都排除了动物。在处理动物身份有争议的案件时，一些司法管辖区明确推定所有参与攻击的狗都是袭击者——这一规定不能（或至少不应该）用于人类嫌疑人。

在霍德什和印第安纳一案中，狗的身份没有争议。问题在于起诉人误认了霍德什的饲养者，让其饲养者免于定罪，狗也免于死刑，而印第安纳仍旧因它在“暴行”中扮演的角色而面临销毁。首席法官迈尔斯并不同情印第安纳的饲养者内森·埃利奥特，而 144
赞同治安法官关于其“性格、前事和年龄”（未明确说明）的说法，以及澳大利亚首都领地要求犬只所有者承担的“重大责任”。但是印第安纳是另一回事。尽管承认每只狗的情况都不尽相同，而且霍德什“更具攻击性”，治安法官仍认为“两只狗似乎在某种程度上共同行动”。首席法官判决，这是将人类司法错误地运用在动物身上：

> 这涉及我可能会称为“拟人谬误”的行为，即把动物行为当作人类行为来看待。动物没有任何道德判断的能力，这虽是老生常谈，但也要牢记。为了判刑而评估共犯

> 的罪责时，通常会考虑某人对共同犯罪相应所负的道德责任。同样常见的是，在这种情况下，法庭无法判断哪一名罪犯更应受谴责。但是针对动物，这些原则和考虑根本不适用。

相反，这里用到了针对动物的三种独特的思路。第一种，印第安纳是霍德什的“幼崽”：

> 印第安纳可能（甚至很有可能）深受母亲（霍德什）的影响，如果这两只狗被分开，它们在一起产生的危险性会降低，甚至消失。

第二种，印第安纳和霍德什一样，都是人类饲养的：

> 当天在外游荡并不是它们的错，尤其不是印第安纳的错。如果是饲养者的过失让它们逃脱从而做出很多狗都会做出的行为，为什么印第安纳就该死呢？

145 第三种，处理动物有（除销毁令之外的）其他不适用于处理人的选择：

> 对人发出放逐令几乎总是不合适的，但是我不认为关于主体自由和澳大利亚宪法保障的在澳大利亚境内行动自

由权利的种种考虑适用于动物。

迈尔斯没有让“小狗为其母亲造成的更大的伤害承担责任”，而是调整了对内森·埃利奥特的判决，补充让他把狗带去昆士兰州的要求——他之前承诺过，如果狗不被销毁，他就会这么做。

如前所述，量刑法官不是唯一可以在刑事犯罪案中命令处死狗的官员：维多利亚州和其他司法管辖区赋予地方议会——主要执法机构——同样的权利。法院（处罚犬只所有者）和议会（管理危险的狗）的角色重叠，相互影响：除非所有者在法庭受审并被法官认定有罪，否则议会无法销毁一些狗。而且，正如维多利亚州最高法院2004年判决的那样，法庭常常需要知道议会是否计划销毁某只狗，法官会在对所有者量刑时将这一点考虑进去——如果所有者已经要面对失去狗的损失，法庭会给予较轻的判决。这一信息可能也会影响法官决定是否命令将狗处死。

法院和议会的区别在于，刑事审判的终点是伸张正义——因此首席法官迈尔斯考虑不为霍德什和所有者的过失而惩罚印第安纳——而议会的作用则是治理，制定关于危险犬只的更为宽泛的政策，并有效执行这些政策。在2004年的“格宾斯诉温德姆城议会案”（*Gubbins v Wyndham City Council*）中，斗牛㹴乔克在未登记注册、无人陪伴的状况下，在外游荡并咬了3匹马，在其所有者对这些罪行认罪前，议会向其声明了犬只销毁政策。该政策规定了销毁犬只的标准：

1. 攻击过人或动物的限制品种犬只，如果不戴嘴套或不通过链子、绳索或皮带与所有者相连，则不应在房舍
146 外活动；

2. 攻击过人或动物的危险犬只，如果不戴嘴套或不通过链子、绳索或皮带与所有者相连，则不应在房舍外活动；

3. 犬攻击人类，造成明显伤害，如咬伤、瘀伤、需要缝线；

4. 犬对儿童或体弱者、老人或残疾人等弱势群体进行任何伤害相对较轻的攻击；

5. 犬攻击动物，导致动物直接死亡或因为被攻击需要接受兽医重症护理；以及

6. 在治安法庭被判犯有法案规定的罪行后，有其他事实和情况表明销毁该犬只符合对公众利益的保护。

前提是证据充分，且无法根据法案对狗的行为进行辩护。

请注意，第 4 条特别提到儿童和弱势群体，这与我们之前谈到的攻击儿童和弱势群体被视为“道德事件”、更“应被咎责”是一致的。

议会很快告知所有者，根据标准中的第 1 条（乔克是限制品种犬）和第 6 条（它有追赶马匹的历史），他们决定销毁乔克。显然，议会的政策比首席法官迈尔斯在印第安纳一案中的考量要严格得多。正如乔克的所有者后来抱怨的，其忽略了一些可以给动物提供辩护的细节——在乔克的案件中，这些细节包括它其他时候品行良好、案发那一周它被焰火烦扰、它逃脱是因为栅栏正

在施工，此外所有者愿意让它被宣布为危险犬。而且，议会的决策过程——只给乔克的所有者写了一封信解释其考量——与庭审的有来有往有很大区别。

但最高法院判决，这些都不能使议会的决定无效。其满足最低的合理性标准，而且让议会做出不利于乔克的决定的两件事，在之前的刑事起诉中已经当着乔克所有者的面提到了。这就足够了。然而，法庭判决议会的程序在一个方面出了差错。议会允许 147
乔克的所有者向一个上诉小组提交更多的材料，但所有者代表乔克的恳求被拒绝了，部分原因是乔克在过去 5 年中没有登记注册。问题在于，乔克的所有者没有被告知，未注册会影响法院的考量。尽管法院承认这是一个小问题，但还是命令小组再举行一次听证会，以防万一犬只所有者给出一个解释，改变小组的裁决。遗憾的是，乔克的最终命运未被报道。

这些归咎并惩罚狗的现代案例，与中世纪欧洲对猪的审判和处决不同，不是公开展示；当代销毁令也主要是为公共安全考虑，而非对狗进行惩罚。然而，我们再次看到法律的游移不定：一边认为狗是财产，另一边认为狗不仅是财产——至少是重要的陪伴动物，可能还是家庭成员。

野生和半野生动物

在欧洲中世纪末和近代早期，野生动物有时似乎也会因其行为而受处决或惩罚。在莎士比亚的《威尼斯商人》中，尽管是虚构的，但格拉西安诺对夏洛克说的话提到了这种做法：

> 啊！你该死，狠心的狗！
> 留着你这样的人活着，是无天理。
> 你几乎使得我信仰动摇，
> 要相信皮塔哥拉斯（毕达哥拉斯）的主张，
> 畜类的灵魂混进了
> 人类的躯壳；你的恶狗般的灵魂
> 原来是寄托在狼身上的，狼因为害了人而被绞死，
> 于是它的残酷的灵魂从绞架上飞了出来，
> 那时候你正在凶顽的母狗胎里，
> 可就钻进你的肉体里去了：因为你的心
> 是狼一般的狠毒，凶残，贪食。[1]

148 1685年（《威尼斯商人》写成后近100年），德国安斯巴赫诺伊斯镇的居民绞死一只捕食当地牲畜和人的狼。由于残酷、不受欢迎的镇长刚刚去世，当地居民认为一定是他回来了，转世为狼人。他们追赶狼，直到它跳进一口废弃的井里。随后居民们割下它的口鼻，给它穿上人的衣服，并给它戴上面具、假发，贴上胡子，把它装扮成以前镇长的样子。然后他们将其绞死在绞刑架上。此后，尸体被保存在当地一家博物馆展出。

1 出自莎士比亚戏剧《威尼斯商人》，此处引用梁实秋译文。

《安斯巴赫的狼》

对大象处以私刑

20 世纪初，美国有好几起因马戏团大象犯下“罪行”而将其吊死或处决的怪异事件（有些还令人难过）。正如我们在第二章中讨论的，在明知法中，大象因其体形和野性，以及惊逃时可能造成的严重伤害，被视为具有固有危险性的动物。对杀人的大象令人震惊的法外处决，表明人类惩罚杀人动物（尤其是那些聪明的动物在杀人时似乎知道自己在做什么）的冲动在现代仍然存在。

1916 年 9 月 13 日，在田纳西州，30 岁的非洲象玛丽被吊死在一台安装在轨道车上的工业动臂起重机上。一天前，在田纳 149
西州欧文斯帕克斯马戏团的大象游行中，玛丽杀死了它的新驯兽员沃尔特·“红”·埃尔德里奇。埃尔德里奇是一名漂泊者，前一天才被雇用，缺乏与大象相处的经验。当地报纸报道：

玛丽用它的鼻子紧紧钳住他的身体，把他举到离地 10 英尺的空中，愤怒地摔到地上……然后据说在盛怒之下，用尽全身力气将巨大的象牙全部插进了他的身体。然后它踩踏奄奄一息的埃尔德里奇的身躯，仿佛在寻求杀人成功的快感，然后突然……挥动巨大的脚，把他的躯体踢向人群。

一名叫科尔曼的目击者表示，大象把埃尔德里奇扔到一个饮料摊上，然后踩他，但埃尔德里奇没有被戳伤。10 年后的一份报道简单地描述玛丽用象鼻砸埃尔德里奇的头，将其杀死。科尔曼表示，埃尔德里奇死后不久，当地的铁匠亨奇·科克斯试图射杀玛丽。“人群不停地叫喊：‘杀了那头大象，杀了它……’”，但开枪对大象并无影响，事实上，它如常参加了晚上的表演。

目前仍不清楚判处玛丽死刑的是谁。当地有人说田纳西州当局指控玛丽犯有一级谋杀罪（与中世纪处决杀人的猪有相似性），还有人说是马戏团管理层做出的决定。不幸的是，用来吊死玛丽的第一根链子无法承受它的体重，它掉在了地上，导致围观人群四散而逃。第二根绳子更为牢固，它被吊死了。人们将它埋在铁路调车场的某个地方。据称有一张照片记录了大象吊在铁路起重机上的场面，但来源不明，有人怀疑图片是篡改加工过的。

玛丽并不是唯一被即判即决的大象。1902 年 1 月 4 日，在纽约科尼艾兰，大约 28 岁的亚洲象托普西在爱迪生制造公司的协助下被电死（处决时爱迪生本人并未参与或到场）。托普西至少导致1人死亡，多人受伤。所有者决定杀死它，并将处决过程变成公开展览。处决当日，托普西知道情况不对，拒绝前行。最终它在站立的地方被处决。电刑虽然看似残酷，但这么做其实是应美国爱护动物协会的要求，该组织认为吊死会带来不必要的、长时间的痛苦。爱迪生制造公司制作了一部名为《电击 150
大象》（*Electrocuting an Elephant*）的电影，事实证明影片并不受欢迎。

乔治·奥威尔从英国殖民地警察——奥威尔本人曾担任过这一职务——的视角写过一篇文章，在文中警察被要求杀死一头雄性大象，该大象在“发情”（musth）状态下踩踏并杀死了一名印度劳工。发情的雄象体内睾酮激增，处于这种状态的大象会对其他大象（甚至自己的后代）和人类产生很强的攻击性。在奥威尔的文章中，大象极其难以被射杀，但叙述者的行为被判定为合法的。不过，不清楚该文是否基于真实事件。

大猩猩和人格

最近30年左右，有人呼吁，猿作为现存与我们亲缘关系最近的动物，应当被赋予与人相同的法律权利。因此，大猩猩计划（Great Ape Project）辩称，应该通过法律保护所有大型灵长类动物。例如，除非是自卫，否则禁止杀死灵长类动物；保护灵长类动物与同类生活在自己的栖息地的权利；保护灵长类动物不受折磨。

然而，人格赋予的法律权利一般伴随着责任，这些责任可能难以适用于某些类人猿，尽管它们与我们具有相似性。比如，如果人类做出某些黑猩猩的行为，会被认为是犯罪。黑猩猩会杀死敌对部落的其他黑猩猩，杀死并吃掉自己部落的暴君，它们对社会组织的态度通常是“马基雅维里式”的。而且，按明知法，黑猩猩被判定为具有固有危险性的动物；它们无法被完全驯服。有一个案子确定了这一点：惠灵顿动物园一只愤怒的雄性黑猩猩咬掉了饲养员的手指。

2009 年，雄性黑猩猩特拉维斯对查拉·纳什造成严重伤害，充分展现了黑猩猩可能带来的危险。纳什住在特拉维斯的所有者桑迪·赫罗尔德家后面，桑迪·赫罗尔德和她的丈夫杰里于 1995 年在特拉维斯 3 岁时收养了它。特拉维斯对纳什很熟悉，但袭击发生的那天，因为她换了新发型，特拉维斯可能没有认出
151 她。它撕掉了她的脸和头皮，咬掉了她的两只手。令人吃惊的是，纳什活了下来。她最终接受了面部移植，但永久失明。特拉维斯也袭击了接到报警电话后出警的警察，后者后来为了自卫，开枪打死了特拉维斯。

人们的共识似乎是，特拉维斯是因为被置于非自然的情境才对他人造成危险。这不是它的错——它的行为与野外任何一只黑猩猩无异。但如果特拉维斯被赋予“人格”权利，它是否应该因为袭击并险些杀死纳什而被起诉？它的责任是否因被囚禁的状态而减轻？特拉维斯似乎具有相当高的智力水平，2004 年桑迪·赫罗尔德的丈夫杰里去世时，它曾表现出悲伤。但声称猿与

人类有类似的直觉力，可能会被用来攻击特拉维斯这样的黑猩猩，称其应该被当作犯罪的人类成年人或未成年人处理。即便在现代，动物犯错时，认为动物在法律上应该等同于人类也会引起棘手的问题。

现代对野熊的起诉

2008 年，马其顿比托拉的一家法院判处一只野熊犯有盗窃和刑事损害罪，因为它反复从一位沮丧的养蜂人那里盗窃蜂蜜。养蜂人曾尝试通过大声播放音乐和使用明亮的灯光劝阻这只熊，但都无济于事。因为这只熊没有主人而且是保护动物，法院判定国家向养蜂人支付 3500 美元，以补偿蜂箱遭受的损失。熊并未入狱，仍旧自由活动。

哈萨克斯坦一只名叫卡佳的熊就没有这么幸运了。2004 年，它因在两起不同的事件中导致 2 名野营者受伤而被定罪，被判处 15 年徒刑。它被置于有人类囚犯的监狱，因为当时没有其他地方可以接收它。它服完刑后，2019 年，为了最终实现让它与另一头熊一同生活的目的，人们将它安置在动物园中。它被释放后，曾经照顾过它的狱友表示，他们很想念它。 152

说到底，尽管有令人毛骨悚然的大象处决案例，但相较于驯化动物，人们似乎愿意对伤人的野生动物更加宽大，可能因为后者具有一定的不确定性，这是符合人们预期的。我们看到，即便在现代，伤人的驯化动物也因其行为被实施安乐死。当然，这么做是为了公共安全，但可能也是为了满足某些对动物进行报复的潜在想法，尤其是当动物伤害弱势群体时。

法庭也对野生动物表现出宽大与理解——正如第二章提到他们对田鼠所做的那样——并似乎体谅动物对食物和安全的渴望。包括田鼠在内，在很多案例中，人们会考虑到害兽难以出庭，并在对害兽进行诅咒前考虑给它们公平的机会逃跑。这或许看起来很奇怪，但也表明人们相信自然环境应该与野生动物公平分享，毕竟它们也被视为上帝的生灵。

有一个例外，是 1479 年对一种甲虫的审判：这种甲虫在洛桑被称为英格（*inger*），它们破坏庄稼，被宣布为“不洁的”，“不被称为动物，不被作为动物提及”。因此，它们被称为“被诅咒的”，并被告知人们希望它们“无论走到哪里，都会每天减少，最终除了被人类使用和让人类获利的那些，一只都不剩”。从表面上看，读者可能会认为相较于田鼠或大鼠，昆虫距离人类较远，因此人类对它们不那么同情，但是在第六章我们会讲述一个象甲被礼貌对待，获得一块自己的土地以蓬勃发展的案例。爱德华·佩森·埃文斯设想，英格可能遭遇了一个人类和非人类动物都熟悉的问题：它们的律师不是很好。（他没有告诉我们最终英格是否因为遭到诅咒而受苦。）

第四章　理解动物

2013 年初，美国最高法院——全球最受关注、最具影响力的法院——讨论了人和狗在历史上的关系。“狗已经被驯化约 1.2 万年。”保守法官塞缪尔·阿利托写道。是的，他的自由派同事埃琳娜·卡根回复道，但法庭审理的案件涉及的狗——一只名叫弗兰基的巧克力色拉布拉多犬——“不是来你的门廊悠闲散步的邻家宠物”，而是“训练有素的执法工具”，被分配给缉毒训犬师道格·巴特尔特警佐。阿利托引用 1318 年苏格兰法律禁止“干扰正在追逐小偷或抓捕罪犯的追踪犬或与之同行的人”，指出这并非新现象。“执法中利用狗敏锐的嗅觉已有几个世纪的历史。”他补充道。是的，但不是被用于探测毒品，卡根反驳，这“仅有几十年”的历史。

法官的辩论触及本书的多个重要主题：很多非人类动物是人类社会的一部分，动物与人类的互动不仅因物种而异，还因时间而异，而人类法律体现这些变化，也对此做出回应。人类与其他动物的关系尤其难以评估，因为大部分是史前的，而我们把剩余的大部分——如我们与伴侣动物的关系——视为理所当然的。

正如我们将在本章中看到的，最高法院对这段历史的分析——事实上，仅限于庭前几方和几位法庭之友[1]的意见——是不完整的。确实，就历史而言，法官们主要依靠的是1955年一篇参考资料不足的文章，这篇文章是一位退役警察撰写的，赞美了狗在战争和警务中的作用。

在第二章中，我们提到狗的驯化始于近4万年之前，涉及狗和人的共存以及两者的变化。这种关系可以用很多方式来描述：最积极的是人和狗相互帮助、保护和协作；不那么积极的是人类剥削狗（有时可能正好相反）；更中立的是，人和狗以各种方式相互利用和影响。本章关注的是这些相对中性的互动形式，尤其是人类如何理解其他动物，在法律上意味着什么。这并不是说法律意义总是中性或良性的。正如我们将看到的，就在法律体系中的作用而言，动物往往没有什么选择的余地，有时甚至因被利用而受苦。在法律体系对动物的利用或误用中，也有一些人沦为受害者。

在美国最高法院审理的一起案件中，拉布拉多犬弗兰基对乔利斯·贾丁斯产生了直接影响。有人匿名拨打"犯罪终结者"热线，声称贾丁斯在家种植大麻。引发争议的是，佛罗里达州警察到贾丁斯家敲门时带着一只狗，他们相信弗兰基的感官能力（尤其是闻出大麻植株的能力）以及经过训练的和天生的行为（尤其是接收到某些提示就有"发狂"和狩猎的倾向）。正如安东宁·斯卡利亚法官所说："问题不在于狗，而在于行为涉及对狗的使用。"

1　amici curiae，不属诉讼一方而应法庭邀请或主动就案件提供意见或协助的人。

也就是说，问题在于法律体系对动物的使用和理解。

本章讨论的主要领域是证据法，其规定了法庭如何获取运用于法律的事实。比如，在斯塔福㹴犬伊兹和乔克的案件中，证据法将裁决是伊兹还是乔克咬了珍妮弗·爱德华的手指。该法的主要要求是法庭只听取与该争议有关的证据。比如，塔尼亚·伊斯贝斯特的孩子多么喜欢伊兹，就是无关的。第二个要求是法院不听取影响不大但可能让法院产生偏见的证据，比如，伊兹和乔克之后又袭击其他狗和人的证据。证据法还限制了特定证据——如"传闻"或"意见"——的使用方式。这确保法官和陪审团只获取在法庭上作证的人提供的证据，而非他人的意见。最后，证据法有时被用于执行其他法律，如管理警察的法律。在美国，法院不接受通过违背美国宪法的方式获取的证据，包括通过被《人权法案》禁止的无理搜查获取的证据。这就是 2013 年最高法院面对的问题。

本章将讨论人类在法律场景中依照对动物的理解，对动物的三种相互重叠的运用：第一，动物可能目睹对法律纠纷重要的事件；第二，有些动物经过训练可在执法中发挥积极作用，特别是在管制犯罪嫌疑人方面；第三，在一些法律场景中，动物经过训练的行为能够产生有用的甚至是决定性的证据。

动物证人

有些动物在人类社会无处不在，人类不仅容忍它们的存在，还表现得仿佛它们根本不存在一样。1967 年，美国中央情报局尝试以一种不同寻常的方式利用这种情况：

> 对为用于████而经过训练的猫进行最终检查后，我们确信该项目实际上无法满足我们高度专业化的需求。对训练和设备的反复检查表明，在████场所内训练确实是可能的；我们无法想象在普遍情况下运用这项技术。

为何猫对情报机构具有潜在的价值？因为它们在没有人类陪伴的情况下惯常居于现代城市空间，也不会引起人类的警惕，而且它们在这类动物中体形是最大的。这意味着它们可以成为有用的秘密监听设备携带者。为何 1967 年中情局认为它们不适合这一目的？因为猫很大程度上抗拒人类的指挥，这一特性既是它们对调查员的主要价值——人们不会认为它们是人类的探员——也是使用它们的主要障碍。中央情报局的“监听猫咪行动”难以通过训练克服这种障碍，但后面我们会谈到，难以置信的是，它取得了一定的成功。

动物还可以通过三种方式在法律诉讼中成为有用的目击者：它们可以识别熟悉的事物或人；它们会以可识别的方式对陌生事物做出反应；它们可以模仿它们目睹的事物。

156 **动物对熟悉事物的反应**

在本章的开头，我们提到了现在警犬的普遍使用，它们是精心训练和持续监控的产物。但是在有其他人，尤其是警方在场时，人的行为会改变，这限制了警犬及其训导员作为目击证人所能了解到的内容。中情局没有考虑将狗用于秘密情报行动，因为人类通常不会容忍狗在无人陪伴的情况下出现在公共场所。中情局试图使用未经训练的动物以实现这一目的。事实上，未经特别训练的动物经常被法院用作证人，法院依靠动物在进化或驯化中形成的行为，判断动物知道什么或目睹了什么。

100 年前美国华盛顿特区的一起私法纠纷就是一个这样的案件。有一天，一家帽子店的老板基利·莫勒走出店铺，发现一名女子在抚摸他的狗普林斯，并声称这只狗是她的。他告诉她，普林斯是他从纽约一名商贩那里买来的。之后，这名女子威胁要逮捕他。她的父亲伊莱·赫尔米克是一位美军监察主任，赫尔米克起诉了莫勒，坚称普林斯其实叫巴迪，是他多年前从堪萨斯州购买来的，4 个月之前被盗。面对赫尔米克及其妻子和女儿的证词（有一张其女儿和巴迪的照片为证），莫勒召集了一群强大的证人以捍卫其对普林斯的所有权。证人包括在巴迪被盗之前在帽子店见过普林斯的 4 名顾客，还有 1 名兽医证明普林斯是杂种狗，而非赫尔米克那只获过奖的萨摩耶犬。

所罗门王曾碰到一个争夺婴儿的类似纠纷，他假称要杀死婴儿，巧妙地揭示出双方与孩子的真实关系。所罗门王明智地将婴儿判给了那个为了挽救婴儿的生命而立刻放弃其要求的女人。爱德华·金博尔法官想到用另一种方法来利用他面前双方争夺的对象——这个方法不那么骇人，可能更加可靠。一家华盛顿报纸这样总结法庭上发生的事情：

> “现在请狗上庭，”法官大人命令法院人员。法庭听证时，狗被关在金博尔法官的私人房间中。过了一会儿，法院人员牵着狗回来了。法院人员和狗走近证人席，狗的耳朵竖了起来，鼻孔开始颤动，它敏锐的感官显然捕捉到了熟悉而
> 157 愉悦的气味。它一转头一甩尾，跑向了赫尔米克夫人坐的椅子，把前爪放在她的膝盖上，把鼻子贴在她脸颊上，并开始舔她，与此同时这只开心的狗一直热情地摇着尾巴。

金博尔立刻把狗判给了赫尔米克，宣称证据“清楚明白”。从这个例子可以看出，金博尔利用了狗。另一方面，这不仅是为了人的利益，也是为了狗的利益，可以想见——这一点似乎相当清楚——它想和它真正的主人团聚。

莫勒后来对《华盛顿时报》表示，他计划上诉，辩称“虽说如此，也没有任何证据表明狗属于赫尔米克”。他说得没错。确实，尽管赫尔米克家的三人都宣誓作证并受到了交叉询问，但对莫勒不利的决定性证人——这条狗——本身并没有。对莫勒来说遗憾的是，证据法对传闻的规定——禁止法院将未经宣誓的话语或行为作为某人的目击证据接受——仅适用于人类证人。

这一点从未引发争议，最近在美国另一边的一项裁决中又得到了确认。2007 年，华盛顿州上诉法庭驳回已定罪的杀人犯罗伊·罗素的辩词。罗素的邻居声称“狗每次见到他都会叫”，

罗素认为陪审团不应听取这种说法。法官判决：

> 传闻是证人之外的人所做的陈述，也被视为证据，可用来证明事件的真实性。但所指涉的是人，就排除了传闻规则适用于动物所发出的声音的可能性。证人可以作证说狗叫了，这并不违反传闻规则。在这里，声明人是克里斯蒂娜·比松，而非罗素所辩称的狗。因此，初审法院允许比松作证，这并未侵犯宪法规定的罗素的对质权。

罗素如果只质疑为何狗叫与案情相关，或辩称狗对他的明显厌恶可能使陪审团对他作出不公平的判决，成功的概率可能更高 158
一些。

现代还有一个发生在纳米比亚的案件，涉案方反对以这种方式利用动物并成功上诉。治安法官需要判定乔纳斯·赫普特是否盗窃一头牛，其依赖的证据由部落长老会提供。长老会曾试图解决这起关于牛的争端，他们将有争议的牛先后与双方喂养的牛置于同一畜栏，其中都有一头牛据称是那头有争议的牛的母亲。当牛群被放出时，两只母牛走向不同的方向，那头牛跟随原告的母牛而非被告的母牛。赫普特最终被判犯有盗窃罪，但纳米比亚高等法院不像治安法官那么认可长老会的证据：

> 没有证据表明，有争议的牛跟随原告的牛是出于某种本能的冲动。需注意，有争议的牛在进行“测试”时已经断

> 奶好几年，没有任何科学证据表明牛在断奶或成年后还具有通过嗅觉或视觉识别其母亲的能力。然而，即便它们有这样的能力，也没有迹象表明残留的情感能让一头牛本能地总是渴望与另一头牛保持联系或一同放牧。

事实上，法官指出，“酋长长老会的成员通过敏锐的观察，对牛的行为可能有一定的了解，但即便他们……对如何解读那头有争议的牛的行为，也有很大的分歧。”高等法院推断，牛可能只是更喜欢某个方向的牧场，而长老会的测试作为习以为常的传统，并不具有特殊的地位，由此推翻了定罪。

这些晚近的案件判决结果被公开发布，但此前华盛顿特区的案件仅在报纸上非正式地报道。很遗憾，我们不知道基利·莫勒对关于狗的所有权的初步判决提出上诉的计划最终如何。尽管他宣称如果有必要会告到最高法院，但关于这起纠纷再无其他记录。我们只知道他的帽子店当年晚些时候关闭，关闭前似乎走了破产程序。《华盛顿时报》注意到金博尔法庭上所有的证人都明显很真诚，并总结道：“巴迪和普林斯是一只狗，还是两只狗？面对本案的所有证据，夏洛克·福尔摩斯也一定会认为十分费解。”

159 **动物对陌生事物的反应**

30 年之前，在与警方督查的对话中（先说话的是督查），虚构的侦探夏洛克·福尔摩斯利用了狗认识主人的能力，这一桥段颇为著名：

> “还有什么您希望我多加留意的地方吗？”
>
> “那条狗夜里的古怪举动。”
>
> “那条狗夜里没什么举动啊。”
>
> “古怪就古怪在这个地方。”夏洛克·福尔摩斯如是回答。[1]

这一细节让福尔摩斯确定，造成练马师死亡的人，对于练马师的狗来说不是陌生人；事实上他推断，练马师很可能是被他自己的马（他正在试图残害它）杀死的。与往常一样，作者阿瑟·柯南·道尔通过假设一系列非常特殊的情况，使一条不寻常的线索变得具有决定性意义：一位鬼鬼祟祟、不诚实的所有者神秘死亡，周围有一些有用的相关证人（小马倌睡了，但应该会听到狗叫），还有一条训练有素，只对盗贼吠叫的狗。他笔下的虚构侦探似乎也忽略了其他解释，如狗或工人可能被下药或被收买（当晚确实有一名小马倌被收买了）。真实的法庭案件往往没有这么明确。

一个世纪后，有史以来最著名的一次刑事审判，成为法院将狗叫声用作证据的一个更模棱两可的实例。1994 年 6 月 12 日，一个周日，史蒂文·施瓦布利用“迪克·范·戴克秀”（*The Dick Van Dyke Show*，晚上 10 点半结束）和“玛丽·泰勒·摩尔秀”（*Mary Tyler Moore Show*，晚上 11 点开始）两个节目的间隙，在

1　出自《福尔摩斯探案全集》，译义引用李家真译本。

洛杉矶郊外的布伦特伍德遛他的狗谢里。在回家路上，他在街角遇到一只无人陪伴的狗，那只狗一会儿对着门道吠叫，一会儿转身面向他。施瓦布认为这只狗走失了，便走近它。施瓦布看到这只狗没有狗牌，但他认出它是一只秋田犬，这个品种十分昂贵（狗的项圈也很昂贵）。狗的一只爪子上有血。施瓦布试探性地走开，那只狗跟着他，每经过一幢房屋都停下来吠叫和嚎叫，但最终和施瓦布一起回到他位于二楼的公寓。施瓦布不想让狗进屋（施瓦布屋里养着一只紧张兮兮的猫），也不想让它去收容所过夜，便说服隔壁邻居夫妇收留它。因为狗一直挠门，夫妻俩午夜带它出门散步，散步时，狗把他们拽到了南邦迪路 875 号，著名运动员 O. J. 辛普森的前妻妮科尔·布朗·辛普森的家。狗终于不再吠叫，那对夫妇向房子漆黑的走道望去。

160 原来这只狗叫卡托，属于妮科尔·布朗·辛普森。无论是在她和罗恩·戈德曼的尸体被发现的过程中，还是在 1995 年对谋杀他们的 O. J. 辛普森的审判中，卡托都起到了关键作用。辛普森出示了当晚部分时间的不在场证明，有无可争议的证据排除他在当晚 10 时以前或 10 时 40 分之后谋杀两人的可能性。控方提出证据反驳，称卡托在晚间 10 时 15 分左右目睹了一些不寻常的事情。隔壁邻居称她 10 点后被狗叫声吵醒，但不确定是几只狗，也说不清狗狗是什么时候开始叫的。她认为狗叫声“很激烈，一直不停，非常非常响”，持续大约 30 分钟，直到晚上 10 点 45 分她的男友到家。她的男友表示，实际上他在街上看到卡托了，可能就在施瓦布遇到它之前。其他邻居也在同一时间段听到狗持续吠叫，其中一个邻居因此报警，“它叫了很久，也没人去让它安静下来”。但这一切都无法证明卡托在晚上 10 时 15 分目睹了什么**不寻常**事件。相反，证据来自距离现场更远的邻居，此人当时在看 10 点钟的新闻：

> 看了 15 或 20 分钟后，我听到从我住处的南面传来非常清晰的狗叫声，大约持续了 5 到 7 分钟；这时候，我停止看新闻，离开主卧……那叫声持续不断，音调颇为特别，你们可能记得，我当时将其描述为哀嚎。你能听出来，那像是一只非常悲伤的动物。

被告辩护人讥讽地称“一只狗宣称谋杀发生在 10 时 15 分”，但陪审团很乐意将这条证据视为充分证据，尽管远非辛普森犯罪的决定性证据。本案中，双方都没有依赖一个更像来自福尔摩斯侦探故事的细节——卡托在那之前没有叫过——但是在审判期间，电视上对狗的行为进行了分析：

> “秋田犬是不经常吠叫的狗，它们一般非常安静，”在
> 南加利福尼亚州繁育、训练、展出秋田犬 30 年的贝蒂·利 161
> 特施瓦格说道，“它们非常懂事，这只狗肯定是感觉到有哪里不对劲……”利特施瓦格将这种声音描述为一种本能的野性的叫声，类似一只狗在另一只狗受伤无助时发出的叫声。“那种哀嚎是吠叫和嚎叫的结合，”利特施瓦格表示，“它

表示有不同寻常的事情发生了。”

尽管卡托吠叫不会被“禁止传闻”的规则所禁止，但人们对吠叫的解读一般会受到限制。利特施瓦格的观点可能可以允许作为“专家证人意见”被呈递给陪审团，如果被控方问及，邻居关于狗叫背后之寓意的“普通证人意见”也可能被接受，因为陪审团没有办法获知证人到底听到了什么声音（除非每个证人在法庭上模仿哀嚎）。当晚的另一条意见根本不在“意见规则”的范围内，因为这根本不是人类的意见：听见“哀嚎”的邻居说“我们自己的狗在床上，它听到吠叫声之后低吼了几声”。

美国媒体推测还有两种方法可以解读卡托的内心：

> 西洛杉矶养犬俱乐部的训犬师朱莉·斯特林认为，如果把狗带去见沟通师（声称知道动物想要传达什么的人），它可能会对揭示当晚让它哀嚎的事件的视觉图像做出反应。“动物有情感，”动物沟通者卡罗尔·格尼表示，“它们知道很多事情。”如果让卡托在本案中出庭作证，格尼能否弄清当晚到底发生了什么？“这是可能的，”格尼表示，“取决于动物想不想交流。”

尽管格尼提到让卡托“出庭作证”，但她的方法需要她根据自己所认为的卡托的想法，代卡托提供证词。值得怀疑的是，她的意见能否满足加州法律长期以来的要求：科学或技术专业意见必须被科学界“普遍接受”，才可以采纳。这也不太可能符合最高法院在辛普森审判两年前提出的科学证据的标准：证据的可靠 162
性要依据可证伪性和同行评审等考量来评估。

养犬俱乐部的训犬师还建议让卡托看嫌疑人的照片，包括辛普森的照片，观察狗有什么反应，这种手段类似金博尔法官确定巴迪 / 普林斯所有权的方式。然而，当卡托见到辛普森本人或其照片时，它的反应似乎不可能那么“明确”，甚至算不上有用。

在法国的谋杀审判中，曾有两次试图促使狗来提供这种证据。在 2008 年被称为“第一次”的尝试中，在一起谋杀诉讼的预审期间，巴黎法官对法庭进行了清场，以便兽医带一只名叫史酷比的狗进入法庭。史酷比与一位被人发现吊死在自家公寓中的女性共同生活了两年，据说它对一名涉嫌谋杀的嫌疑人“愤怒地吠叫”。尽管法官感谢狗提供的“宝贵帮助”，但后来的报道称吠叫被视为非决定性的。6 年后，在另一起杀人诉讼中，法国人重复了这一过程，让死者的拉布拉多犬坦戈辨认参与打斗的嫌疑人，据说该犬目睹了那场打斗。嫌疑人的律师问道：“如果坦戈抬起右爪，动动嘴或尾巴，那它是认出了我的当事人，还是没有呢？”他称该实验“会给法国法律体系带来麻烦”。事实上，坦戈和对照组拉布拉多犬诺曼都未对嫌疑人表现出任何明显的兴趣。

在南澳大利亚州最近一起谋杀未遂案件中，涉事方以多种方式依赖与受害者的可卡犬鲁斯蒂的行为有关的证据。控方认为现场发现的血迹很可能是犯罪过程中流出的，而血液类型与被告

（房屋所有者的一位世交）是吻合的。支持这一点的关键证据是，现场也发现了这只受过如厕训练的狗的尿和粪便，这表明狗可能目睹惨痛事件而且可能咬了袭击者。控方还提出，鲁斯蒂后来朝
163 一个棚子吠叫，而在棚子里发现了犯罪过程中可能用到的工具。此外，控方表示，这只狗在案件发生后的第二天逃离，出现在被告家门口。同时，被告说他在事件发生后的几周中照看鲁斯蒂，而且狗很高兴与他待在一起。这促使其律师辩称："如果狗目睹某人袭击它的男主人或女主人，而不对此人表现出厌恶或恐惧，是极不寻常的。"控方的回应是传唤一名兽医出庭作证，其对鲁斯蒂的行为给出多种可能的解释，可能支持任意一方。陪审团判定被告有罪，被告申诉称，法官在审判中应排除与鲁斯蒂有关的证据，因过于薄弱，无足为证，或警告陪审员依赖此证据的危险性，最高法院驳回了申诉。上诉法官裁定，对鲁斯蒂行为给出的解释，在复杂的旁证案件中是适当的。他们补充称，被告的律师"明智地采用了让（主审）法官越少提到不屈不挠的鲁斯蒂越好的法庭策略"。

动物模仿看见或听见的事物

有些非人类动物能够与人类沟通其目睹的事件。这并不能让它们真正在审判中作证，因为它们无法满足理解诚实义务的要求，也几乎无法被对方交叉询问。然而，法院仍可（通过人类证人或动物的录音）被告知动物表达了什么。尽管人类法庭尚未出现用动物——如黑猩猩——手语表达的证据，但媒体偶尔声称动

物或可对法律程序有所贡献。

2010年，一位警官在调查一起虐待老人的案件时告诉媒体，当他听见受害者的鹦鹉说“救命”然后发出笑声时，他感到“不寒而栗”。2014年，一名男子被谋杀，他的家人认为其伴侣是凶手，公布了一段该夫妇的鹦鹉的录音，据说鹦鹉在模仿两人争吵。2018年末，一名警官在布宜诺斯艾利斯附近看守犯罪现场时，吃惊地听到里面传来一名女子的尖叫。结果发现是受害者的鹦鹉发出的。最近阿根廷媒体报道，关于鹦鹉所谓的“话语”的声明，被纳入控方指控该女子的同住人犯有谋杀罪的文件中：警官声称鹦鹉曾说道“不，放开我！”更利于定罪的是，一位邻居声称与受害人同住的一个人离开房子后，鹦鹉曾经说过“你为什么打我？”

前两起事件引发的案件，似乎都没有运用出自鹦鹉的“证据”来决定某人有罪或无罪。听一听2014年被谋杀的男子所养的那只鹦鹉的录音，就不难知道原因：它听起来像是在反复说“×” 164
和“该死”，鹦鹉显然经常听到这些话，但其相关性不明确。尽管受害者的伴侣最终被判犯有谋杀罪，但没有迹象显示录音在起诉中发挥了任何作用。然而，媒体称，2018年布宜诺斯艾利斯那名发现第三起事件的警官，在2021年9月对受害者同住人的审判中，提供了相应的证词。控方对谋杀者的起诉主要依赖旁证，但突出了DNA和咬痕证据。

几十年前，美国媒体报道了更早以前的谋杀起诉中将鹦鹉的话语纳入证词的尝试：

> 1991 年 11 月，希尔女士在死亡两天后被发现，当时马克斯待在笼子中，处于脱水和饥饿的状态。它在一家宠物店得到照顾并恢复健康后，店主说它开始大喊：“理查德，不要，不要，不要！”本案中被指控的人是希尔的商业伙伴，他不叫理查德，而是加里·约瑟夫·拉斯普，他声称自己是无辜的。
>
> 拉斯普的律师查尔斯·奥古尔尼克在询问被告的私家侦探加里·狄克逊时，在法庭上提到了这只鹦鹉。“我为何让你进一步调查这只鸟？”奥古尔尼克先生问道。狄克逊表示：“鸟对其饲养者进行了本能陈述[1]……”索诺马县副地方检察官菲尔·艾布拉姆斯提出强烈反对，得到了高等法院的法官雷蒙德·乔达诺的支持。

遗憾的是，反对的内容和得到支持的原因没有记录。一个问题可能是尽管鹦鹉不受“传闻规则”约束，该规则仍旧适用于马克斯模仿的人。为了让这些话语被采纳，拉斯普必须证明“传闻规则”的例外——如临终声明或本能陈述等——适用于在马克斯面前说这些话的人。第二个问题可能是加利福尼亚州规定的一条法则：在没有关于第三方的足够证据的情况下，禁止刑事被告牵涉该第三方。不管怎么说，拉斯普面对的困难是，马克斯模仿的句子具体语境不明。

1　spontaneous statement，指个人在突然事件发生的当时或处于受该事件刺激的状态下，在大脑来不及考虑之前，出于本能地、反射性地对当时情形所作的陈述。这种陈述是传闻规则的一个例外，可以作为证据采纳。

165

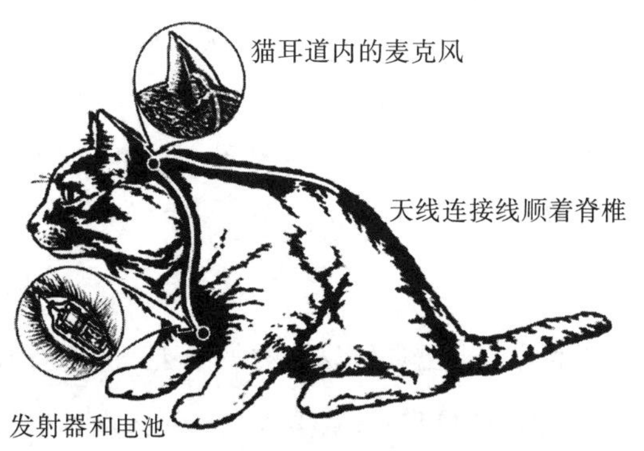

《监听猫行动》

这又让我们回到了开头谈到的将动物行为作为证据：中情局试图利用猫收集情报的奇怪尝试。“监听猫”项目的目标是把猫变成更好的鹦鹉：

> 技术人员制作了长四分之三英寸的发射器，以便嵌入猫头骨的底部，那里松散的皮肉形成了一个天然口袋。一旦装置被包装得能够承受身体的温度、液体、化学性质和湿度，植入发射器被证明是可行的。因为肉是不良导体，麦克风的放置更加困难。最终耳道成为首选位置。一根非常细的天线被连接到发射器上，并编入猫的长毛中。猫的体形只能承载最小的电池，这一因素限制了传输音频的时长。

当代技术可以轻易地克服这些障碍，但无法解决中情局遇到的另一个问题：

> 虽然提前进行了训练，但控制猫的行为被证明很不稳定，以至于实际效用变得值得怀疑……实验动物可以被指示在熟悉的环境中短距离移动到目标位置或人物处。然而，在实验室外，监听猫有自己的想法。

根据另一种更生动（也更具争议性的）说法，中情局为了克服这一困难，曾试图通过向猫的大脑植入电极对其进行控制，但在第
166 一次实地测试中，猫被一辆出租车撞倒。

显然，这一技术与其说是在理解或使用动物，毋宁说是虐待动物，我们将在后面的章节进一步探讨这一话题。本章剩余部分将会讨论对为执法而专门训练的动物更常规和（一定程度上）更人道的使用。

警用动物

当代警方用狗执刑，是相对较新的现象，但这是基于更早以前将狗用于其他目的的做法。19 世纪晚期，在犯罪调查中运用狗的一次重要事例，引起了极大争议。

1888 年 10 月 8 日，开膛手杰克的第三、四名受害者死亡后一周，伦敦《泰晤士报》刊发了一封来自当地育犬师埃德温·布拉夫的信，布拉夫建议警方尝试用大猎犬追捕这个世界上臭名昭著的罪犯。信的开头写道：

> 大猎犬不再被用于追捕偷羊贼之后，该品种变得稀少，并主要被视为狗展的展示品和艺术家优良的模特。我希望你们给我一点机会，让我倡导恢复这一高贵的犬种在犯罪侦查中的古老职权。

第二天，白教堂区的警察被告知：如果未来出现这名连环杀手的受害者，不要移动尸体，让大猎犬有机会捕捉气味。《泰晤士报》报道，警察局长查尔斯·沃伦爵士亲自参与了两条布拉夫的大猎犬在海德公园的追踪。

然而，一个月后，另一名受害者梅·凯利被发现时，没有大猎犬被带到犯罪现场。对此有很多平淡无奇的解释：警方拒绝向布拉夫保证，如果猎犬被开膛手杰克杀死，则对其进行补偿；很不巧，沃伦正好在凯利被杀的前一天辞职；凯利的遗体在白天被发现，白教堂区的人群会影响气味痕迹。但历史学家尼尔·彭伯顿对这一“奇特的事件”提出了其他解释： 167

> 大猎犬能否在东区发现并追踪开膛手杰克的气味，引发了关于动物与人类的关系、气味和文化等的深刻问题。随着19世纪城市因为卫生改革而变得更加干净，这一革命伴随着个人卫生方面类似的改变，意味着中产阶级对臭味的容忍度下降，在文化上，嗅觉也逐渐降级，被归为动物性、非理性和直觉的领域。

用布拉夫的猎犬追捕开膛手杰克，这一前景不仅意味着狩猎的田园世界侵入伦敦的城市世界，而且维多利亚时代的人抗拒人有气味的观念，更别提有特别的气味了；他们无法接受狗能够将杀手那种怪物的气味与被他杀死的性工作者的气味或白教堂区的“贫民窟恶臭”区分开来；也不希望猎犬伤害无辜的目标，或在伦敦东区居民中引起骚乱。

布拉夫预计到了这些反对意见，在写给《泰晤士报》的信中，也曾试图驳斥（“古巴大猎犬被用来抓捕奴隶，是一种凶残的动物，追上人的时候会将人扑倒，但那个品种和我们的大猎犬有很大的区别”)。但在开膛手杰克最后几次谋杀期间，伦敦报纸充斥着对沃伦计划的怀疑，从中可以看出公众十分不安。大猎犬的支持者后来才有了发声的底气，认为谋杀的间隔期长达一个月，可见仅仅是使用大猎犬的设想，就威慑到了一个疯子。

公众极力反对使用大猎犬追踪开膛手杰克，这导致英国公众——和大多数其他英联邦国家的公民——很多年后才接受让动物参与警务工作。司法鉴定学史学家本雅明·布卢姆阐述了南非警方是如何成为最早启用警犬的警察组织之一的。南非警方将杜宾犬引入警队，是出于诸多种族主义的原因，其中包括他们所声称的南非黑人的外表和动机对白人警察来说难以理解、南非黑人关于狗的迷信，以及与“原住民追踪者”[1]的类比。其他英国殖

1 原住民追踪者指世界各地传统上擅长追踪和狩猎的原住民。如在澳大利亚，殖民者招募原住民追踪者，运用他们的追踪技能协助殖民者探索地形地貌，为定居者寻找食物和水源、搜寻失踪人员、抓捕匪徒和驱散其他原住民群体。

民地，包括澳大利亚，随后从南非获得了追踪犬。然而，战时对狗的普遍使用——一开始是纳粹使用，后来是同盟国使用——才让警犬在英国变成主流。 168

2013 年，美国最高法院就狗与人的历史关系进行辩论时，曾将 1955 年的一篇文章作为依据，这篇文章其实是在极力呼吁美国警方恢复历史上使用追踪犬的传统：

> 如果对这个问题进行一定的思考，就会发现，在一场正式的战争中作战，与在国内打击犯罪的前线与罪犯作战，几乎没有区别。两者都是为了文明的存在而战，如果没有警察这堵“薄墙”来保护人民不受犯罪伤害，世界很快便会退回野蛮和野兽状态。

这篇文章的作者顺带提到，澳大利亚警察“赞美他们的狗，当图谋复仇的原住民试图在夜晚包围警察营地、在黑暗中掷矛时，它们发出警告，用竖立的毛和警觉的吠叫，及时警告主人避免严重的伤亡”。正如布卢姆指出的，目前还不清楚这样的比较是推动还是阻碍了追踪犬在发达国家被广泛接受。

利用动物的嗅觉

1997 年 3 月，开膛手杰克的谋杀案发生一个多世纪后，在远离白教堂区的世界另一头，当南澳大利亚州警察带着一条狗接近巴士的行李舱时，从阿德莱德前往悉尼的乘客大多很淡定。

狗并没有追踪人的气味，而是蹲坐在一个没有标记的行李箱前。司机告诉警察，他记得这个行李箱属于在阿德莱德北部郊外上车的乘客彼得·霍尔。一开始，霍尔否认行李箱是他的，但在与司机对质时承认了。他很快供认箱子里有5公斤大麻，而他是一名毒品运送者，此时警方甚至还没有打开行李箱。但他后来质疑警察行动的合法性，并被一名治安法官宣告无罪，法官裁定警方行动是非法的，因为他们并没有获得“搜查”行李舱
169 的许可。

这些事件促使更多的上级法院思考警察何时被允许用狗探测气味。治安法官认可警察用狗搜查乘客行李，而三位上诉法官应南澳大利亚州检察官的要求，驳回了这种观点：

> “搜查”一词不适合描述单纯探测被搜查物品内部物件气味的行为，气味释放到周围的大气中，并未经过第三方的任何积极行动。如若不然，就会出现荒谬的问题，如距离产生气味的物品多近时会被视作搜查它。实质上，从概念上讲，这种情况无异于被告拿着行李箱在公交车站，碰上警察合法但随意地带着嗅探犬走过，嗅探犬靠近行李箱时做出了反应。

澳大利亚高等法院拒绝考虑霍尔的上诉，指出警察本身可以用他们的鼻子探测酒后驾车等违法犯罪活动。

3年后，在悉尼一个案件中，高等法院对在警务工作中使

用嗅探犬之合法性的探究被考虑进来。在这个新案件中，警察用一只狗嗅出在牛津街一家夜店门口排队的人身上携带有大麻。最高法院法官巴里·奥基夫将闻出大麻的狗鼻子比作警官的鼻子：

> 假设一种情况：一名警官嗅觉特别敏感，或对某种物质，如大麻的存在，有特别的反应——有过敏症的人很可能属于后者。这样的特点或敏感性可能导致相关警官怀疑在某个地点或某人身上有大麻，因而可知有人持有大麻……我并不认为当他探测到大麻的气味时，就可以说搜查已经开始了……我也不认为他发现这种气味，随后怀疑有大麻存在，促使他找到气味来源并搜查那个人的行为就是违法的。 170

被告格伦·达尔比试图推翻这种类比。如果狗只是嗅闻达尔比，那么陪同的警察就没有办法将其与夜店门口拥挤的队伍中其他人区分开来。相反，警方承认，警犬还推碰、“抵撞”并在达尔比的生殖器附近“探来探去”，还在达尔比试图走开并让（便衣）警官把狗带走时，反复用鼻子去嗅达尔比的口袋。达尔比的律师对法官说：“如果法官大人像这条狗一样用鼻子触碰被告的生殖器，将会是强暴猥亵行为。”

奥基夫法官从两方面对该类比提出质疑。首先，他质疑如果是人做出这样的行为，那是袭击，还仅是“古怪”？第二，他提出：

> 如果由一只狗对另一只狗，或一只狗对人类做出这种行为……“鼻子轻触胯部”……可能没有敌意，只是普通的友好社交行为，不太可能构成袭击——无论是强暴猥亵行为或其他袭击。

但3名上诉法官对这两方面都与奥基夫法官的意见不同。他们认为无论如何看待嗅觉，触碰完全是另一回事；无论如何看待将“一只热情的狗用鼻子触碰路人”视为“正常生活中的一种身体接触”，鼓励狗去做出这样的行为也完全是另一回事。最终大多数法官判决，所发生的事件是否合法，取决于狗触碰达尔比——尤其是用鼻子触碰他——之前，警察是否因为狗（和达尔比）的行为而有理由怀疑达尔比携带毒品。他们将此案发回下级法院进一步考虑，但结果没有记录。此后，新南威尔士州议会已经修改了法律，允许警察在某些情况下，包括在夜总会排队的人群中，“用狗进行常规毒品探测”。

新南威尔士州和南澳大利亚州仅保护人的身体不受物理侵犯，如被狗抵撞，但很多管辖区域也保护人的隐私，用不同的方式区分对嗅探犬的合法和非法使用。几十年前，美国最高法院判决嗅探犬一般来说不会侵犯任何人的隐私，因为我们通常的气味不是隐私，嗅探犬接受的训练只是找出与犯罪相关的特定气
171 味。加拿大最高法院对这两点都有不同的看法。尽管气味不属于隐私，但加拿大人认定，气味的来源属于隐私。（换句话说，“有人放屁”和“你放屁了”是有区别的。）受过训练的狗能分辨与

犯罪相关的特定气味，意味着它们比嗅闻他人气味的人更具侵扰性。（换句话说，就是“你身上有奇怪的味道”和“你身上有海洛因的味道”是有区别的。）结果是美国不对嗅探犬施加任何常规限制，但加拿大有限制。然而就连加拿大最高法院都承认，与一些警察行动相比，嗅闻的侵扰程度相对较低。因此，在加拿大，不是每次使用嗅探犬都需要获得搜查令，只需要有指示狗嗅闻某人或某处的具体理由。

在实践中，警察经常依靠社会规范而非他们的法定权力使用动物搜查人。在之前讨论过的 1997 年南澳大利亚州的案件中，由阿德莱德到悉尼的巴士上，乘客将行李留在巴士的行李舱中，因此——审理该案的上级法院判定——将是否允许警犬在其行李附近嗅闻的选择权交给了巴士公司。同样，很多公共娱乐场所将允许嗅探犬嗅闻作为入场条件。商业组织做出这种选择是出于各种原因，如不希望毒品进入他们的领域，或为了得到警方的支持，尤其是持公共许可证经营的组织。另一方面，公众逐渐接受，在某些地点，如机场，使用嗅探犬是常规操作。即便在监管相对较少的环境，如夜店排队的地方，很多人也同意被警犬嗅闻，他们同意的理由也多种多样——从没什么可隐藏，到不想看起来有所隐瞒。狗在人类社会中的整体无害性，可能有助于组织和个人接受它们的“使用”。

警犬是否无害，是本章开头讨论的 2013 年美国最高法院辩论的核心问题。“佛罗里达州诉雅尔丁案”（*Florida v Jardines*）

的反对意见[1]这样描述警察的行动：

> 巴特尔特警探和警犬弗兰基通过车道和一条铺好的小
> 道——任何访客通常都会使用的路线——靠近前门，弗兰
> 基系着任何狗主人都可能使用的牵引绳。弗兰基靠近门，开
> 172 始追踪空气中的一种气味。它仰起头，在该区域巡嗅（来
> 回走动），以确定气味最强的源头。巴特尔特警探“一看到”
> 这种行为，就知道弗兰基探测到了毒品。找到气味最强的源
> 头后，弗兰基坐在前门口，巴特尔特警探和弗兰基随即返回
> 他们的巡逻车。

阿利托法官（和美国最高法院的另外3名法官）裁定，巴特尔特没有超过房屋所有者默许的范围，陌生人可以走到门廊敲门（除非房主挂出不允许的标识）。阿利托宣称弗兰基亦是如此，他提到历史上人和狗的关系，指出“普通法甚至允许未系牵引绳的狗在私人地产上游荡而不构成侵入”。

但是撰写大部分判决的斯卡利亚法官裁定，弗兰基的专业训练使这次访问并非无害的：

> 引入一只受过训练的警犬探索房屋周围的地区以期发

1 dissenting opinion，指一名或几名法官持有的、不同意根据多数法官意见所达成的判决结果的意见。

> 现有罪证据，是另一回事。通常不会允许这种做法。悬挂门环的行为并不是为了邀请警方用狗进行法证调查。发现访客敲门是家常便饭（尽管有时是不受欢迎的访客），但发现访客用金属探测仪探测房前小路，或不打招呼、不经许可就带着大猎犬走进花园，会促使我们大多数人报警。

卡根法官将缉毒犬等同于可被用于观察某人房屋内部的其他设备：

> 在本案中，警官携带极为灵敏的仪器来到乔利斯·雅
> 尔丁的门前，他们要探测屋内一些不靠仪器协助就无法察
> 觉的事物。他们使用的设备是动物，而非无生命物。但这并
> 不重要……缉毒犬是训练有素的执法工具，它们会对特定
> 的气味做出特别的反应，向其人类伙伴传达清晰可靠的信
> 息。它们和街边的贵宾犬，就像高倍望远镜和一块普通玻璃 173
> 一样有天壤之别。和望远镜一样，缉毒犬是一种发现不可见
> （或人类闻不到）的物体的专门设备。和前述假设中一样，
> 本案中该装置被用于家宅——最私密和不可侵犯（或者说
> 至少我们期望它如此）的地方。

她最后指出，最高法院的判决不会阻止警察使用狗（也可能是望远镜）搜寻人们家中的毒品；只是会要求他们先获得搜查令。

利用动物的牙齿

斯卡利亚法官提到，警官“带着大猎犬走进花园”，让人想起开膛手杰克 1888 年的“恐怖之秋”，令伦敦人对凶猛的警犬心生畏惧。事实上，斯卡利亚指出：“巴特尔特警探用一根 6 英尺（约 182 厘米）长的绳子牵着这只狗，部分是因为狗‘狂野’的本性”，他站在后面，以免“在狗‘转圈寻找’气味源头时‘被它撞倒’”，最终巴特尔特不得不将狗从房子前拉走。佛罗里达州最高法院依据这些细节，认定巴特尔特使用弗兰基不仅是搜查，而且是“可能使居民受到公众谴责、感到羞辱和难堪的侵入性程序……（会引发）对此类程序的随意和歧视性应用的忧虑”。美国最高法院的法官们没有直接讨论这个问题。

美国法庭对弗兰基判决一年后，澳大利亚法庭出现了一个谴责警察暴力使用警犬的案例。一天清晨，南澳大利亚州警方花了一小时在阿德莱德附近追踪一辆被盗的车辆，但驾驶者开车撞上一辆警车，翻过郊外的栅栏，随后失去踪迹。特别战术组的两名成员很快带着他们的德国牧羊犬里格斯和科达加入了沮丧的同事，与他们共同展开搜索。一名训犬师解释他们的工作方式：“除非某个特定的人告诉我们不得进入（其领地），否则我们就继续进入。我训练警犬 13 年来都是这么做的。”

戴维·皮克法官后来在复审中裁定这是他们犯下的多个错误中的第一个：

> 庭审时起诉人有意使用的一些措辞会让人脑海中浮现 174
> 大猎犬的形象——鼻子贴着地面，通过探测沉积的气味追踪某人的移动路线。重要的是，要注意这是本案中没有发生的事情。很明显，警犬并不是在“追踪”司机，它们并未在司机离开警方视线后通过其沿路留下的痕迹进行追踪。首席治安法官所说的“狗发现了新鲜的气味”，不过是指训犬师将警犬从街上带入一些房屋的院子，逐一探测其中是否有新鲜的人类气味时，警犬在克拉伦斯街10号的院子里发现了新鲜的气味。

这意味着狗的行为没有给警官提供未经邀请进入任何房屋的依据（而且，鉴于时间很早，他们也不能依赖“默示邀请”）。

不幸的是，警方（误）用了狗的嗅觉。不仅如此，在里格斯朝着一个院子里的一顶棒球帽大叫之后，训犬师注意到停在附近的一辆车里有一名男子，于是大喊：“警察和警犬！从车里出来！”车内男子打开门锁，但没有出来，法官推断最可能是因为两只警犬都在大声吠叫并扑向汽车。（在场的另两名警察站在后方，他们后来解释因为狗“有咬人的倾向，所以我们不想离得太近”。）里格斯的训犬师打开车门，里格斯咬住车内人员的腿，然后被踢开。科达的训犬师声称他担心男子会从另一侧的车门逃走，便“用警犬科达实施逮捕”。也就是说，他命令科达咬人，科达迅速咬住车内男子的腿并把他拖出来。男子连续击打科达，直到另一名训犬师指示里格斯“帮忙”。两只狗都咬住该男子的腿

之后被叫停，4 名警察抓住该男子，并最终以“拒捕”等罪名指
175 控他。

皮克法官认为违法的是警方，而非其追捕目标。他们不仅侵入私人房地产，毫无依据地逮捕某人，还在运用不这么暴力的手段就已经足够的情况下用暴力手段实施逮捕。法官推翻对该男子拒“捕”的定罪，裁定法院不考虑他被从车里拉出后说的任何话。

皮克引用了美国一篇文章，解释为何警方涉及狗的失误很少被指认：

> 警犬袭击的受害者往往难以引起同情。他们一般是有色人种，犯有某种罪行，有某方面缺陷，包括不识字、患精神疾病，或有毒品、酒精依赖等。大多数被警犬咬伤的受害者是汽车盗窃或入室盗窃等财产犯罪的嫌疑人，他们试图躲避或摆脱警察，因此警察认为受害者试图避免与警察接触是对官方权力的蔑视。此外，陪审团（和法官）容易陷入警方制造的误区，即让警犬攻击可以降低警官或无辜者受伤的概率，同时能让警察抓到嫌疑人，如果不用警犬攻击，嫌疑人可能逃脱。警方还非常小心地模糊了警犬袭击的真相，他们使用一些委婉且具有误导性的说法，如警犬“逮捕了嫌疑人”或“紧咬控制”等。因此，鉴于我们漫长的私刑正义的历史，陪审团容易接受受害者“罪有应得”的说法。

尽管法官对里格斯和科达的训犬师进行了激烈的、有说服

力的批评，但这一案件是对狗（或者说至少是它们的鼻子）的一种辩护：最终发现那名男子所在的房屋，正是被盗的那辆汽车上驾驶者的家，此人在撞车后被警方成功逮捕。

动物专家

此前，我们解释了南非警方早期如何发挥关键作用，让追踪犬的使用被广泛接受。南非警官利用其国内的种族隔离，说服公众接受在某些场合使用警犬。几十年后，随着狗在“二战”中被广泛使用，警犬在发达国家最终被公众接受。然而，南非**法院**对此事有不同的看法。从一开始，他们就抗拒在刑事起诉中依赖动物追踪提供的证据。事实上，他们至今仍旧抗拒，尽管如今几乎只有他们采取这一立场。其他法庭的观念已经由认为狗在法律环境中无参考价值，转变为接受狗提供的信息可以作为警方行动或刑事处罚的依据。 176

1918 年，东开普省一家法院评估了当时用狗来追踪证据这一典型做法的有效性。在法院审议的一起案例中，调查家畜盗窃案的警察用狗追踪一些脚印，跟到了被告的家里，然后即兴举行了算不上正规的列队认人。被告和另外两人被要求站在相隔 30 码的地方，狗被反复指示寻找留下脚印的人，每次都选中被告。该案法官是开普殖民地的前首相托马斯·格雷厄姆爵士，他赞同用这种方法识别可能的罪犯并鼓励他们坦白，但不赞成法庭用同样的方法推断罪行。他裁定，“允许引入非理性动物提供的证据是一项危险的创新，这些动物受本能驱使，而我们对其本能知之甚少，只能加以有限的控制”，他将这样的证据比作“疯子或处于醉酒状态的人”的证词。

次年，新成立的南非联邦最高法院确认了南非的法庭禁令。在此次案件中，一只狗追随窃贼的脚印，来到附近一家招待所，逐一嗅闻8名住客，然后跳上被告的床，冲着他吠叫。南非最受爱戴的法学家、首席法官詹姆斯·罗斯·英尼斯采取了与格雷厄姆相反的推论。追踪犬的问题不在于其本能行为，而在于其训练行为：

> 狗在夜间反感陌生人进入，这个习性与指示或经验无关，是基于自我保护的本能，我们很容易观察到。但从追踪犬的行为推断某人的身份，则又向前跨了一大步，进入了猜测和不确定的领域。我们没有科学或准确的知识来确定某些品种的狗能够追踪一个人的气味，并忽略其他气味。但是这并不是说它们仅凭本能行事；甚至乐观的训犬师都承认它们必须经过精心训练才能被信任。它们执行任务和按照人们的期望进行识别，所涉及的过程非常近似于推理。

因此，他宣称“整个实验包含了太多不确定因素，以至于我们不
177 能在法律诉讼过程中以此为依据进行推论”。

南非法庭禁令并未阻止该国警方使用追踪犬。事实上，法院鼓励用狗调查犯罪，驳回了一个在气味列队认人中被误认为

奶酪小偷的人的投诉，并继续依赖被狗“识别”为罪犯的嫌疑人的交代。

据非洲研究学者基思·希尔说，法庭的做法为警察和警犬提供了方便：

> 将调查领域（从中获取可采纳的证据）同法律领域（对证据进行查验）的审查分隔开来，让这一手段不会引起反对和批评，并允许警方继续坚称他们在遵循科学地控制的流程。

尽管南非法庭确保在审理案件时不滥用嗅探犬提供的证据，但南非人民并不能免于在这种证据的基础上被错误地搜查，甚至可能因为狗和训犬师引发的虚假怀疑而被迫招供。

尽管南非不让狗进入“法律领域”的立场持续存在并影响了一些其他国家——这一立场在种族隔离最严重的时候被重申，最近被印度最高法院采纳——但已不再是常态。相反，大多数类似的法庭后来都决定在一些情况下考虑来自受训动物的证据。这以 3 种方式出现：如果相关，让法官和陪审员知道特定种类动物的行为；允许警察以受训动物的行动为理由搜查人和房地产；允许主要依据动物证据对人进行惩罚。

告知法庭动物的行为

1980 年 10 月 1 日，一个周三的晚上，法医口腔学家肯尼思·布朗医生给剥皮去头的山羊穿上婴儿连体衣，把它丢进阿德

178 莱德动物园的一个围栏中。围栏中养着 5 天没有喂食的澳洲野犬。光线太暗，以至于看不清接下来发生了什么。第二天他返回时，发现“孩子”被吃掉了，连体衣被撕破并弄脏。这一令人不快的实验，目的是将连体衣的残余与 6 周前在 9 周大的阿扎里亚·张伯伦失踪后不久于中澳大利亚乌卢鲁附近发现的类似服装比较。北部地方警方后来以此为证据，在验尸官和陪审团面前辩称，阿扎里亚并非被澳洲野犬掳走。因为阿扎里亚的连体衣上没有野犬唾液和毛发的痕迹，而这两者在布朗给山羊尸体穿上的连体衣上都有发现。尽管法庭上对动物园实验的效用展开了激烈了辩论，但北部地方法官乐意接受这些证据。毕竟，他们和大多数人一样，对野犬的进食习惯几乎一无所知。

正如我们之前讨论的，法庭愿意听取有关动物在熟悉和不熟悉的事物面前特定表现的证据，如狗和主人打招呼或冲陌生人吠叫，因为陪审员和法官熟悉这种反应，可以据此做出判断。法院同样愿意听取从他们完全不熟悉的行为中了解的信息，如野犬的进食习惯，理由是法院能够获取不这么做就无从得知的信息。为此，他们愿意听取值得信赖的动物学家和其他科学家提供的证据。在辩论中专家们的资质、专业性和偏见（甚至是他们的方法或领域），也可以被非专家有效判断。张伯伦案后，警方开始组建专家团队，通过将捐献的遗体暴露在自然环境中，创建“尸体农场”，研究自然环境对人体残骸的影响。自然环境中的要素包括动物——从细菌到大型食腐动物——以便法医人类学家在相关案件中向法庭陈述它们对刚死亡的人体的影响。

然而，警方使用追踪犬在现场调查犯罪的方式难以符合这些类别中的任何一种。尽管多数人都熟悉狗和它们的鼻子，但他们对狗如何追踪人类所知甚少。每次用狗追踪都像做实验，因为每次实践都涉及不同的条件——不同的人、环境、时间等。这导致我们难以对结果进行类推归纳。另外，将狗的行为告知法庭的人——训犬师——并不研究他们的狗，而是训练它们并与它们合作。正如 1963 年一家印度法院所说：

> 追踪犬的证据不能与科学专家描述化学反应、血液测 179
> 试和细菌行为的证据相提并论，因为化学物质、血细胞和细菌不包含有意识的意愿或故意的选择。狗是有智能的动物，有很多类似人类的思维过程，只要有思维过程，就一定存在错误、欺骗甚至自我欺骗的风险。

正如南非首席法官 1920 年认为的那样，由此导致法庭可能犯三种错误：

> 不仅存在狗无法区分两种气味或因为一种气味而抛弃另一种气味的可能性，还有动物和饲养者之间产生误解的可能性。此外还有一点值得考虑的是，证词的戏剧性和负责管理这些动物的人声称这些狗极度聪慧，可能会让陪审团倾向于让此类证据的重要性被危险地夸大。

法庭如果要采用追踪犬的证据，就要有理解和控制所有风险——狗、训犬师或法庭所犯的错误——的自信。

如果 1903 年内布拉斯加州首席法官约翰·沙利文的一项判决多少具有一定参考意义，说服法官接受狗的追踪能力将是一场硬仗：

> 当然，大猎犬因敏锐聪慧而享有盛誉，人们普遍认为在追踪和发现逃犯方面，它几乎是无懈可击的。人们普遍认为它会从犯罪发生的地方出发，一旦被放出就追踪好几英里，与逃犯对峙，**极富戏剧性地**用指责的吠叫和举止宣称："你就是罪犯。"对于部分人来说，这种错误信念似乎无法被更正。这是一种大量的实际经验都未能驱散的错觉。它代代相传，始终保持着新鲜的吸引力，"历久弥新"。尽管如此，这
> 180 终究是一种显而易见的错觉。小说中的大猎犬是一种了不起的狗，但我们在现实中找不到那样的狗。

沙利文指出，过去有些美国法院曾接受过这样的证据，但"文明世界的司法历史不认可他们的做法"。

15 年后，南非的首席法官英尼斯认为，英国像福尔摩斯故事中一样，认可此类证据"意义重大"，因为"英国一定有很多专门培育和训练来追踪罪犯的狗"。如前所述，他在这一点上完全错了；英国对大猎犬在警务工作中的多数用处都持拒绝态度，直到第二次世界大战之后。

然而，正如很多当代证据法学者所抱怨的那样，无论是涉及指纹的特异性还是血溅形态分析的效用，一旦新调查操作被警方广泛采用，法院通常会很快抛开疑虑。因此，战后警犬在英国被广泛接受仅 10 年后，苏格兰高等刑法法院宣布：“我想大家都知道，人有不同的气味，而狗能够分辨不同人的气味。” 1960 年的这一判决甚至未曾提到美国人坚持的已知追踪犬应是“纯种犬”，该判决 1962 年被加拿大采纳，1964 年被新西兰采纳，1966 年被北爱尔兰采纳。英格兰法庭 30 年之后才开始效仿。在 1994 年的“皮特森诉女王案”（*Pieterson v R*）中，大量证据表明被告与一起抢劫案有关，证据包括一只狗从犯罪现场追踪到的一条断裂的包带似乎与被告拥有的一个包能对上。首席大法官彼得·泰勒决定“遵循此前提到的、在南非之外的管辖区域的案例中已经采用的方式”。

这些法庭最初都对狗的人类伙伴持谨慎态度——他们为狗的专业技能做担保。在英国的案例中，训犬师这样说她的狗：

> 自 1985 年 6 月以来，我一直在泰晤士谷警察局担任训犬师。在警犬本的训犬师离开、我之前的警犬去世后，我们合作了 18 个月。本是一只德国牧羊犬，1993 年 12 月满 8 岁。它 1 岁开始在泰晤士谷警察局接受训练，到 1993 年 5 月已有 6 年半的工作经验。

泰勒认为，仅说明该犬“被记录在册的时长”是不够的； 181

法庭需要知道“该犬所受训练的性质，（以及）该犬在控制条件下参加测试时的可靠性，以判断训练培养出的反应是否可靠”。

新西兰的欧文·伍德豪斯法官一开始禁止训犬师说得**太多**：

> 布雷西警员不得尝试告诉我们狗的思想和意图。但如果他能够描述狗的训练，和狗在追踪人时的一般行为（它们在此类场合实际上已被发现的做法），那么我认为他可以直接说明在相关场合发生了什么。这么做时，他不应将他的观察——如“狗在追踪某人的气味或痕迹”——转化为术语。

伍德豪斯明显担忧训犬师夸大狗的能力和行动的重要性。新西兰上诉法庭后来支持这一判决，指出“必须谨慎行事，以免轻易采纳旁证，导致对被告不公”，但是接受训犬师告知陪审团追踪犬发现被告后对其“表现出攻击性”。

最后，可能是因为担心陪审员难以理解复杂的追踪证据，法庭放松了要求。在一起案件中，狗在曾有人见过被告的地方和藏有一些物品的地方之间来回追踪，对此新西兰上诉法院表示：

> 佩恩警员被要求根据狗的行为对其追踪的痕迹的新鲜程度发表意见。同样，他也提供了证据，说明追踪犬有在它们被命令开始追踪的区域追踪最新鲜的人类气味的习惯。
> 182 这两点都是恰当的专家证据。

几乎所有法院如今都要求陪审员小心追踪犬提供的证据有误的风险。1987 年，在新南威尔士州的一次审判中，证据包括狗循着气味从一名强奸受害者的家追踪到一辆车（最终在被告处发现）被偷的地方。主审法官告知陪审团：

> 考虑巡佐贝尔关于警犬杰克行为的证据时，必须谨慎行事。原因如下：尽管巡佐贝尔的证据能够被通过交叉询问验证，但不可能对狗进行交叉询问，这是由其本质决定的。你们还要小心避免高估狗的感觉作用的可靠性，所以在政府希望你们从狗的追踪活动提供的证据中得出结论时，必须避免过于仓促地下结论。

次年，在一次同意部分依赖追踪犬的证据进行裁决的判决中，首席法官默里·格利森称这是“在这种情况下充分的警告”。这在澳大利亚似乎是第一例。

用动物为警方的搜查辩护

在 1982 年林迪和迈克尔·张伯伦因婴儿阿扎里亚之死受审时，控方告知陪审团，为何在他们女儿的连体衣上没有发现澳洲野犬的毛具有重要意义：

> 我想你可能会认为在某地某处某物上会找到至少一根毛可以证明是来自野犬的。请记住，哈丁医生在动物园用于

> 比较的连体衣（包裹着羊的尸体）上找到 100 根野犬毛……政府表示毛发和唾液的缺失这一证据指向一个肯定的结论，即婴儿不是被野犬掳走的。因此，她是被谋杀的。

但是，正如证据法学者加里·埃德蒙注意到的，哈丁医生也告诉陪审团，他发现布朗医生在阿德莱德动物园的实验有一个致命缺陷：

> 183 在思考这个问题时，我就想到，实验没有显示连体衣粘上这些毛发是否是由于与动物园的野犬直接接触，或者实验是否发生在围栏里，地面或地板——怎么称呼都可以——上面可能有很多野犬毛或其他毛，衣服与之接触并沾上了毛，就可能给人错误的印象。我还可以再补充一点：我后来了解到野犬换毛的时间可能也有问题。大量不确定因素的存在让解读十分困难，而且可能不具备很大的价值。

张伯伦案如今成了一个典型案例，说明一系列情况证据能造成虚假的犯罪嫌疑。动物园实验只是此类证据的一个微不足道的例子。如今几乎所有人都认可，阿扎里亚·张伯伦确实是被一只野犬掳走了。

在犯罪调查的开始使用受过训练的警用动物，就会引发此类问题。就民事或刑事案件而言，法院裁决分别要求陪审团或法官决定一项主张是否更有可能是真实的，或真实性是否无可置疑。与之不同，警察在搜查某人前，必须满足的唯一条件是有充分的理由预期搜查会有所发现。在许多情况下，尤其是搜身和车辆搜查中，警察做决定未经事先独立审查。在这种场合，警察有充分的动机将狗的行为解读为指向某种可疑物品，这将允许他们进行搜查，以确认或消除怀疑。相反，他们不会选择相对模糊的解读，这会要求他们选择更繁重、难以有结果的调查途径。

在 2013 年呈交美国最高法院的佛罗里达州第二起嗅探犬案件中，一名警官一周内两次截停一辆卡车，第一次是因为其牌照过期了，第二次是因为其尾灯损坏了。每次截停后，警官都让德国牧羊犬奥尔多对汽车进行“自由嗅闻”（这是美国法律允许的，依据的理论是汽车周围的空气并非私密的）。两次奥尔多都提醒警官注意门把手，促使警官去搜查卡车。问题是，警官两次搜查都没有发现任何训练奥尔多去探测的毒品。而司机克莱顿·哈里斯的问题是，有一次搜查发现车上有可用于制造甲基苯丙胺[1]的原料——几百颗散装的伪麻黄碱、几千根火柴、盐酸、防冻剂和 184
碘。他因贩毒被捕，最终被判 2 年监禁。

哈里斯无疑犯有其被指控的罪行，在被告知他的权利后，他向警官坦白了一切。但警官搜查他的卡车必须是合法的，这样才能惩罚他。警官解释说，他信任奥尔多的警示，因为他和警犬 1 年前完成了 40 个小时的培训课程，还每周在一个废车场进行 4 小时的训练，他会把毒品放在车辆内让奥尔多搜寻。他提供的记

1　结晶形态俗称冰毒。

录显示奥尔多在培训中的表现总是“令人满意的”，而且每月约有 5 次涉毒逮捕源自奥尔多的警示。但是佛罗里达州最高法院注意到这些记录中有一个缺陷：其中没有记录奥尔多示警后未能发现毒品的次数，包括哈里斯的卡车被搜查的这两次。这意味着法庭无法判断奥尔多的示警是否可靠：有时即便什么也没有闻到，或错将陈旧的气味当成新鲜的气味，奥尔多也可能向警官示警；还有时候，训犬师可能误读甚至提示其发出警示。

最终，美国最高法院判决佛罗里达州在判断追踪犬能否为进行侵入性的后续搜查提供可靠依据时设定的标准过高：

> 问题是……从常识的角度考虑，与狗发出的警示相关的一切事实，是否会让一个合理审慎的人认为搜查会发现违禁品或犯罪证据。如能够通过这一测试，嗅闻就符合标准。在此案中，奥尔多达到了标准。

埃琳娜·卡根法官否定了奥尔多两次示警都未能在哈里斯的车辆中发现毒品的重要性：

> 嗅探犬识别的是气味，不是毒品，只要有气味就应该示警，哪怕物质已经不在（就像警察灵敏度低得多的鼻子在大麻烟卷被抽完后一段时间还能闻到大麻的气味一样）。通常情况下，物质可能不在该处的概率并不重要；训练有素的狗发出警示，确立了一种合理的可能性——警方会发

> 现毒品或是毒品犯罪的证据（如哈里斯卡车上的前体化学品）——这满足合理根据的要求。

事实上，法院采纳了警官对奥尔多警示行为的解释——哈里斯经 185
常吸食甲基苯丙胺，门把手上，可能残留有一些甲基苯丙胺——判决“训练有素的缉毒犬**应该**对这种气味发出警示”。

卡根法官推断，出于多个原因，关注狗在实地的实际表现是错误的。第一，“刚刚上岗的狗”永远无法满足该标准。第二，无法评判狗没有示警的情况，因为警官无法获知若搜查可能发现什么。第三，“无果示警”——狗示警了，但什么也没有发现——的记录可能也具有误导性，因为未能发现毒品可能是由于警官失误（如果毒品被藏得很好）或实际情况（如果气味来自刚刚被转移走的毒品）。相反，卡根判决，应该关注正式的训练记录，因为训犬师知道狗在受控测试中是失败还是成功的。事实上，警方自己对培训项目和记录是否合格的评估通常就足够了：

> 毕竟执法单位有强烈的动机使用有效的训练和认证计划，因为只有准确的缉毒犬，才能让警官在不招致不必要的风险或浪费有限的时间和资源的情况下找到违禁品。

对于实地可能出现的错误——如狗不适应周边环境，或训犬师不知所措或暗示狗示警——卡根判决严格的交叉询问能够发现这些问题。简而言之，与此前许多法院一样，美国最高法院——在审查警方搜查方面堪称世界上最严格谨慎的法庭——在评估警官对犯罪的怀疑是否恰当地基于受过训练的狗的行动时，完全相信警察、律师和法官的专业精神。结果是，法律如今欣然依赖警察对其警犬的理解来证明应当进一步调查嫌疑人。

用动物寻找犯罪嫌疑人

1980 年阿德莱德动物园的实验只是一个小小的注脚，这个审判不公的故事本身更加漫长，且对澳大利亚的刑事司法系统造成深远的影响。1982 年林迪·张伯伦被判谋杀了她的女儿阿扎里
186 亚，并于 1984 年在澳大利亚的高等法院上诉失败。1986 年，一个偶然事件让她重获自由：人们在乌卢鲁搜寻一名坠落的登山者时，发现了她一直坚称阿扎里亚被野犬掳走时穿的婴儿短外套。

这一发现不仅让被定罪的凶手的无罪主张更加可信，还暴露了肯尼思·布朗实验的另一个缺陷：他仅测试了控方关于阿扎里亚衣物的说法，而没有测试辩方的。次年新的调查组重新检查控方证据时，特雷弗·莫林局长指出布朗的实验其实支持张伯伦夫妇的主张，即野犬袭击和阿扎里亚相对未被破坏的连体衣并不矛盾：

> 实验中野犬仅拉开两枚按扣，就成功地将肉从连体衣中取出。连体衣在实验中受到了破坏，但可能并没有预期的那么严重。

张伯伦夫妇被无罪释放。多年后，关于未经训练的动物行为的新证据——来自后来的野犬袭击澳大利亚儿童事件——终于让大多数澳大利亚人相信，林迪·张伯伦被判谋杀罪是一个可怕的错误。

一定程度上，这种情况几十年前在南非和加拿大就已有前兆。托马斯·格雷厄姆爵士最早拒绝在南非法庭上使用追踪犬时主张：

> 如果这种性质的证据是相关的并因此可被采纳，该规则将适用于各种类型的案件，来自各个阶层的值得尊敬的公民的生活、自由和名誉，可能会因为受过训练的警犬指出他们是罪犯而被破坏。

10 年后，不列颠哥伦比亚省上诉法院认同“人的生命或自由不应取决于由狗的行为得出的推论”。然而，该法院未来的首席法官阿彻·马丁提出异议：

> 法庭必须避免另一种同样严重的危险，即因过于谨慎而拒绝接受合理证据，让罪犯逃脱为保护公众所必需的公正惩罚。

20 世纪晚些时候，马丁的观点占了上风。1962 年，同一家法院 187
推翻了一起入室抢劫案的无罪判决，原因是法官排除了控方的一项证据——一只狗根据在犯罪现场发现的一双鞋，沿着一条路径穿越城市街道，追踪了两个小时，来到与被告有关的一家汽车旅馆。尽管检控官最初说他们不寻求重新审判，但后来改变了主意。法官们向被告保证，审判中“将采取被告依照我们的法学体系有权享有的所有保护措施”。重审的结果我们不得而知，是否准确就更不用说了。

尽管 20 世纪 20 年代澳大利亚警方使用南非警犬的时间很短，但澳大利亚海关效仿其他国家，在 20 世纪 60 年代开始使用狗探测毒品，一般警察也很快效仿。然而，澳大利亚的法院很长一段时间都不接受在刑事审判中使用动物证据。

在 1980 年一起入室盗窃案的上诉中，维多利亚州上诉法院承认海外对追踪犬证据的大量裁决，但排除了他们面前的特定证据——一只追踪犬在搜索中停在被告和他们的汽车之间的一处栅栏附近，有目击者之前看到一些窃贼攀爬栅栏——称证据过于模棱两可，无法采纳。

1999 年，在新南威尔士州，一只狗追踪到被告在案发一年前住过的房屋。最高法院同样拒绝接受这一证据，理由是缺乏证据表明他最近曾返回该房址。

10 年之后，同一家法院批准陪审团部分依据一只新手追踪犬提供的证据对嫌疑人定罪。这只追踪犬先前在软土上工作的成绩较差，但它带领一名警官穿过森林，找到了两名试图逃离的男子。不过，法庭显然受到其他证据的影响，有一名证人曾看到窃贼进入森林，附近还发现了一袋被窃的物品。

2013 年，昆士兰州上诉法庭实现了内布拉斯加州首席法官 11 年前的预言：如果追踪犬提供的证据“被认为是合法的，它将单独支持定罪”。此前一年，一个 11 岁的孩子清晨醒来上洗手间，撞见一名闯入家庭住宅和汽车的窃贼。孩子的母亲打电话报警，警察带着一只名叫杰克的追踪犬赶到。 188

训犬师后来作证说，他在房屋附近的脚印处“投放了”警犬杰克，它闻到气味后，带他穿过人行道、马路和议会土地，在两个地方稍作停留。最终训犬师注意到，杰克在靠近一幢房子时越来越兴奋。训犬师发现一个人正一边拉门一边说：“让我进去，让我进去。”此人名叫埃迪·塔马提亚，他告诉警察自己只是出来抽根烟，不小心把门锁上了。屋内另外两名住户证实了他的说法，他们说他整晚都在那里。

警方对塔马提亚和房屋进行搜查后，没有找到被盗的财物。然而，最终在杰克暂停的第一个地方附近，找到了 11 岁孩子的一张身份卡，在其停留的第二个地方附近的小溪中，找到了他们家被盗的钱包。但是，孩子无法认出塔马提亚，嫌疑人的指纹与盗贼闯入时留在窗户、汽车上以及离开时留在车库门上的指纹都不相符。简而言之，入室抢劫和塔马提亚之间唯一的显著联系，就是杰克一路追踪到塔马提亚的房屋、发现了小孩身份牌所在的位置，而且训犬师声称在杰克所走的大部分路段都看到了带露水的人类脚印。

在塔马提亚的庭审上，法官告知陪审团，如果他们对“追踪是否真实、准确、正确和可靠有合理怀疑”，就宣布被告无罪。控方面临的困难是，杰克和训犬师只合作了1个月。对此，杰克以前的训犬师和监督重新组队的资深训犬师提供了证据，他们都为这个新的人犬组合的可靠性做了担保。法官还警告陪审团：

> 在这个具体案件中，你们还要格外小心，因为狗无法提供证据，不能被交叉询问或用其他审查人类证据的方式审查，这一点你们都不会意外。你们应该小心避免高估狗的感觉作用的可靠性。

然而最终陪审团宣判塔马提亚有罪，上诉法院一致判决“陪审团
189 可以认定追踪证据是准确和可靠的，可以确信被追踪者是罪犯”。

对塔马提亚来说，这一判决的后果不仅是定罪和判刑。他是一名有犯罪记录的新西兰公民。2018年，29岁时他被驱逐到一个他儿时就离开了的国家。根据后来的一份判决报告，他“被驱逐回新西兰成为一个重要因素”，使他后来在奥克兰一家购物中心做出劫持一名女子作为人质的决定，导致时年31岁的他被判2年监禁。塔马提亚人生中这些糟糕的变故，可能表明追踪犬杰克的使用是正当的，但也可能正是因此造成的。

第五章　伤害动物 190

到了圣瓦伦丁日

众鸟前来寻找

人类能想象到的各式各样的伴侣

《众鸟之会》（*The Parlement of Foules*, 1382）

杰弗里·乔叟

圣瓦伦丁日，也就是 2 月 14 日情人节，据说曾是结合了动物祭祀和生育仪式的罗马节日牧神节的中间日。1000 多年后，在乔叟对鸟类交配时间发表可疑的看法后的几十年间，它与爱情之间的联系才开始逐渐固定。

1641 年的圣瓦伦丁日，在现代康涅狄格州建立纽黑文殖民地的 70 名“自由人”之一约翰·韦克曼，带着一只小猪的尸体走进殖民地的法院。此时，他心中想的是动物与人之间的另一种关系：

它浑身都没有毛，皮肤非常娇嫩，白萝卜一样的颜色

> 像孩子的皮肤；头部最为奇怪，它只有一只眼睛长在脸中间，大而圆睁，就像人受损的眼睛；眼睛上面，在孩童般的额头底部，一块肉伸出并下垂，它是空心的，像男子的生殖器。鼻子、嘴和脸颊都是畸形的，但与孩子仍有相似之处，脖子和耳朵亦有些相似。

问题不仅在于皮肤表层：“这头怪物被剖开后，与同一胎的猪比
191 较，所有内脏都有明显不同。”

纽黑文殖民地的人们显然知道，韦克曼的“猪怪”只是一只不幸的畸形的猪，生下它的是韦克曼最近从另一位自由人亨利·布朗宁手中买来的一只怀孕的母猪。让他们担忧的是，“上帝之手”揭露了未被看见的事情——韦克曼的妻子有一种“感觉”：“尽管不知道为什么，却悲伤地感到那只母猪产子时发生了诡异的意外”，接着，“很多看到那只怪物的人表示（从眼睛的高度相似可以看出，）亨利·布朗宁从前的仆人，一个叫乔治·斯潘塞的人，与母猪发生了不自然的、令人憎恶的肮脏关系”。

适用于斯潘塞的法律是**刑法**。本书已经几次提到刑法：它被应用于斯塔福獾伊兹的主人塔尼亚·伊斯贝斯特，是第二章中讨论的要求人类控制动物的众多法律工具之一。当然，在第三章探讨的中世纪动物审判和对动物的人类所有者的刑事审判中，它还是审判和惩罚动物本身的主要手段。

本质上，刑法有三个特点：定义（如今几乎总是在法规中阐明）某种情况下或产生特定结果时构成犯罪的行为（或不作为）；

证明某人犯罪的具体程序（通常是排除合理怀疑，对于严重的犯罪，则在陪审团面前进行）；以及法官有权惩罚罪行被证实的罪犯（包括监禁，在某些国家和时代还有死刑）。

本书前四章论述了刑法如何处理伤害人类的动物，对所有者、动物或两者进行惩罚。对伤害动物的人类，法律采取截然不同的路径——允许人类进行所谓“违反自然和令人憎恶的”行为，如杀死动物、食用动物、把动物关在笼子里或繁育动物。

但法律的宽容是有限的。首先，对一些动物有各种法律保护，包括保护它们不受人类某些行为伤害。对此我们会在下一章讨论。第二，数量相对较少的一些行为，是刑法明确禁止人类对（很多甚至所有）非人类动物做出的。这些行为是本章的重点。在本章的开头，我们讨论了乔治·斯潘塞被指控的罪行——兽奸，对这种行为的禁止古老且持续存在，其**存在理由**是保护人类而非动物。在本章的最后我们会讨论近期被定义的针对动物的犯罪，包括人类其他形式的虐待。

这一章对于部分读者来说可能有些难以接受，我们承认阅 192
读关于兽奸和一般动物虐待行为的内容对于读者来说可能很困难。为了内容的完整性我们收录了这些：它们是人与动物互动的部分方式，法律在这方面有很多规定。兽奸不仅是犯罪，在很多社会直到今日都是禁忌，越来越被认为是一种对人和动物的极端形式的虐待。其他形式的动物虐待读来也十分可怕。我们完全理解有些读者为何选择跳过这一章，但我们也欣赏其他读者选择通过继续阅读，更好地理解关于伤害动物的法律。

本章中我们将会看到的刺眼之处是，法律似乎在两种态度之间摇摆：有时将这些罪行视为极其危险的禁忌，其他情况下又仅将其视为事实问题。正如我们将看到的，乔治·斯潘塞未能得到后一种对待。

与动物性交

纽黑文殖民地建立在“《圣经》中有指导管理所有人类的完美法则”的观点之上（最终也因此动摇）。小猪出生一年前，乔治·斯潘塞就已经违背这些法律，并因各种罪行而被鞭打，包括“整体言谈下流，不守规矩”。但1641年他面临更严重的问题：《利未记》中陈述的法律明确列出：男子不得与近亲、邻居的妻子、经期女子、各种姻亲、男子和动物发生性关系——这会令现代读者感到难以直视——斯潘塞被指控违反了最后一项禁令。

英国法律制度对男子与其姻亲或经期女子发生性关系基本不闻不问，却和《利未记》一样将一些截然不同的性行为混为一谈（并予以谴责）。教会法最初包括关于“对人类或动物实施鸡奸”的单一禁令，英国关于性犯罪的法律被世俗主义控制后，仍然将同性性行为和跨物种性行为联系在一起。就连现代法律的里程碑——英格兰的《1861年侵害人身罪法》（*Offences Against the Person Act 1861*），都继续将“鸡奸和兽奸”视为同一种罪行。甚至直到“私下的同性性行为”合法化之后，“与人类或任何动物发生鸡奸的可憎罪行”仍然存在。英格兰不是唯一这样做的。澳

大利亚最后一个将同性性行为合法化的州塔斯梅尼亚州，同样仍
然将“任何违反自然法则”的性行为（包括人类之间的口交或
肛交）与“同任何动物”进行性行为放在一起予以禁止。1997 年，193
对前者的禁止终于被取消，但对后者的禁止仍然存在，事实证明
对其进行定义相当困难。

定义兽奸

直到 21 世纪，立法机关都不愿定义与动物发生性关系的“可憎”罪行，法庭报告经常不愿说出这种罪行，更不愿对其进行描述。请看塔斯梅尼亚州 1843 年这份报纸上的法律报道：

> 下一位受审的查尔斯·韦尔斯被控犯有非自然的罪行。这是我们不能玷污我们的专栏的案件之一。然而，我们不得不说，总检察长在开始审理案件时对法官和陪审团的讲话值得被高度赞扬。他表示在履行职责的过程中，他将严格依照法官大人要求的做法，通过他力所能及的一切手段加快公共事务的处理；谈到犯人被指控的罪行时，他表示光是提到有人犯下这样的罪行，就会在陪审团成员心中引发恐惧，因此这理应让陪审团产生极大怀疑。在向陪审团解释与本案有关的法律要点后，他最后再次指出，除非有充分的证据，否则该不法行为的性质应该让他们产生极大怀疑。

拒绝命名或描述兽奸的罪行，再加上将其与口交和肛交一同混在

“鸡奸”的统称下，给试图弄清历史上实际发生了什么罪行的历史学家带来挑战。在这个例子中，塔斯梅尼亚州档案馆的一份记录显示，韦尔斯“被认定没有犯下鸡奸小牛的罪行，但意图实施鸡奸”。

194 这种遮遮掩掩也会产生法律影响，因为其模糊了犯罪的边界。最近，警方指控霍巴特的一名男子与一只狗发生多种性行为。如果他是在 1924 年（当时塔斯梅尼亚州用法定罪行“非自然交媾”[unnatural carnal knowledge]取代了殖民时期的“鸡奸”罪行）和 1987 年遭到指控，就会被无罪释放，因为“交媾”被定义为“男性生殖器官最低程度的插入”。霍巴特男子被指控的大部分行为不涉及阴茎插入。1987 年塔斯梅尼亚州用“性交”（sexual intercourse）取代了“交媾”后，同样的限制仍然存在，因为“性交”的定义与之类似。然而，2017 年，塔斯梅尼亚州加入澳大利亚其他地区的行列，对“性交”的定义变得广泛，将指交包含进来，据称霍巴特男子正是对狗实施了这种行为。

遗憾的是，塔斯梅尼亚州议会还选择用参与“兽奸行为”的罪行取代“非自然犯罪”的罪行（此前的定义包括“与任何动物性交”），但没有提供任何更加详细的定义。塔斯梅尼亚州总检察长对该决定做了如下解释：

> 在制定该法案的过程中，第 122 节提及的“非自然性交”中“性交”的定义显然并不恰当，不支持对所有兽奸行为的起诉。因此，法案通过将该罪行重命名为“兽奸”而进行

修正，去除对“性交”定义的依赖。

避免在涉及动物的场合使用“性交”这种词是合理的——普通人仅用这个词形容人与人之间的性行为，现代法律的定义较为谨慎。但是用“兽奸”取代它是完全不合理的，这个来自《圣经》时代的名词反映的是完全过时的关切。

霍巴特能够轻易地向塔斯梅尼亚州最高法院指出，以前的案例和法规将兽奸定义为涉及阴茎插入的行为。尽管该定义并不严格限于人类阴茎插入——《利未记》中禁止的性行为主要针对男性，但也告知女性“不能站在动物面前与之交配”——它也 195
从未包括其他形式的性活动。塔斯梅尼亚州的检控官要求法官斯蒂芬·埃斯特科特用现代习俗更宽泛地解读“兽奸”，但埃斯特科特拒绝这么做，他解释道：“我认为‘兽奸’一词有被充分理解的法律意义，必须认为议会使用该词时就是表达该意义，（塔斯梅尼亚州总检察长）的发言不能替代法律文本。”

让埃斯特科特的判决几乎不可避免的是，2016 年，也就是塔斯梅尼亚州愚蠢地将“兽奸”一词写进刑法的前一年，加拿大最高法院得出几乎一模一样的结论。在加拿大的案件中，一男子被指控诱导继女与一只狗进行非插入性行为。加拿大法庭表示扩大兽奸的定义“可能会让本案中的受害者（继女）这样的人成为共犯”，“这一法律结论应该让我们三思”。

不出意料的是，塔斯梅尼亚州政府表示正在考虑用现代定义取代兽奸罪。加拿大议会停滞了两年，2019 年通过投票，一致通过将“兽交”定义为“出于性目的与动物的任何接触”。加拿大司法部长解释这一措辞来自规范人类性行为的其他法律，适用于“为满足被告”而非动物的“性欲而实施的行为”——这是针对畜牧业从业者的担忧而做出的声明。澳大利亚首都领地和南澳大利亚州同样将与动物的任何“性行为”视为犯罪。加拿大最高法院判决的同年，维多利亚州将其法律修订得更现代化，使其处于某种中间地带。然而，澳大利亚其他地方继续使用未明确定义的“兽奸”，或像英国一样明确将该罪限定为插入行为。

2016 年，维多利亚州将一般意义上的“性插入”和“参与性行为”——这些术语过去用来定义针对人类的犯罪（如强奸或对儿童的性虐待）——范围扩大，将针对动物的行为包括在内。法律明确规定“在对动物的性插入方面，提及阴道或肛门时，也涵盖任何类似部位（如鸟类的泄殖腔）”。它还和当代加拿大、南澳大利亚州和澳大利亚首都领地的类似法律一样，但凡涉及非自愿的人类、儿童或其他弱势个体与动物发生性行为的，均定为犯罪。然而，对于动物和自愿的成人交合，维多利亚州与这些管辖区域不同。就这种情况而言，维多利亚州仅禁止成年人与动物发生插入性行为，尽管不一定是阴茎插入——这种行为可以涉及任何身体部位或物体（“为了兽医、农业或科学研究目的……出于善意进行的”程序除外）。这就是说，自愿的维多利亚州成年人像澳大利亚大多数其他地区的人一样，可以与动物发生非插入性
196 行为。不过，有一条重要的注意事项：关于虐待动物的法律。我

们将在本章后面讨论。

在19世纪晚期的英国，出现了与鸟类性交是否属于兽奸的问题。问题不在语言上，虽然旧的教会法是关于"兽类"的，可能和"禽类"不同，但英国1861年法规的提法是"任何动物"。问题在于，一家高级法庭宣告一名企图和鸭子性交的男子无罪，但未对该无罪判决做出任何书面解释。在1889年的上诉中，首席大法官约翰·科尔里奇在回溯参与此前案件的一些法官的说法后，表现他们关注的不是鸭子是否是动物，而是与鸭子性交在物理上是否可行。不幸的是，科尔里奇面对的案件中并不存在这种担忧。他评论道："显然事实上这个男孩可以犯下这种罪行。"此人不仅承认"习惯性地"与"家禽"性交，还让鸟类"因为其尝试插入而撕裂、流血"。

从科尔里奇的发现可以看出，与动物性交（兽奸）和尝试与动物性交（性交未遂）都是犯罪。关于犯罪未遂的法律在三个方面扩大了关于与动物性交的法律。第一，它降低了（但并未消除）证明物理上到底发生了什么的难度。第二，哪怕某物——第三方、动物或他们的良知——阻止了兽奸发生，仍旧可以让人受到惩罚。科尔里奇的判决起了个头，英国和澳大利亚法庭后来扩展了一般未遂刑法，将仅因为物理上不可能而犯罪未遂的人包括进来，只要他们有意图并误以为能这么做（这可能包括也可能不包括试图与鸭子性交的男子）。这在假设上以第三种方式扩大了关于与动物性交的法律：理论上，它涵盖了仅仅幻想与动物发生性关系的人，例如只是在没有动物在场的情况下进行性行为，幻想与动物性交。然而，对这种思想犯罪进行起诉是不太可能的，一方面难以确立证据，另一方面，这种诉讼肯定无法通过现代检控官起诉原则中的“公共利益”测试。

当代这些问题在1641年都不是问题。纽黑文法庭上的证人
197 指出，乔治·斯潘塞像那只小猪一样，“只有一只眼睛可以使用”，“人们打量他畸形的眼睛并与怪物的眼睛比较，玻璃瓶中的眼睛似乎和这张脸上的眼睛十分相似”。上帝的提示很明确：“怪物的样子显示，上帝消除罪孽，指出犯罪者。”斯潘塞“为这种可憎行为接受审查时，一开始说他没有做过，他什么都不知道，然后又否认了这种说法”。尽管如此，法庭还是把他送进监狱，面对兽奸的指控，“法庭这么做，部分依据是这一行为发生的可能性很大。”

证明兽奸

在斯潘塞受审一个半世纪后，一名刚刚到达英国另一个殖民地的囚犯写信给新南威尔士第三任总督菲利普·金，“恳求被允许陈述一名不幸的女子可能遭受的最大的冤屈”，这样的冤屈可能“彻底毁掉她未来的生活”。玛丽·丹尼尔斯解释说，她“13岁时（是一个愁苦的孤儿）被诱骗犯下错误”，被判流放澳大利亚。1804年她乘“试验号”航船到达时，发现自己“被公开指控犯有人类所不齿的罪行”：悉尼充斥着她“被一些人发现与狗性交”的报道。她面对证据上的艰巨挑战：如何证明或反驳兽奸的指控？

关于性行为的纠纷几乎总是关于在私人场所发生的事情，涉及很多涉嫌参与者不愿描述的行为，或是不愿承认的犯罪行为。当性行为涉及动物时，这个参与方根本无法说话。丹尼尔斯显然无法证明她没有和狗发生过性关系，但对她来说幸运的是，告诉悉尼人她与狗性交的人戴维·巴提也无法证明他的说辞，在接受军事法官加纳姆·布莱克塞尔询问时，他透露自己只是转述丹尼尔斯在“试验号”上的两名同行乘客的说法。巴提被称为“可憎的”“卑鄙的”，监禁一个月，并被命令做出令丹尼尔斯“满意 198
的公开道歉”。最重要的是，布莱克塞尔表示（并未详述细节）“经过细微审查，这显然是诽谤，既虚假又无耻”。6 年后，麦夸里总督依据丹尼尔斯“正直和诚实的性格”，批准现年 24 岁的她自由返回英国。

在少数（想必很少）案件中，有第三方证人，可以解决一些（但不是全部）关于兽奸的证据问题。1796 年 4 月 4 日，一名劳工带着山羊从新南威尔士的鸟蛤湾返回时听到声音，于是走近劳工们使用的一间小屋，透过开着的门向里看。两天后，他告诉悉尼的刑事法庭，他看到乔治·希森“跪在地上，裤子脱了下来；他的私处距离母狗的私处很近，靠近母狗背部”。希森看到他，“显得很慌张，立刻扣上了长裤”。一番交谈后，法庭传唤了一名警员，他告诉法庭，尽管犯人和证人认识多年，但他“不知道他们之间存在任何过节”。这并不足以说服法庭官员，因为按希森的说法，他只是钻进小屋“放松一下”，而狗跟着他走了进去。他们宣布他的鸡奸罪不成立，但判他犯有“意图实施鸡奸的攻击行为”。希森被判 3 天内在悉尼供给商店外接受枷刑 3 小时。

3 年后，一名男子看向农场上的一间住宅内部，看到“猪圈里躺着一头母猪，犯人躺在它后方，正在性交”。在这起案件中，目击者叙述构成兽奸的充分证据，由此引发对詹姆斯·里斯的审判。这在好几个方面都与希森的案件不同。第一，证人声称“他看到犯人将生殖器从母猪的身体中抽出”，并提供了其他具体的细节。第二，目击者立刻呼喊他的伙伴：“过来，丹尼斯，这里有个家伙在鸡奸母猪。”该同伴作证他看到詹姆斯·里斯坐在猪旁边，浑身脏污。第三，里斯的否认很勉强，只说自己被雇照看住宅。尽管这次审判是母猪所有者提起的私人诉讼，法庭还是认定里斯有罪，判处死刑。

在当代，这些证据上的空白通常由犯罪者的人类受害者来填补。例如，在呈交加拿大最高法院的案件中，受虐待的继女的证词——关于姐妹俩被告性虐 10 年的可怕陈述——及被告承认与成年后的姐姐发生他声称的自愿性关系，都有力地支持了与狗性交的证明。最令人痛心的是，从其电脑中提取到了照片和视频
199 形式的证据，其中有素材捕捉到了关于狗的事件。

当然，1641 年纽黑文法院试图审判乔治·斯潘塞时并没有类似的证据，如果不是出现所谓的“超自然迹象”（畸形的小猪），所指控的罪行和被告都不会受到怀疑。然而，被告本人填补了证据的缺失。一名治安法官在斯潘塞入狱的第二天去探视，在谈到小猪和它的母亲时，“认为囚犯态度有所缓和，为了助其坦白，

提醒他《圣经》中的语句：遮掩自己罪过的，必不亨通；承认离弃罪过的，必蒙怜恤。”斯潘塞很快招供。

不幸的是他的多次坦白都遵循同样的模式，无论供词多么详细、坦白的对象是谁，斯潘塞立刻就会告诉其他人——后来也告诉法庭——他招供是为了获得官员好感。法警问他“怎敢希望会众为宽恕罪行祈祷又否认罪行，如此嘲弄上帝”，斯潘塞“停顿了一下，承认他确实犯了那件事，并希望他相信自己否认时是被魔鬼操纵”。斯潘塞后来解释，一名狱友威尔·哈丁“建议他否认事实，告诉他除非他招供，否则法庭无法起诉他”。

5 年后，哈丁的建议被证实是正确的。1646 年，第二头畸形的小猪在纽黑文出生，长得像另一名独眼劳工托马斯·霍格。看到小猪时，霍格“双眼发直，面色发白，但拒绝承认”。然而，针对他的证据比针对斯潘塞的更有力。多名证人证实霍格在女人和女孩身边“裸露身体实施猥亵”（他将此归咎于他穿的一条“裤子”，因为“他的肚子很大”）。就连母猪都背叛了他，治安法官带他来到它面前，让他“抓挠”它，“母猪立刻情欲大作”。作为对照，他们要求他“抓挠”另一只母猪，而其“不为所动”。然而，法庭只因他在女人周围的“猥亵”而对他判刑（判处鞭打和监禁），“有关兽奸的问题留待进一步考虑”。没有任何进一步考 200
虑的迹象，很可能是因为霍格从未招供。

相反，斯潘塞希望得到《圣经》中提到的“怜恤”。他请来在英国认识的一位朋友，最初是为了让人听他否认。结果他的朋友目睹他三次被问“是否犯下被指控的兽奸罪行”，他都回答“是的……是我做的”。为什么承认？他的朋友问他："除了你自己，没有人知道，你不知道坦白可能给你造成危险？"他居然回答他确实做了。斯潘塞后来告诉一名自由人，"他担心上帝的子民不来，他担心自己已没有希望，因为上帝的子民不再像以前那样对他说话"。不幸的是，在兽奸方面，《圣经》拒绝（世俗的）仁慈。法庭认定"犯人犯有这种非自然的、可憎的兽奸罪行，他的否认是在撒谎"。他和猪的审判由《圣经》决定："囚犯和母猪，根据《利未记》第20章和第15章，应被处死"。

惩罚兽奸

在纽黑文法庭对斯潘塞涉嫌兽奸行为的调查中，萦绕着一个非法律问题：他怎么能这么做？这个问题并不是字面上的意思（除了哈丁，他曾问斯潘塞"怎么能让母猪站起来"）。他们想知道的是"在他这么做时，他的良心有什么感觉，他得到了什么快感，他做了多长时间"。他对他们说：

> 大约半小时，这是他度过的最可怕的半小时。他们问如果并没有快感他怎么能这么做，他说他在魔鬼和堕落的力量驱使下做了这件事。

斯潘塞没想到他会因他的罪行被处决，而且他这么想有充分的理由。正如他对狱友哈丁解释的：托马斯·巴杰的罪比他的严重，因为巴杰和基督徒性交，但他不过是与一只该死的母猪性交。一年前纽黑文法庭判决的巴杰的罪确实要严重得多——他承认“因与雇主家一个不满 6 岁的孩子有多次淫秽接触而玷污了自我”——然而对他唯一的判决是“在马车上鞭打，并在城镇游街示众”。对于斯潘塞（和纽黑文的孩子们）来说不幸的是，《利未记》仅规定与动物、男子、母亲（包括继母和丈母娘）、儿媳 201
和邻居的妻子发生不当性关系的男子要被处决。

人为何会犯下兽奸，应受何种惩罚？在斯潘塞被判刑 3 个世纪之后，这些问题仍旧困扰着法院。1983 年，科林·希格森的妻子“不期然地返回”家里，发现丈夫正“试图”鸡奸一只“雌性大白熊犬”。她“理所当然感到十分恶心”，一开始带她的丈夫去了撒玛利亚会（the Samaritans），但很快决定离开他。英格兰和威尔士上诉法院要求他提供“对事件的描述”，并将其“简洁的”一页陈述总结如下：

> 两年前，他们最小的孩子出生后，上诉人对与妻子的婚姻关系不满。他们的性关系最初被描述为大胆冒险的，之后是枯燥的，最终在 1983 年年初终止。这种状态使上诉人感到相当不安。他发现他越是向妻子示好，她就越排斥他，他因此感到挫败。

斯潘塞将他自己所描述的恶行归咎于魔鬼，希格森则归咎于性挫折，换句话说，就怪他的妻子。或者只是法庭归咎于她。法官指出，“她最初似乎带着同情做出反应”，如果不是她后来决定告知警察，他的罪行“永远不会被公众注意到”。

对兽奸的这种解释并不新鲜。1799 年在悉尼，詹姆斯·里斯因与猪性交，被判死刑。13 年后，一名警员遇到一名罪犯“用两只胳膊搂着母狗身体中部，母狗的下半部分对着他的肚子”。该男子“起身并向后倒地之后”，警员问他：“这个国家没有女人了吗？”他“举起双手说：‘更糟糕，更糟糕，够糟糕了。’”

几十年之后，为审查向澳大利亚运送罪犯的制度而成立的英国议会委员会的主席威廉·莫尔斯沃思爵士，就流放地的性犯
202 罪问题向天主教教长威廉·乌拉索恩提问：

> （莫尔斯沃思：）如果男女比例一直像现在整个流放地这样严重失衡——我想在悉尼是 2.5∶1，全国则是 4∶1——你认为这些犯罪有朝一日会停止吗？
>
> （乌拉索恩：）是的，我想大概就是这个比例；我认为只要比例严重失衡，犯罪的诱惑就很大……
>
> （莫尔斯沃思：）你认为与动物的非自然接触是否常见？
>
> （乌拉索恩：）我认为是存在的，尤其在偏远地区。
>
> （莫尔斯沃思：）程度严重吗？
>
> （乌拉索恩：）我认为这种犯罪的数量相当多。
>
> （莫尔斯沃思：）其他种类的兽奸常见吗？
>
> （乌拉索恩：）我认为当一个坏人被那种欲望控制时，他会以能想到的任何方式来满足欲望。

莫尔斯沃思的委员会在多个方面谴责了刑罚制度，并断言“非自然的”犯罪活动在流放地远比依据已被定罪的数量推测的要普遍。3 年后，将罪犯送到新南威尔士的做法停止。

刑事法院一直难以处理的是，人们大多用外部原因来解释个体的罪行。科林·希格森的申辩是罪行与其品性极端不符，他能够对自己进行必要的谴责：

> 我想说这以前从未发生过，我无法解释为何会做这种 203
> 事。我感到恶心，尤其是被我妻子发现时。我请求法庭的帮助，因为我感觉，相较于惩罚，我更需要帮助。事情发生后，我已经对自己进行了足够的惩罚。

最初对他进行审判的法官小组没有被打动：

> 在这个国家，我们如今住在一个纵容的、堕落的社会中，这并不意味着代表这一地区普通正派人行事的法院会赞成这种事：邪恶的堕落让一名男子试图通过与狗性交满足其性欲。

他们判处希格森两年监禁，这一刑期致使他的上诉法官评论“让人以为涉及女性或年轻人，甚至是孩子”。

希格森的案件影响深远，引发了要求用相对温和的手段应对兽奸的司法呼吁，措辞强烈且惊人。上诉法官（包括英格兰和威尔士的首席大法官）写道：

> 兽奸对思维正常的人来说是令人厌恶的，无法被宽恕。但这种判刑导致理智的人像班布尔先生那样声称：“如果法律这样认为，法律就是个混蛋。”如果法庭支持这种尺度的判决，就很难找到合理的参照标准来对人类鸡奸行为（成年男子自愿在私人场合除外）进行适当惩罚。在这种情况下，判刑的目的应该是尽量避免犯罪行为再次发生。说到底，需要帮助的是上诉人和他的妻子，而不是狗。

后者的看法似乎支持一名缓刑管理局医生的评估，他“强调在上诉人及其妻子的婚姻和性方面帮助他们的必要性”（希格森夫妇和好了）。时年 31 岁的希格森过去的罪行与性无关，而且主要发生在少年时期，另外，他还因为被起诉失去一个难得的被长期雇佣的机会。注意到这些情况后，法院重新判处希格森非监禁监管。

对兽奸的法律反应和社会反应一样，总是十分极端——困惑或反感，好奇或憎恶，仁慈或严厉。“R 诉希格森案”（*R v Higson*）6 年后，同一上诉法庭决定，希格森案中宽大的先例仅
204 限于“可能不快乐、痛苦或性取向不正常的人的案件”。他们以三个理由将其与他们面对的“R 诉蒂尔尼案”区分开来：蒂尔尼让其前妻参与犯罪（“对她来说一定是极度不快且有辱人格的经历”），他拍摄了照片（表明他“能够享受这种非自然的性行为或

从中获得满足”)，并声称他不需要咨询，只是不知道兽奸是一种犯罪（他将胶卷交给一家摄影店冲印的做法支持这种说法）。法官认为监禁是必要的，但认为3个月刑期“足以体现任何普通人都会感到的憎恶”。

最近，澳大利亚高等法院的多数法官驳回一名被告的疑虑，即不该将拥有兽奸图片的指控包括进来，这会导致陪审团对他持反对意见。多数法官认为这无关紧要，因为他面临更严重的指控：拥有儿童色情作品。然而迈克尔·柯比法官没有被说服，他表示“对于拥有‘兽交’图片的指控，陪审员个人的反应是上诉法官尤其难以评估和预测的”，并提到美国法官安东宁·斯卡利亚最近是如何将兽奸与成人乱伦、卖淫、手淫和同性婚姻一并归入一份“恶行目录”。

在斯潘塞所在的纽黑文，很难做到情绪镇定。1641年4月8日，一辆马车把他带到海边一块田野，在那里，“看到绞架时，他似乎非常惊讶，颤抖了起来”。他再次否认自己的罪行，但是：

> 绞索被系上绞架，套在他的脖子上。他被告知此刻不是激怒上帝的好时机，他将落入上帝的手中，一名正义且严厉的法官将对他的轻率和无神论以及所有其他罪行予以审判。他认可判刑是正义的，完全承认所有情况下的兽奸。

然而斯潘塞在他的最后时刻让观众失望了：

> 人们希望他说点什么：他犯下忤逆上帝的可憎罪行时的忧惧，以及他为此感到怎样的悔恨，如何渴望耶稣的宽恕和仁慈。虽然被强烈迫使，但他无法说出任何满足这些要求的话语。在这种情况下，没有必要继续关注他了，母猪在他面前被杀死，然后他的生命就终结了。

205 虐待动物

在现代人看来，关于兽奸的法律最刺眼的特点是执行法律从来不是为了动物的利益。“母猪在他面前**被杀死**”，1641 年纽黑文法院如是记录。1984 年英格兰和威尔士上诉法庭表示：“需要帮助的是上诉人和他的妻子，**而不是狗**”。像在很多其他方面一样，《利未记》给出了提示：

> 人若与兽淫合，总要治死他，也要杀那兽。女人若与兽亲近，与它淫合，你要杀那女人和那兽。

《圣经》对其认定的其他性犯罪采取同样的方式，谴责通奸者、同性恋者和通奸的姻亲以及“娶妻并娶其母”的男子及另两位涉事者。相关段落写道：“要把这三人用火焚烧，使你们中间免去大恶。”

1565 年，在类似的情况下，一名男子和骡子发生兽奸，人与骡子被一同烧死在火刑柱上。骡子容易乱踢，因此刽子手在烧死它之前砍掉了它的脚。1662 年，后来因参与“塞勒姆审巫案”而臭名昭著的清教牧师科顿·马瑟，记录一名叫波特的男子与 1 头母牛、2 头小母牛、3 只羊和 2 只母猪一同被绞死，显然是因为他曾与这些动物性交。曾与兽奸犯一同被烧死或处决的动物，还包括母马和母狗。

杀死被兽奸的动物可以有多种解释，包括惩罚动物参与该行为、惩罚人类（动物在其所谓的爱人面前被杀死），或保护社区不受所谓被玷污的动物（及其后代）影响。第一种理由或许可 206
以解释为什么历史上出现了一次例外，并未遵循杀死涉事动物的惯例。这一事件发生于 1750 年，当时法国一只母驴被宣布免除兽奸罪，“理由是它是暴力的受害者，不是出于自身意愿参与其主人的犯罪活动”。当地显要人物签署了一份证明，表明他们认识这只母驴 4 年了，“它无论在家还是在外面都德行端正，从未给任何人带来丑闻”。

处决兽奸的动物受害者，这种做法在一些宗教色彩较淡的社会，甚至一些将动物仅视为财产的社会，都依然时有发生。农民帕特里克·布兰纳汉的母猪被詹姆斯·里斯侵犯，事发后，他随即后悔起诉里斯，因为法庭不仅下令处决里斯，也下令处决母猪。布兰纳汉告知法官：

> 他无法承受如此重大的损失，他估计这头母猪价值 15 英镑，而且犯下这一非自然的重罪后，母猪已产下 11 只小

猪，这些小猪也必然因为母猪被定罪而受损失。

这种处决不仅对动物及其所有者不公平，还对执法有反作用。1823 年显然就出现了这种情况。当时，一名砖瓦匠发现一名雇工和他的猪性交，并看着这名雇员挑衅地继续了一分钟。愤怒的砖瓦匠告诉他："我是个穷人，不能失去我的母猪，否则我要按最重的罪行告你。"在布兰纳汉的案件中，法官选择"将这个穷人的难处交给阁下做人道考虑"，但建议仅仅是"赔偿"。母猪和它生的小猪在司法上似乎已不能被宽恕，无法逃脱处决。

本章第二部分讨论了更晚近的刑法，其目的不是惩罚动物，而是给予它们"人道的考虑"。现代法律使法院能够惩罚以不同方式虐待某些动物的人类，同时允许更多可接受的或可能无法避免的虐待。接下来将依次探讨人类对动物的虐待如何被定义、证明和惩罚。

207 **定义虐待**

2009 年 5 月 2 日，帕特里克·麦克利戈特询问黄金海岸邦宁斯商店的雇员，商店停车场有没有摄像头。很显然没有。男子转身面向他的德国牧羊犬阿克塞尔，大叫道："如果你不找到我的车，我就揍你。"很显然，阿克塞尔找不到。另一名雇员看到狗试图从男子身边走开，之后听到更多的叫声。他回到停车场，看到麦克利戈特一边尖叫着"我的车在哪里？"一边踢阿克塞尔的头，踢了"两三下"。那只德国牧羊犬"畏缩垂首"，试图逃走。

于是雇员报警了。

这种突发的暴力行为似乎是典型的虐待，但动物的命运往往更糟。10 多年以前，塔斯梅尼亚州雷普达附近一家乳牛场的邻居发现一头奶牛卡在一棵树上，呻吟不已。这片陡峭湿滑的地面上圈着好几头弗里斯兰奶牛，里面提供的食物远不足以满足这些动物的需要。之后几个月，动物福利组织的官员多次在农场发现“倒地”或死亡的奶牛，它们似乎无人照顾，也无人喂食。其中一头母牛正在分娩，母牛死去时，小牛的一只眼睛和两个乳头已被乌鸦啄掉。农民罗德里克·米切尔最终面临 150 多项虐待动物的指控。

什么是虐待动物？麦克利戈特和米切尔被指控的刑事犯罪，沿袭自世界上第一部动物福利法规：1822 年的英国法律规定“肆意和残酷地殴打、虐待与伤害牛”属于犯罪行为。几十年内，“肆意”一词被去掉，该法被延伸用于“任何动物”，包括鸟——威廉·怀特曼爵士就审判过一起“斗鸡”案——由此创立了虐待动物的一般罪行。新罪行的核心是“残忍”这个词，1889 年首席大法官约翰·科尔里奇在法庭上对该词进行了权威定义，同年他将旧的兽奸罪行扩大到包括家禽。

该法造成影响的一个标志，是科尔里奇决定宣读对他面前的案件中令人痛恨的农业实践的详细描述。他表示，该报告“极度令人憎恶”，但承认“为了人类公共的利益，它必须被宣读”：

> 这些动物于 10 月 15 日被去角。头上没有角的动物似

> 乎非常疼痛。有两头牛头顶的空腔中流出了分泌物，这些分
> 208 泌物顺着它们的脸颊流淌。这种分泌物是脓液。其中一只动物的角还没有被锯掉。相比而言，有些角被很笨拙地锯掉；所有的角都被从平锯可以做到的、距离头最近的地方被锯掉。有些牛的头顶有一个大到可以放入拇指的开口；其他牛的头上有一个会被技工称为埋头孔[1]的凹陷。周围部位非常脆弱，即便只是轻轻触碰，动物们也会畏缩。被告与他就这一问题进行了自由交谈，并表示这种做法能使牛在出售时价格提高 30 先令至 2 英镑。

判决继续详细描述了某一动物的去角过程，并引用了十余名“知名人士，全部与本案无关……牛的医生，不是多愁善感者，而是实际的、理智的、以科学方法处理科学问题的人”对这种做法的严厉谴责。科尔里奇采用怀特曼对虐待的定义，宣称去角是“对动物不必要的虐待”，并表示“我们在道德或法律上没有权利这样做，这一结论不是出于感性，而是出于理性”。

且不说对东安格利亚的牛造成的影响，这一案件的意义也体现在亨利·霍金斯爵士的判决——他说明了何时伤害动物是合法的。霍金斯列举了造成伤害的三个条件，而去角一个都不满足。

第一，只能出于可接受的理由让动物遭受痛苦。霍金斯裁定，这些理由可以从有利于动物的理由（如手术）延伸到有利于

1 countersinking，为了放入螺丝或螺栓而在材料上打的锥形孔。

人类的理由。他以驯马和对雄性动物去势为例，说明什么是可以接受的，但不允许因“时尚”“个人的心血来潮”或微小的经济利益（如据说去角后能避免偶然的牲畜损失）而改造动物。

第二，如果达到目的的过程伴随着痛苦，必须是在没有其他痛苦程度更轻的方式存在时——鉴于有去除角尖或培育无角牛等可行的方法，去角无法满足这一条。

第三，霍金斯表示，“即使是为了达成值得的、合理的目标，做法和造成疼痛的程度也不能远超过目的的重要性。”如果超过， 209
“任何理智的人都清楚应该放弃目标，而不是造成不成比例的痛苦”。“令人厌恶的去角”也不满足最后这个条件。这一条有可能使很多其他本来被允许的使用动物的方式成为犯罪行为，具体取决于法院认定什么是“对任何理智的人都清晰明确的”。

现代的动物虐待法大致遵循霍金斯的观点，但也涉及很多细节。不出意料的是，现代立法机关已选择自己定义在多种情境中什么是虐待、什么不是——或至少什么是犯罪。某些对待动物的方式——如让动物打架——被明确禁止或视为虐待。在昆士兰州，人类不得对非人类动物做出以下行为（注意列表一开始就明确提到了霍金斯的判决）：

（1）人不得虐待动物。

（2）在第（1）条的规定之外，如人对动物做出以下行为，则被视为虐待动物：

（a）在无理由、不必要、不合理的情况下导致其痛苦；

（b）殴打动物，致使其痛苦；

（c）虐待、惊吓、折磨动物或使其担忧；

（d）过度驱使、骑乘动物，或使其过度劳累；

（e）在动物身上使用法规禁止使用的电子设备；

（f）圈养或转运中：

（i）没有做好适当准备，包括适当的食物、休息、遮蔽或水；或

（ii）在动物不适合被圈养或转运时；或

（iii）采用不符合动物福利的方式；或

（iv）使用不合适的容器或车辆；

（g）以下述方式杀死动物：

（i）不人道的；或

（ii）导致其无法迅速死亡的；或

（iii）导致其在不合理的痛苦中死亡的；或

（h）毫无理由地，不必要地或不合理地：

（i）伤害它；或

（ii）使其过度拥挤或负载过重。

我们注意到，麦克利戈特踢打阿克塞尔，涉及第（2）条的（a）到（c），而米切尔对待牛的方式可能涉及第2条的（f）到（h）。米切尔还被指控犯有“用可能导致不合理或无理由的疼痛或以痛苦的方式管理动物或动物群体”的重叠罪行。在动物管理的诸多领域，如农业、育种、研究、运动和娱乐中，有详细的行

为准则补充或取代这些一般的虐待和管理罪行。

刑法对动物的保护与对人类的保护相比如何？昆士兰州对虐待行为的定义包括一些如果对人实施则不算犯罪的行为，如令动物“紧张”，这可能包括麦克利戈特冲阿克塞尔大吼大叫。但是，在其他方面，则并不包括针对人类的规定。人类除了非常有限的情况，包括自卫、紧急情况以及自愿，在任何情况下都被保护不受故意的疼痛或伤害。最显著的区别是动物虐待法一般不禁止杀死动物，甚至并无理由。

1978 年，魁北克上诉法庭认定：“对流浪和无主的狗进行安乐死，或根据所有者的要求对狗进行安乐死，是正当的，不能因目的的非法性而谴责这一行为。”加拿大未来的首席大法官安东尼奥·拉梅直言不讳地解释了该裁决：

> 动物服从于自然和人类。杀死和伤害野生动物、制服它们，以此为目的驯养它们，不惜给它们带来痛苦，并在其太老、太多或被抛弃时杀死它们，往往符合人类利益。

因此，他总结道：“立法者无意像对人类袭击案件那样通过定罪[1] 211
来禁止引起动物最轻微的身体不适。”相反，被定为犯罪的是**残忍杀害**动物——根据昆士兰州法律的规定，不人道、速度过慢或引发不合理的痛苦，都属于残忍杀害。

1 criminalization，通过颁布法律将以前的某一合法行为转变为犯罪。

魁北克法院面临的问题是：将狗放进与汽车发动机相连的小室，迫使它们吸进二氧化碳而杀死它们，是否合法？因为高温气体“一般会导致”动物“疼痛、痛苦甚至被烧伤”，这意味着“动物一定会受到至少30秒的折磨”。杀死动物唯一无痛的方法是使用麻醉剂，拉梅聆听取了证据，但他不赞成在所有情况下都要求使用这种方法：

> 人类不会像杀猪一样宰牛。我们无法在不考虑社会优先事项的情况下将大量资金用于动物的安乐死。

不过，他判决魁北克安乐死企业使用的方式属于犯罪，因为有可行的替代方案，即“安装相对简单的”冷却系统，成本“并不高”。

刑法为防止人类照料的动物遭受不必要的疼痛而规定的积极义务，有时可能迫使所有者杀死动物或安排人将其杀死。在米切尔的案件中，塔斯梅尼亚州最高法院指出：

> 没有理由认为（米切尔）希望他的任何奶牛受苦。然而，这是一个涉及长期和反复忽视的极端严重的案件。他本可采取很多步骤……例如，他可以缩小牛群的规模，卖掉整群牛和（或）出售整个农场。

这些步骤很可能导致牛群部分或全部被杀死，说明即便动物虐待法也允许甚至要求杀死这些动物，包括由负责保护动物并惩罚虐待动物者的动物福利官员杀死。塔斯梅尼亚州的判决补充道，很多对米切尔的指控“涉及长期受到忽视、未适当喂养的奶牛，它们因此倒地不起，死去**或不得不被销毁**”。就连昆士兰州被主人 212
踢打的狗阿克塞尔，据说也“由于导致其疼痛的遗传性疾病而被安乐死”，这可能由负责替失职的所有者照料它的动物福利机构来实施。杀死这些犯罪受害者所用的方法未被描述。

证明虐待

在动物虐待方面，定义犯罪的困难之一是动物无法明确地向法庭表达它们的感受。当然，动物仍然可以通过它们的行为来交流，比如奶牛的呻吟和阿克塞尔的畏缩。但行为的含义要由法院——可能在有资质的专家协助下——来辨别。据报道，米切尔的律师抱怨“没有来自兽医的证据表明卡在树上的奶牛发出的呻吟说明它很痛苦”。另一方面，麦克利戈特的法官依赖控方兽医的证词，该兽医作证表示“狗是有感觉的生物，它们和人类一样会感到疼痛”（判决书中没有说明兽医是如何知道这两点的）。

更难解决的问题是，动物虐待（如兽奸行为）往往发生在私底下。阿克塞尔的痛苦之所以被发现，是因为麦克利戈特举止奇怪，在公共场合高声实施虐待行为，促使邦宁斯商店的雇员报警。对米切尔的奶牛担忧，似乎是其邻居提出的，但后来被调查动物虐待的专门官员追究——米切尔的律师辩称追查过分严厉。RSPCA 和其他致力于动物保护的协会往往被赋予调查或起诉虐待动物罪行的法定职能，在部分情况下，他们甚至被赋予监督权，部分是因为警察和地方议会等管理者有其他专业的任务，可能还有其他优先事项。

有些最触目惊心的虐待动物事件，发生在邻居、监管官员和公众看不到的商业环境中。2015 年年初，澳大利亚第一公共调查节目《四角》（*Four Corners*）播放了对一名纪录片制作人的采访，该制作人讲述她之前与灵猩训练师齐克·卡迪尔的一次对话：

> 他谈到他如何从熟人那里搞到活兔子，每周大概 30 只……然后他说他训狗时把兔子放进狗的围栏……他说：
> 213 “我把那些动物和狗放在一起，让狗去咬它们。”

制作人对卡迪尔说她也养了一只灵猩，但事实上，她是致力于制止动物虐待的慈善组织“澳大利亚动物”（Animals Australia）的缔约方。她的计策是合法的，但新南威尔士州法律禁止她秘密录制与训犬师的对话。然而，发生在卡迪尔领地上的事情最终还是被呈送澳大利亚高等法院，因为制作人多次深夜未经允许进入卡迪尔的领地，放置隐藏摄像机记录那里发生的事情，这已经违反法律。《四角》上播放了拍摄的影像，令人毛骨悚然：

> 一只本土负鼠被倒吊在诱饵挂钩上，挣扎着想要逃走。两只戴着嘴套的灵猩一次次地试图咬它。4 分钟后，嘴套被取下：最终残酷的场面没有被播放，但是能够听到最后一声

> 令人难以忘怀的惨叫（负鼠的尖叫）。

可以接受为揭露这种虐待而犯罪吗？新南威尔士州的控方是认可的，他们在保证电影人免于被追责的同时起诉卡迪尔。州刑事上诉法院亦是如此，他们判决第一段秘密拍摄的视频可被用于对卡迪尔的诉讼，因为如果没有这段视频，任何人都没有办法证明其罪行，官方几乎没有机会介入调查。最终澳大利亚最高法院一致表示不同意州立机构的意见，法院判决，正因为缺乏证明卡迪尔罪行的合法方式，所以通过犯罪获取的证据不能用于对卡迪尔的诉讼。

不过，高等法院的法官们判决，RSPCA 之后的调查是另一回事。法院赞同 RSPCA 利用“澳大利亚动物”的视频获取合法搜查卡迪尔领地的许可。

> 采纳私人“活动家”靠故意非法行为获得的证据是不
> 可取的，因为这是对“私警主义”（vigilantism）的认可甚
> 至鼓励。RSPCA 事先并不知道“澳大利亚动物”计划非
> 法记录发生在伦敦德里这处领地中的活动。RSPCA 依据
> 其搜集的材料采取行动，并不表明“澳大利亚动物”或其
> 他活动团体非法搜集材料的行为模式值得推崇。本案中用 214
> 来申请搜查令的证据获取证据不可取，但相较于拒绝由此
> 获取的证据，采纳对起诉这些严重罪行十分重要的证据更
> 为可取。

高等法院的判决意味着可以继续起诉卡迪尔，不过仅是基于搜查发现的证据（发现了已死的和濒死的兔子），而不考虑似乎展现了虐待行为本身的录像。但法官告诫绝非推崇“非法搜集材料”的“模式”，这表明，未来如再次发生这一系列事件，法院不会如此宽容。

动物虐待最好的证据经常来自被指控的犯罪者。高等法院认同卡迪尔是诡计的受害者，但不能因此就排除他犯罪，显然，他亲口承认这是制片人合法获得的。同样，米切尔一再拒绝官方的指示，这也是对他不利的部分因素，并导致其进一步被判阻碍罪。而麦克利戈特最大的敌人则是他自己，他甚至为警察部分重演了他是如何对待阿克塞尔的，而警方将其行为恰如其分地记录下来。

惩罚虐待

麦克利戈特和米切尔均辩称他们的行为没有看起来那么可怕。麦克利戈特试图向警方证明，他只是在向他的狗展示谁是“老大”。米切尔则依赖于证据：他曾多次咨询兽医并与动物福利机构沟通，而且一些牛在卖给他时可能患有隐疾。两人都辩称，这意味着即便他们的行为是残酷的，他们也不是有意如此，因此他们不应因虐待动物而受到惩罚。

在 19 世纪英格兰的“去角案”中，霍金斯坚定地否决了这种论点：

> 如果法律规定，任何人或团体可以为了自身的兴趣或
> 经济利益，在没有合理理由的情况下对动物造成折磨和痛
> 苦，并且在被指控虐待时，还可以辩护说自己真心以为此行 215
> 为是合法的（事实上不是），那就很难说这样的准则会被推
> 向何种限度，动物将会时常成为无知和贪婪的受害者。而人
> 类有责任保护其不受虐待。

用当代的术语来说，法律问题是，虐待动物是否像杀人一样，需要检控官证明被告有犯罪思想：要么想要伤害一只动物——在麦克利戈特的案件中有一定疑问，因为他踢打阿克塞尔时处于醉酒状态；要么有严重过失——在米切尔的案件中有疑问，因为虽然所有人一致认为在贫瘠的围场上经营奶牛场是一项困难的任务，但他从专家们那里得到的建议并不一致。

但是这两人的法官和几乎所有法庭一样，判定这些免于刑事责任的情况并不适用于虐待动物罪。塔斯梅尼亚州首席法官解释道：

> 如果这样的解释被采纳，那么只有在最可怕的案件中，才能对基于疏忽的管理不当和虐待罪行发起诉讼。

结果是虐待动物罪将两种截然不同的虐待笼括在一起：麦克利戈特的行为（造成痛苦是达到显示他是“老大”这一目的的手段）和米切尔的行为（造成大量痛苦是用特定手段管理奶牛

场的后果）。有两头奶牛在他不知情的情况下溜走，最终结局悲惨（包括卡在树上），对此，米切尔确实逃脱了管理不当的责任。至于其他，首席法官阿兰·布洛认为他的借口——“他处境艰难，且意图是好的，尽了全力照顾他的动物”——不能作为对虐待指控的辩护。

法院应该如何惩罚那些被认定虐待非人类动物的人，尤其是与针对人类的犯罪相对照？两种犯罪并不总是截然不同的。维多利亚州最近的数据表明，50% 因虐待动物被判刑（主要是被监禁）的人，同时也因其他罪行被判刑。在与动物相关的罪行之
216 外，成年罪犯最常见的犯罪行为是伤害他人，通常是家庭暴力。确实，多数管辖区域规定，如果威胁或伤害动物的行为“针对”的是家庭成员，也视为家庭暴力。但是澳大利亚的最高级法院警告：不要依据过去虐待动物的记录来确定罪犯未来是否会对人类造成危险。

2006 年，高等法院判决，昆士兰州法庭下令无限期拘留“达灵丘陵强奸犯”以保护社区是错误的。罪犯在 15 个月内强奸了 3 名女子，但他此前的犯罪记录不多。他承认过去曾与动物性交并虐待动物，法庭在量刑时考虑了这一点：

> 与动物发生性行为的细节是未经证实的。它们从不是任何刑事指控的对象……上诉人不应因为这些事件而受到额外的惩罚。任何对这些活动的厌恶或反感情绪都不应进入量刑过程。

量刑法官不应当关注“被告在性变态行为后有时会杀死动物”，并担心这预示着他未来有杀死女子的风险。高等法院无疑受此影响。事实上，该罪犯曾告诉心理医生，他有时射杀野马，目的是与它们的尸体交合，但这两种行为都不一定是犯罪行为。

该罪犯因强奸被判 22 年刑期。10 年后，他试图在服刑期间寻求假释，声称兽奸的事是自己在狱友的建议下编造的，狱友说这样有助于建立精神疾病的辩护。这凸显了此类案件的困难。假释委员会拒绝了他的申请，部分原因是他显然是为了假释而不惜撒（这样或那样的）谎。

只虐待动物的人——如麦克利戈特和米切尔——是否应该入狱？在麦克利戈特的案件中，他没有对阿克塞尔造成明显的身体伤害，因此他没有被监禁，而是被命令参加愤怒管理课程，并定期接受毒品和酒精测试。而米切尔因不适当的农场养殖导致众多奶牛受苦，受到更严厉的判决。尽管他不是故意虐待，但由于
事件发生的时间较长，涉及更多动物并导致了严重的伤害和死 217
亡。塔斯梅尼亚州与其他司法管辖区一样，无论伤害或死亡是否是故意造成的（事实上，有些死亡是安乐死导致的），都将这样的后果视为“严重的”虐待。

这位从前的农场主一开始被判 15 个月监禁——其他司法管辖区只对同时伤害他人的人判处这种刑期。米切尔的量刑法官解释，在本案中：

> 量刑主要考虑的必须是普遍威慑。必须让社区和所有

> 商业化农场养殖的从业者清楚，缺乏资金或能力，或两者都缺乏，绝不能免除为所照料的动物提供适当照料的责任。

塔斯梅尼亚州的首席法官同意，“唯一合理的量刑选择是监禁”。尽管他将米切尔的刑期缩短到 12 个月，但这么做只是因为他认为治安法官过度惩罚了该农民更轻微的罪行，如不埋葬死去的奶牛和妨碍公务。实际上，他认可 1 年刑期中最重要的部分：米切尔因养殖不善导致 17 只奶牛死亡、3 只奶牛受重伤而被判的 9 个月刑期。

威慑、谴责犯罪行为和预防对人造成危险，都是法律制度的目标（也不无争议），意在直接面向人类，只是间接保护动物。如果法院的目标是直接保护动物，那么还有其他的量刑选择。

大多数司法管辖区允许量刑法官颁布禁令，要求罪犯此后多年内不得拥有某种动物。RSPCA 最近表示，这种“控制令是对虐待动物罪判刑的重要组成部分，在很多情况下是……在案件结束后确保动物福利的最佳结果”。这种判刑会带来（故意的）副作用，即禁止罪犯未来与动物为伴，甚至禁止从事其选择的生计。这就是麦克利戈特和米切尔并不令人意外的命运：前者 3 年内禁止拥有伴侣动物，后者则 10 年内禁止监护任何牲畜。

218 最近，新南威尔士州议会颁布了一项强制性的永久禁令，禁止任何曾被判极端虐待动物罪者拥有动物或在工作中接触动物。涵盖的罪行有：杀死或严重伤害从事执法工作的动物（如我们在

第五章中讨论的警犬)、兽奸(本章前面谈到了),还有一种严重虐待动物的特别罪行,我们将在第六章中谈到。违反禁令的犯罪者将面临最高 1 年的监禁。

然而,刑法不是保护动物(包括人类及非人类动物)的唯一方法。在下一章中,我们将解释以多种方式保护或能够保护非人类动物的各种法律。

219 第六章　保护动物

2015 年年中，“获得野外动物体验”（Get Wild Animal Experiences）组织的所有者丹尼尔·布赖顿收养并训练了一只来自南澳大利亚州弗林德斯山脉（Flinders Ranges）的“野生骆驼孤儿”，并给它取名艾丽斯。“它很害怕和紧张，”他后来对媒体说，“最终，我们成功获得了它的信任并训练它尝试新食物，让人用绳子牵着走，乘坐运马的拖车，坐下并参加公共活动，与孩子们见面。”布赖顿后来又买了两只骆驼埃博妮和阿普丽尔和艾丽斯作伴。

“获得野外动物体验”为学校、购物中心和宴会提供移动的野生动物园，但布赖顿希望在他饲养 3 只骆驼的栏舍建立一处永久性设施。2016 年 4 月，他向当地议会申请在悉尼西南的铭托高地建立麦克阿瑟野生动物园。按照他的计划，动物园将包括 1 个骆驼围场、1 个鸵鸟围场、1 个野犬区、1 个沙袋鼠和鸸鹋区，以及 8 个鸟舍。“我们的目标是饲养少量本土和外来动物，以协助教育本地人了解野生动物保护、环境保护、原住民文化和生态融合的可持续生活方式，”他告诉媒体，保证能让当地人不用花一小时乃至更长时间去悉尼的塔龙加动物园（Taronga Zoo），就能看到鳄鱼、红树巨蜥、蛇、猫头鹰、野犬、猴子、狐獴和骆驼。

然而，野生动物园未能实现，此后几年布赖顿几次遭遇挫折。2017 年，他的两只鳄鱼从围栏中消失，迫使他寻求帮助，试图将其找回。尽管布赖顿怀疑是盗窃，但警方表示没有外人强行进入的迹象。很快，其中一只鳄鱼克莱科在悉尼的乔治斯河中被当地一家人发现，当时它处于“消瘦、昏昏欲睡的状态”，他们将其安置在自家的浴缸中。回到“获得野外动物体验”后不久，克莱科就死去了；斯奈普似乎一直未找到。同年晚些时候，RSPCA 的官员和 1 名兽医从布赖顿位于铭托高地的领地没收了
1 只羊驼、2 只鸡和 1 只笑翠鸟，并指控布赖顿未能为其动物提 220
供兽医治疗和足够的食物。2018 年，在布赖顿案件的听证预审上，RSPCA 检查员纳塔莉·威尔简述了动物“糟糕的身体状况”并对它们的生活条件表示担忧。然而，在两天的审判前夕，所有指控被撤销。

布赖顿的事业最终陷入低谷，缘起于更早以前发生的一起事件。2016 年 1 月中旬一个周五，他半夜被狗叫声吵醒，看见两只狗冲进他位于铭托高地的领地。过了一会儿，他再次被吵醒，还听到“奇怪的尖叫”。是骆驼艾丽斯在尖叫，它被狗袭击了。布赖顿赶跑一只狗，但另一只狗紧咬住骆驼的嘴和脖子，拒绝松口，他用 PVC（聚氯乙烯）管打它也没用。他后来解释他不得不改用铲了拍狗的头，拍了好几下。为了让它松开艾丽斯拍打了

一下，为了让它停止对骆驼、布赖顿和一名同事咆哮与撕咬，又拍打了好几下。两只狗的所有者一直未被找到。这意味着布赖顿无法为艾丽斯的遭遇起诉任何人，也没有人会因他对狗所做的事情起诉他。

在最后这一章中，我们将探讨法律如何直接保护动物，而非通过拥有它们的人类。正如引言中所说，我们会谈到多种不同种类的法律，它们能够保护动物，尽管方式往往十分有限。首先，我们详细说明私法如何在经济上保证动物的供养。其次，我们考虑公法如何决定他人是否及何时能够在法庭上为动物说话。最后，我们检视在中世纪和现在刑法如何处理为无主动物以及针对无主动物提出的指控。

私法：照护动物

艾丽斯被袭击几个月之后，一些悉尼居民发现另外一只无主动物——在城市北郊一幢公寓附近游荡的孔雀。随后人们对孔雀进行了 20 分钟的追逐，最终公寓居民用一张床单拦住了它。他们临时将孔雀安置在洗手间中，但无法长期照料它，也无法将这只非本土动物放归野外。居民们联系了几家野生动物公园，但没有一家愿意收容这只孔雀，居民们随后在一个有关走失的伴侣动物的“脸书”（Facebook）页面上寻求帮助。最终，有人回复
221 让他们找丹尼尔·布赖顿。布赖顿收留了这只孔雀，给它取名彼得，将其安置在“放养围栏”中，与它的同类待在一起。

布赖顿显然不是普通的动物园园主。除了经营移动的互动动物园，他还为高校学生教授兽医护理、动物园经营和动物照料，不仅如此，他 21 岁时就成为一个 7 岁孩子的抚养人。母亲形容他“从 10 岁起就对动物和教育充满热情”，并将他开设野生动物园的计划描述为“梦想……逐渐成真”。布赖顿在宣传他提倡的永久动物园时告诉媒体：

> 与动物亲身接触、互动，能够启发人们在日常生活中真正对周围环境做出积极的改变。

他对动物的热情和他的事业，也让他有责任为他的动物园里的动物做出积极的改变，包括呼吁其他人对自己的动物负责，以预防类似艾丽斯遇袭的事件：

> 由于这一反常事件，我们要改变它的居住安排。它的 4 条腿、嘴唇、脖子和脸部有多处深层撕裂伤，流了很多血。我们从未遇到过这样的问题，而且我们有一些更小的动物。人们需要对自己的狗负责，把它们拴好，以免它们造成破坏。

正如我们在本书前半部分看到的，犬主人对他人负有责任，包括在其疏忽或狗有伤人危险的情况下，有义务向他人赔偿狗造成的部分或全部损失。狗袭击他人，其所有者也可能被起诉并因刑事犯罪而受到惩罚。当然，所有者也有责任照料自己的伴侣动物。也许这就是为什么没有人站出来为袭击艾丽斯的狗（或游荡的孔雀彼得）负责。这导致布赖顿独自承担治疗艾丽斯的诸多外伤并保护它未来不受袭击的责任。

他的解决方案是在众筹网站“为我众筹”（GoFundMe）上通过一篇帖子求助。布赖顿提出请求，可能是因为他没有足够资
222 金适当地保护艾丽斯，或者他认为保护骆驼不受恶犬侵害应该是一项公共责任。同样，这么做也可能是因为他希望呼吁养狗的人更负责任，甚至可能是因为他想宣传自己的公司。然而，正如我们在本章后面看到的，他可能有更复杂的动机。

正如法律对试图伤害动物的人有诸多规定（我们在上一章看到了），法律对试图帮助动物的人也有很多说法。关于如何使用通过众筹活动筹集的资金，布赖顿将面临各种法律限制，利用众筹支持各项事业的人都会发现类似的问题。捐赠者有什么样的权利？布赖顿对捐赠者和艾丽斯有什么样的权利与责任？艾丽斯有什么样的权利？

很多澳大利亚人 2020 年初了解到这类问题，是因为当时该国历史上最大的山火导致广泛的财产、环境和经济损失，几十人和无数其他动物死亡。对受害者的捐款大量涌入，尤其是通过喜剧演员西莱斯特·巴伯创建的一个“贝宝”（PayPal）账户，该账户收到 5100 万澳元的捐赠，比巴伯最初的目标高出几千倍。法律问题在于，巴伯已经指明资金将流向新南威尔士州一个特定的农村消防基金，该基金是为消防和消防员提供资源而设立的。巴伯表示她会设法将这笔钱用于其他目的，但 2020 年 5 月，新

南威尔士州最高法院裁定，资金只能用于为消防员提供训练和咨询，以及支持受伤和牺牲的消防员的家人，而不得用于支持火灾的其他受害者，包括普通平民和动物。

布赖顿在“为我众筹”网上的宣传，很可能约束他只能将所筹资金用于他的3只骆驼艾丽斯、埃博妮和阿普丽尔（具体取决于他的众筹页面上的详细条款）。与巴伯类似，大大超出预期的成功，可能意味着他面临要在每只动物身上花费1000万澳元的任务。可惜我们不知道活动的结果，也不知道骆驼艾丽斯最后到底怎么样了。

照护特定的动物

众所周知，有些动物对主人表现出惊人的忠诚度，甚至主人去世后也是如此。“忠犬巴比”（Greyfriars Bobby）是一只斯凯㹴，据说在主人去世后的14年里，它不断拜访主人的墓地，直 223
到死去。这个故事广为流传，以至于人们在苏格兰爱丁堡格雷弗赖尔教堂墓地的入口附近竖立了它的雕像。同样，一只名为“八公”的日本狗据说在9年多的时间里每天都去东京涩谷站等它去世的主人。一开始，车站工作人员试图把“八公”赶走，意识到它在等待已故主人后，他们不再阻拦，并允许人们给它带食物，在八公最终去世后还参加了它的葬礼。为了纪念八公，日本有3座类似其形象的雕像。

狗不是唯一展现出这种深情的动物。2020年，有报道称一只猫在主人们去世后突然失踪，后来出现在其主人位于希腊阿斯特罗斯的墓地：

> 在（主人们）去世前，小猫和他们一起生活了几个月。他们去世后，它就不见了，直到斯塔夫罗斯·德利马诺里斯神父说猫突然在其已故主人的墓地出现。墓地工作人员立刻认出了小猫。它如今永久定居墓地，工作人员每天喂它，并建造了专门的小屋以确保它的安全。

无足为奇，没有动物留下遗嘱。不过，据说拉丁牧师和历史学家圣杰罗姆（约347—420）为一头因打碎了锅而被厨师判处死刑的猪写了一份诙谐的遗嘱。该“遗嘱”写道：

> 我，M.格伦纽斯·科尔科塔·波塞勒斯[1]，已立下遗嘱，由于我自己不会写，我口述如下。我将向我的父亲维里努斯·拉丁斯遗赠30蒲式耳[2]橡子。我将向我的母亲维图里纳·斯克罗法遗赠40蒲式耳拉科尼亚的玉米。我将向我的姐妹奎罗纳遗赠30蒲式耳大麦，我可能无法参加她的婚礼了。
>
> 关于我的遗体，我将把我的刚毛遗赠给修鞋匠，把我的牙齿遗赠给争吵者，把我的耳朵遗赠给聋人，把我的舌头遗赠给律师和喋喋不休者，把我的内脏遗赠给卖牛肚的小贩，

1　原文为M.Grunnius Corcotta porcellus，“M.”为人名缩写，也可能是拉丁文“magister”，即“老师”的缩写，“Grunnius”意为“猪叫”，“Cor”为“心”，“cotta”意为“煮”，“porcellus”意为小猪。此处采用音译。

2　计量谷物及水果的单位，等于8加仑或大约36.4升。

> 把我的火腿遗赠给贪食者，把我的胃遗赠给小男孩，把我的尾巴遗赠给小女孩，把我的肌肉遗赠给柔弱男子，把我的脚跟遗赠给跑步者和狩猎者，把我的脚爪遗赠给小偷。另外，我将向某位厨师（在此不提他的名字）遗赠我从猪圈的橡树林里带来的绳子和棍子，希望他用这条绳子上吊…… 224
>
> 我在世时与我亲近的朋友们，我祈求你们善待我的身体，给它涂覆上优质的调味品，如杏仁、胡椒和蜂蜜，使我的名字能够在未来的岁月中被提起。

据说德国作家约翰·亚历山大·布拉西卡努斯无意中在一份 16 世纪的手稿中发现了这份“遗嘱”。

最古老的书面遗嘱可以追溯到公元前 2550 年的古埃及；遗嘱有悠久的历史。死时带走动物的渴望可以追溯到更早以前。在以色列发现的 1.2 万年前的墓葬，提供了早期驯化狗的证据。墓葬中有一个相对年长的人的遗体，其左手腕放在额头下，右手搭在一同埋葬的一只小狗的身上，可见狗和人关系亲密，感情深厚。

鉴于至少一些动物似乎在我们死后记得我们，我们自然希望如果我们先于我们的动物死去，遗嘱中不要遗漏了我们的动物，以保证它们继续舒适地生活。然而这很难做到，因为法律不将动物视为法人，而是视为动产。因此，能够有效遗赠财产给动物的方式只有几种。第一种是留钱给朋友或家庭成员，让他们照顾动物。也可以将动物作为礼物送给朋友。然而，朋友必须非常值得信任，因为此类安排是无法强制执行的，朋友没有法律义务实现死者的心愿。第二个选择是设立信托为饲养动物提供资金。人们这么做的历史很长，这种做法自 19 世纪中叶就被视为可行的操作，尽管对于法律不承认非慈善目的的信托的一般规则而言，这是一个例外。第三个选择是请求将动物杀死。

这些讨论涉及我们尚未探讨的一种判例法。它产生于中世纪的英格兰，是对死板的普通法的一种回应，当时人们曾向国王抱怨。国王显然有推翻任何法律决定的绝对权力，但他没有时间也没有意愿处理其臣民的投诉，于是将投诉转给他的大法官（lord
225 chancellor）——通常是受过教会法训练的牧师。随着时间的推移，一个新的平行法院系统发展了起来，即由倾向于依据公平和道德进行判决的大法官领导的衡平法院。这一法律体系被称为“衡平法”。当普通法过于严苛或僵化时，衡平法庭时常介入以改善普通法，但它也产生了自己的制度，其中涉及为他人持有财产的信托。澳大利亚从英国继承了普通法和这第二套法律体系，其他英国殖民地亦如此。

最终，两个不同的法庭并行的制度变得不便，英国和澳大利亚多数州通过法规，规定一名法官可以同时运用普通法和衡平法。尽管如此，我们的财产法体系（尤其是信托法）仍旧反映出两套平行法律体系并行数百年的事实。衡平法庭发展出信托，允许一人（受信托人）合法拥有某物，但是为他者（受益人）的利益而持有该物，获得的资金也要用于保障受益人的利益。随着时间推移，信托的概念逐渐扩大，持有财产也可以是出于慈善的目的，在特定情况下，也可以是为了一只动物的利益。

遗赠资金给信任的人

要在自己去世后照顾好一只动物，法律上最直接的选择是将资金遗赠一位信得过的朋友，托朋友去照顾。然而，这种方式有时适得其反。尽管动物尽快死亡符合有权获得剩余遗赠的人的利益，但对照料者来说则恰好相反。

2014 年，《每日电讯报》报道，当一只名叫米西的猫据称满 30 岁时，受托人兼监护人引起人们的怀疑。米西原来的主人在遗嘱中给朋友留下丰厚的资金，让其照料米西的余生。调查发现“米西”显然远不到 30 岁；这位朋友似乎用长相类似的猫替代了原本的米西，以继续获取抚养猫的费用。

其他问题也出现了。2016 年，遗嘱执行人和被指定照料一只名叫“小熊维尼”的猎獾狗的女子爆发了争吵，原因是该照料者声称遗嘱执行人未能提供照料“小熊维尼”的资金，而她不得不自掏腰包支付给狗做矫形手术的费用。 226

迈阿密海滩的社会名流盖尔·波斯纳于 2010 年去世时，将价值 830 万美元的豪宅和 300 万美元留给一名助手，让其照顾她的 3 只吉娃娃。她的独子布雷特·卡尔获得 100 万美元的遗赠。卡尔起诉了他已故母亲的助手，声称他们给母亲下药，唆使她在受药物影响的情况下更改遗嘱。波斯纳在去世前曾对媒体说过，她的狗孔奇塔——凯迪拉克凯雷德汽车的受赠者——是世界上最受宠的狗。卡尔声称波斯纳的助手怂恿她发表这番言论，公开为遗赠提供托词。

为了避免这些问题，宠物主人可以考虑将遗赠留给设立“宠物遗赠”项目的认证慈善组织。这些组织会在伴侣动物的主人去世后照料它们。

遗赠资金给动物

供养动物的第二个选择是把资金留给动物本身。这一做法有悠久而奇怪的历史。一般来说，动物不能持有财产，也不能起诉或被起诉（中世纪法国的猪是例外）。而且，存在一条“受益人原则”，即任何明示信托的受益者都必须是特定的人，而在法律上动物一般不被视为“法人”。然而，为动物设立信托是受益人原则的例外。

为动物设立信托最早有记录的案例发生在 1842 年的英国。关于具体情况的记录简短得令人沮丧。立嘱人在遗嘱中规定：

> 我有一匹最喜欢的黑色母马，在此声明，我死后每年 50 镑的遗赠用于在英格兰或威尔士的某个公园饲养它；它的马蹄铁要被取下，不得再被人骑乘或套上马具；我的遗嘱执行人认为有幸承担义务实现我的愿望，确保它得到良好的照顾，并可随意行动。在它死后，停止一切支付。

经手法官副大法官詹姆斯·奈特-布鲁塞认为，供养动物的遗赠是有效的，如有要求，遗嘱执行人须报告母马的状态，如果未能

照顾好它，任何在马死后有权获得剩余遗产的人，都应该向法院申请确保马继续得到照料。 227

为狗、马、一只鹦鹉和猫设立的信托都得到了支持。印度男子阿赫塔尔·伊马姆最近将他的大部分土地遗赠给了两只大象莫蒂（意为“珍珠”）和拉尼（意为“女王”），因为此前有强盗手持器械侵入他的房产时它们救了他的命，但这份遗嘱惹恼了他的妻子和孩子。这不禁令人怀疑，立嘱人去世后遗嘱能否顺利执行。20 世纪初甚至有报道称，一名女立嘱人为照料 3 只金鱼提供了 70 英镑：

> 有一只比另两只大，这两只也很容易分辨，一只较胖而另一只较瘦。如果金鱼在季度结账日的状况符合这种情况，则支付款项；如不符合，则将这笔钱用于买花，在金鱼死后放在其坟墓上。

然而，报道是否真实我们不得而知：首次报道这一故事的那篇文章没有提供任何参考资料，也未提及女立嘱人的名字。

所有者希望确保他们心爱的伴侣动物余生得到照料，这是可以理解的，但有些留给动物的遗产数额巨大。

利昂娜·赫尔姆斯利是一家房地产公司的女继承人，她因将 1200 万美元遗赠给她的狗“麻烦”而臭名昭著。遗赠引发丑闻，部分是因为赫尔姆斯利和她已故的丈夫曾因未支付所得税而被起诉。赫尔姆斯利曾因逃税入狱 18 个月，审判期间，她的管家叙述她曾说过“我们不交税，只有小人物才纳税”。之后，她就被称为“吝啬女王”。赫尔姆斯利的遗嘱中只有几笔遗赠，剩余的遗产多数留给了利昂娜·M. 和哈里·B. 赫尔姆斯利慈善基金。然而，正如《纽约客》的报道，利昂娜给“麻烦”的遗赠引起了投诉：

> 遗嘱写明麻烦的监护权应转给利昂娜的弟弟罗森塔尔或她的孙子大卫，信托协议要求他们“以最高的标准照料麻烦，保证其福利和舒适”。但那两人都不想要这只狗。遗嘱公开后，麻烦受到了死亡威胁，这可能与他们的拒绝有
> 228 关。(两人均拒绝发表意见。)因此，受托人必须给狗找个家。而且对于一只年迈的狗来说，麻烦得到的遗赠显然太多，因此受托人决定采取措施以减少其数额。

一名法官收到受托人的申请后，将给麻烦的遗赠减少到 200 万美元，麻烦去世后，剩余的资金会留给慈善信托。法庭也任命了一名可靠的监护人（赫尔姆斯利家一名非常熟悉这只狗的雇员）。最终，2011 年 6 月，麻烦在其女主人去世 5 年后去世，享年 12 岁。

设计师卡尔·拉格斐据说也给他最爱的伯曼猫舒佩特留下了巨额财产。拉格斐去世前曾在采访中说，他想要和舒佩特结婚，但“人和动物之间的婚姻尚不存在……我从未想到我会这样爱上一只猫”。截至 2020 年 1 月，拉格斐的遗产尚未处理完毕，拉

格斐的工作人员也不愿透露舒佩特得到了多少钱，不过它显然在巴黎过得很好，而且有自己的“照片墙”（Instagram）账户。

遗赠财产给动物，困难之一是难以核实遗嘱执行人是否真的在照料动物。尽管奈特-布鲁塞似乎设想有权获得剩余遗赠的人会确保动物得到照料，但如果他们的主要关注点是得到遗嘱所允许的最多的钱，那么如果执行人未能按要求照料动物，显然保持沉默更符合他们的利益。

另一个问题是人们可能会滥用动物的寿命，以限制财产动用。法院不希望财产世代无法动用，因为这会导致他人无法使用或获取财产。法院有时试图通过考虑信托是否违反“禁止永久权规则”来应对这个问题。在普通法中，这一规则意味着信托期限不得超过信托当事人“终身”加上 21 年。比如，如果一位年轻的母亲要通过信托把钱给她的孩子们，并将剩余的留给孙辈，这很可能违反禁止永久权规则，因为她可能在设立信托后再生一个孩子，而这个孩子可能要到信托设立 21 年后再生育。这会导致财产长期无法动用，因此信托无效。 229

在 1932 年爱尔兰的一个案件中，据说“终身”被限定为人类生命，而非动物生命。但是在 20 年后英国的一个案件中，丹克沃茨法官据说将活 16 年对于猫来说已经很长的事实纳入司法认知[1]，并因此支持为两只猫设立的信托。在澳大利亚，所有州均将永久权时限延长到 80 年，或完全废除这一规则。

1 judicial notice，指法庭对众所周知且无争议的事实予以承认和接受。

在 1903 年的“霍华德案”（*Re Howard*）中，给一只鹦鹉的遗赠顺利通过，这使永久权问题难以解决。有些鹦鹉非常长寿——著名的悉尼鹦鹉科奇·本内特，一只葵花凤头鹦鹉，据说活了 120 岁。这导致一位美国法律教授建议，如果鹦鹉的主人希望他们的鹦鹉得到照料，则尤其需要考虑遗产规划。

信托必须是慈善性质的，这个规则也有一个奇怪的例外，同样与动物相关，但对动物不那么有利。在“汤普森案”（*Re Thompson*）中，一位剑桥教师想将遗产赠给友人乔治·威廉·劳埃德，以推广猎狐，这一遗赠得到了支持。1934 年的这个案件如果发生在今天，能否获得同样的判决，值得怀疑。

要求动物被杀死

以色列出土的古代墓葬展现了人和伴侣动物死后葬在一起的感人场面，但有人认为小狗可能是被杀死陪葬的。即便现在，动物所有者有时也会在遗嘱中加入一个条款，要求让他们的宠物殉葬。如果动物本来健康快乐，这显然是有问题的。

澳大利亚动物法学者亚历克斯·布鲁塞表示，可以认为这样的条款违背了公共政策或违反普通法或法规的原则，尤其是考虑到存在规定动物不应遭到残酷对待的动物福利法规。然而，澳大利亚目前尚未出现与这一问题相关的案件。

在美国，一名女子的西施犬最近按照其遗嘱条款被杀死，尽管一家动物收容所曾尝试拯救这只原本健康的动物。狗被杀死后，按照女子的要求与她合葬。在另几起案件中，美国法院拒绝执行此类条款，理由是它们违反公共政策。

照护普遍的动物 230

人试图让动物受益的另一种方式是建立慈善信托或遗赠。澳大利亚信托法认可 4 种有效的慈善目的，依据是 1601 年《慈善财产用益法》（*Statute of Charitable Uses*）的序言，其中列出了一些被认可的善举：

> 救济老人、弱势和贫困人群；抚养患病和伤残的军人、海员，资助普通学校、免费学校与贫困学者；修缮桥梁、港口、堤坝、教堂、海堤和道路；教育和培养孤儿；救济与维护矫治院；支持贫困女子之婚礼；支持、资助和帮助年轻的商人、手工艺人以及落魄者；以及其他，诸如救济或救赎囚徒、俘虏，帮助承担或减轻贫困居民负担，如“十五取一”“征召士兵”等税负。

法庭通过将慈善目的与法规中指定的类别进行类比来解读管理慈善的法律。在“珀姆塞尔案”（*Pemsel's Case*）中，麦克诺顿法官认为可以从杂乱的列表中提取出慈善的 4 个有效类别，即：

> 扶贫；
> 推进教育发展；
> 推进宗教发展；及

> 其他有益于社区的目的。

请注意，动物并没有明确出现在该列表中。这是因为动物和环境保护在英国女王伊丽莎白一世时代的英格兰并非核心问题。因此为动物（或环境）设立信托一般被塞进“其他有益于社区的目的”的类别。尽管澳大利亚法律规定“预防或减轻动物的痛苦”是慈善目的，但这目前并不包括慈善信托，仅限于对慈善机构征收的联邦税。

231 为保护动物设立信托的运动出现于19世纪中期的英国，当时法官开始认为，为对人类有用的动物设立的信托是慈善性质的。同时，人们对不必要的动物虐待愈发关注：第一部防止虐待动物的法律制定后，皇家动物保护协会（Royal Society for the Protection of Animals）1824年在英国成立。不过，即使在19世纪末，防止虐待动物的信托也不被视为是慈善性质的。这种情况随着1915年“韦奇伍德案”（*Re Wedgwood*）的判决发生了改变。上诉法院法官斯温登·伊迪著名的言论如下：

> 为保护动物的利益设立的遗赠有助于鼓励与促进善待动物、劝阻虐待、改善动物的状况，从而激发人类对其他动物人道和慷慨的情感，并通过这些方式普遍提倡人道和道德，遏制野蛮行为，从而达到人类品性的提升。

换句话说，法院认为提倡善待动物有助于提升人类道德，因此符合对公众有益的必要标准。在 1929 年的“格罗夫–格雷迪案”（*Re Grove-Grady*）中，女遗嘱人寻求设立信托以创建一个对所有动物开放、不受人类干扰的庇护所。面对这一要求，法庭意识到这一原则应有限度。多数法官认为这样的遗赠不是慈善性质的，因为没有人类管理，掠食动物会吃掉胆小的被捕食动物，而且这样的庇护所不会“带来任何能够提升人类道德的经验”。

关于阻止（用于动物实验的）活体解剖是否符合公共利益，法律一直摇摆不定。尽管一开始有迹象表明这会被认为是慈善性质的，但 1947 年英国上议院认为并非如此，因为有证据表明动物实验事实上对人类有益，尤其是在药物测试方面。

与防止虐待动物的信托相反，为动物的普遍利益设立信托将是无效的。因此，当塔斯梅尼亚州一名遗嘱人以信托形式将资金留给一名兽医“用于动物的普遍利益”时，齐曼认定该信托无效。防止虐待动物的遗赠为社会提供了普遍利益，这很容易理解，而该遗嘱人的遗赠未关联特定动物或特定区域，不带来社区利益。

有时为动物设立的信托声称是对社区有益的，但被认为理 232
由不够充分。在 1974 年“皇家国家农业和工业协会诉切斯特案”（*Royal National Agricultural and Industrial Association v Chester*, 1974）中，退休的家禽养殖户兼“鸽友”爱德华·切斯特将其剩余财产留给皇家国家农业和工业协会，以“改善信鸽的繁殖和比赛”。一定程度上，法院接受协会的论点，即有证据表明“信鸽可以并已经在战时与和平时期被用于传递信息，它们从任何放飞点回家的本能是未解的科学问题”。澳大利亚高等法院的 3 名法官表示：

> 总的来说，为比赛而繁育信鸽可能是对社区有益的事业。该事业为一些鸽友提供消遣；产生有趣、美丽且有时可用作沟通工具的鸽子；为对鸟类非凡的归巢本能进行科学研究提供了机会。

然而，法院最终认为繁育赛鸽不属于《慈善财产用益法》中规定的 4 类，其产生的公共效用达不到慈善事业的要求。

如果某人想要造福野生动物而非驯化动物，又会怎样？野生动物保护区的问题给法院带来了困难。在 1960 年的“(新南威尔士)皇家防止虐待动物协会诉新南威尔士州仁爱协会案”(*Royal Society for the Prevention of Cruelty to Animals*（*NSW*）*v Benevolent Society of New South Wales*）中，罗伯特·塞勒试图为 RSPCA 的利益设立与两块土地相关的信托，将该土地命名为“塞勒鸟类保护区”，并提供一名管理员（一开始由塞勒本人担任）维护保护区。剩余财产捐给仁爱协会。

此前，塞勒在他的房屋后放置了小鸟浴池，并为任何造访的鸟类(主要是珠颈斑鸠，不是澳大利亚本土动物)喂食谷物。“保护区”建立后，管理员每天三次喂鸟，并让所有本地鸟类（包括已成为“土著”的珠颈斑鸠）随时从喷泉喝水。澳大利亚高等法院认为其目的不属于慈善目的，信托未能成功设立。结果，资金被转给仁爱协会：

> 很多人喂鸟。这让他们愉悦并让鸟类满足。但是一名郊 233
> 区房主不能以为负责将盆里装满水并为鸟提供食物，就可以把他的家变成公共慈善机构并让他或他提名的人担任管理员。

另一方面，在 1951 年的“英格拉姆案”（*Re Ingram*）中，一项保护澳大利亚本土动物和鸟类的信托得到了支持，不过信托明确指出其目的是造福公众，这一点对法官来说很重要。同样，在 1978 年“（新南威尔士州）A-G 诉索特尔案”（*A-G [NSW] v Sawtell*）中，法官支持了一个保护本土野生动物的信托，依据是，保护本土动植物免于灭绝是符合公共利益的。

公法：为动物说话

RSPCA 起诉丹尼尔·布赖顿忽视其动物园中的动物，但未能成功。2018 年末，丹尼尔·布赖顿发表了以下言论：

> RSPCA 和其他动物福利团体在社区所做的工作无疑十分重要，他们确保动物得到适当照料，让动物所有者得到教育，同时起诉恶意虐待动物者。不幸的是，这一次他们弄错了，我很高兴我们洗清了有不当行为的嫌疑。

目前仍然不清楚布赖顿是否知道 RSPCA 对他感兴趣是出于

其他原因。一年前，RSPCA 官员进入他位于铭托高地的领地，他们获得搜查令，在一片特定的矮灌丛地里挖掘。结果，他们挖掘出一个毛巾包裹的塑料饲料袋，饲料袋中有一具腐烂的狗尸。引导 RSPCA 找到该地点的，似乎是“获得野外动物体验”组织之前的两名雇员，他们表示在狗袭击骆驼艾丽斯后不久布赖顿指示他们将狗尸埋在那里。两人表示他们夜里被另一名雇员叫醒，这名雇员是在狗发动袭击时被派来找帮手的，但当他们到达现场时，袭击已经结束了。

布赖顿最终说他试图让狗远离艾丽斯，防止其再次袭击，在
234 此过程中将狗杀死。但法庭听取了另外两种说法。一种来自塔龙加动物园的动物病理学家莉迪娅·唐博士，她表示狗的遗体上有大量伤痕，包括颈部附近骨头上三处可见的砍伤和头骨多处骨折。另一种来自两名前雇员之一，她表示狗被从艾丽斯身边赶走后，布赖顿对狗进行了追逐，并在安全制服狗后将其杀死。当被问及她为何一直在铭托高地工作并与布赖顿一家交往时，她回答：“我不能丢下那些动物，让它们身处险境。如果我离开，它们会死掉。”

治安法官审理 RSPCA 对布赖顿的起诉时，接受了前雇员的说法，即布赖顿两次残忍地攻击这只狗。第一次是布赖顿将狗绑在一棵树上后不久，当时他正要开车去找兽医为艾丽斯取药。前雇员表示，布赖顿拿起干草叉，多次刺向狗。从兽医处返回后，他给艾丽斯上药，然后说“我们应该把狗弄走”。他开始拖拽狗时，惊呼道：“见鬼，它站起来了。怎么还没死！”根据前雇员的

说法，布赖顿随后用绳子将狗吊在树上，并用木槌反复击打它的头，一边打一边说："我要确保它死透了。"治安法官判他 3 年零 4 个月监禁；依据上诉结果，他将至少在狱中度过两年。

州 RSPCA 的首席检察官解释为何 40 个月的刑期——该组织发起的诉讼中最长的刑期——是恰当的：

> 动物是有知觉的。它们应该得到人道对待，没有任何借口可以让人折磨动物。我们期望持许可证拥有动物并经营相关企业的人更加尊重动物。

他补充说，这只狗"是某人的宠物，被折磨致死"。尽管他也提到"所有者有义务确保其宠物被安全地关在家里"，而该犬"对骆驼艾丽斯造成严重的伤害"，但这"绝不是被告在此事中这样做的借口"。在澳大利亚，RSPCA 可以——并被官方鼓励——发起此类诉讼，这使其成为在正式场合为动物说话的关键角色。然而，RSPCA 只能在有罪犯可以被起诉和惩罚时履行这一职责。
对艾丽斯受伤负有责任的罪魁祸首无法被找到，但对狗受伤负有 235
责任的人可以找到。

关于丹尼尔·布赖顿的诉讼，还有很多要讨论的，但现在我们将探讨法院可能被要求对动物福利进行判决的情况。在澳大利亚这种（基于英国法律的）法律体系中，刑事诉讼是人们向法院提起诉讼的主要方式。如果某人认为发生了犯罪，包括针对动物的罪行，可以提起诉讼，这被称为"自诉"（private prosecution）。

20年前，后来当选新南威尔士州议员的马克·皮尔逊对一家马戏团提起虐待动物诉讼，理由是马戏团让他们的大象阿纳与其他三头大象交往随后又分开。治安法官以马戏团没有虐待意图为由驳回指控后，皮尔逊呼吁确立无意的虐待行为也可定为犯罪的判例。然而，法官无论如何不相信马戏团犯罪，因为有证据表明马戏团并不拥有那三头大象。诉讼最终因缺乏阿纳痛苦的证据而失败，不过成功吸引了媒体的关注。阿纳几年后压伤一名饲养员后被移送至一家动物园，2012年在那里因不明原因死亡，马戏团所有者将此事归因于“一颗破碎的心”。

在现实中，很少有普通人发起自诉，因为自诉费用高，起诉人要承担义务和潜在的责任，还不会带来任何补偿或收益。同时公诉人可以接管和停止诉讼，并必须签批很多较为严重的案件。

在2011年加拿大的一个案件中，请愿者希望将一头名叫露西的孤独的大象从埃德蒙顿动物园转移出来，他们试图直接要求法院宣布动物园犯有让动物持续“痛苦”的罪行，从而绕过种种困难。该省的首席法官指出，加拿大的公诉人已经拒绝提起诉讼，并可能会终止任何自诉，裁定法官应该考虑采取替代方案“非刑事宣告”（non-criminal declaration）——宣布某人为罪犯，即便其因未被起诉而不能被惩罚——是否是执行该司法管辖区内动物福利法律的适当方式：

236 艾伯塔省的动物福利法律目的在于保护易受伤害的动

物，这一事实引出了这些问题。是否无论情况多么严重，都无人能够干预，以保护动物免受政府机构虐待？

然而，其余法官判决，执行刑法的决定权只属于公诉人，尤其是扮演本地动物福利推行者的埃德蒙顿人道协会，而不是法庭。他们也判决提出诉求的组织缺乏发起非刑事诉讼的资质。

刑法与司法和政府法等其他法律的区别之一，是法院本身限制人何时能够为执行非刑法法律提起诉讼。法院要求执行者有"资格"，也就是说，他们必须与法庭审理的问题有特别的利害关系，而不仅是对现行的法律有一般的兴趣。法庭设置这样的要求，是因为不希望法律被用于政治目的，有些人会试图提出抽象的论断，比如有些试图保护动物的人有时提倡的那类主张。

本书第一章和第二章探讨了人类可以因他人动物的行为而运用妨害和过失等私法起诉他人的情况。然而，对"资格"的要求意味着，一般只有直接受到该行为影响的人能够参与私法案件，如声称受到伤害的人和据说应对伤害负责的人。这一部分探讨其他情况，即在法庭上可以将更宽泛的法律（如动物福利法规）应用于特定动物并提出论证。正如我们将看到的，法律时常限制谁可以发起这样的诉讼、如何发起，以及如果可以的话，法庭可以保护哪些动物。

为动物诉讼

斯塔福狴伊兹的案件是人与人之间的纠纷，尽管唯一的问

题是伊兹的生死。塔尼亚·伊斯贝斯特能够就伊兹发起诉讼，是
237 因为她与伊兹的生死显然有特定的利害关系：狗是她的，既是财产，也是伴侣动物。然而，当案件涉及动物无主（至少是无当事人）的纠纷时，诉讼资格很难确立，尤其在所涉及的法律不是关于个体动物，而是关于其他更大的问题时。

2020 年初，维多利亚州阿尔卑斯国家公园旁边乡村地产的所有者菲尔·马圭尔在该州最高法院提起诉讼，旨在迫使维多利亚公园组织（管理公园者）与社区商量通过射杀部分野马来控制公园内野马数量的计划。然而，法庭判决马圭尔不能提起该诉讼，因为政府如何处理野马与他没有特别的利害关系。他是公园的邻居，但这还不够，他无法辩称杀死野马的方式会影响他的土地或该土地的旅游用途。马圭尔强烈反对射杀野马的观点也无关紧要，因为即便更广泛的维多利亚州人民能够对维多利亚公园组织的计划构成影响，他也只是其中一员。最后，他对野马的感情——他表示野马最早在他的土地上繁衍，他曾在必要时照顾它们——也不够，因为澳大利亚高等法院曾判决，对某物（包括自然环境）的“强烈情感或思想依恋”不足以确立诉讼资格。马圭尔在第二轮宰杀之前提出上诉申请，他这么做或许是为了改变高等法院的判决，不过，维多利亚公园组织承诺在下一轮宰杀前与社区协商，之后他放弃了申请。然而，现存判例如果无误，则意味着马圭尔无法请求法院要求维多利亚公园组织信守承诺。

要求“资格”的规则在很大程度上甚至完全能够让法庭无

法强制执行保护动物的一般法律。然而，澳大利亚议会1999年制定了一项法律，允许更广泛的人员要求联邦法院阻止任何人违反国家环境保护和生物多样性法规。因此，除利益已经或即将直接受到此类违法行为影响的人之外，任何在过去2年参与过一系列环境保护或研究活动的人，都可以提起诉讼。

该法允许澳大利亚野马联盟于2020年以违反生物多样性条约为由，请求联邦发布禁令，阻止维多利亚公园组织在维多利亚州国家公园宰杀野马。联盟的诉讼最终失败，因为维多利亚公园组织没有违反条约，但是该诉讼推迟了原定的宰杀（这又促使维 238
多利亚公园组织考虑通过射击一些野马来进行选择性宰杀，同年晚些时候，联盟成员马圭尔试图推翻这种做法，但未能成功）。

结果是，寻求强制某方遵守动物保护法律——尤其是强制政府遵守——需要依赖政府去制定法律允许这种执法行为。一定程度上，刑法也符合这种情况——尽管任何人都可以提起诉讼，但指控政府犯罪并起诉政府，会遇到各种现实的和法律的障碍。另一方面，有些法庭认可，对政府提出特定的法律诉讼，如有必要，可由与案件没有特别利害关系的人提起。主要的例子是著名的人身保护状[1]（*habeas corpus*，意为“交出身体”），该令状要求法院询问拘留他人者这么做有何法律权限。申请人身保护状显然一般不由被拘留者提出，仅允许与其有“特别”利害关系的人申请也会引起不满，因此这是法律诉讼必须由有资格者发起的一般规

1　监禁他人者将被监禁人交给法院并给出合理的监禁理由的令状。

则的一个例外。

在最近的一系列案件中，致力于争取动物权利的美国民权组织“非人类权利项目”（Nonhuman Rights Project），为动物园或马戏团的几只黑猩猩和大象寻求人身保护状。依靠人身保护状有多个优势，至少该组织如此辩称。第一，他们不需要确立任何与动物的特别利害关系，只需要确定他们认为动物被拘留了。第二，因为令状是普通法的一部分，其是否适用于动物不通过解读法规决定，而可以由法官依据法院的等级规则和判例来决定，甚至推翻。第三，动物的所有者（如有）是谁的问题不起决定性作用，问题是动物是否被合法拘留。

另一方面，该组织面对的困难是他们是否主张必须彻底释放黑猩猩和大象——以及所有的伴侣动物。该组织的律师承认，考虑到动物可能遇到和造成的危险，在多数情况下这样的结果并不理想和合法。但他们辩称人身保护状并不保证去任何
239 地方的自由——被拘留的有残疾的成人或婴儿不具备这种自由——而是保证最大程度的自决的自由。因此，他们寻求对特定动物自决的能力和机会进行完整审理，并将动物释放到更好的环境中。

截至目前，该组织的所有令状申请均被驳回。值得注意的是，纽约一家法院拒绝为一只被关押在马戏团的黑猩猩发出人身保护状，因为法院判决令状仅适用于既有法定权力又有法定义务的生物：

> 与人类不同，黑猩猩无法承担任何法定义务，也无法担负社会责任或为其行为负法律责任。在我们看来，黑猩猩无法承担法律责任和社会义务，导致不宜被赋予人类的法定权利——如人身保护状保护的基本自由权。

尽管有一位资深法官辩称“生物是否有权通过人身保护状寻求获得不被拘禁的自由，不应被视为简单的非此即彼的命题”，但大多数法官让该组织转向保护动物自决权利的法律，并提到美国对动物虐待行为的普遍禁止，以及禁止纽约人饲养灵长目动物作为家养伴侣动物的特别规定。

动物提起诉讼

2011 年，摄影师戴维·斯莱特发表了一系列黑冠猕猴的照片，其中有一张令人吃惊的照片：一只据说名叫鸣人的猴子露出牙齿，神态很像“自拍”的人。更令人惊讶的是，斯莱特声称照片是那只印度尼西亚的猕猴拍摄的：

> 它们很淘气，在我们的设备上跳来跳去。一只按到了按钮。声音吸引了它的注意，它一直按。一开始其余猕猴被吓跑了，但很快就回来了——那场面很神奇。一开始它们总是露出牙齿做鬼脸。但后来它们似乎逐渐平静了下来。我拿回相机时，它一定已经拍摄了几百张照片。

240 部分依据这样的描述，包括维基百科共享资源（Wikimedia Commons）在内的几家组织发表了这些照片，声称它们不受著作权保护。然而，关于照片是如何拍摄的，斯莱特后来给出了不同的说法。他表示他特地把照相机架设在三脚架上，连接了猕猴可以操作的远程触发器，并对相机各项设置进行优化调整以获得成功的“自拍”——以此为理由，他声明拥有这些图片的版权。他最终自己发表了这些照片。

《猕猴鸣人拍摄的“自拍照”之一》

2015 年，猕猴鸣人做了一件比自拍更令人吃惊的事情：它在美国北加利福尼亚州地方法院起诉斯莱特侵犯其著作权。鸣人来自印度尼西亚，这个事实并没有让它无法发起诉讼——事实上，照片拍摄于印度尼西亚，这让鸣人无须登记著作权。物种也不是障碍，至少鸣人的律师是这样论证的：

> 鸣人和其他作者一样，有权拥有猕猴自拍的版权并从中获益。如果猕猴自拍是人类使用斯莱特无人照管的相机拍摄的，此人会被宣布为照片的作者和版权所有者。尽管宣称智人以外的物种拥有作者身份可能很新鲜，但《版权法》（《美国法典》第 17 编第 101 条及其后内容）中“作者”的概念足够宽泛，可以将该法的保护范围延伸到任何原创作品，包括鸣人创作的作品。鸣人对所有权的主张应该得到保护，并有权获得著作权侵害的赔偿和其他补偿。 241

鸣人自己起诉，意味着没有资格问题：当事人显然有资格就其对著作权的主张起诉。相反，难点在于非人类如何以及何时能够提起法律诉讼。

十多年前，美国联邦第九巡回上诉法院（巡回区包括加利福尼亚州）判决，美国宪法赋予国家立法机关权利，允许非人类（在该案中是“鲸群”）在本国法庭起诉人类（在该案中是当时的总统乔治 · W. 布什）：

> 动物显然无法像有法律能力的人类一样担任原告。但我们不认为第三条禁止国会批准以动物名义发起的诉讼，

> 正如其不禁止以公司、合伙企业或信托等法人名义，甚至以船只或无法律能力的个人，如婴儿、青少年或智力不全者的名义发起的诉讼。

然而，上诉法庭认为鲸群想要提起的具体诉讼——反对美国海军使用声呐——未获国会授权，国会仅允许“人”提起这样的抗议。

鸣人案件的基础是著作权法的运作方式不同——它将权利
242 赋予“作者”而非“人”。但审理和复审鸣人案件的法官提出一个在鲸类案中未被触及的问题：鸣人（和其他非人类动物）到底如何提起诉讼？一只 6 岁的黑冠猕猴，无论是自己提起诉讼还是雇佣律师为它这么做，显然都会遇到障碍。法官被告知，人类可以为它做这些事情，如果当事人——如孩子或有严重残疾的成人——无法自己做这些事情，所有法庭都允许这么做。最早自称担任鸣人的“诉讼代理人”（这类案件中古怪的称呼[1]）的是安特耶·恩格尔哈特博士，一位亲自研究过苏拉威西岛猕猴（包括鸣人）的灵长动物学家，也是拥护动物权利（包括它们提起诉讼的法律权利）的慈善组织“善待动物组织”（People for the Ethical Treatment of Animals，PETA）成员。

地方法院驳回了鸣人的主张，上诉法庭复审时，一名法官判决，人类一般不能担任动物的诉讼代理人，因为他们可能无法理解动物想要什么：

1　诉讼代理人的英文原文为“next friend”，直译为“身边的朋友”。

> 动物诉讼代理人资格与具有行为能力的人代理无行为能力的人有本质不同。在理解人类的利益和渴望方面我们有数千年的经验。在动物方面则不一定。

其余上诉法官更具体地对该问题做出判决，认为 PETA 未“声称其与鸣人的关系超出鸣人与任何其他动物的关系”，所以该慈善组织不能担任鸣人的诉讼代理人。

为何限制谁能够担任当事人（包括任何动物）的诉讼代理人？法庭的担忧是，当事人和诉讼代理人的利益可能不一致。当事人可能不想承担诉讼的负担（包括费用和法律责任）、败诉的风险（包括费用和获得不利的判决）甚或胜诉的利益（包括胜诉可能带来的不利，或它们的胜利可能对他人造成的影响）。在猕猴自拍案中，最明确表示怀疑的上诉法官问：

> 动物是否想要拥有财产，如著作权？PETA 似乎在为它们争取权利，但动物是否愿意承担与之相关联的义务？

当然，这些问题都是修辞性的：鸣人无法理解这些概念，甚至不 243
知道自拍是什么。

法庭的问题是，PETA 尽管以善待动物为名，实际上在以鸣人——和法庭——为手段，推进其为动物普遍确立法定权利的目标。上诉法官看到，这一担忧被证实了：PETA 试图与斯莱特就此案和解的条件，似乎无法给鸣人带来任何益处。确实，PETA

即便胜诉，也很难给鸣人带来任何帮助，尽管更不可能给它带来伤害。大多数法院抵制这种策略，因为他们认为法庭的角色是化解具体纠纷，而不是就抽象问题发表意见。

也许是为了反击，上诉法庭也裁定必须确认导致下级法院驳回该案的问题——即便动物通过某种方式成功提起诉讼，根据美国著作权法，动物能否被视为作者？法院判决国会未允许动物拥有著作权，更进一步，他们推翻了此前在理论上允许部分动物主张权利的判决，辩称这些判例让 PETA 之类的组织提出有缺陷的主张。然而，法官的呼吁需要得到更多法官组成的小组赞同才能成为新的判例，至今尚未被跟进。

也有些司法管辖区在某些方面更愿意承认非人类动物为“法人”。2021 年，另一家美国动物权利组织“动物法律辩护基金会”（Animal Legal Defence Fund），要求美国一家法院承认，根据哥伦比亚法律，动物可以作为法人提起诉讼。“住在马格达莱纳河的一群河马”，是大毒枭巴勃罗·埃斯科瓦尔以前所拥有的河马的后代，在哥伦比亚提起诉讼，针对政府杀死它们的计划寻求一系列保护措施。哥伦比亚环境管理者宣布采用给河马用避孕药的替代方案，随后引起关于避孕药是否安全的争论。“动物法律辩护基金会”代表河马要求美国法院让两名动物避孕专家宣誓作证，以为哥伦比亚案件提供帮助，其依据是美国有一条法律允许任何“利害关系人”就国外案件提出这样的要求。一位联邦法官批准了该命令，依据是在外国案件中，任何当事人，哪怕是非人类，都是“利害关系人”。

2016年，新西兰国会制定法规，明确规定旺阿努伊河——“一个无法分割的有生命的整体，包括始于大山归于大海的旺阿 244
努伊河，包括其一切物理和形而上的元素”——“是法人，有法人的全部权利、权力、义务和责任”。该法还创立了旺阿努伊河办事处，作为这条河流的“人类代表”，行使河流的“权利、权力和责任”并对其义务负责。这一角色由习惯权[1]所有者小组和新西兰政府提名的两人担任。可以采用类似的模式让动物或动物群体依据人和组织目前能够借助的法律，在法庭上提起诉讼。

刑法：为动物辩护

新南威尔士州有关伴侣动物的主要法律明确允许人“抓捕”或伤害狗，以保护财产、人，在多数情况下，还有其他动物。如果只能这样保护财产，你可以抓捕一只狗；如果只能这样保护人或其他动物，你可以伤害或杀死一只狗，除非狗在帮助赶牲畜或狗攻击的动物被视为“害兽”。如果法庭接受丹尼尔·布赖顿最初的说法——他为了阻止狗袭击骆驼艾丽斯而伤害它——那么他的行为会被视为合法的。

新南威尔士州法律赋予该州农民更广泛的权利去伤害或杀死一些狗：

1 customary rights，对土地和资源的“习惯权”指原住民与当地社区根据习惯法、价值观、习俗及传统，长期使用社区土地和资源的模式，区别于国家颁发的对土地和资源的正式合法所有权。

> 如果犬不在有行为能力者的有效控制下进入封闭土地……靠近在该土地上放牧的任何动物，土地占用人或占用人授权的任何人如果合理相信该犬会骚扰、攻击或伤害那些动物，则可以合法伤害或销毁该犬。

这一规定似乎与布赖顿案中法庭最终接受的情况有重叠：布赖顿杀死一只流浪狗，是因为它进入其房地产，攻击他（声称是）“养殖”的一只动物，并似乎可能再次攻击。然而，布赖顿没有依赖法律的这一条款，最有可能是因为法律仅允许用“让其迅速死亡、
245 不受不必要的折磨”的方式杀死狗，而根据其前雇员的说法，他并没有这么做。相反，布赖顿提出出人意料的观点：他的行为应豁免 RSPCA 指控他犯有的罪行，因为该罪行有“消灭害兽”的特定例外。

在第二章中，我们讨论了法律如何将一些动物归为害兽或妨害，并允许以多种方式控制，包括通过公共宰杀计划，以及通过私法允许土地所有者起诉将害兽或妨害动物引到某地的人。在第三章中，我们讨论了古老的社会如何针对各种问题动物制定不同的应对办法，让动物为其行为接受审判。在这部分，我们探究过去和现在的刑法如何努力去应对更宽泛地声称动物是害兽的主张。首先我们将重温中世纪动物审判的奇特历史，这次关注的是对害兽施加宗教制裁的尝试，这一做法引发了对害兽出人意料的辩护。之后，我们将回到丹尼尔·布赖顿的案件，关注新南威尔士州法庭是否认定无主狗是害兽，任何人都可以消灭它，即便

有针对严重虐待的新禁令。

“害兽审判”的奇特案件

爱德华·佩森·埃文斯的《动物的刑事责任和死刑》（*The Criminal Responsibility and Capital Punishment of Animals*）一书借鉴早期德国法律教授卡尔·冯阿米拉的分析，区分了中世纪的两种动物“审判”：

> 冯阿米拉严格区分动物惩罚（Thierstrafen）和动物审判（Thierprocesse）；前者是世俗法院对猪、奶牛、马和其他家畜判处的死刑，作为对杀人罪的惩罚；后者是教会法院针对大鼠、鼠、蝗虫、象甲和其他害兽制定的司法程序，目的是防止它们食用庄稼，并通过驱邪和绝罚的方式将它们赶出果园、葡萄园和耕地。

我们在第三章中谈到过第一种审判，它让非人类动物进入 246
原本为人类设定的程序，目的在于对犯罪的人处以拘留、审查和惩罚：

> 为人类服务的动物可以像任何其他家庭成员一样被逮捕、审判、定罪和处决；因此，没有必要传唤它们在特定时间出庭对其行为作出答复，从而使其在严格意义上成为诉讼当事人，因为长官已经将其逮捕，并移交看守监管。

尽管这一做法在现代人看来非常奇怪，至少逮捕、指控、证据和裁断等刑事程序的运用以及这些审判的常见结果（处决）对我们来说熟悉且能够理解。相比之下，第二种审判的程序和结果在现代社会没有明显的类比：

> 另一方面，昆虫和啮齿动物不受人类控制且无法被民政当局捕捉并监禁，则需要教会干预，行使其超自然职能，以迫使它们停止破坏，离开所有生产人类食物的地方。要阻止这些害兽的破坏，唯一可行的方法就是寻求“玄学的援助”，通过牧师的咒术和诅咒驱逐或消灭它们。

将害兽人格化

乍一看，害兽审判最奇怪的部分是其预期的结果：仪式化地宣布害兽是被诅咒之物。审判的目的不是允许国家或任何人杀死或用其他方式惩罚害兽——这本就是被许可的。相反，举办审判是因为消灭害兽的一般方式失败了：

> 抓几只害兽并让它们出庭，一边庄严地将它们处死，一边对它们进行咒逐，已经成为习惯做法。这证明，如果可能，这种即决的处理方法会被应用于害兽全体。确实，有时也尝
> 247 试为消灭害兽而对其进行悬赏，比如880年罗马发生蝗灾时，就曾悬赏消灭蝗虫，但是这一方向的所有努力全部无效，由于害兽繁殖迅速，人们不得不求助于驱邪和洒布圣水。

绝罚（excommunication），指不得参加圣礼，它与咒逐不同，被认为是较轻的惩罚，而且没有人认为其被用于动物有任何作用，不过埃文斯提到这两个名词时常互换使用。

尽管埃文斯严厉批评运用咒逐的超自然力就像巫术审判，但是将咒逐用于动物符合我们此前谈到的人类将动物人格化的多种理由。

第一，有些“道德事件”会导致人类赋予动物人类特征。道德事件可能是积极的，如英雄信鸽“雪儿阿美”（Cher Ami）在“一战”期间冒着战火送信，为此荣获法国十字勋章；事件也可能是消极的，如中世纪的猪杀死儿童，或野生动物啃食或破坏庄稼。

第二，因为动物对于日常生活的重要性，中世纪对动物的态度可能有所不同。一方面，圣奥古斯丁辩称动植物是为了被人类使用而被置于地球上的。托马斯·阿奎那也援引亚里士多德、《创世记》和圣奥古斯丁，表示动物和植物是为了人类而存在的。因此他表示杀死动物和食用它们的肉是合法的：

> 愚蠢的动物和植物不具备让它们自主活动的理性生命；它们仿佛被他者移动，在一种自然冲动的驱动下移动，这是它们天然被奴役并适合被他者利用的标志。

另一方面，中世纪人与动物的实际关系似乎与这种说法所展现的有很大不同，且更加复杂。因此，萨拉·巴特勒辩称，在中世纪，神、人和动物的分类并非泾渭分明的：

> 248 在讲坛上被宣扬、在画作中被优美地表现的基督教世界观不断提醒我们，人类、动物和自然都是上帝造物的必要组成。存在的巨链（Great Chain of Being）将宇宙等级表现为从上帝脚边延伸到虚空的巨链，人类位于天使和动物之间。对神造万物如此统合的看法强调不同等级之间的相互依赖，以及他们共同的特性。人类和天使都有思考的能力和精神信仰；然而，人类和动物能够活动的身体将两者紧密联系在一起，也与地球联系在一起。这种世界观能够解释人类很多低级的行为：为何有些人“像猪一样吃东西”“像兔子一样繁殖”，参与“猫斗”[1]或像“蠢驴一样”行事？在这些时候人类丧失了理性思考的能力，导致人从一个类别滑入另一个类别。

巴特勒还提到，有时动物被视为比人更好的基督徒。一只法国灵缇——被很多人尊为圣吉尼弗特——甚至被当作生病的孩子的守护神崇拜，因为据说它从毒蛇口下救出当地领主的儿子后被不公正地杀死了（这一传说与威尔士的卢埃林和他的猎犬格勒特的故事有明显的相似性）。在 13 世纪，天主教宗教法庭审判官斯蒂芬·德波旁取走圣吉尼弗特的骨头，将其烧毁，试图以此阻止人们崇拜它。他失败了，人们继续崇拜圣吉尼弗特，尽管天主教教会从未正式承认它是圣人。20 世纪 60 年代，有证据表明

1　cat fight，通常被用于代指女子之间的打斗。

里昂附近的当地人仍然知道它。

因此，中世纪出现动物审判，反映了这样一种可能性：在某些地方，某些时代，动物被视为与人类对等（甚至优于人类）的，尤其是当它们做出正面的“道德行为”时。反过来，如果接受动物拥有与人类对等的能动性，那么行为不当的动物就应该以相同的方式受到惩罚。事实上，我们在第三章描述的刑事审判就体现了这种现象。

埃文斯本人不接受对审判的这种解释：

> 这种解释在情感上很合适，但表现的是一种现代而非中世纪的思考方式。中世纪盛行对动物的刑事起诉，这绝不是该时代特有的，原始人和野蛮部落也经常这样做；与这种 249
> 解释所暗示的不同，其目的不是灌输任何道德观念，同时也没有产生任何理想的效果。所以，这种做法绝非源自细腻的、富于同情的正义感，而是正如后文更加充分地表明的那样，源自极端粗陋、迟钝和野蛮的正义感。它是一种社会状态的产物，在其中，严重的无知被暴力支配，不应被视为对暴力政治的反应和反抗。事实上，对司法进行荒诞的模仿并因此让其沦为闹剧，反而会助长暴力政治。另外，继续这种闹剧，扭曲公民社会的一项神圣而基础的制度，符合教会显要的利益，因为通过将毛虫和尺蠖都纳入他们管辖与控制的领域，这加强了他们的影响力，并扩大了他们的权威范围。

历史学家彼得·丁泽尔巴赫的观点与埃文斯颇为一致，他提出，中世纪的审判是社会和宗教动荡的产物，被当局用来巩固宗教和经济控制。

法律和经济学教授彼得·利森将同样的推理运用于害兽审判，辩称它们是巩固宗教权威和防止偷逃“什一税”的一种方式。在很多害兽审判中，本地人拜神和缴纳“什一税”的义务被强调是害兽离开的先决条件。害兽一般是流动的，可能因多种原因从某地离开，但如果它们的离开被视为害兽审判所产生的积极效果，就会提升教会权威。利森还发现巫术审判和害兽审判在时间上有重叠，尤其是在出现害兽审判的地区。针对瓦勒度派（Waldensian）和清洁派（Cathar）等团体的异教审判，也同时在这些地方发生。利森猜想，这解释了害兽审判奇怪的地理分布和发生的时间：它们旨在加强这些特定地区的正统信仰。

诺尔曼·科恩在关于这一主题的开创性的著作中辩称，对异教徒和仪式魔法师的法律审判，不能与后来的巫术诉讼混为一谈。根据科恩的说法，从早期对异教徒的诉讼，到对举行巫术仪式者（以及异教徒）的诉讼，是一个逐渐发展的过程，在此之
250 后，15、16和17世纪才出现对巫术的法律审判。科恩辩称，认为巫术审判出现得更早，其实是历史骗局和伪造被视为事实并一再复述的结果。不过，关于女巫夜里在天上飞并参加女巫集会（witch's sabbath）的刻板印象，形成于15世纪20年代的一些地区，在这些地方，对韦尔多教徒的迫害时常发生，韦尔多教派信仰和巫术被混为一谈。巫术审判和害兽审判似乎确实反映

了当时某种更广泛的社会和宗教动荡，一定程度上涉及对正统宗教权力的维护。

代理害兽

尽管可以从多个角度解释中世纪对害兽的宗教制裁，但导致这些制裁的程序更难解读。埃文斯描述了乍看完全像宗教仪式的场面：

> 在动物诉讼中，传讯一般由教区神职人员发布，整个司法流程有明显的宗教特点。在多数案件中，主审法官或官员是教区牧师，他们作为辖区主教的代理人行事。助理牧师偶尔主持这项工作。有时审判由教会授权的民事法官主持，或被交由召唤师（conjurer）裁判。

然而，在很多情况下，为回应受到害兽影响的人们的投诉，官员会指定两名法定代理人——一人控告动物，一人为动物辩护。法国最著名的中世纪法学家巴泰勒米·德夏塞内兹，据说于1508年确立声名，就是因为替欧坦（Autun）的老鼠做出精彩的辩护。当时这些老鼠因破坏欧坦种植的燕麦而受到咒逐的威胁。德夏塞内兹在其享有盛誉的职业生涯中，据说曾代理过多位其他动物委托人，但是没有记录留存下来。

德夏塞内兹质疑向老鼠发出传讯的做法，以此为欧坦的老鼠辩护。他辩称这么做欠妥，因为老鼠分布广泛，传讯可能不会被

251 它们留意到。法官随后命令在所有老鼠居住的教区的教堂讲坛宣读第二份传讯。老鼠（不出意料）未能出庭，德夏塞内兹辩称这是因为旅途漫长且艰难，一路上还有猫造成的威胁。他指出，如果人受到生命威胁，就不会被要求出庭。法院再次暂停程序。遗憾的是，我们不知道这个案件最终的结果。

关于另一个有趣的案件，有详细的记录留存下来，埃文斯对其进行了总结：1587 年，圣于连的葡萄种植者投诉一种绿象甲。葡萄种植者的两名代表恳求“尊敬的阁下，莫里耶讷主教”任命为象甲辩护和控告象甲的律师，走访并评估受损的葡萄园，然后咒逐这些害虫。两名代表很快被任命并在此后的 5 个月中互通书信。为象甲辩护的皮埃尔·朗博辩称，象甲不应因为其完全自然的、符合上帝预期的觅食天性而被惩罚。第三名律师是葡萄种植者的代理人弗朗索瓦·费伊，他辩称象甲臣服于人类，因此可以被惩罚。对此朗博不客气地回应：动物相对于人类的地位与此无关，因为两者都臣服于上帝。

尽管德夏塞内兹此前曾为面临咒逐的动物辩护，但他最终认为制裁害兽在法律上是合理的。关于这一问题，他的论证见于汇集其法律观点的文集《律师全集》（*Repertorium consiliorum*）中收录的 59 篇论文中的第 1 篇。这部作品出版于他为欧坦的老鼠辩护 13 年后、他去世 10 年前。根据埃文斯的描述，这位法学家的论文着重于确立这种做法的悠久历史，将其追溯到对诱惑亚当和夏娃的毒蛇的诅咒，以及耶稣诅咒枯萎的无花果树：

> 关于耶稣的话语“凡不结好果子的树，就砍下来，丢在火里”，他解读道，这不仅是去除果园中碍事之物的最好方式，还是对树的罪过的谴责和惩罚。他还说道：“如果可以因为树不结果而销毁这个不合理的事物，就更可以诅咒它，因为更重的惩罚涵盖了较轻的。”

对于教堂怎能因为动物的自然本能对它们进行惩罚的难题，252
德夏塞内兹的解决方式是辩称咒逐的目的不是惩罚而是预防：“有些措施针对已经犯下的罪行不被允许，为预防未来的罪行则可以允许。”这样的观点似乎让面临咒逐的害兽无话可说。不过，德夏塞内兹一方面认可宗教制裁在法律上是适当的，另一方面坚持严格遵守法律程序：

> （德夏塞内兹）坚称任何情况下不经司法裁决不得施加惩罚……为支持这一原则，他还提到使徒保罗，后者曾说过“没有律法，罪也不算罪”。他似乎认为任何细节错误都会破坏整个程序，并让教会的禁令沦为“空口威胁”（*brutum fulmen*）。

后来，德夏塞内兹成为普罗旺斯议会即地区上诉法庭的负责人，他被要求给予异教徒宽厚处理，就像他曾经对欧坦的老鼠那样。1541 年议会颁布《梅兰多勒判决》（*Arrêt de Mérindol*），要求根绝梅兰多勒和卡布里埃–德阿维尼翁的韦尔多派异教徒（他们否认教皇和天主教教会的权威），这时另一个法官提醒德夏塞内兹他曾代表老鼠提出的论点，并问对异教徒是否也应该给予同样的对待。德夏塞内兹同意了，他从国王那里获取了法令，要求允许韦尔多派成员安全地出庭并有权获得法律代表。然而，不久之后德夏塞内兹就去世了，他的指令未得到执行。随后在 1545 年的梅兰多勒大屠杀中，不知道有多少人被杀死，历史学家估计死亡人数高达数十万。

无论德夏塞内兹的支持对面临宗教诉讼的人类有什么影响，妨害动物对此都漠不关心，也不会受其辩护人和对手的行动影响。咒逐或发生或（在极少情况下）不发生，侵扰或停止或（不那么罕见地）不停止，“什一税”或被缴纳或不被缴纳。这些事件之间有时被认为有联系，有时则被认为无关。然而辩护人的“讼棍行为”（埃文斯如此称呼），有时确实促使那些为害兽所侵扰的人至少会在消灭它们和将它们视为受害者这两个极端之间
253 找到一个中间立场。

在埃文斯描述的 1587 年圣于连的象甲审判之前和之后，分别有两起案件考虑了替代方案。一个案件发生于 40 多年前，即 1546 年，那是葡萄种植者初次寻求咒逐害兽。在代理人和被告的辩护结束后，法律博士弗朗索瓦·博尼瓦尔宣称：

> 万物的至高创造者上帝规定，地球不仅为养活理性的人类提供水果和药草，也为在大地表面飞行的昆虫提供食物，因此不宜草率仓促地对待被指控的动物。

博尼瓦尔呼吁虔诚、慈善，并通过执行“什一税”和一个集体祈祷项目，暂停消灭象甲。在此期间，据说象甲自行从当地的葡萄园中消失了。

1587 年虫害再次发生时，没有正式暂停消灭象甲，但律师关于将自然法、人类法和神法运用于动物的论点，或至少阐述这些观点导致诉讼流程漫长的情况，促使原告考虑用其他方式解决他们和象甲的纠纷：

> 1587 年 6 月 29 日正午，弥撒结束后，立刻在圣于连被称为“高地客厅”（Parloir d’Amont）的大广场召开了公共会议。所有农夫和居民均被教堂钟声召集来，评估为上述动物在圣于连葡萄园之外提供一个住处——让它们获得足够的食物，又不食用和破坏上述社区的葡萄树藤——是否适当和必要。

圣于连的居民不仅决定为象甲保留一个特定的地点——“像地形勘测一样细致地描述，不仅考虑位置和大小，还有树叶和草类特点”——还投票专门拨出这片地，并“以良好的状态和永久有效的形式”转让。然而，象甲并未被授予独占权——本地人保留他们穿过该土地、使用泉水、开采矿物、战时在该地避难的权利， 254
但不侵害象甲的生活资料。

不幸的是，诉讼继续进行第二轮审判，象甲的律师拒绝接受人们给出的土地，表示该土地贫瘠，无法满足象甲的需求；而原告坚称该土地长满树木和合适的灌木，催促官员下令勘测。没有关于诉讼结果的记录，这或许不是个好兆头，至少埃文斯是这么说的：

> 经历如此细致的审议和漫长的延迟之后，此案的最终判决存疑，原因是发生了不幸的情况：记录的最后一页被老鼠或某种虫损坏了。

在这个过于“完美”的结局之后，埃文斯指出，报告最后一页的边缘列出了支付给勘测员和教会官员的费用，日期是对象甲的诉讼开始 8 个月之后。

后来，这些审判逐渐停止，但欧洲和美国形成了一种习惯：给啮齿动物送驱逐信，甚至是请求它们离开的通知信。埃文斯表示：“为了避免老鼠漏看导致未能读到书信，书信会被抹上油以吸引它们的注意，卷起来塞进它们的洞里。”在爱尔兰、苏格兰和法国，有向啮齿动物念诗让它们离开房屋的传统。据说苏格兰的驱鼠诗是这样的：

> 大鼠小鼠
> 速离屋舍
> 去找磨坊
> 填饱肚子

这会被写成令状贴在墙上。

独特的丹尼尔·布赖顿案

现在我们回到丹尼尔·布赖顿案，他残忍地杀害了一只被他称为“害兽”的狗。尽管被控为害兽的动物曾在中世纪接受审判，但今天的问题是杀死害兽的人是否犯了其被指控的特定罪行。正如我们在第五章中所讨论的，禁止虐待动物的法律是一种 255
非常现代的现象。布赖顿杀死狗时，新南威尔士州两项主要的虐待动物罪是虐待动物（当时可处以最高 6 个月监禁）以及严重虐待（应用于动物因受虐待而死亡或重伤的情况，最高处罚只加重到两年监禁）。但诉讼必须在虐待发生后 1 年内发起，而布赖顿被控虐待狗，则发生多年后才为人所知。

然而，过去 10 年，在发生了一起广泛宣传的悉尼青少年折磨小猫事件之后，新南威尔士州议会创立了“严重虐待动物”的新罪行，不仅包含虐待导致动物死亡或重伤，还包括“故意施加剧烈疼痛”。这一罪行不会涵盖我们在第五章中探讨的两个虐待案例（踢打狗和对奶牛疏于照管），但按理可以涵盖丹尼尔·布赖顿的所作所为。重要的是，用新罪行提起诉讼没有时间限制，而且最终惩罚可达 5 年监禁。布赖顿就是这样因杀狗而被起诉、定罪和判刑。

根据治安法官前所未有的判决，布赖顿要在监狱中服刑数年，他避免这一切的希望有赖于以下对严重虐待罪的法定辩护：

在下列情况下，个人对违反本节的罪行不负刑事责任：

（a）该行为是依照《1985 年动物研究法》（*Animal Research Act 1985*）或其他法案和法律所赋予的权利发生的，或

（b）该行为发生在常规农业或畜牧业活动、被认可的宗教活动、消灭害兽或兽医业务的过程中，或是以此为目的。

几乎所有人都同意，这是针对严重虐待罪行的一种特殊辩护，因为几乎没有理由认为该法豁免的任何行为是带着给动物造成剧烈疼痛的意图进行的。正如一名法官所说：

256 我们可以理解对被认可的宗教活动的豁免，我认为这与清真和犹太洁食肉类的宰杀有关。然而，这两种宰杀都没有造成剧烈疼痛的意图。整个过程涉及用快刀一次性切开颈动脉，至少切开颈动脉一半以上的长度，旨在（尽管是在现代屠宰技术未被发明时）避免施加剧烈疼痛……也许仍有宗教从事动物祭祀，但即便这种历史悠久的做法利用的也是死的动物，而非活的动物。

无论如何，如果布赖顿能够确定他伤害和杀死狗时是在进行其中任意一项活动，他就会胜诉。但布赖顿并未辩称他在进行“日常”农业活动或兽医业务（或实施法律或宗教习俗），因此法院唯一需要判决的是：狗是否是被布赖顿“消灭”的“害兽”。

本案在这方面是现代最接近害兽审判的，尽管其中不涉及

圣于连的象甲之类——现代严重虐待动物的罪行不涵盖昆虫，其中的“动物”被界定为哺乳动物、鸟类和爬行动物。然而，法官意识到，动物是否害兽的问题，能够决定虐杀在澳大利亚一般不被视为保护动物的一系列动物是否犯罪：

> 定义排除了两栖动物，如青蛙，但包含爬行动物，如蛇、蜥蜴或鳄鱼。依据 RSPCA 在这些诉讼程序中表达的看法，自然会得出这样的结论：看到一条蛇、蜥蜴或鳄鱼的人，用铲子打它或将其杀死，就犯下了罪行。

法官提出，尽管任何人都不太可能为了给鳄鱼造成剧烈痛苦而袭击它，但蛇和蜥蜴可能是另一回事。如果人因此被指控犯有严重虐待动物的罪行（法官认为不太可能），唯一的辩护就是他在消灭害兽。

听取布赖顿的审判和上诉的法官必须考虑的问题是：能否将狗视为害兽，以及在什么情况下可以？布赖顿的律师辩称：

> “这只狗与另一只狗一起来到这块土地并袭击了一只骆 257
> 驼，吊在骆驼脖子上，”他表示，“我们实话实说，这只狗野性大发，这不是金毛猎犬或者宠物狗会做的事情。野狗可以是害兽，我认为这没什么问题。如果当时有警官在场，你会希望他将狗射杀。”

他补充说，新南威尔士州要求一些土地所有者销毁“野生的或变得狂野的”狗，除非它是伴侣动物，或被饲养在动物园中或被用于研究。

审判布赖顿的治安法官援引了三个理由驳回辩护：该犬是家养品种（一种比特犬）；它一度是某人的伴侣动物（遗体上有一个损坏的项圈和微型芯片）；他不能确信它是野生动物，无法确信它是害兽。然而，三名法官后来认为有足够的证据表明该犬已经变成野犬：它在游荡；它和另一只狗一起游荡；它袭击了艾丽斯；在狗的身体里发现了已被消化的袋鼠的遗骸。一名法官还认为，根据新南威尔士州的法律，该犬是妨害犬和危险犬，将其作为伴侣动物饲养是受到限制的。

RSPCA 辩称，“害兽”的概念不取决于个体动物（如被布赖顿杀死的狗）的行为而取决于能够以“害兽的规模”行动的整个物种的特征。尽管所有法官都同意整个物种（如海蟾蜍）可以是害兽，但无人同意**只有**整个物种才可以是害兽，因为他们了解猫、狗等物种的“野生”小群可以是害兽，即便其家养近亲不是。一位法官认可，让一只动物成为害兽的不是它自己的行为，而是它与一组相似动物共有的习性，她可能会驳回布赖顿的辩护，因为似乎只有两只狗在铭托高地袭击骆驼或其他动物，一个“群体不由两只同种动物组成”。她也不愿因为单次行为而将一只动物视为害兽。但其余法官不同意她的看法。他们认为，两只狗袭击其他动物，仅仅因为其行为，就可以将它们视为“害兽”。他们表示这不是狗令人困扰或讨厌的问题；重要的是它们有破坏性。以此为依据，被布赖顿杀死的狗是一只害兽。

但这并不足以让布赖顿避免以严重虐待动物被定罪。治安 258
法官判决“根绝”的意思是完全消除，而不是杀死一只狗（布赖顿可能需要杀死铭托高地的所有流浪狗才能达标）。而 RSPCA 辩称“根绝”是“采取相对‘仁慈或道德’的概念，人道地进行的系统过程”。复审此案的第一名高级法官认为，鉴于问题的核心是人是否以及何时被允许以残酷方式杀害一只特定的动物，这两种观点都过于严格。他会释放布赖顿，依据是，无论多少只动物以什么方式被杀死，杀死害兽都是可豁免的。

最终，该州上诉法庭的三名法官不同意此前的所有做法。他们参照了灭虫人员的行为——其工作既不是仅杀死一只或两只昆虫，也不是杀死整个种或纲，而是“在杀虫技术或流程所及的限度内消灭尽量多的害兽或害虫”。因为这需要一个系统的过程，法官裁定这种定义不涵盖布赖顿临时杀死一只狗的行为。

法庭判决的结果是，如果没有法律授权，而且不是进行宗教、农业或医疗实践，那么，只有一只以上的动物表现出此类动物共同的习性具有破坏性，人们使用一种技术或流程以尽量多地杀死这种动物时，新南威尔士州人才可以故意向哺乳动物、鸟类或爬行动物施加剧烈疼痛。

对布赖顿的起诉只是有关一条特别法规的单一案例，但在技术细节、实际操作和残酷暴行的奇特组合上，本案与中世纪教会的案例异曲同工。尽管布赖顿未能让新南威尔士州法院相信他对“害兽”的袭击是“根绝”，但他不太可能服满创纪录的 40 个月刑期，甚至可能服刑时间较短，原因有二。

第一，接受布赖顿关于“害兽”的辩护的法官也裁定治安法官判的刑期太长了：

> 他的过往记录无懈可击；他从未受到警察或执法机构传讯。而且，与目前的指控最为相关的是，除了被提交参考的情况外，他在对待动物（这是他的生计）方面有着无懈
> 259 可击的记录。上诉人在对待动物方面有模范记录，这一事实不仅影响到关于他是否有罪的判决，还关系到他是否可能形成犯下该罪行的意图。

这位法官会将刑期缩短到最长两年，让布赖顿能通过社区服务服刑，不过还会要求他“参加官方推荐的关于动物虐待的适当课程”。

第二，驳回布赖顿的“根绝”辩护的上诉法官下令重新审理他是否符合严重虐待罪的主要标准：

> （布赖顿）多次用干草叉击打狗，第二次又用木槌反复击打将狗杀死，这个事实虽然令人难以接受，但不一定表示他“意图施加剧烈痛苦”，而不是意图尽快杀死狗（也许第一次是出于对其袭击骆驼的报复），或以为自己之前已经将狗杀死，第二次意图通过尽快将其杀死使其**不再痛苦**。

法官强调，布赖顿知道他给狗造成了剧烈疼痛，但这还不够；鉴

于该罪行刑罚很重，以威慑极端虐待行为为目的，他必须特别想这么做才能满足罪行要求。实际上，法官在暗示布赖顿可能犯有不这么严重的虐待动物罪，第五章中讨论过，其不要求证明有虐待意图的证据，相应的最重刑罚也相对较轻。然而，如前所述，布赖顿无法被指控犯有该罪行，因为当局在法定时限过去之后才知晓其行为。此后新南威尔士州议会将时限定为当局初次知晓潜在罪行后 3 年内。

关于丹尼尔·布赖顿是否值得新南威尔士州上诉法官如此用心，甚至宽容地解读刑法，显然会有不同的意见。但这些发展突出了我们在本书中提出的关键一点：与动物有关的人类法律几乎总是以人类的关注点为动机，尤其是对人类的关照。其中包括与不当行为相称的后果，以及对明确的证据、罪行的适当归类和 260
正确解读成文法的审慎关注。在本书的结语部分，我们会展望前景，希望能部分改变这种进路，将对动物的关心先于对人类的关心，或至少放在同等的位置。

261

结语　法律的动物

触手之日

撰写本书期间，“水下摄影工会”（The Underwater Photography Guide）宣布了2020年海洋艺术比赛的获胜者。评估完“成千上万参赛作品”后，评委将最高奖授予悉尼的工程学者加埃塔诺·加尔朱洛。一位评委这样描述其获奖作品：

> 主题是一只章鱼，但看不到一般意义上的章鱼。你会看到吸盘和触手，那可能是章鱼最具代表性的特征。你会看到吸盘和触手试探并触碰球面镜头罩，这是章鱼非常典型的行为。章鱼触手的位置是对称的。颜色涵盖光谱上的红绿蓝段。最后——这才是惊喜——在以章鱼触手为框架形成的窗口中，能够看到人。我看到照片时并不知道他们是谁，但能看出是父子或其他亲密关系，大人指着章鱼和摄影师，孩子注视着镜头。孩子的兴趣与章鱼的兴趣呼应。换句话说，这不仅是一张技术上不错的照片，里面还有一个故事：一个既有动物又有人类的故事。

评委后来了解到加尔朱洛的“拍摄故事”：

> 拍摄当天，我就待在海水退下去时在石头中间留下的潮水潭里。在潮水潭最浅的地方之一，我发现了一只章鱼。我把相机放在它的巢穴附近，章鱼开始与相机互动。它完全游出了巢穴，令我们惊讶的是，它竟然开始拍照！我的儿子（3 岁，在背景中）对章鱼很好奇。

换句话说，“指着章鱼和摄影师的大人”其实是加尔朱洛本人， 262
而“章鱼和摄影师”是同一位。事实上，是照片的“主题”拍摄了这张“技术上不错的照片”。

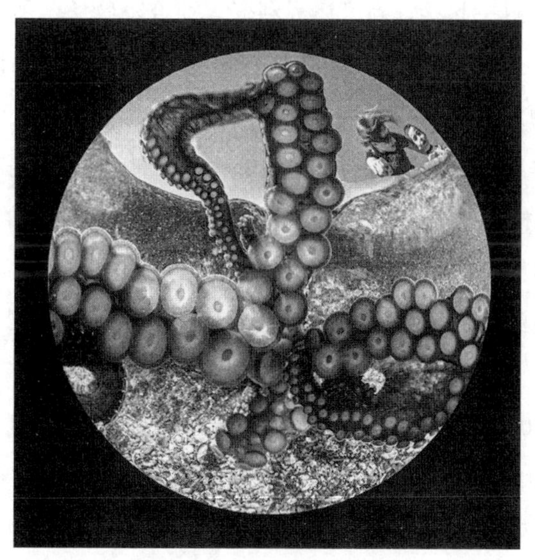

《触于之日》——一张章鱼“自拍”

我们确定读者们一定会注意到，这一事件和我们之前探讨的一个案件极其相似：在该案中 PETA 试图声明一张猕猴“自拍照”的著作权人是那只猕猴，但最终失败了。但章鱼拍照的事例与之前更著名的那起案件有三点不同。

第一个区别是司法管辖区：“章鱼自拍”由加尔朱洛拍摄于澳大利亚悉尼他家附近的卡迈植物学湾国家公园，该地最著名的事件是库克船长在 1770 年的旅行中在这里登陆。在撰写本书的过程中，我们经常寻找我们自己的司法管辖区的案例，从我们所
263 在的维多利亚州的法律开始，这一点已在引言中说明。但是，尽管第一章和第二章都涉及澳大利亚法律，我们也借鉴了海外司法管辖区，尤其是与我们共用“普通法”的管辖区——英国政府将司法与囚犯一起移送到了澳大利亚。研究动物法不能局限于一个国家甚或一个法律体系，因此第三章在考虑法律如何追责非人类动物的行为时，我们审视了与普通法区别相当大的欧洲大陆法律体系（主要来源于罗马法），以及同样十分不同的中世纪法律。同样，在第四章中，我们走遍了每个州，搜寻动物被用作证据的案例，而在第五章中，我们回顾了《圣经》和早期北美欧洲殖民地的先例。在第六章中，我们再次检视了这些素材，乃至更多。

在 2020 年海洋艺术比赛奖项公布之前，我们（可能大多数人都是如此）从未有理由去思考如何用澳大利亚法律来处理动物自拍。尽管澳大利亚著作权法和美国著作权法一样，都以现代法律为基础，但两国都有自己的法规，有不同的措辞，目的可能

也不同。两国的法律都不包含对谁能被视为艺术作品“作者”的大致定义，但澳大利亚《1986年著作权法》(*Copyright Act 1986*)确实将照片“作者”定义为“拍摄照片的人”。我们认为这一短语可能解决了任何关于根据澳大利亚法律谁是《触手之日》作者（著作权人）的问题：谁都不是。不是加尔朱洛，因为照片不是他“拍摄”的，但也不是实际拍摄者，因为章鱼不是“人”。

两次事件的第二个区别是涉及的法律纠纷和法律种类都不同。在引言中，我们探讨了动物常牵涉的三种主要的人类法律：私法、刑法和公法。第一章和第二章的很多内容都涉及私法，尤其是关于人类对他人责任的法律，包括尊重彼此的财产和不在可预见的情况下伤害彼此。第三章和第五章关注刑法，刑法既可用于动物伤人，也可以用于人伤害动物。第六章再次审视这两种法律，但关注的是我们此前没有讨论过的特定的方面：信托法和刑事诉讼程序，并解释公法为何能够（但多数情况不能）协
助动物。法律还有很多部分也可以用于动物，如第四章中讨论的 264
证据法。

章鱼自拍可能涉及法律的另一部分。海洋艺术比赛不仅是艺术奖项，还是组织方、参赛方和赞助方之间的商业安排。“来自80个国家的成千上万的参赛作品”，每一幅都涉及10美元的参赛费（多幅作品参赛则有折扣），而前3名获奖者——从12个类别中选出——可能获得价值超过4.5万美元的赞助奖品，这让海洋艺术成为奖品价值“全球最高”的比赛之一。加尔朱洛在“广角”和“最佳作品”品类均获得第一名，“赢得所罗门群

岛的 1 人 7 晚船宿潜水套餐”。奖品应该发给章鱼吗？还是应该发给另一位亲手拍下参赛照片的参赛者？这应当求助合同法。合同法关注人自愿对彼此许下承诺（如比赛组织方对参赛者和其赞助方的承诺）因而付出的有价值的事物（被称为“对价”，在本案中是 10 美元的参赛费）。也可能用到规范比赛的任何法规或其他法律，包括消费者保护法。通过解读比赛本身的规则，包括具体的规则，任何法律问题都有可能解决。当然，这一切只有在有人——人类——因第六章中阐述的原因而决定起诉时才有意义。

最后，还有第三个区别，可以说是个显而易见的问题：章鱼与猕猴是完全不同的动物。事实上，它如此不同，以至于直到目前，本书未提到任何一只章鱼——以及 500 种头足动物中的任何一种，如鱿鱼和乌贼。确实，整个软体动物门（所有动物门中第二大的门）中，本书中唯一谈到的是蜗牛，而且只是一带而过。一只孤独的蜗牛不知怎地掉进一瓶姜汁啤酒，这一事件成为现代过失法的开端，蜗牛也曾是好几起中世纪害兽审判的对象。

第六章讨论的害兽审判涉及（目前）最大的动物门——节肢动物门的好几个成员，其中包括昆虫。第一章和第二章提到节肢动物门的另一个成员蜜蜂。巨大的身体差异不一定会导致不同的法律规则；可喜的是，有些国家用相似的方式对待蜜蜂和与之差距很大的动物——奶牛，而后者又被归入含义模糊的**生产动物**范畴，其中包括多种牲畜。不过，几乎所有的案例都来自脊索动
265 物门，包括狗、猫、鱼、青蛙、猪、牛和猴子以及人，这并不是巧合。事实上，法律尝试对动物进行的大多数分类——野生或驯

化，温顺或危险，受过训练的或自然的，伴侣或野兽，本土或有害——针对的都是脊索动物中一个特定的纲：哺乳动物纲。

搜索澳大利亚的判例法数据库 Austlii[1]，结果显示只有少量案件提到章鱼，但几乎都将其用于比喻，一般指代公司或组织的不当行为。然而，尽管似乎没有章鱼"亮相法庭"，预测法律如何运用于人和章鱼之间的互动，依然是比较容易的。捕获一只章鱼的人拥有它，但仅限于将其圈养时（章鱼善于从水族馆逃出，是出了名的）。如果被捕获的章鱼逃脱时攻击了人，章鱼的所有者可能会被起诉；尽管正如第二章所表明的，可能只有一些物种——如有剧毒的蓝环章鱼——需要用到针对天性危险的动物的严格规则。

出于某些原因，章鱼逃过了第三章中描述的中世纪动物审判，但最近一名韩国男子将其妻子的死亡归咎于他购买的一只活章鱼——妻子死后，在其喉咙里发现了章鱼触手。按死者家人的说法，她不愿吃活海鲜，即便吃也会很小心，此外其丈夫还索要死者的人身保险赔偿金。检控官后来以此为由起诉这名男子犯有谋杀罪并将其定罪，但最终因缺乏证据，被韩国大法院推翻。

在一些小概率事件中，如果活章鱼目睹了犯罪或法庭感兴趣的其他事件，它们非比寻常的表达能力——包括模仿周围环境的能力——或许可以像第四章中描述的那样，作为证据被呈交人

1　全称为 Australasian Legal Information Institute，即澳大利亚法律信息研究院。

类法庭（然而，关于受过人类训练的章鱼的报道，似乎仅限于加尔朱洛教会一只章鱼拍照）。

可悲的是，想象人类伤害章鱼要容易得多，包括兽奸罪，正如第五章所阐述的，这种罪行在现代法规中延伸到所有“动物”，包括无脊椎动物（但不一定涵盖所有性行为）——章鱼有时确实会出现在色情艺术作品中。此外还有虐待罪，正如第六章提到的，这一罪行并不总是涵盖所有动物。

我们撰写本书的主要动机之一是展示动物与人类和人类法律互动的多样方式。然而，正如章鱼的例子所展示的，我们的研究会受到过去闹上法庭的互动所影响，这些活动很多时间都被人
266 类利益和愿望所左右。

在本书最后一部分，我们转而关注动物法未来的可能走向，尤其是其赋予动物各项权利的潜能。我们会首先审视目前的权利法——它们几乎只关注人类的权利——考察权利法如何有时伤害非人类动物，有时又增进其福利。结尾我们将审视较新的法律和拟议的法律，这些法律旨在基于动物的尊严、痛苦和知觉而不是有关人的因素来认可动物权利。

人类动物的权利

人类身份

2003 年初，美国法官朱迪思·巴尔齐莱被要求判决她面前

的一大堆物体是“仅代表人类”还是代表“动物或其他非人生物”。这一重大裁决发生的场所和该案的主题一样乏味：巴尔齐莱是美国国际贸易法院的法官，需要裁决的是一系列根据“漫威”漫画人物制作的小手办所应缴纳的关税。进口商玩具有限公司（Toy Inc.）想要避免支付美国对“人偶”收取的较高的关税，但在此前几次争端中都失败了。以前的法官判决，人偶的定义不取决于其是否与人“类似”；事实上，他们提到人类彼此在外表和能力上并不相似。他们还裁定，“漫威”人物很有“个性”，无法单纯被视为“玩具士兵”（根据美国关税法律，玩具士兵大概被视为非人偶玩具）。

玩具有限公司松了一口气，但“X 战警”（其主人公一直在探讨变种人是彼此更相似，还是和非变种人的人类更相似）的部分粉丝很失望，因为巴尔齐莱法官最终判决，“漫威”手办几乎无一“仅代表人类”。对于有些手办来说，问题仅在于它们有些身体部位是人类没有的：

> 有两款手办类似于人，但至少有一处让它们的形象不同于一般人类的特征。“恶鬼”（Hobgoblin）手办有无
> 瞳孔的血红眼睛、尖牙和黄色的皮肤。“章鱼博士”（Dr. 267
> Octopus）手办有 4 条触手从背部伸出来。

其他手办则更难判断：

> “鼹鼠人”（Mole Man）被描述为既是人又有“奇怪的外表……智力超群，极度狡猾，用杖时极富战斗力”。手办很结实粗壮，有夸张的巨怪般的特征，身着绿色服饰和斗篷，附带一根杖和一个“类人”生物的小手办（黄色皮肤，有着突出的白色眼睛），这表示“鼹鼠人”让小的类人生物“听他吩咐做事”。“鼹鼠人”手办有着特别苍白的皮肤，戴着蓝色的眼镜，符合传说中鼹鼠人生活在地下的特性。它还“控制一个巨兽军团”。考虑到手办形象和奇幻故事的整体背景，再加上它是被描绘为“超人”的系列角色的一部分，法庭裁定，将“鼹鼠人”归为“人偶”也不合适。

最终巴尔齐莱法官判决，声称一个手办是“变种人”或有“超能力”，相当于将其塑造得“高于（或不同于）人类”。基于这种说法，“正义联盟”（与“漫威”竞争的漫画系列）中唯一代表人类的角色，是穿戴成蝙蝠的那个。

对身为人类的意义严加限制的，不仅是贸易法庭。最后与另一物种成功受孕的人类可能生活在4万多年前，大约是在现代人（也可能是气候变化）导致我们的尼安德特近亲在欧洲灭绝的时候。（这种交配现在是否构成兽奸罪是一个有趣的问题，几乎肯定永远不必解决。）然而，科学家们最近报告称，他们将“人类诱导多功能干细胞”（经基因重新编程，可以像卵子或精子细胞一样发挥作用的人类细胞）注入食蟹猴的早期囊胚（处于胚胎前阶段的受精卵），以创造“人—猴嵌合体胚胎”。尽管创造这些胚胎的美国和中国科学家没有让它们发育——他们称目的是更好地理解跨物种组织移植的潜力——但他们的工作向培育嵌合体的理论可能性迈出了一步。这一发展带来众多深刻的问题。对 268
于这种新生物，本书中探讨的各种法律应如何对待，有众多难题有待解决。

在澳大利亚，国家和州法律都禁止创造或进口“嵌合体胚胎”，但它们被定义为“向人类胚胎中导入动物细胞或其任何组成部分”。（美国和中国科学家的做法似乎正好相反，他们将人类细胞中的一部分导入动物胚胎。）澳大利亚法律允许研究者在获得许可的情况下创造“杂交胚胎”——人类的卵子与动物精子结合（反之亦然），或将动物的细胞核放入人类胚胎（反之亦然）——但禁止他们让这样的杂交胚胎发育超过 14 天。澳大利亚法律也禁止将人类胚胎放入动物体内“进行任何时长的妊娠”，或将动物胚胎放入人体，但似乎没有明文禁止将嵌合体胚胎或杂交胚胎放入动物体内或人体内（不过关于创造、进口和发育的规则可能同时禁止了这类做法）。这些规则——在澳大利亚由最高可达 15 年的刑期来保证——旨在严格保护“人”的内涵，同时小心地避免定义该名词。澳大利亚法律直接规定“‘动物’不包括人类”。尽管没有管理胚胎创造的国际条约，但联合国大会的 84 个成员国于 2005 年投票通过一项非约束性宣言，要求所有国家“采取必要措施，禁止可能有违人类尊严的基因工程技术的应用”。简而言之，目前法律意义上的“人”，是一个排他的群体。

人权

正如第六章所探讨的，对于多种法律体制，包括法规为“人”提供的和法院为有“资格”者提供的保护来说，具备人类身份（往往）是一种必要条件。总体上，必须是人，才享有法定权利。这包括普通的权利种类，即通常所说的“人权”，一般在现代国际条约和宣言、宪法以及法官制定的“普通法”与法规中列出。

这些一般权利的受益人被以多种方式描述。中世纪英格兰的《大宪章》——实际上是一组复杂的狭隘权利——针对的是“王
269 国内一切自由民”。法国的《人权和公民权宣言》从名称就能看出，明确与“人”和“公民”的权利有关。美国所谓的《人权法案》（美国宪法的前十条修正案）主要关于限制美国政府的权力，但也提到“人民”的权利，其关键的内战后第十四条修正案（关于正当程序和平等保护）适用于“其司法管辖区内的任何人”。联合国战后的《世界人权宣言》更加明确：“人人生而自由，在尊严和权利上一律平等。他们有理性和良心，应以兄弟关系的精神相互对待。”简而言之，人权法仅针对人类。

人权法有时能够让非人类（包括其他动物）获益，但仅限于宣告那些试图保护它们的人类的权利。例子之一是抗议的权利。2017 年，澳大利亚前参议员鲍勃·布朗成功利用受澳大利亚宪法保护的少数人权之一，挑战塔斯梅尼亚州法律，因其允许警察阻止人们在林业用地等商业活动区域发动抗议。在拉波尼亚森林——楔尾雕等多种濒危物种的家园——附近，布朗拒绝按

要求停止抗议，随后被依法逮捕。澳大利亚高等法院废止了反抗议法规，因为其仅针对抗议者，没有明确规定在何地可合法抗议，而且这一法规并无必要，因为有其他法律保护林业活动不受干扰。但法院唯一关心的是抗议者的权利，而非他们试图保护的动物。

高等法庭应用的权利——政治交流自由——绝不是对抗议者（包括动物保护者）的全面保护。20 年前，有人对禁止无执照者在官方狩猎季进入维多利亚州猎鸭地点的法律发起挑战，被同一家法院驳回。尽管法官认可在猎鸭地点抗议狩猎比在其他地方抗议更有效，但他们和政府一样，也同意“为保证公民个人安全并为公共利益服务，这里对宪法规定的自由的限制并未超过合理必要的范畴”。鉴于抗议者可能被意外射中，他们支持维多利亚州的法律。参照法院对限制政治交流自由的判决，澳大利亚多个司法管辖区最近制定了新的反抗议法，以约束将多家农业企业视为目标的动物权利组织。 270

人权法保护人伤害动物的权利，在这个意义上，它也能伤害动物。正如第一章所探讨的，澳大利亚普通法规定的原住民产权如今根据一项联邦法规执行，其中包括狩猎动物的权利，在一些情况下会使与之相悖的州法律无效。1990 年，加拿大最高法院判决，1982 年制定的确认“原住民权利”的宪法条文所提供的法律保护，超越普通法、条约和过去的政府惯例。

1984 年，原住民马斯昆部族（加拿大第一民族[1]团体）的成

1 指因纽特人和梅蒂人之外的加拿大原住民。

员罗纳德·斯帕罗遭到起诉，因为他用45英寻[1]的渔网捕捞鲑鱼，比该部族依照不列颠哥伦比亚省渔业规定获得的捕鱼许可证所允许的长了20英寻。专家提供的证据描述了包括马斯昆人在内的海岸赛利希人的传统：

> 鲑鱼不仅是重要的食物来源，还在赛利希人的信仰体系和仪式中扮演重要的角色。鲑鱼被认为是在“神话时代”与人类建立联系的族群，它们要每年前来将自己的身体献给人类，而人类则通过举行适当的仪式表达对它们的尊敬。对鲑鱼和其他生物，人的态度是谨慎而尊重的，这促成了对多个物种的有效保护。

确认原住民权利的宪法条文同样是为了保护人类权利，而非动物的权利。然而，在这个案件中，两者都得到了保护。最高法院认为，起诉斯帕罗需要有证据说明渔网的长度限制不会影响原住民的饮食或仪式传统，如果有影响，“保护措施造成的冲击将主要由娱乐钓鱼和商业捕鱼活动来承担。”作为回应，希望行使其狩猎传统的加拿大第一民族成员不受很多动物保护规则限制。

相反，2007年，英国最高法院判决人权法不保护英国乡村
271 用狗猎狐的传统——这一传统被国会视为虐待并予以禁止。上议

1　水深量度单位，1英寻约相当于1.8米。

院高级法官——英国的高级法官——认为，欧洲人权条约中规定的尊重私人生活的一般权利并不涵盖捕猎等公共活动。

看见动物

当代关于人权法对动物造成复杂影响的例子，可见于展现人和其他动物互动的视频与照片。这样的影像有巨大的力量。直到最近，章鱼都被普遍视为残暴的生物，依据是船员传说章鱼会袭击船只。20 世纪中叶一度流行“章鱼角力”运动——游泳者争着将章鱼拖上船——直到影像显示这并不是一场公平的比赛。章鱼角力被禁止，对章鱼的商业捕捞受到限制后，美国潜水员仍旧徒手捕捉一些章鱼向餐馆供货，直到在西雅图有被吓坏了的旁观者拍摄的照片引发激烈反对。

在第六章中，我们叙述了几家动物权利组织尝试在法庭上发起动物虐待诉讼的经过。这些努力多半失败了，但他们在舆论的法庭上要成功得多，尤其是，如果他们能够以某种方式将非人类动物的痛苦公之于众。最近，PETA 以视频为宣传媒介，反对人们将章鱼制备为食品的方式：

> 2016 年 9 月，PETA 去了洛杉矶切割并售卖活体动物的餐厅。在“T Equals Fish”餐厅，我们的观察员惊恐地看到厨师按住一只章鱼——一名观察员给它取了个昵称叫“珍珠”——用一把屠夫刀切下它的触手。被切下的触手仍在活动，并对刺激做出反应，扭动着被送上餐桌供顾客食用。

有几次，PETA 将这些视频发布在视频网站“YouTube”上，标题为“看不了这个视频？那就不要吃章鱼”。这促使餐馆将头足动物从菜单中删除。

但制作和发布人类伤害其他动物的视频可能引起复杂的法
272 律问题。2001 年，澳大利亚高等法院考量了这个问题：发布有袋动物被制备成食物的视频，是否可以不经过人类制备者的同意？塔斯梅尼亚州一家向中国出口负鼠肉的公司“利那野味”请求（最初也获得了同意）禁止国家广播公司播放刷尾负鼠在屠宰场被杀死的视频。公司的控告主要围绕视频是如何拍摄的，正如其负责人在法庭上的概述：

> 一台摄像机被放置在击昏区上方，另一台则在刺杀区（也就是割喉的地方）上方。我怀疑第三台被放置在剔骨室上方。我所掌握的支持这一点的证据是，塔斯梅尼亚州警方介入调查后，我注意到该设施的屋顶上被打了好几个洞。洞不是从外部打的。必须有人闯入工作室打洞并放置摄像机。摄像机隐藏得很好，未被我和公司的其他员工发现。有一处摄像机镜头似乎是一根 3 毫米粗的光纤电缆，从天花板的一处穿到另一处。塔斯梅尼亚州警方也在公司房舍内和周围找到一些与秘密安装摄影机相应的物品。

在第五章中我们解释过，最近高等法院判决通过侵入获取的犯罪行为视频不能被用于起诉，但可被用于引导调查员寻找其他虐待行为的证据。在本案中，“利那野味”未被起诉，实际上，法庭判定宰杀负鼠是合法的，符合禁止虐待动物管理原则。然而，屠宰场希望阻止公众看到这些视频，视频已经落到一家动物权利组织手中，随后被国家广播公司拿到。屠宰场担忧视频会导致公众强烈反对其业务以及允许其开展业务的法律。

广泛来说，这样的案件引出了难题，即如何在两者间寻找平衡：一边是人在自己的土地上开展合法活动的隐私权，另一边是其他人公开有关这些活动的证据的能力。高等法院判决，“利那野味”能够反对非法获取的视频在法庭上被用作对其不利的证
据，但不能反对这样的视频在电视上播放——至少是被未参与非 273
法行为的广播公司播放。屠宰场试图依靠私法的一部分——**泄露机密**诉讼，如果有人将秘密告知他人，依据该诉讼，可以让法庭阻止获知秘密者将其透露给其他人。但高等法院宣称，尽管商业动物经营活动发生在私有土地上，但这不是秘密：

> 这并不表示被拍摄的业务是秘密的，也不表示看到该业务的人须服从保密要求。屠宰场无疑定期有检查员来访，也会被其他出于商业或私人目的来访的人看到。经营活动需要由公共机构颁发执照，这个事实表明，关于这些经营活动的本质，信息并不是保密的。没有证据表明，至少在引起此案的事件发生之前，被告采取了任何特别的防范措施以避免其运营被组织外的人看到。

这意味着澳大利亚法庭无法阻止餐厅杀死章鱼的视频被公布，即便视频是顾客溜进餐厅的厨房拍摄的。不过，如果视频是在私人住宅做客的人或一家餐厅心怀不满的前雇员拍摄的，法庭可能会阻止视频被公开。

大约在高等法院做出判决的同一时间，美国国会制定了一条法律，规定传播“虐待动物的场景描绘”是犯罪的。“虐待动物的场景描绘”被定义为：

> 任何图像或声音……其中描绘故意残害、切割、折磨、伤害或杀死活体动物的行为，只要该行为违反联邦法，或该描绘的产生、销售或占有违反所在州的法律，则无论残害、切割、折磨、伤害或杀害是否发生在该州。

这一法律的目的不是阻止虐待行为被公之于众；事实上，其中规定“任何有严肃宗教、政治、科学、教育、新闻、历史或艺术价值的描绘”除外。相反，其目的是停止一种动物虐待的新形式：为人类娱乐而传播动物被虐待的视频。

274 5 年后，罗伯特·史蒂文斯因销售 7000 份展示斗狗的视频而被起诉，视频中包括日本比特犬打斗的场景（这种血腥的娱乐在日本是合法的）。史蒂文斯本人没有参与斗狗，但他靠卖视频赚钱，视频也由他解说。

史蒂文斯上诉抗议所判处的 3 年监禁，辩称国会法律侵犯了他的言论自由权。2010 年，美国最高法院同意史蒂文斯的观点。法庭判决，问题在于国会这条法律越界了，已不仅是出于阻止残酷娱乐的目的。第一，“残害”“伤害”或“杀死”动物不一定是虐待；这样的行为也可能在合法的、人道的屠宰形式中出现。第二，这样的行为即便是“非法的”，也不一定总是虐待，因为限制动物何时可能以何种方式被伤害的法律有时有不同的目的，如保护或拥护私权。第三，现代社会对虐待动物的普遍谴责掩盖了“关于何种行为可恰当地视为虐待的重大分歧”——例如，法官提到，关于狩猎是否残酷，存在着多种多样的观点。

法庭的判决意味着，史蒂文斯不可能因为销售动物打斗视频而被起诉（尽管组织这样的打斗在美国多数地区甚至几乎所有地区都是违法的）。同样，无人会因为销售章鱼角力或关于如何杀章鱼吃的指导视频而受到惩罚（尽管此类行为被禁止了）。值得注意的是，同样的言论自由权也让美国政府无法禁止关于人或食品生产商虐待动物的描绘。

对于残害、伤害或杀死人类的视频或图像，存在类似情况。尽管很少有不将这种行为视为“残酷”的——且不说“不人道”——但禁止传播一些有争议的图像，如战争杀戮、安乐死、死刑或公共暴力等的法令，也可能因为侵犯言论自由而被废除。不过有些情况下，支持这种禁令的更具体的论点可能会被接受。

美国最高法院决定推翻国会针对传播虐待动物图像的禁令后，美国国会迅速制定了一则新的禁令，其针对的图像和视频范围较窄，被定义为“描绘（一只）或更多活体非人类哺乳动物、鸟类、爬行动物、两栖动物故意被碾压、烧灼、淹溺、窒息、戳

275 刺或以其他方式受到严重身体伤害的实际行为”的任何图像或视频——但仅限于图像“淫秽”的。这一新禁令仅针对“动物碾压视频”（animal crush videos），在这种情况下，动物似乎是为了满足人的性癖好而被杀死的。而且该禁令依赖于一种类比，即最高法院认同的禁止对人进行带有性爱色彩的伤害。

后来有人称新法违宪，被法庭驳回。新法的范围明显比旧法狭窄得多，其中不包含史蒂文斯传播的视频中所描绘的动物打斗场面，也不包括虚假的虐待影像，如使用道具、数码生成或模拟伤害。其中也明确提到，描述习惯做法以及食品生产或狩猎中屠宰动物，都属于例外。最近还增加了一些例外情况，如害兽防治、医学或科学研究、保卫生命或财产和对动物实施安乐死。最后，与章鱼最切近的是，该禁令不涵盖所有动物。这意味着新法不仅允许传播章鱼角力和宰杀视频，而且允许出于娱乐目的传播碾压或杀死章鱼的“淫秽”图像。这是因为章鱼不属于哺乳动物、鸟类、爬行动物或两栖动物。

非人类动物的权利

动物尊严

我们已经提到过，联合国大会 1948 年的《世界人权宣言》宣称“人人生而自由，在尊严和权利上一律平等”。同一组织 2005 年的宣言极力倡导禁止“可能有违人类尊严的基因工程技术”。澳大利亚最高法院在考虑塔斯梅尼亚州一家负鼠肉出口商的隐私权以及澳大利亚一家广播公司的言论自由权时，首席法官表示，隐私权的“基础”是“人类尊严”，并补充说“用于公司是不适宜的”。澳大利亚较晚才接受权利“法案”，近些年制定了三部法规，明确宣称“只有个人”或“人类”享有人权。这些声明的意图是排除很多海外国家采取的立场，即公司拥有一定的人权。然而，这些法律很可能也排除了其他非人类类别的权利，包 276
括团体、政府、非公司组织、人造物、地外生物，当然还有非人类动物。

似乎所有人都认可公司没有任何尊严，不过多数人对其他人类团体不会如此肯定。那么动物呢？野生动物（非驯化或养殖动物）“生而自由”——也许相较于人类更是如此。它们是否也“生来就有尊严”？1992年，瑞士宪法通过全民投票被修订，以应对基因技术的问题，包括要求立法机构“考虑生物的尊严和人类、动物与环境的安全”，这一陈述似乎不仅将尊严赋予动物，还将其赋予其他形式的生命，如植物。瑞士最高法院在评论贯彻这一条文的动物福利法时说道：“即便（其他生物的尊严）不能也不应该与人类尊严等同，自然生物至少在某些方面也需要像人类一样被思考或评估。”

在2000年一次著名的判决中，喀拉拉邦（印度的一个邦）高等法院的库鲁普法官称动物比人类更有尊严：

> 尽管不是智人，这些生物也有权利有尊严地存在、被人

> 道对待，不受虐待和折磨。在很多方面，它们比人类表现得更好：它们杀生是为了吃，吃是为了活着，而不像部分人那样活着就是为了吃；它们不像人类那样欺骗、诈骗、作假或行为不当，它们照顾幼崽，不计回报。它们不像人类这样增殖，耗尽本就稀少的地球资源，因为它们通过季节性交配来克制性交，它们也不吸烟草的毒烟、污染大气和向同类施加伤害。

有人认为禁止训练与展出熊、猴子、老虎和豹违反印度马戏团所有者依照宪法规定的谋生的权利，这种观点被法院驳回。

提到有尊严的动物，我们会立刻想到猫科动物、灵长类动物，再然后，可能会想到多数其他哺乳动物。要想到其他生物，比如蛇、蛞蝓、蚂蚁，就更难了。法庭上讨论一些人类团体的行为时，常用章鱼来打比方，很少有人将其和尊严联系在一起。

1994 年，一家海鲜市场将捕获的一只太平洋巨型章鱼捐赠
277 给加利福尼亚的卡布里罗海洋水族馆，让它成为那里展示的第
一只巨型章鱼。水族馆的展览负责人含糊地解释：“我们不给我们的动物起名，因为它们有很好的统称。”水族馆将触角长达 12 英尺的章鱼安置在 6 英尺的鱼缸中，PETA 批评了这一做法，并立刻将其命名为奥克塔维，公开表示担心它可能自残。捐赠 3 个月后，更糟糕的事情发生了：

> 章鱼奥克塔维周一上午被发现死在其无水的养殖缸底

部。水族馆工作人员推测它用一只有力的触手拔出了用于排水的塑料管。塑料管被拔出后，出水速度快于进水速度，结局无法避免。管理员早晨6时30分到达时发现了奥克塔维。周一下午，动物权利活动家凯西·扬德尔在水族馆门前举着写有“耻辱”一词的标牌。

PETA要求尸检，并就章鱼遗体可能会向公众展示的前景表示愤怒。

动物痛苦

在第五章中，我们谈到相对现代的运动将虐待动物定为犯罪。早期支持这类法律的重要人物是法律哲学家杰里米·边沁，他于1780年写道：

> 法国人已经发觉，黑皮肤并不构成任何理由，使一个人应当万劫不复，听任折磨者处置而无出路。会不会有一天终于承认腿的数目、皮毛状况或骶骨下部的状况同样不足以将一种有感觉的存在物置于同样的处境？还有什么别的能构成那条不可逾越的界线？是理性思考能力，抑或交谈能力？然而，完全长大了的马和狗，较之出生才一天、一周甚至一个月的婴儿，在理性程度和交谈能力上强得不可比拟。但假设是别种情况，那又会有什么用？问题并非它们能否理性思考，亦非它们能否谈话，而是它们

> 能否忍受。[1]

278 哪些非人类动物能感觉到痛苦？在某个层面上，因为交流障碍，很难知道任何非人类动物是否感到痛苦，尽管我们很容易辨认出多数哺乳动物和很多其他脊索动物似乎都有的疼痛反应。

我们已经看到，在新南威尔士州，“严重动物虐待”的罪行仅限于哺乳动物、鸟类和爬行动物。然而，该州关于（不那么严重的）“动物虐待”的禁令涵盖更宽泛的动物种类，包括“脊椎动物中的任何成员”（尤其是两栖动物和鱼类），以及：

> 甲壳纲动物，但仅当处在制备食物或提供食物供零售消费的建筑或地点（如餐馆）时。

该限制条款未（从法律上，习俗上另当别论）保护野生甲壳纲动物不受人类虐待，但规定了如何制备和食用贝类和龙虾等生物。大卫·福斯特·华莱士曾描述过水煮活龙虾的传统方法，支持者声称这不会对龙虾造成痛苦，但龙虾被放进锅里时的表现使这种说法很难站得住脚。这段话很有名：

> 如果你将龙虾从容器里倒入热气腾腾的水壶，它有时会试图紧抓容器的边缘，甚至用钳子抓住水壶边上，就像不

1　出自边沁著作《道德与立法原理导论》，此处参照时殷弘译本。

> 想从屋顶边沿掉下去的人一样。更糟糕的是龙虾被完全浸没时。哪怕你盖住水壶，转身离开，一般还是会听见龙虾尝试推开盖子时发出的咔哒声，或者龙虾四处挥舞钳子与水壶侧面摩擦的声音。换句话说，龙虾的表现和你我被丢进沸水中的样子很像（除了它们显然不会尖叫）。

在新南威尔士州，政府指南建议先将龙虾在冰水中浸泡 20 分钟，再迅速切断其中枢神经系统，但如果是生吃或水煮，允许直接进行后一步。2017 年，RSPCA 的调查员拍摄到悉尼一家鱼商的员工用电锯锯断一只常温的活龙虾尾巴，此后该鱼商被起诉并罚款 1500 澳元。 279

但其他无脊椎动物，比如章鱼呢？ 2010 年，欧盟将“活头足动物”加入关于保护用于科学目的的动物的指令中，因为“有科学证据表明它们能感受到疼痛、痛苦、悲痛和长期伤害”。有实验（尽管实验本身引发了一些令人疑虑的伦理问题）展示，很多动物，包括一些鱼，如果要承受包括疼痛在内的代价才能获得食物之类的奖励，或体会到疼痛缓解的好处，它们会直接放弃。不过没有对无脊椎动物的直接实验。就章鱼而言，它们会护理伤口和避免伤口附近被触碰，这类行为表明它们显然能感觉到痛苦。餐厅杀死活章鱼一般是敲碎它们的大脑，这个方法迅速而野蛮。但就连这一步骤可能也无法结束潜在的虐待，因为章鱼的大部分神经元在触手上，其大脑被毁坏后，甚至在被食用时，触手还会动——甚至感到痛苦。

动物知觉

尽管边沁严肃地为食用动物的行为辩护（只要它们在饲养和宰杀过程中没有被虐待），但他还是做出了很有远见的预测："总有一天人类会庇护所有会呼吸的事物。"我们不清楚他考虑的是否仅是呼吸空气的事物，还是也包括通过腮过滤水来呼吸的动物，例如章鱼，它们的腮在外套膜内。无论边沁所指为何，他的预测尚未成真。不过，近年来有些司法管辖区将多种人类法律的范围延伸开来，涵盖了"有知觉"的动物。

目前的欧盟条约反映了多个欧洲国家的动物虐待法规，其第十三条如下：

> 鉴于动物是有知觉的存在，联盟及其成员国在制定并实施联盟的农业、渔业、交通、内部市场、研究以及技术发展和空间政策时，应充分考虑动物福利的要求，同时尊重成员国的法律或行政规定和习俗，尤其是与宗教仪式、文化传统和地方遗产相关的。

280 新西兰《1999年动物福利法》（*Animal Welfare Act 1999*）包含的多个目的中，第一个就是"认可动物是有知觉的"。该法关于将动物用于研究、实验和教学的部分包括两个具体的目的：

> （iii）在适当情况下，使用无知觉或无生命的替代物，

取代动物用作研究和测试对象；

（iv）在适当情况下，使用无知觉或无生命的替代物，或使用其他方式传授信息，取代在教学中用到的动物。

新西兰动物伦理委员会有义务审查所有研究、试验和教学提案，检查是否已考虑此类替换。

正如第一章中提到的，澳大利亚首都领地最近修订了法律，其多重目的中的首要目的，是认可动物“能够主观感受和感知身边世界，是有知觉的存在”。然而，法规没有再提到动物知觉，修改并未带来对所有动物广泛的法律保护（尽管增加了新的保护措施，防止狗被独自留在高温的车中，并要求堪培拉居民报告受伤的哺乳动物）。

这些法律并不一定认可所有动物都是有知觉的。新西兰和澳大利亚首都领地法律对“动物”的定义更为狭窄。澳大利亚首都领地法律明确规定：

动物指：

（a）活的脊椎动物成员，包括：

（i）两栖动物；和

（ii）鸟；和

（iii）鱼；和

（iv）哺乳动物（除人类）；和

（v）爬行动物；或

281 （b）活体头足动物；或

（c）拟供人类食用的活体甲壳动物。

这一定义特别包含了一些无脊椎动物（包括章鱼），但甲壳动物仅限“拟供人类食用的”（新南威尔士州的法律也是如此）。相反，新西兰法律及其认可动物认知的目标适用于所有龙虾和小龙虾，不仅是那些最终会被人类食用的。

“有知觉的”一词可以有很多不同的含义，包括能感到疼痛或——如澳大利亚首都领地法律所表明的——动物有“主观感受或感知”任何“身边”事物的能力。2005 年畜牧教授约翰·韦伯斯特提出的定义介于这两者之间：

> 因此，有知觉的动物是有感觉的动物，“有感觉”远不只是对感觉有反应。青蛙头部被去除，但脊髓完整，蹼足仍会对有害的“疼痛”刺激做出反应，将腿部收回。有知觉的动物，如老鼠，也会对类似的疼痛刺激——如笼舍地面的电击——做出类似的反应。如果刺激重复，老鼠会学会将其与剧烈疼痛以及痛苦的情绪感知联系起来，在此驱动下，努力设法避免再受电击。如果无法避免反复刺激，老鼠会表现出焦虑，可能演变为严重的抑郁。因此有知觉的动物会对刺激表现出生理反应和情绪反应，例如痛苦。

所有生物，包括昆虫，甚至植物，一定程度上都能感知到事物。

以上定义认为这还不够。概括来说，韦伯斯特认为“对有知觉的
动物来说，感觉是有意义的”，不过他并没有说清楚感觉到底对
谁有意义。感觉可能对动物本身有意义，但如果感觉仅对人类
有意义，可能也足够了。这样的感觉甚至可以包括 PETA 对卡布
里罗海洋水族馆展示奥克塔维遗体的愤怒。（边沁自己可能并没
有这种感觉。他的遗嘱中很有名的一点是，他要求保存并展示
其遗体，穿好衣服摆成坐姿。实际上，他的身体——不包括他的 282
头——目前被陈列于伦敦大学学院的学生中心。）

韦伯斯特的大致定义一定程度上解释了，为什么澳大利亚首都领地对“动物”的定义仅限于“活体”动物。正如我们所观察到的，章鱼触手上有神经元，能独立于大脑感受事物——即便大脑已经被破坏。然而，这些感觉对大脑已经被破坏的章鱼可能——甚至肯定——没有意义。对于未出生的动物，立场则更加复杂且具有争议。新西兰法律对“动物”的定义包括“任何哺乳动物胚胎、任何鸟类或爬行动物在孕育或发育后半程的未孵化幼体”，和“任何有袋动物育儿袋中的幼崽”，但明确排除任何其他“处于未出生、未孵化、幼虫状态或其他此类发育阶段”的动物。澳大利亚首都领地宽泛地提及“活体”动物，对胚胎、育儿袋内的幼崽、未孵化的动物和其他处于早期阶段的生物——如头足动物和甲壳动物——态度不明。

撇开边界问题不谈，有一点仍然很清楚：很多被认为无知觉的动物，都被排除在澳大利亚和多数（可能是所有）海外动物法的保护范围之外。正如第六章提到的，被排除在外的有昆虫和

多数无脊椎动物，人们可以残忍地杀死它们，不受法律制约——无论是拔去蝴蝶的翅膀，还是往蛞蝓和水母身上撒盐，而这些生物，也都有自己无声的尊严。此外，澳大利亚的很多动物法，特别是新南威尔士州的法律，都将章鱼排除在外。

所有这些例子的共同特征是那些动物与人类生理上的距离。所有哺乳动物的共同祖先生活在 1 亿年前（其后代奇迹般地从 5000 万年前导致所有非鸟恐龙灭绝的彗星撞击中幸存），所有脊椎动物有更古老的共同祖先——一种鱼，它在现代人看来可能十分古怪，但很可能拥有与现在大多数鱼相似的知觉。相反，人类和章鱼的共同祖先可能是一种生活在 6 亿年前的蠕虫，并不比现在的蠕虫更有知觉。然而，知觉似乎能够进化不止一次，尽管这种情况可能很少见。正如法律学者埃米娅·斯里尼瓦桑所评论的：

283 其他在进化上与人类距离很远的生物——龙虾、蜗牛、蛞蝓、蛤蜊——感知力较低。但是章鱼——一定程度上还有它们的头足动物近亲乌贼和鱿鱼——颠覆了进化上对聪明的脊椎动物和头脑简单的无脊椎动物清晰的划分。它们是老练的问题解决者；它们学习，能使用工具；它们显示出模仿、欺骗的能力，有些人认为它们有幽默感。它们的能力有多高超，是科学上备受争论的问题：章鱼的奇异让人们难以研究。它们的智能和我们很像，又与我们完全不同。章鱼是地球上让我们感觉最接近有智能的外星人的生物。

因此，章鱼有知觉的观点在当代接受度越来越高。

英国是第一个（不声不响地）承认章鱼有智能的国家，在迈克尔·霍华德大臣（当时的内政大臣，后来是反对党保守党领袖）颁布的一项简短条例中，“保护动物”的定义包含“从发育阶段到能够独立觅食的所有真蛸类（*Octopus vulgaris*，普通章鱼）无脊椎动物”。这意味着就动物实验法而言，章鱼被当作脊椎动物对待。尽管没有边沁那样的远见和雄心，但我们相信总有一天，无论在澳大利亚还是在海外，章鱼会被所有动物福利法律涵盖。

动物权利

然而，出于什么目的呢？以美国《人权法案》最为著名的人权法律，最为人熟知的特征是授权法官在众多问题上否决民选政府——无论是关于生死问题，还是如何平衡不同人的权利或更广泛利益的更细微的问题。承认动物有尊严、痛苦或知觉的法律都没有赋予法庭这样的角色，至少一般来说是这样。相反，这种承认如果不仅是象征性的，则会通过更具体的法律，如虐待动物罪或对动物屠宰、实验、展览或囚禁的限制来表达。这些规则通常也受到更详细的规则限制，如（以法规形式）管理人类活动，包括食用动物、狩猎动物、饲养宠物和涉及动物的休闲活动。正如第六章所讨论的，执行这些法律需要人类的帮助，而法庭限制谁可以提供帮助，这通常导致执行问题被完全交由政府机构决定。 284

有改变这种方式的提案，但仅针对少数动物。这些提案中最突出的是“大猩猩计划”，其目的是让联合国通过《世界大猩猩宣言》，将 3 项人权延伸到 5 种非人类动物身上：

> 1. 生命权
>
> 所有大型灵长类动物的生命都必须得到保护。个体不能被杀死，特定的极端情况除外，如自卫。
>
> 2. 保护个体自由
>
> 不得随意剥夺大型灵长类动物的自由。它们有权利在栖息地生活。圈养的大型灵长类有权在大房间内有尊严地生活，有权与同种类的其他动物接触，有权组建家庭，必须不受商业剥削。
>
> 3. 禁止折磨
>
> 无故或为他人利益故意对大型灵长类动物施加生理或心理上的剧烈痛苦，被视为一种酷刑，必须保护它们不受该罪行伤害。

值得注意的是，该提案旨在保护人类的 5 种近亲，而且提出的权利当然比人类政府保证人类享有的权利要有限得多。

更加温和的权利保护也可能延伸到更多种类的动物身上。澳大利亚对人权法的处理大多与美国相反：除少数例外，澳大利亚法官不得推翻侵犯人权的法规。事实上，澳大利亚人权法主要确保在法律体系的各个环节，包括法律拟议和制定时、被法院及他人解读时，以及被政府机构应用和执行时，都能考虑到人权。尽管这种温和的权利保护系统必然有其弊端，但它可以被可行地延伸用于其他有知觉的动物。

比如在我们所在的维多利亚州，现在所有拟议的法律都必 285
须包含“兼容声明”，详述提案对人权的潜在影响，并证明对这些权利的任何不合理限制是必要的（或至少承认此类限制）。本书作者之一杰里米·甘斯多年来为一个议会委员会提供咨询，该委员会对此类提案的人权影响进行一定的独立评估。

动物福利党的当选成员最近决定在一项提议禁止猎鸭的议案中加入关于动物权利的声明：

> 这一提案为保护维多利亚州的一些鸟类而起草，其承认并符合1978年10月15日在巴黎联合国总部庄严宣读并于1990年修订的《世界动物权利宣言》的规定：
>
> > 所有动物生来有平等的生命权和生存权。
> >
> > 人类作为一个动物物种，不应自以为有消灭或非人道地利用其他动物的权利。
> >
> > 任何动物都不得被虐待或被施加残忍行为。
> >
> > 所有野生动物都有在自然环境中自由活动的权利，无论是在地上、空中还是水中。
> >
> > 剥夺自由，即便是为教育目的，也是对这种权利的侵犯。
> >
> > 动物权利像人权一样，应享有法律保护。
>
> 本提案进一步认可非人类动物是有自己的智能、情感和主观生活体验的有知觉的个体，（而且）它们享有与生俱

> 来的基本权利，不应受到被狩猎、捕捉和毁灭的威胁。

尽管该法可能不会被颁布，但其兼容声明展示了维多利亚州人权
286 法律有可能延伸开来，允许审查所有新的法律对有知觉动物之权利的影响。

法院和政府机构也可以被要求在解读和执行法规时考虑这样的影响，并在一些情况下将其最小化。这在印度曾几次出现，其宪法规定："同情活体生物"是"每个印度公民"的"基本义务"。印度最高法院将这一条文（与另一条要求发展"人道主义"的条文一道）称为"动物权利大宪章"，因为其能让法定规则"提升到基本权利的地位，以保证'（动物的）荣誉和尊严'，世界上很少有国家这么做"。法院表示，这些权利包括反对"物种主义"（将自己种族成员的利益置于其他种族成员的利益之上，一种偏见或偏心的态度）的权利和"生命权"（"不是因为对人类的工具价值而幸存或存在，而是过着具有某种内在价值、荣誉和尊严的生活"）。

2014 年，印度最高法院运用这些权利，判决不得将公牛用于赛牛等传统文化活动，"鉴于它们基本上是役畜和驮畜，从解剖结构来说不适合此类表演"。然而，最高法院这么做仅仅是为了确定国家法规是否凌驾于地方法规之上。不过，法官补充说，他们期待议会加强法规，将动物权利提升为宪法权利。这种用动物权利解读人类法律的方式，虽然与边沁的设想以及《世界大猩猩宣言》提出的要求还有很长的距离，却向着保护所有生物的权利法迈进了一步。

尾声：身为动物

1987 年，美国作家弗勒尔·考尔斯出版了一本《如果我是动物》（*If I Were an Animal*），书名颇具噱头。在其中，100 位名人回答了“如果转生成为动物，你选择做什么？”。我们后面会解释，这本书为什么现在很稀少和昂贵，不过我们从书评中获知，各种猫是名人最喜欢的选择，紧随其后的是狗，再接着较受欢迎的是马和鸟。还有一些更有趣的选择，包括长颈鹿、水獭和变色龙。然而，正如《波士顿环球报》所说，没有人选择“讨人厌的动物——人类”。 287

这本书是为世界自然基金会（World Wildlife Fund）筹款之作，因此有些选择不那么随便：该组织的负责人选择了濒危动物大象，因为“它不滥用它的力量”；而尼日利亚动物保护基金会的负责人选择了捻角羚，“一种稀有的、有独特美感的羚羊”。英国演员崔姬也受她自己宣传动物福利的经历影响：

> 多数艺人的言论时不时会被无所不能和创意无限的媒体误引或误用。我下辈子最想成为的动物也因被误解而受苦，其温和、谦逊的真实生活方式与其令人恐惧的形象相去甚远。我的选择是大猩猩。

似乎没有人选择章鱼，这可能反映了，在这个时代头足动物仍被视为危险的、奇怪的和可口的。

最近，名厨卡特·科拉告诉一位电视主持人她想做一只章鱼，不幸的是，不是出于预想中的原因：

> 如果我是一只章鱼——一只小章鱼……如果我被送到一家美食餐厅，我的天——比如三星餐厅，我被放在烤架上，我被如此温柔地腌制……天啊，在被烹饪和吃掉前被揉搓与按摩……我是说，喂，你真的还想一辈子在海洋里游泳吗？

至少我们想。

我们能注意到考尔斯的书，并一定程度上对我们的人类同胞重建信心，是因为时任世界自然基金会主席的爱丁堡公爵菲利普亲王撰写的前言：

> 对特定物种的动物产生亲近感是很容易的，但我只想知道，转生成一种数量急剧减少、面临灭绝风险的动物，会是什么感觉？它会如何看待人类数量剧增导致其无处生存，
> 288 用漠不关心毁灭其找到配偶、组建家庭的机会？这样的物种不是少数，而是很多，而且每天都在增多。当我看到书架上那些列出濒危物种的“濒危物种红皮书”（Red Data Books）时，我必须承认，我很想转世成为一种致命病毒，但这也许太过分。我更希望看到，仍有希望与其他生物共享地球的人类，出于对其他生物的考虑，自愿限制自己的数量。

2020 年“新冠”疫情开始时，这一引言引发了菲利普亲王已经去世的谣言。一年之后，爱丁堡公爵真的去世时，这段话被广泛引用，导致这本早已绝版的书在市面上流通的版本被人们抢购。

我们喜欢菲利普亲王许多著名的和不那么有名的引言，但尤其是这段话，因为它明确展示了对所有动物的关爱，以及他愿意将自己想象成一种渺小而不同的生物。和已故的亲王一样，我们不至于选择病毒，但我们有动力打破陈规，寻找与其他动物——无论大小——共存的多种方式。这包括我们在本书中探讨的所有法律，无论大小，我们希望它们最终让人类的关照惠及世界上所有的动物。

作者说明

这仿佛是一本我们注定会写的书——一本被一系列幸运的巧合造就、因为想要被写（而且可能需要被写）而被写的书。

一切始于 2017 年，当时我们在午餐会上，作为墨尔本法律学院对澳大利亚高等法院的判决发表评论的博客“高等法院看法”（*Opinions on High*）的编辑，讨论“伊斯贝斯特诉诺克斯城议会”案。然后，对话转向我们知道的其他动物案件，因为我们在法律上的兴趣很广泛，所以知道的案件很多。

“天啊，”杰里米说，“我们几乎可以就这个话题写一本书！”

“其实，我一直想写一本关于动物和法律的书！”凯蒂说。她的朋友戴夫十多年来一直在敦促她写一本这样的书。

我们开始写最终成为第三章和第六章的部分，然后我们制定了一份选题大纲。凯蒂以前的一名学生接触了他曾经供职过的一家出版社，但那家出版社对这本书完全没有兴趣。我们相当沮丧，暂时搁置了这个想法。

随后，2019 年，学术出版事宜再度有了消息。与另一名学者在“推特”上对话时，凯蒂提到她接触的出版社不看好《有罪的猪》这个选题，这令她感到十分遗憾。幸运的是，这条推文被布莱克公司 / 拉筹伯大学出版社 (Black Inc.La Trobe University Press）的克里斯·法伊克读到，并引起了他的好奇。他请我们把选题大纲和样章发给他。他对我们的信任令我们感到十分荣幸。我们重新整理大纲发给他。由此，我们十分偏爱的这个项目有了落脚之处。

动物法领域比我们想象得更具话题性、更引人入胜。结果我们发现，无论是在现在还是历史上，探讨法律如何作用于动物的书并不多——这一领域的书往往是从动物权利的角度来写的，考虑法律应该如何作用于动物以保护它们的权利。尽管我们也考虑了这一思路，同时考虑了对动物的法定保护以及人类伤害动物的方式，但这不是这本书唯一的关注点。 290

我们的总体出发点是澳大利亚法律，但是我们最终探索了广泛的法律体系、文化和时代。这一切十分有趣，不仅让我们了解动物，也让我们了解人类。

我们都热衷于让非法律人士走近法律，因此我们希望所有人都能阅读这本书，而不仅是律师。为此，我们尝试以平易近人、易于理解的方式解释基本法律概念。我们还决定不用脚注——法律书写中常见的特征——而是将所有参考文献（以及在哪里查找这些资源的信息）都放在最后，供有兴趣的人查看。

关于术语有两点说明：我们有时会使用“非人类动物”这一短语。当然，事实上，人类也是一种动物，尽管人类并不总愿意承认这一点，而且法律倾向于在我们和它们之间做出明确的区分。第二，我们多用“伴侣动物”替代更口语化的“宠物”，以反映对于很多人来说伴侣动物是家庭重要组成部分，而法律在很多情况下（包括家庭破裂和动物受到伤害时）并不能很好地处理这一事实。

这本书中描述的法律和故事是奇怪的混合：有时搞笑、荒唐，有时极度悲惨、令人深感不安。考察悲惨、令人不安的素材时，我们尝试尽可能敏感地处理它们。我们认为所有的故事都引人入胜，希望你也这么认为。

凯蒂·巴尼特、杰里米·甘斯

2021 年于墨尔本

致谢 291

我尤其想要感谢戴夫·巴思15年前注意到我对动物和法律的痴迷后敦促我写这本书，他坚称人们会喜欢这本书，这让我相信这个想法是有价值的；感谢杰里米·甘斯与我共同完成这个项目；感谢露西·“蒂莉”·霍顿对研究的协助（我非常希望她能看到这个选题最终的成品）。

很多人都是这个选题的热情支持者，他们让我关注世界各地不同时代的动物案件和资源，阅读章节草稿，并帮助我翻译和寻找资料：感谢乔纳森·艾因斯列、甄尼卡·安东尼-肖、克里斯蒂娜·巴林特-史密斯、琳内·巴尼特（嗨，妈妈！）、卢克·贝斯、阿什莉·贝斯特、菲利普·布里顿、西蒙·博格利、萨拉·M.巴特勒、吉尔特·范卡尔斯特、马特·坎贝尔、切尔西·坎迪、约翰·坎农、陈健林、伊娃·科恩·施泰纳、大卫·库姆、海伦·戴尔、吉莲·德姆西、克里斯·德弗里、肖娜·多塞特、布朗温·艾文斯、黛博拉·富兰克林、尼尔·詹姆斯·福斯特、威廉·盖利、丽贝卡·吉布林、梅格·古德、马修·哈丁、蒂姆·哈丁、马丁·罗兰·希尔、阿曼达·汉弗莱斯、安德烈·詹森、安妮·凯丽斯、加布里埃尔·坎特-韦伯、伯纳德·莱恩、塔尼亚·莱曼、雷切尔·利奥、因巴尔·利维、大卫·马克斯（英国王室法律顾问）、菲利普·曼迪、安德里亚·麦特维辛、乔安娜·麦库恩、贾尼·麦卡琴、唐纳德·麦克唐纳、保罗·麦克格雷里、朱利安·墨菲、珍妮·吴、伊恩·奥戴尔、艾琳·奥唐奈、皮埃特罗·奥托拉尼、海伦·普林格尔、保罗·杜普莱西斯、米歇尔·夏普、彼得·谢泼德、莱昂内尔·史密斯、约书亚·斯努卡尔、蒂姆·斯坦德尔·马修斯、比尔·斯沃德林、迈克尔·西蒙斯、玛拉·谭、安德鲁·泰腾博恩、亚历克斯·齐金拉比、泽夫·维诺库罗夫、“洛伦佐”·M. 瓦尔比、特伦特·威廉姆、资深大律师多米尼克·维拉、德里克·惠曼、比尔·怀特黑德和梅丽莎·伍德。

我想感谢我在“推特”上的所有伙伴（其中很多人在上面的名单或下面杰里米列出的名单中）。他们的热情和支持对我很重要。

最终，我要感谢我的家人和朋友时不时忍受有关动物和法律的“有趣事实”，还有虎皮鹦鹉希默、弗莱普杰克和达克，感谢它们在封控期间陪伴我。

凯蒂·巴尼特

292 我要感谢我的博士导师和合作作者吉尔·亨特激发我对关于狗的法律的兴趣，感谢凯蒂·巴尼特将闲聊变成选题大纲，将早先遭到的拒绝变成一场公开讨论，将公开讨论变成出版合同；感谢墨尔本法律学院让我在教授刑法时，相较于人对彼此的不当行为，更多地关注刑法如何影响所有个体，包括动物的生活。

感谢我在墨尔本法律学院的同事们，尤其是马修·贝尔、安德鲁·戈德温、朱迪思·马利彻奇、詹姆斯·帕克、安迪·罗伯茨、彼得·拉什、斯蒂芬·森皮尔和戴尔·史密斯，他们激励我用多种方式思考法律，尤其是成文法。我为法案法规审查委员会做的顾问工作带来的与众多议会成员的互动，也起到了同样的作用。

最近我总是被"推特"网友逗乐或挑战，其中很多人我没有当面见过，不过有些人的身份令我十分好奇，包括（除了我们已经列出的许多人）@babbyunit、贾里德·巴图、@CriminalLawAus、迈克尔·菲茨杰拉德、萨拉·约瑟夫、克里斯·卡亚斯、朱莉娅·克雷岑巴赫、史蒂夫·麦克唐纳、乔·麦金泰尔、朱丽叶·麦金泰尔、丽莎·帕克、肯·帕里什和费利克斯·拉尔夫。

感谢我的家人丹尼丝、扎克和以利亚总是耐心地给我思考和写作的时间，还有让我得以进行法律思想实验的两只动物——姆玛先生（Mr Moomar）和马哈洛（Mahalo）。

杰里米·甘斯

我们共同感谢以下人员。首先，感谢布莱克公司/拉筹伯大学出版社在我们放弃这个想法后找到我们，并认可我们（特别感谢克里斯·法伊克和凯特·哈奇）。第二，感谢卡罗莱·欣奇克利夫和墨尔本大学图书馆出色的工作人员为我们提供有时颇为生僻的资料，甚至是在墨尔本漫长的疫情封控期间。最终，感谢我们的同事克里斯汀·帕克在封控期间担任对我们极具价值的审读者，并帮助我们维持情绪正常。特别是，她在关键时刻组织了对本书草稿为期一天的讨论，当时我们得到了来自她、尼克·安普特、阿什莉·贝斯特、利奥·布朗伯格、劳拉·伯姆和乔安娜·基里亚卡基斯的极具价值的意见。正如那天我们和其他人一再指出的那样，参加这样的讨论，正是我们选择成
293 为学者的原因。

凯蒂·巴尼特和杰里米·甘斯

294

资料来源 295

引言: 动物法

法律书籍通常大量使用正式脚注，充满法律和学术缩写等，但在出版方的支持下，我们选择了一种不那么正式、更容易理解的方式解释我们的资料来源。

案件

“伊斯贝斯特诉诺克斯城议会案”有三次判决。这些判决的“引用号”（citations）——律师用来查找案件的速记号，有点像网址——是：

［2014］VSC 286.

［2014］VSCA 214.

［2015］HCA 20.

方括号内的第一组数字显然是案件判决的年份。接下来的一组字母是做出判决的法院的缩写：维多利亚州最高法院（VSC）、维多利亚州最高上诉法院（VSCA，通常仅称为维多利亚州上诉法院）和澳大利亚高等法院（HCA）。最后的数字表示案件在相关法院当年的判决列表中的位置。例如伊斯贝斯特案是2015年澳大利亚高等法院的第20个判决。

三个判决都可以在所有澳大利亚律师最喜欢的“澳大利亚法律信息研究所”（Australasian Legal Information Institute，简称AustLII）网站www.austlii.edu.au上免费获取。你可以通过浏览各家法院相关年份的案件清单、使用LawCite（法律引用）界面或搜索栏在该网站上寻找案例。本书探讨了很多案例，但不是都这么好找。较早的案件和有些海外案件只能在法律图书馆或商业数据库中找到。不过，还是值得查一查AustLII或世界法律信息研究所（World Legal Information Institute）的网站。

本章提到的另一个较老的案件是“莱恩诉凯西案”（1886）12 VLR 380，该案判决被狗伤害的人必须起诉或证明**明知**。在这个引用号中1886是年份，VLR代表《维多利亚法律报告》（*Victorian Law Reports*）；12是卷数，而380是页数。但无须去法律图书馆阅读这一案件的纸质记录，AustLII免费提供扫描件。如果你通过该网站的LawCite界面搜索，就会发现其他提到莱恩案的案件也会被列出。这是查找更多与案件相关的法律问题信息的好方法。比如，“约翰孙诉布坎南案”［2012］VSC 195包含有关**明知**和维多利亚犬只法律的清晰历史。

296 法院判决很重要，其原因众多。其中之一是，尽管议会制定法规，政府执行法规，但就法规的内涵做最终决定的是法院。法院——尤其是高等法院——也决定判例法（也被称为普通法和衡平法）的内容，且有时改变判例法。下级法院被要求跟随高等法院，服从这些法院过去就法规应如何解读或判例法应如何运作做出的决定。这些决定被称为判例。然而，法院需要决定判例是否适用于其面对的纠纷，或该纠纷是否在某些方面有所不同（后者被称为“区分”判例）。议会如果不同意法庭的判决，总可以改变法律本身，尽管通常改变仅适用于未来的纠纷。议会一般不能改变宪法，因此法院——一般是该国最高级别的法院——对多数议会的权力有最终决定权。

读这本书，你会注意到我们必须先解释英格兰过去的法律，才能解释该法为何以现有形式存在于澳大利亚。被殖民后，我们一开始被英国统治，我们几乎所有的法律都是澳大利亚的殖民者所强加的。然而，澳大利亚原住民群体有不同的、此前就存在的法律体系，有些在殖民统治中幸存，这可以从土地权利法和原住民群体与政府关系的界定方式中看出。无论如何，在20世纪，澳大利亚联邦在法律上逐渐独立于英国议会和英格兰法庭。这种分离于1986年得到正式确认，当时英国和澳大利亚法庭都制定了澳大利亚法案。然而，联系依然存在；由于两国拥有共同的国家元首，有些英格兰法规（如《大宪章》的部分内容）仍旧适用于澳大利亚，我们共同的法律历史意味着我们的法律之间有很多重叠和相互参考。

法规

管辖伊斯贝斯特案的法规是维多利亚州《1994家养动物法》（*Domestic Animals Act 1994* ［Vic.］）。请注意1994是法规制定的年份，Vic.是维多利亚州的简写，其州议会制定了该法。你可以在AustLII上找到澳大利亚法规，但是找到现有法规最快的方式是访问Legify（法规搜索网，https://legify.com.au）。因为法规是非常复杂、经常被修改的文件，律师一般喜欢使用可以在相应政府网站上找到的法规的官方版本。大多数政府网站提供法规现在和以前的版本。比如，在维多利亚州的网站（www.legislation.vic.gov.au）上可以找到伊兹和乔克去盆地时的《家畜法》版本（第56版）。该法规1994年最初颁布时，名称与现在不同，叫《1994年家畜（野生和妨害动物）法》（*Domestic [Feral and Nuisance Animals] Act 1994*）。

二级资料来源 297

案例和法规被称为“原始”法律资料。但是律师和学者，包括我们自己，也使用多种二级资料，包括图书、学术文章、报纸报道等。有两种方式可以找到这些资料。一是去大图书馆，如州或首都的国家图书馆，并向图书管理员寻求帮助。另一种是用“谷歌”搜索。请注意，有些稀有资料只能使用商业数据库或者前往特定的图书馆才能找到。

关于伊斯贝斯特案，更多的信息可以在高等法院的网站上找到，在那里可以读到各方提交的书面陈述，以及在5名法官面前辩论的记录；还有诺克斯城议会网站，在上面可以读到考虑伊兹命运的第二个小组的报告。第一个小组的报告——如果曾在网上发布——已不再可见。

我们对“伊斯贝斯特诉诺克斯城议会案”的讨论主要基于法院的论证，但也参考了报纸报道和其他来源。讨论在伊斯贝斯特起诉议会前就开始了，涵盖一系列事件和为高等法院判决的问题提供背景的其他法律程序。先前发生的很多事件不是法院或法律出版方发布的官方“报告”的主题，因此关于它们，我们知道的多数信息来自媒体对“伊斯贝斯特诉诺克斯城议会案”的报道（希望是准确的）。官方报告也不是这个案件的结尾——生活还在继续，只要可能，我们在这本书中都尽力描述每个案件在法庭判决之后的最终结果。伊斯贝斯特得到相当多的媒体报道，有些可以通过“谷歌”搜索找到，但我们主要依赖一个在大学可以使用的、名叫“Factiva”（事实库）的数据库。我们尤其参考了最近停刊的、报道墨尔本这片区域方方面面的《诺克斯领袖报》的报道。

第一章　拥有动物

在这一章中被我们贯穿始终用作例子的逃脱的日本猕猴案为*Nakhuda v Story Book Farm Primate Sanctuary* [2013] ONSC 5761。更多细节搜集自‘Judge: Ikea Monkey Will Not Be Returned to Former Owner’, *The Canadian Press*, 13 September 2013。

关于财产概念的引言来自*Yanner v Eaton* [1999] HCA 53, [17] (Gleeson CJ, Gaudron, Kirby and Hayne JJ)。关于格雷教授的内容来自Kevin Gray,‘Property in Thin Air’, *Cambridge Law Journal*, vol. 50, no. 2, 1991, pp.252–307。

关于动物驯化的信息，我们参考了Melinda A. Zeder, ‘Pathways to Animal Domestication’, in P. Gepts, T.R. Famula, R.L. Bettinger et al. (eds), *Biodiversity in Agriculture: Domestication, Evolution and Sustainability*, Cambridge University Press, Cambridge, 2012, p.227，和Fabrice Teletchea, ‘Animal Domestication: A Brief Overview’, in Fabrice Teletchea (ed.),
298 *Animal Domestication*, IntechOpen, London, 2019。

关于英国法律的历史记录，我们参考了Henry de Bracton, *On the Laws and Customs of England*, ed. G.E. Woodbine, transl. S.E. Thorne, 4 vols, Harvard University Press, Cambridge, MA, 1968–77和William Blackstone, *Commentaries on the Laws of England*, John Exshaw, Dublin, 1769。

关于罗马法，我们参考了J. Du Plessis, *Borkowski's Textbook on Roman Law*, 6th ed., Oxford University Press, Oxford, 2020。我们还参考了Alan Watson (ed.), *The Digest of Justinian*, vol. 4, University of Pennsylvania Press, Philadelphia, 1998，具体页码是41.1.1–41.1.6, 41.3.2, 41.1.5.2–41.1.5.6, 47.2.37。

与奴隶制的相似性

关于奴隶制和爱尔兰奴隶女孩被用作货币，我们参考了Paul Einzig,

‘Slave Girl Money of Ireland’, in Paul Einzig, *Primitive Money: In Its Ethnological, Historical and Economic Aspects*, Pergamon Press, Oxford, 1966。

将动物所有权等同于奴隶制的主要理论家是Gary L. Francione，其相关著作为*Animals, Property, and the Law*, Temple University Press, Philadelphia, 1995。

犯罪者因为检控方将其比作马蜂窝而寻求从监狱中释放的案件是*In re Pers. Restraint of Richmond*, 482 P.3d 971 (Wash. Ct. App. 2021)。

所提到的奴隶案件包括*Pearne v Lisle* (1749) Amb. 76, 27 ER 47和*Somersett v Stewart* (1772) Lofft 1, 98 ER 499。哈德威克法官在皮尔案中推翻的两个更早的案件是*Chamberlain v Harvey* (1697) 1 Ld Raym. 146, 91 ER 994和*Smith v Gould* (1705–07) 2 Salk. 666, 91 ER 567。

《1807年废除奴隶贸易法》（The *Abolition of the Slave Trade Act 1807* [47 Geo III Sess. 1, c. 36]）规定在英格兰从事奴隶贸易违法。《1833年废除奴隶制法》（*Slavery Abolition Act 1833* [3 & 4 Will. 4, c. 73]）规定在大英帝国境内购买或拥有奴隶违法，锡兰（今斯里兰卡）和圣赫勒拿岛上“东印度公司拥有的领土”除外。

研究表明人类没有基因不同的种族（但黑猩猩有）：Alan R. Templeton, ‘Biological Races in Humans,’ *Studies in History and Philosophy of Science Part C: Studies in History and Philosophy of Biological and Biomedical Sciences*, vol. 44, no. 3, 2013, pp. 262–460。

规定动物不是财产的民法条款如下：

- 《加泰罗尼亚民法典》（Civil Code of Catalonia, bk V, art. 511–1[3]）：“动物，不被视为物，受到法律的特别保护。商品规则仅在性质允许的范围内适用于它们。”
- 《捷克民法典》（Civil Code of Czech Republic, 2012, s. 494）：“活体动物作为具有感官的生物，具有特殊的意义和价值。活体动物不是物，适用于物的条款仅在不违背动物性质的范围内适用于活体动物。”
- 《魁北克民法典》（Civil Code of Quebec, 1991, bk 4, s. 898.1）：“动物不是物，它们是有知觉的生物，有生理需求。除了保护动物的特别法案的条款，本法及其他关于财产的法案仍适用于动物。” 299

- 《法国民法典》（French Civil Code, Feb. 2014, art. 515–14）：“动物是有知觉的生物。动物受制于保护它们的法律，受制于有形财产规章。”
- 《1812年奥地利民法总则》（1988年修订，General Civil Code of Austria, 1812 [1988 amendment], s. 285a）：“动物不是物；它们受特别法律保护。适用于物的规定只有在没有其他规定的情况下适用于动物。”
- 《2002年1月2日德国民法典》（修订版，German Civil Code, 2 Jan. 2002 [revised version], s. 90a）：“动物不是物体。它们受特殊法规保护。除非另有规定，经必要调整后,它们受适用于物的条款管辖。”
- 《荷兰民法典》（Netherlands Civil Code, bk 3, title 3.1, art. 3:2a）：1.动物不是物，2.与物有关的条款适用于动物，并适当尊重基于法定规则和不成文法规则，以及公共秩序和公共道德的限制、义务和法律原则。
- 《1907年瑞士民法典》（Swiss Civil Code, 1907, art. 641a）：1.动物不是物，2.如不存在针对动物的特殊规定，它们受制于管辖物的规定。

动物知觉规定也在新西兰和澳大利亚首都领地被通过：

- 澳大利亚首都领地《1992年动物福利法》（*Animal Welfare Act 1992* [ACT], s. 4A.）
- 新西兰《1999年动物福利法》（*Animal Welfare Act 1999* [NZ].）

辩称用“类财产”的方式对待动物更好的理论家包括David Favre，相关文献包括‘Living Property: A New Status for ‘Animals as Living Property’, in Linda Kalof (ed.) *The Oxford Handbook of Animals Studies*, Oxford University Press, Oxford, 2017；Angela Fernandez, ‘Not Quite Property, Not Quite Persons: A “Quasi” Approach for Nonhuman Animals’, *Canadian Journal of Comparative and Contemporary Law*, vol. 5, no. 1, 2019, pp. 155–232。

野生动物的所有权

关于黑猩猩狩猎角色的描述，请见Christophe Boesch, ‘Cooperative

Roles among Taï Chimpanzees', *Human Nature*, vol. 13, no. 1, 2002, pp. 27–46。

共同用益权的一个案例是1955年的*Mason v Clarke* [1955] AC 778，克拉克与梅森达成口头协议，克拉克支付100英镑以获得在一年内进入梅森的领地诱捕兔子的权利。问题是口头协议是否可执行：在这一事件中是可以执行的，因为可以提出充分证据，证明口头协议是通过部分履行学说[1]产生的。从土地中开采矿物的权利在*Case of Mines* (1568) 1 Plow. 310, 75 ER 472中被提到（可追溯至女王伊丽莎白一世统治时期）。 300

阐明狩猎权利的案件是*Fitzgerald v Firbank* [1877] 2 Ch. 96（关于拥有在土地上死亡的动物）、*Ewart v Graham* (1859) 7 HLC 332和*Blades v Higgs* (1861) 10 CB (NS) 713, 142 ER 634（关于动物作为被土地所有者利用的资源）。请注意，在*Blades v Higgs*中，一名摊贩（Blades）把官司一直打到了英国上议院。

鳄鱼

涉及猎杀鳄鱼的案件是*Yanner v Eaton* [1999] HCA 53。

在澳大利亚赋予野生动物所有权的法规包括：

- 维多利亚州《1995年渔业法》（*Fisheries Act 1995* [Vic.], s. 10.）
- 新南威尔士州《1974年国家公园和野生动物法》（*National Parks and Wildlife Act 1974* [NSW], s. 97.）
- 昆士兰州《1992年自然保护法》（*Nature Conservation Act 1992* [Qld], s. 83.）
- 北部地方《地方公园和野生动物保护法》（*Territory Parks and Wildlife Conservation Act* [NT], s. 62）

鱼和贝类

涉及开放渔网的案件是*Young v Hitchens* (1844) 6 QB 606和*State of Ohio v*

---

1 part performance，该学说主张：如当事人之间存在一份合约，而一方为切实履行合约做出了某个或某些行为，则口头合约在此情况下可强制执行。

Shaw, 67 Ohio St 157; 65 N.E. 875 (1902)。

涉及英国渔业的案件是*Borwick Development Solutions Ltd v Clear Water Fisheries Ltd* [2020] EWCA Civ 578（上诉法庭）和*Borwick Development Solutions Ltd v Clear Water Fisheries Ltd* [2019] EWHC 2272 (Ch), [2020] 1 WLR 559（庭审判决）。

关于Borwick案的判决背后的罗马法，有用的讨论见Jonathan Ainslie, ‘Fish, Soil and Industry: Proprietary Interests in *Borwick v Clear Water Fisheries*’, *Edinburgh Private Law Blog*, 11 May 2020和Michael Crawford, ‘Wild Things: Borwick Development Solutions v Clear Water Fisheries [2020] EWCA Civ 578’, *Property Law Blog*, 23 July 2020。

关于澳大利亚的公共捕鱼权，见*Harper v Minister for Sea Fisheries* (1989) 168 CLR 314（“哈珀案”）。关于对其历史的讨论，见George Kailis, ‘Unintended Consequences? Rights to Fish and the Ownership of Wild Fish’, *Macquarie Law Journal*, vol. 11, 2013, pp. 99–124。澳大利亚高等法院判决*Northern Territory of Australia v Arnhem Land Aboriginal Land Trust* [2008] HCA 29中的法规完全推翻了北部地方的捕鱼权。

新南威尔士州的偷猎牡蛎案：*Ex Parte Emerson* (1898) 15 WN (NSW) 101。

关于原住民产权和捕鱼权的案件：*Mason v Tritton* (1994) 34 NSWLR 572（鲍鱼的原住民产权案）、*Karpany v Dietman* [2013] HCA 47（鲍鱼的原住民产权案）和*Sutton v Derschaw* (1995) 82 A Crim R 318（鱼和原住民
301 产权）。

蜜蜂

关于蜂蜜的历史，见Hayrettin Akkaya and Serhat Alkan, ‘Bee-Keeping in Anatolia from the Hittites to the Present Day’, *Journal of Apicultural Research*, vol. 46, no. 2, 2007, pp. 120–24。关于蜂蜜对古代人类的重要性，见M.J. Gorman, ‘The Ancient Brehon Laws of Ireland’, *University of Pennsylvania Law Review*, vol. 61, no. 4, 1913, pp. 217–33。

在中国北方发现的可追溯至公元前7000年的陶器上，有一种用蜂蜜、水果和米制作的发酵饮料的证据：请见Patrick E. McGovern, Juzhong Zhang,

Jigen Tang et al., ‘Fermented Beverages of Pre-and Proto-Historic China’, *Proceedings of the National Academy of Sciences of the United States of America*, vol. 101, no. 51, 2004, pp. 17593–98。

关于古代罗马蜜蜂法，见Bruce W. Frier, ‘Bees and Lawyers’, *The Classical Journal*, vol. 78, no. 2, 1982, pp. 105–14。

关于古代爱尔兰蜂蜜法律，见Thomas Charles-Edwards and Fergus Kelly (eds), *Bechbretha*, Early Irish Law Series vol. 1, Dublin Institute for Advanced Studies, Dublin, 1983。

蜜蜂成群飞进邻近土地的案件：*Kearry v Pattinson* [1939] 1 KB 471。盗窃蜜蜂案是*R v Gadd* [1911] QWN 31。

与《2002年1月2日德国民法典》（修订版）相关的部分：ss. 961, 962, 963和964。《2000年意大利民法典》art. 924有类似的部分。

狐狸

Pierson v Post (1805) 3 Caines 175（纽约最高法庭）是用来教授财产法的著名案例。对这个案件背后的历史全面且精彩的描述，见Angela Fernandez, *Pierson v. Post, The Hunt for the Fox*, Cambridge University Press, Cambridge, 2018。

涉及半野生狐狸的加拿大案件：*Campbell v Hedley* (1917) 37 DLR 289（安大略省最高法院）和*Ebers v MacEachern* [1932] 3 DLR 415（爱德华王子岛省最高法院）。

关于驯养狐狸，见Dor Shilton, Mati Breski, Daniel Dor and Eva Jablonka, ‘Human Social Evolution: Self-Domestication or Self-Control?’, *Frontiers in Psychology*, vol. 11, no. 134, 2020。质疑驯化综合征和别利亚耶夫实验可靠性的论文：Kathryn Lord, Raymond P. Coppinger and Elinor K. Karlsson, ‘The History of Farm Foxes Undermines the Animal Domestication Syndrome’, *Trends in Ecology and Evolution*, vol. 35, no. 2, 20, pp. 125–36。

关于悉尼狐狸救援的信息来自Chris McLennan, ‘NSW Govt Finally Moves to Ban People Keeping Foxes as Pets’, *Weekly Times*, 7 October 2014和Joshua Becker, ‘Sydney Charity Wants Ban on Rescuing and Re-Homing Foxes Lifted, Causing Farmer Outrage’, *ABC News*, 23 August 2016。该机构似乎

已经从悉尼狐狸救援转变为悉尼狐狸和野犬救援，最终转变为悉尼野犬救援。见悉尼野犬救援网站 www.sydneydingorescue.com.au（最后登录时间：2021年10月20日）澳大利亚慈善和非营利委员会网站“悉尼狐狸与野犬救援” www.acnc.gov.au/charity/806a51b894032e8129c2e650ad607660（最后修
302 改时间：2021年9月17日）。感谢阿什莉·贝斯特告诉我们这个问题。

宣布狐狸是害兽的法令是根据新南威尔士州《2013年本地土地服务法》（*Local Land Services Act 2013* [NSW]）制定的《2014年本地土地服务（欧洲赤狐）害兽控制令》（*Local Land Services [European Red Fox] Pest Control Order 2014*）。

孔雀和鸽子

关于不能偷窃孔雀的看法，见Krista J. Kesselring, ‘Can You Steal a Peacock? Animals in Early Modern Law’, Legal History Miscellany blog, 22 April 2020, https://legalhistorymiscellany.com/2020/04/22/can-you-steal-a-peacock-animals-in-early-modern-law。

逃走的赛鸽的案件：*Hamps v Darby* [1948] 2 KB 311。

判决只有贵族可以在其房地产上放置鸽笼的是*Boulston v Hardy* (1597) 5 Co Rep 104a, 77 ER 216。该案件也被报告为*Bowlston v Hardy* (1597) Cro Eliz 547, 78 ER 794（请注意原告姓名的不同拼写法）。

天鹅

涉及阿伯茨伯里天鹅饲养处的天鹅的案件被称为*Case of Swans* (1592) 7 Co Rep 15b。

乔叟选段出自Geoffrey Chaucer, *The Riverside Chaucer*, ed. Larry D. Benson, Oxford University Press, Oxford, 1988。

关于天鹅和天鹅清点，我们参考了：

- ‘Abbotsbury Swannery’, Abbotsbury Tourism website, accessed 21 October 2021, https://abbotsbury-tourism.co.uk/swannery.
- Emily Cleaver, ‘The Fascinating, Regal History behind Britain’s Swans’ *Smithsonian Magazine*, 31 July 2017.
- Liam James, ‘The Ancient Royal Tradition of Counting Swans on the

River Thames', *The Independent*, 17 July 2019.

- Sarah Laskow, 'Why the Queen Owns All the Swans in England', *Atlas Obscura*, 14 May 2018.
- Arthur MacGregor, 'Swan Rolls and Beak Markings: Husbandry, Exploitation and Regulation of *Cygnus olor* in England, c. 1100–1900', *Anthropozoologica*, no. 22, 1997, pp. 29–68.
- 'Swan Upping', UK Royal Family website, accessed 21 October 2021, www.royal.uk/swans.

关于天鹅（除了澳大利亚黑天鹅！）的忠诚，见Louise Crane, 'The Truth about Swans', BBC Earth, 4 December 2014. 303

关于天鹅和其他鸟类的法案包括：

- 《天鹅法案》，22 Edw. IV. c. 6:《王国制定法汇编第二卷》（1377—1504，英国）（*The Statutes of the Realm Volume II*），474。
- 《禁止捕捉雉和山鹑法案》（英国）（*An Act against Taking of Feasaunts & Patridgs* [11 Hen. VII c. 17, 1495]）。
- 《为更好地执行过去禁止用枪射击、保护雉和山鹑以及禁止用野兔圈套消灭野兔和在雪中追踪野兔的法规的法案》（英国，*An Acte for the Better Execution of the Intent and Meaninge of Former Statutes Made againste Shootinge in Gunnes, and for the Preservation of the Game of Phesantes and Patridges, and against the Destroyinge of Hares with Harepipes, and Tracinge Hares in the Snowe*，[11 Hen. VII c. 17, 1495]）。
- 《1570年关于林肯郡威瑟姆河天鹅的条例：及属于该河流上的所有者的一卷原始的天鹅标记》（英国，*Ordinances Respecting Swans on the River Witham, in the County of Lincoln: Together with an Original Roll of Swan Marks, Appertaining to the Proprietors on the Said Stream 1570*）。这一规定曾被约瑟夫·班克斯提到，澳大利亚人熟悉以他的名字命名的班克木（Banksia flowers）和班克斯敦（Bankstown）。
- 《1981年野生动物和乡村法》（英国），s. 1（s. 2给出例外）。

“王室之鱼”

关于“王室之鱼”的法案（其中部分仍然有效）有《国王特权》或《1322年国王特权》（英国，*Of the King's Prerogative 1322* [15 Edw. II. cc. 13–17, s. xiii]）。

关于捕鲸的案件如下：

- *Baldick v Jackson* (1910) 30 NZLR 343.
- *Ghen v Rich*, 8 F. 159 (Mass. 1881).
- *Hogarth v Jackson* (1827) 2 C & P 595, 173 ER 1080.
- *Littledale v Scaith* (1788) 1 Taunt 244, 127 ER 826.

威尔士人抓住鲟鱼的故事来自‘Fisherman Lands £8,000 Catch’, BBC News, 2 June 2004。

鲸鱼被冲上沙滩的模拟案件来自A.P. Herbert, *Uncommon Law: Being Sixty-Six Misleading Cases, Revised and Collected in One Volume, Including Ten Cases Not Published Before*, Methuen, London, 1935。该选集还收录了家庭主妇将蜗牛扔进他人的花园以报复的案件。

梅尔维尔对法律的探讨来自Herman Melville, ‘Fast-Fish and Loose-Fish’, *Moby Dick*, Claremont Classics, Ringwood, Vic., (1851) 1999, pp. 378–81。探讨捕鲸法的不同的经济原因，见Robert C. Ellickson, ‘A Hypothesis of Wealth-Maximising Norms: Evidence from the Whaling Industry’, *Journal of Law, Economics and Organisation*, vol. 5, no. 1, pp. 83–97（感谢陈建林[音译]告知我们这项研究）。然而克里斯托弗·汤姆林斯辩称人们对梅尔维尔的理解过于拘泥于字面：见‘Animals Accurs’d: Ferae Naturae and the Law of Property in 19th Century America’, *University of Toronto Law Journal*, vol. 63,
304 no. 1, 2013, pp. 35–52。

异域动物

逃脱的海狮的案件：*Mullett v Bradley* (1898) 24 Misc. 695, 53 NYS 781。

亚斯明·纳库达的两只新猴子的故事，见Jacques Gallant, ‘Former Owner of Ikea Monkey Defends Latest Primate Purchases’, *Toronto Star*, 21 January 2015。《赫芬顿邮报》（*The Huffington Post*）一年之后的报道提到

了名字不同的猴子，见Liam Casey,‘Canada’s Animal Laws Allow Canadians to Buy Hippos, Tigers: Owning Exotic Animals Is a Growing Trend in Canada’, *The Huffington Post*, 3 March 2016。

驯化动物的所有权

肖维岩洞里的狗是狗而不是狼的证据，见Pat Lee Shipman,‘The Woof at the Door’, *American Scientist*, vol. 97, 2009, p. 286。

古代人类照顾生病的小狗，证据见于：

- Mary Bates,‘Pre-Historic Puppy May Be Earliest Evidence of Pet–Human Bonding’, *National Geographic*, 27 February 2018.
- Luc Janssens, Liane Glemsch, Ralf Schmitz et al.,‘A New Look at an Old Dog: Bonn-Oberkassel Reconsidered’, *Journal of Archaeological Science*, vol. 92, 2018, pp. 126–38.

有关古代狗与人合葬的讨论，见：

- Silvia Albizuri, Jordi Nadal, Patricia Martin et al.,‘Dogs in Funerary Contexts during the Middle Neolithic in the Northeastern Iberian Peninsula (5th-early 4th millennium BCE)’, *Journal of Archaeological Science,* vol. 24, 2019, pp. 198–207.
- Marissa Fessenden,‘New Study Looks at Why Neolithic Humans Buried Their Dogs with Them 4000 Years Ago’ *Smithsonian Magazine*, 14 February 2019.

鲁德亚德·吉卜林的故事《独来独往的猫》来自*Just So Stories*, Penguin, London, (1902) 2000。

哈蒙德法官的引言来自*Lowe v Auckland City Council HC Auckland AP44/93* [1993] NZHC 238。

有关猫的驯化的基因证据，见Claudio Ottoni, Wim Van Neer, Bea De Cupere et al.,‘The Palaeogenetics of Cat Dispersal in the Ancient World’, *Nature Ecology & Evolution*, vol. 1, art. 139, 2017。

猫抓住金丝雀的案件：*McDonald v Jodrey*, 8 Pa. C. C. 142 (1890) 143。

关于名叫奥兹的猫的纠纷，见‘The £24,000 Legal Fight over a Cat:

Award-Winning Gardener Is Banned from Feeding Her Neighbour's Moggie
305 after Years of Battling in Courts', *Daily Mail*, 16 January 2020。

其他关于猫的英国法律纠纷，见Sirin Kale, 'Claws Out! Why Cats Are Causing Chaos and Controversy across Britain', *The Guardian*, 22 January 2020。

所有权的形式

关于狗的抵押的英格兰案件：*McLean & Anor v Trustees of the Bankruptcy Estate of Dent* [2016] EWHC 2650 (Ch), [2017] Ch 422。

涉及马的抵押的案件：*Saltoon v Lake* [1978] 1 NSWLR 52。

关于迷你贵宾犬春光巴利胡的案件报道：'Husband Gets Back His Amorous Poodle', *The Times*, 22 February 1968。

涉及对博美犬科贝的争夺的案件：*Chow v Chang* [2021] VMC 1。报道判决的是Tom Cowie, ' "He's My Baby" : Former Couple Take Dispute over $4000 Dog to Court', *The Age*, 7 April 2021。

涉及巴里·迈里克和罗克西的案件报道：Doree Lewak, 'NYC Man Chooses to Go to Jail Rather than Give Dog Back to His Employer', *New York Post*, 23 January 2021。

禁止在昆士兰州拥有兔子的法律：昆士兰州《2014年生物安全法》（*Biosecurity Act 2014*）。

"有缺陷的"动物

不育的公牛"至尊米杰"悲伤的案件：*Elder Smith Goldsborough Mort Ltd v McBride* [1976] 2 NSWLR 631。"至尊米杰"适用于新南威尔士州《1923年货物销售法》, s. 19 (2)。

涉及有潜在缺陷的马的案件：*Vieira v O'Shea* [2012] NSWCA 21。

巨蟒剧团的《死鹦鹉小品》来自John Cleese and Graham Chapman, 'Full Frontal Nudity', season 1, episode 8, *Monty Python's Flying Circus*, BBC，1969年12月7日播出。

近期涉及生病的鹦鹉泰比里厄斯的案件：*Davy v Kidwai*, 2020 BCCRT 442。

讨论生病的小狗那拉的故事：

- ‘Our Work: Nala’s Matter: Holding Negligent Puppy Farmers Accountable Using Consumer Law’，The Animal Law Institute website, accessed 21 October 2021, www.ali.org.au/our-work.
- ‘Puppy Farmers Put on Notice after Tribunal Decision’；Maurice Blackburn Lawyers website, accessed 21 October 2021, www.mauriceblackburn.com.au/blog/2018/november/14/puppy-farmers-put-on-notice-after-tribunal-decision.

联邦《2010年澳大利亚竞争和消费者法》附表二（澳大利亚消费者法）s.54规定了消费者保障。

关于英国古代牧羊犬拉迪的威尔士案件：*Pendragon v Coom* [2021] EW 306
Misc. 4 CC（2021年3月22日）。对该案的评论来自Rosalind English,‘What Is the True Value of a Companion Animal?’，*UK Human Rights Blog*, 7 April 2021。

英国《2015年消费者权益法》s. 9规定商品质量必须令人满意。该法s. 23关注维修或换货的权利，而s. 24关注减价和拒收商品的权利。

伤害属于他人的动物

我们参考了L.W. King (trans.),“阿瓦隆计划”网站“汉谟拉比法典”，https://avalon.law.yale.edu/ancient/hamframe.asp（最后登录时间2021年10月21日）。

托马斯·阿奎那关于牛的所有权的想法，见Thomas Aquinas, *The 'Summa Theologica' of St Thomas Aquinas*, trans. Fathers of the English Dominican Province, Burns, Oates & Washburne, London, 1918。

有关稀有鹦鹉案件的报道：James Crisp,‘Hot Air Balloonist to Pay Thousands after Scaring Rare Parrots to Death During Race’，*The Telegraph*, 10 September 2020。

涉及飞机和水貂的案件：*Nova Mink v Trans-Canada Airlines* [1951] 2 DLR 241。

涉及射杀邻居的猫的案件：*Davies v Bennison* (1927) 22 Tas LR 52。

戴维斯案12年后，澳大利亚高等法院裁定地方议会无须对一名发现自己的儿子淹死在因地方议会过失而未遮盖的沟渠中的母亲所经历的惊吓和痛苦负责：*Chester v Waverley Municipal Council* (1939) 62 CLR 1。

对过失造成的惊吓和痛苦的损害赔偿被扩大到包括受到惊吓者并未目睹伤害行为，而仅目睹该行为后果的情况：见 *Jaensch v Coffey* (1984) 155 CLR 549。

涉及名为利科赖斯的狗逃脱和死亡的案件：*Petco Animal Supplies Inc. v Schuster*, 144 SW 3D 544 (2004)（得克萨斯州上诉法院）。

涉及名叫雅尼的马受伤的案件：*Beaumont v Cahir* [2004] ACTSC 97。

涉及哈利逃脱的案件：*Ferguson v Birchmount Boarding Kennels Ltd* (2006) 79 OR (3d) 681。

伴侣动物和家庭破裂

关于鹦鹉在离婚中扮演的角色，历史记录包括：

- ‘Parrot Causes Divorce’, *Herald Democrat*, 27 September 1920, p. 5（报道丈夫因为妻子教鹦鹉“诅咒他”而与妻子离婚）。
- ‘Parrot in Divorce Case’, *The New York Times,* 13 November 1902, p. 1（报道妻子因为丈夫教鹦鹉说“该死的东西，起床！”来替代闹钟而与丈夫离婚）。

家庭法被用于动物，更多描述来自：

- Tony Bogdanoski, ‘Towards an Animal-Friendly Family Law: Recognising the Welfare of Family Law's Forgotten Family Members’, *Griffith Law Review*, vol. 19, no. 2, 2010, pp. 197–237.
- Alex Bruce, *Animal Law in Australia: An Integrated Approach*, LexisNexis Butterworths, Chatswood, 2018.

《1975年家庭法》（联邦）关于财产分割的条款是s. 79(1)（已婚伴侣）和s. 90SM（事实伴侣）。

关于美国家庭法和宠物，我们参考了：

- Heidi Stroh, ‘Puppy Love: Providing for the Legal Protection of Animals When Their Owners Get Divorced’, *Journal of Animal Law And Ethics*, vol. 2, 2007, pp. 231–53.
- T.C. Wharton, ‘Fighting like Cats and Dogs: The Rising Number of Custody Battles over the Family Pet’, *Journal of Law and Family*

Studies, vol. 10, no. 2, 2008, pp. 433–41.

关于以色列家庭法和宠物，以及*"Plonit v Plonit"*案，我们参考了Pablo Lerner, 'With Whom Will the Dog Remain: On the Meaning of the "Good of the Animal" in Israeli Family Custodial Disputes', *Journal of Animal Law*, vol. 6, 2010, pp. 105–30。泽埃夫·维诺库罗夫为我们翻译了*"Plonit v Plonit"*案（Schochet J, Ramat Gan Family Court, FC 32405/01,2004年3月18日，未报道）希伯来文的相关段落。

离婚夫妇关于狗的监护权的纠纷：*Downey & Beale* [2017] FCCA 316。宠物监护权与儿童监护权挂钩的案件：*Jarvis & Weston* [2007] FamCA 1339。法官裁定她没有管辖权授予狗"共同监护权"的案件：*Davenport & Davenport* (No. 2) [2020] FCCA 2766。

关于美国基于财产处理离婚宠物所有权的案件，见：

- *Akers v Sellers* 54 NE 2d 779 (1944)（印第安纳州上诉法院）。
- *Arrington v Arrington* 613 SW 2d 565 (1981)（得克萨斯州民事上诉法院）。
- *Bennet v Bennet* 655 So 2 d 109 (1995)（佛罗里达州地区上诉法院）。
- *Desanctis v Pritchard* 803 A 2d 230 (2002)（宾夕法尼亚州高级法院）。
- *Nuzzaci v Nuzzaci* 1995 WLR 783006 (1995)（特拉华州家庭法院）。

相反，关注"动物最大利益"的案件见：

- *Marriage of Stewart* 365 NW 2d 611 (1984).
- *Raymond v Lachmann* 695 NYS 2d 308 (1999)（纽约州最高法庭上诉庭）。
- *Zovko v Gregory* No CH 97–544 (1997)（弗吉尼亚州阿灵顿县巡回法院）. 308

涉及名为萨莎的狗的新加坡案件：*Tan Huey Kuan (alias Chen Huijuan) v Tan Kok Chye* [2011] 3 SLR 960, [2011] SGHC 86。感谢雷切尔·利奥提醒我们注意此事。

涉及特定履行归还狗的义务的案件：*Houseman v Dare* 405 NJ Sup 536 (2009)。

将动物视为不仅是财产的存在

关于达尔文最终命运的报道，见Maija Kappler, ‘Darwin the Ikea Monkey Has a New Baboon “Surrogate Dad”, *HuffPost*, 9 January 2019。

第二章　控制动物

苏格兰关于游荡的羊的案件：*Winans v Macrae* [1885] 22 SLR 692。最初让我们了解到这个案件的是Kate Scarborough, ‘Our Legal Heritage: The Lamb that Strayed Too Far from Home’, *Scottish Legal News*, 25 August 2020。

Read v J Lyons & Co Ltd [1947] AC 156完全不是关于动物的案件。其涉及爆炸物工厂的爆炸。

格兰维尔·威廉斯1939年撰写了关于动物和侵权法的开创性著作：Glanville Williams, *Liability for Animals*, Cambridge University Press, Cambridge, 1939。我们在很多方面参考了这部著作，尤其是法律历史。

关于罗马法，我们再次参考了Paul J. Du Plessis, *Borkowski's Textbook on Roman Law*, 6th ed., Oxford University Press, Oxford, 2020和Reinhard Zimmermann, *The Law of Obligations: Roman Foundations of the Civilian Tradition*, Oxford University Press, Oxford, 1996。

关于古代爱尔兰蜜蜂法律，我们参考了Thomas Charles-Edwards and Fergus Kelly (eds), *Bechbretha*, Early Irish Law Series vol. 1, Dublin Institute for Advanced Studies, Dublin, 1983。

关于一些涉及马的案件，我们参考了Clifford L. Pannam QC, *The Horse and the Law*, 3rd ed., Law Book Co., Pyrmont, 2004。

本章引用的威廉·布莱克诗句，出自*The Complete Poems of William Blake*, ed. Alice Ostriker, Penguin, New York, 1977。

关于涉及动物的零散法律的讨论，我们参考了Alex Bruce, *Animal Law in Australia: An Integrated Approach*, 2nd ed., Lexis Nexis Butterworths,
309 Chatswood, 2018。

驯化动物

侵地动物

扣押引致损害的实产

关于盎格鲁—撒克逊法律，包括伊尼法，我们参考了F.L. Attenborough (ed. and trans.), *The Laws of the Earliest English Kings*, Cambridge University Press, Cambridge, 1922。

关于约翰·布思因作伪证被收押的报道，见*The Sydney Morning Herald*, 16 October 1844, p. 2。托马斯·佩里戈的姓被错误地拼成了“Perigold”，但由于不识字，他可能根本不知道如何拼写自己的名字。

关于在私人房地产上抓捕狗或猫无须许可的规定：维多利亚州《1994家养动物法》，s.23。

废除或限制扣押引致损害的实产的法规：

- 英国《1971年动物法》，s.7。
- 新南威尔士州《1977年动物法》（*Animals Act 1977*），s.5。
- 澳大利亚首都领地《2002年民法（不法行为）》（*Civil Law [Wrongs] Act 2002*），s.213。
- 塔斯梅尼亚州《1962年动物法》（*Law of Animals Act 1962*），s.7A。

维多利亚州管理扣押的法规是维多利亚州《1994年牲畜扣押法》（*Impounding of Livestock Act 1994*）。在新南威尔士州是新南威尔士州《1993年扣押法》（*Impounding Act 1993*）。

新西兰允许销毁流浪狗的历史法规是《1880年犬只注册法》（*The Dog Registration Act 1880*），s.13和《1908年犬只注册法》（*Dog Registration Act 1908*），s.16。新西兰涉及“销毁”狗的案件是*Thompson v Burling* (1890) 8 NZLR 378和*Robinson v Wagner* (1911) 30 NZLR 367。

允许销毁游荡山羊的法规是新南威尔士州《1901年封闭土地保护法案》（*Inclosed Land Protection Act 1901*），s.7和澳大利亚首都领地《1943年封闭土地保护法》（*Enclosed Lands Protection Act 1943*），s.7。

上述部分法规的历史版本包括：

- 1811年9月28日政府命令，报道来自*The Sydney Gazette and New South Wales Advertiser*, 5 October 1811, p.1。
- 新南威尔士州《1854年封闭土地法》（*Inclosed Lands Act 1854*，服从于《1873年安哥拉山羊保护法》[*Angora Goats Protection Act 1873* (36 Vic No. 18 and 19, NSW)]）。
- 昆士兰州《1878年封闭土地法》（*Inclosed Lands Act 1878* [42 Vic No. 4]，s.3。
- 巴布亚新几内亚《1915年封闭土地保护令》（*Inclosed Lands Protection Ordinance 1915*），ss.7和8。
- 维多利亚州《1874年池塘法》（*Pounds Act 1874* [37 Vic No.478]）。

涉及《封闭土地法》的历史版本的昆士兰州案件是*Kelly v Nufer* (1918) QWN 13（禁止销毁侵入火鸡）和*R v Rogers* (1916) St R Qd 38（禁止销毁侵
310 入公牛）。

家畜侵入

废除家畜侵入的法规：

- 新南威尔士州《1977年动物法》，s.4。
- 澳大利亚首都领地《2002年民法（不法行为）》，s.212。
- 南澳大利亚州《1936年民事责任法》，s.18。

昆士兰州的家畜侵入案：*Lade & Co Pty Ltd v Black* [2005] QSC 325和之后的*Lade & Co Pty Ltd v Black* [2007] QSC 285。

解释为何家畜侵入不适用于猫和狗的案件：*Read v Edwards* (1864) 144 ER 99, 205, 17 CB (NS) 245, 260–61。

说明蜜蜂不受制于家畜侵入的案件：*Stormer v Ingram* [1978] 21 SASR 93。

涉及蜜蜂在种植转基因庄稼的农田觅食的案件：*Karl Heinz Bablok and Others v Freistaat Bayern*, ECJ C-442/09，对其进行讨论的有Matthias Lamping, ‘Shackles for Bees? The ECJ’s Judgment on GMO-Contaminated Honey’, *European Journal of Risk Regulation*, vol. 3, no. 1, 2012, p.123。表示“残留物”（包括蜂蜜中的转基因花粉）不构成原料的欧盟指令：Regulation (EU) 1169 of 2011 of the European Parliament and of the Council of 25 October 2011 on the provision of food information to consumers, OJ 2011, L304/18。

我们提到的美国关于蜜蜂侵入的案件是*Lenk v Spezia* 213 P.2d 47 (Cal. Dist. Ct App. 1949)和*Bennett v Larsen Co* 348 N.W.2d 540 (Wis. 1984)。对它们进行探讨的有Melanie Triplett, 'Torts-Buzz Off! Expanding the Scope of a Landowner's Duty to Honey Bees Flying along the Fine Line or Trespassing in *Anderson v State Department of Natural Resources*', *William Mitchell Law Review*, vol. 32, no. 4, 2006, p. 1489。

围起动物

关于围起动物的案件是*Searle v Wallbank* [1947] AC 341，在*State Government Insurance Commission v Trigwell* (1979) 142 CLR 617中，被高等法院接受为代表澳大利亚法律。

应用*Searle v Wallbank*的昆士兰州案件是*Smith v Williams* (2006) 47 MVR 248, [2006] QCA 439。*Hutton v ROLX Operating Company Pty Ltd* [2016] QSC 248是继*Graham v The Royal National Agricultural and Industrial Association of Qld* [1989] 1 Qd R 624之后的一个例外。

废除*Searle v Wallbank*的判决的法规包括：

- 新南威尔士州《1977年动物法》，s.7(2)(b)。
- 澳大利亚首都领地《2002年民法（不法行为）》，s.214。
- 南澳大利亚州《1936年民事责任法》，s.18。
- 西澳大利亚州《高速（游荡动物责任）法》，s.3。
- 塔斯梅尼亚州《1962年动物法》，s.19。
- 维多利亚州《1958年侵权法》（*Wrongs Act 1958*），s.33。

关于*Searle*的判决应被废除的建议，见Anthony Gray, 'Time to 311
Abolish the Rule in *Searle v Wallbank* for Negligence and Nuisance Claims', *Deakin Law Review*, vol. 13, no. 2, 2008, p.101。

关于北部地方、南澳大利亚州和西澳大利亚州游荡牛的所有者的罪行，见：

- 南澳大利亚州《1920年扣押法》（*Impounding Act 1920*），s.46（也见于南澳大利亚州《1967年扣押法修正法》[*Impounding Act Amendment Act 1967*]，s.6）。
- 西澳大利亚州《1960年地方政府（杂项规定）法》（*Local Government*

[Miscellaneous Provisions] Act 1960），s.484。

- 北部地方《1930年池塘法》（*Pounds Act 1930*），s.35。

南澳大利亚州关于拥有游荡牛的罪行的两个案件是*Snell v Ryan* [1951] SASR 59和*Norcock v Bowey* [1966] SASR 250。关于汽油的案件是*Mayer v Marchant* (1973) 5 SASR 567。

关于刑事责任的联邦例外情况请见联邦《1995年刑法》，Schedule, s.10.1。

侵入、过失和妨害

涵盖游荡的狗和其他动物的英国法规是《1971年动物法》。

讨论猫"游荡的权利"的是'Cats, Trespass and Fouling', In Brief website, accessed 21 October 2021, www.inbrief.co.uk/animal-law/cats-fouling。

涉及猫杀死鸟的案件是*Webb v McFeat* (1878) 22 Journal of Jurisprudence 669和*McDonald v Jodrey* 8 Pa.C.C. 142 (1890)。

在维多利亚州规定猫禁足的是《1994家养动物法》，s. 25。规定向妨害宠物的所有者收取罚款的是《1994家养动物法》，s.32。

涉及鸽子在悉尼制造干扰的案件是*Fraser v Booth* (1949) 50 SR (NSW) 113。

造成妨害的动物

对近代早期南安普敦的描述来自F.J.C. Hearnshaw and D.M. Hearnshaw (trans and eds), *Southampton Court Leet Records Vol 1*, H.M. Gilbert & Son, Southampton, 1905–07, pp.xix–xx。

1610年的著名案件是*Aldred's Case* (1610) 9 Co Rep 57b, 77 ER。确认可针对猪圈进行私人妨害诉讼的是 *R v Wigg* (1705) 2 Salk 460, 91 ER 397; 2 Ld Raym 1163, 92 ER 209。

关于吵闹的马厩的两个案件：*Ball v Ray* (1873) 8 Ch App 467和*Broder v Saillard* [1876] 2 Ch D 692。

吵闹的公鸡的案件：*Leeman v Montagu* [1936] 2 All ER 1677。

关于小公鸡莫里斯胜利的描述，见Kim Willsher, 'Maurice the Noisy Rooster Can Keep Crowing, Court Rules', *The Guardian*, 5 September

2019。关于莫里斯的死，见‘Maurice the Noisy French Cockerel Dies Aged Six’，*BBC News*, 18 June 2020。 312

关于吵闹的法国动物，其他故事包括：

- Evie Burrows-Taylor, ‘Noisy Cows Spark Outcry from British Homeowners in French Alps’，*The Local Fr*, 6 September 2017.
- ‘End to Eight-Year Battle over Noisy Frogs’，*The Connexion: French News and Views*, 19 December 2019.
- ‘Holidaymakers Ask French Mayor to Kill Off “Loud” Cicadas in Name of Peace and Quiet’，*The Local Fr*, 21 August 2018.
- ‘If It Quacks like a Duck: Boisterous Poultry Land French Owner in Court’，*The Guardian*, 3 September 2019.
- ‘Why Are Dordogne's Noisy Frogs Embroiled in a Bizarre Legal Battle?’，*The Local Fr*, 16 April 2018.

涉及英国出版商和牛铃的案件，描述见Jamie Doward, ‘Case of Elgar's Cowbell Concerto Sets Rural France against Townies’，*The Guardian*, 9 December 2012。

有关乡村声音和气味也是法国遗产的一部分，报道见Jack Guy, ‘France Has Passed a Law Protecting the Sounds and Smells of the Countryside’，*CNN*, 23 January 2021。

有关格里尼奥勒青蛙案的最终结果，描述见Théo Caubel, ‘Dordogne: le bruit des grenouilles agaçait un voisin, la mare de Grignols aura disparu lundi soir’, *France Bleu*, 7 March 2021。

关于瓦伦蛙幼蛙的案件：*Gales Holdings Pty Ltd v Tweed Shire Council* (2013) 85 NSWLR 514, [2013] NSWCA 382。

关于妨害和蜜蜂的案件包括：

- *Earl v Van Alstine*, 8 Barb 630, 1 Am. Negl. Cas. 268 (1850), (Sup Ct NY)（关于蜜蜂作为家养动物）。
- *Parker v Reynolds*, *The Times*, 17 December 1906, p. 12（关于相互竞争的养蜂人）。
- *Stormer v Ingram* [1978] 21 SASR 93 (Legoe J).

要求狗的所有者处理狗粪便的规定包括：

- 新南威尔士州《1998年伴侣动物法》（*Companion Animals Act 1998* (NSW)），s.20。
- 南澳大利亚州《1995年犬猫管理法》（*Dog and Cat Management Act 1995*），s.45A(6)。
- 塔斯梅尼亚州《2000年犬只控制法》（*Dog Control Act 2000*），s.45。
- 澳大利亚首都领地《2000年家畜法》，s.46。

其他司法管辖区将这些问题留给地方法律处理。见维多利亚州《1994年家养动物法》，s.42(c)。

对北爱尔兰遛狗者的研究来自D. Wells，‘Factors Influencing Owners’ Reactions to Their Dogs’ Fouling’, *Environment and Behaviour*, vol.
313 38, no. 5, 2006, p.707。

近期关于用DNA分析识别狗粪违法者的讨论，见E. Terzon，‘Local Council in Melbourne’s North Will Not Pursue “Innovative” Plan to DNA Test Dog Poo’, *ABC News*, 10 October 2019。

有害动物

危险动物与明知

关于罗马对进口非洲动物的禁止，见Pliny the Elder, *The Natural History of Pliny*, trans. John Bostock and H.T. Riley, Henry G. Bohn, London, 1855, s.8.24。对罗马时代异域动物贸易的描述，见Caroline Wazer，‘The Exotic Animal Traffickers of Ancient Rome’, *The Atlantic*, 30 March 2016。

鲁弗斯写给西塞罗的信来自Marcus Tullius Cicero, *Epistulae ad Familiares*, trans. Louis Claude Purser, Clarendon Press, Oxford, 1901, s.8.6。

《2002年1月2日德国民法典》（修订版）相关的部分是233a。

关于黑死病对英国法律的影响，引人入胜的探讨见Robert C. Palmer, *English Law in the Age of the Black Death, 1348–1382*, University of North Carolina Press, Chapel Hill, 1993。

猴子咬人的案件：*May v Burdett* (1846) 9 QB 101。

大象踩踏导致马戏团表演人员受伤的案件：*Behrens v Bertram Mills Circus Ltd* [1957] 2 QB 1。

有关斑马的凶残描述见Rory Young, ‘Can Zebras Be Domesticated and Trained?’, *Slate*, 4 September 2013。

确定哪些动物具有固有危险性的案件包括：

- *Andrew v Kilgour* (1910) 13 WLR 608, 19 Man LR 545（浣熊）。
- *Behrens v Bertram Mills Circus Ltd* [1957] 2 QB 1（狮子）。
- *Buckle v Holmes* [1926] 2 KB 125（老虎）。
- *Filburn v People's Palace and Aquarium Co Ltd* [1890] 25 QBD 258; *Behrens v Bertram Mills Circus Ltd* [1957] 2 QB 1（大象）。
- *Fischer v Stuart* (1979) 25 ALR 336 (NT)（澳洲野犬）。
- *James v Wellington City* [1972] NZLR 70（大猩猩）。
- *Marlor v Ball* (1900) 16 TLR 239（斑马）。
- *May v Burdett* (1846) 9 QB 10（猴子）。
- *Stockwell v Victoria* [2001] VSC 497（野狗）。
- *Trethowan v Capron* [1961] VR 460, 462（狮子）。
- *Wyatt v Rosherville Gardens Co* [1886] 2 TLR 282（熊）。

确定非危险动物的案件包括：

- *Lake v Taggart* (1979) 1 SR(WA) 89（袋鼠）。
- *Nada Shah v Sleeman* (1917) 19 WALR 119（骆驼）。 314

我们注意到骆驼哈里悲伤的故事是因为“推特”上的Mara Tam, Rebecca Giblin and Andrea Matwyshyn。另见Burke & Wills 网站，‘The Introduction of Camels into Australia’，www. burkeandwills.net.au/Camels/Introducing_Camels_Into_Australia.htm（最后登录时间2021年10月21日）。

霍罗克斯最后的信，完整摘录来自‘Expedition to the North-West’ *South Australian Gazette and Colonial Register*, 19 September 1846, p.2。

对哈里的处决，描述来自‘Early Clare, Interesting Landmarks’, *The Register*, 21 October 1920, p.9,和Clarion, ‘Horrocks Centenary; Pilgrimage to S.A. Explorer's Tomb’, *The News*, 19 October 1939, p.7。

我们发现塞缪尔·托马斯·吉尔（1818—1880）的画作，是因为“推特”上的@artist_s_t_gill。描绘霍罗克斯养伤、哈里在背景中的那幅画《伤残者的帐篷，阿登山西北75英里处的盐湖》（1846年）藏于南澳大利亚州艺术馆（Art Gallery of South Australia）。

历史学家大卫·库姆提到，历史将一场意外不公平地归罪于骆驼哈里，见‘Harry the Camel Who “Shot” J.A. Horrocks’, Trove blog post, https://trove.nla.gov.au/list/136213（最后登录时间：2019年10月21日）。我们倾向于同意他的说法。

疏忽的所有者

南非涉及动物致人损害之诉的案件：*Van Meyeren v Cloete* [2020] ZASCA 100。

涉及一只袋鼠的摩托车车祸案件：*Trend v Trend* (1987) 4 MVR 423 (WASCFC)。

蜜蜂疏忽案件包括：

- *Bauskis v Director General, NSW Agriculture* [2003] NSWADT 228（澳大利亚案件，在其中养蜂被限制）。
- *Branezac v Director General, NSW Agriculture* [2003] NSWADT 237（另一个澳大利亚案件，在其中养蜂也被限制）。
- *Lucas v Pettit* (1906) 12 OLR 448（涉及成群飞行的蜜蜂的案件）。
- *O'Gorman v O'Gorman* [1903] 2 IR 573（悲惨的爱尔兰案件，马被蜜蜂蜇伤导致骑马者死亡）。
- *Robins v Kennedy* [1931] NZLR 1134（另一个涉及成群飞行的蜜蜂的案件）。

维多利亚州《1994年家畜疾病控制法》和《2011年维多利亚养蜂场守则》概述了在维多利亚州允许的养蜂方式。

涉及马造成路人受伤的案件是：

- *Tucker v Hennessy* [1918] VLR 56.
- *Bradley v Wallaces Ltd* [1913] 3 KB 639.

315
- *Aldham v United Dairies (London) Ltd* [1940] 1 KB 507.

狗弄碎车玻璃的不幸案件：*Fardon v Harcourt-Rivington* ［1938］ 48 TLR 215。

涉及狗袭击的案件包括：

- *Draper v Hodder* [1972] 2 QB 556.
- *Galea v Gillingham* [1987] 2 Qd R 365.

危险的狗

维多利亚州《1958年犯罪法》s.319B概述了未能控制一只危险的狗的罪行。

对限制品种法规的改变见于维多利亚州《2017年家养动物修订（限制品种犬）法》（*Domestic Animals Amendment [Restricted Breed Dogs] Act 2017*），s.9。

涉及未戴嘴套的案件是*Leichhardt Municipal Council v Hunter* [2013] NSWCCA 87。

涉及比特犬阿克塞尔的案件包括：

- *Fenech v Wyndham CC* (Review and Regulation) [2015] VCAT 477.
- *Wyndham City Council v Fenech* [2015] VSC 723.
- *Fenech v Wyndham CC* [2016] VCAT 1622.

阿延·肖尔死亡的故事，见S. Farnsworth, 'Man Fined after Child Killed by Pit Bull', *ABC News*, 30 July 2012。

对限制品种犬的调查，见Legislative Council Economy and Infrastructure Committee, *Inquiry into the legislative and regulatory framework relating to restrictedbreed dogs*, Parliament of Victoria, Melbourne, 2016。

野生动物

有害物种

探讨黑死病传播的是Katharine R. Dean, Fabienne Krauer, Lars Walløe et al., 'Human Ectoparasites and the Spread of Plague in Europe during the Second Pandemic', *Proceedings of the National Academy of Sciences of the United States of America*, vol. 115, no. 6, 2018, pp. 1304–1309。

关于现代澳大利亚"害兽"的性质，见Department of Agriculture and Water Resources, 'Australian Pest Animal Strategy 2017 to 2027', Australian Government, Canberra, 2017, p.4。

有关中国消灭麻雀的灾难性尝试的历史，论述见George Dvorsky, 'Secret History: China's Worst Self-Inflicted Environmental Disaster: The Campaign to Wipe Out the Common Sparrow', *io9*, 18 July 2012。

都铎王朝法律

有关允许“宰杀”“有害”动物的都铎王朝法律和其对英国野生动物的长期影响，讨论见Roger Lovegrove, *Silent Fields: The Long Decline of a*
316 *Nation's Wildlife*, Oxford University Press, Oxford, 2007。相关法规是《为消灭山鸦、乌鸦和秃鼻乌鸦制定的法案》，24 Hen VIII c.10：《王国制定法汇编第二卷》，s.425，和《菜蔬保护法》，8 Eliz c.15：《王国制定法汇编第二卷》，s.498。

澳大利亚法律

关于“环境适应协会”在澳大利亚的历史，我们参考了Peter Minard, *All Things Harmless, Useful, and Ornamental: Environmental Transformation through Species Acclimatization, from Colonial Australia to the World*, University of North Carolina Press, Chapel Hill, 2019。

关于袋狼的悲惨历史，见塔斯马尼亚公园与野外管理署网站‘Tasmanian Tiger’，https://parks.tas.gov.au/discovery-and-learning/wildlife/tasmanian-tiger（最后登录时间：2021年11月21日）和Thomas A.A. Prowse, Christopher N. Johnson, Robert C. Lacy et al.,‘No Need for Disease: Testing Extinction Hypotheses for the Thylacine Using Multi-Species Metamodels’，*Journal of Animal Ecology*, vol. 82, no. 2, 2013, p. 366。关于对“本地老虎”的悬赏，详情来自*Tasmanian News*, 5 March 1888, p.2。

“鸸鹋战争”的怪异历史,来自Libby Robin，‘Emu: National Symbols and Ecological Limits’, in Libby Robin, Robert Heinsohn and Leo Joseph (eds), *Boom & Bust: Bird Stories for a Dry Country*, CSIRO Publishing, Collingwood, 2009。

《雪川来客》来自*The Man from Snowy River and Other Verses*, Angus & Robertson, Sydney, 1917。

涉及野马宰杀的案件: *Australian Brumby Alliance Inc. v Parks Victoria Inc.* [2020] FCA 605。关于案件结束之后发生的事情，见Lisa Cox，‘Victoria to Resume Culling Brumbies in Alpine National Parks after Court Ruling’，*The Guardian*, 8 May 2020。

探讨激励宰杀海蟾蜍的问题，见David Smerdon，‘The Economics of “Cash for Cane Toads” — a Textbook Example of Perverse Incentives’，*The*

Conversation, 11 January 2019。

妨害动物

涉及“兔子窝”的案件：*Boulston v Hardy* (1597) 5 Co Rep 104a, 77 ER 216。该案也写作*Bowlston v Hardy* (1597) Cro Eliz 547, 78 ER 794（注意原告名字拼写的不同），并有更详细的报道。

英国法官表示苍蝇是妨害的案件：*Bland v Yates* (1914) 58 Sol J 612。涉及蘑菇种植者、粪便和苍蝇的一系列澳大利亚案件包括*Baulkham Hills Shire Council v Domachuk* (1988) 66 LGRA 110和*Feiner v Domachuk* (1994) 35 NSWLR 485。关于澳大利亚人为何抱怨苍蝇，以及苍蝇在这里为何如此普遍，见Liam Mannix, ‘Why Do We Have So Many Flies in Australia? Here’s Swat’s What’, *The Sydney Morning Herald*, 20 December 2017。 317

涉及老鼠和妨害的案件：*Stearn v Prentice Brothers Ltd* (1919) 1 KB 394。

对蒂蒂朗伊的野鸡问题的讨论，见Charlotte Graham-McLay, ‘‘Like a Stephen King Movie’: Feral Chickens Return to Plague New Zealand Village’, *The Guardian*, 10 June 2020。

A. P. Herbert探讨了两名女子“胖牛夫人”和“惠德尔夫人”之间关于蛞蝓的邻里纠纷引起的恶搞——关于谁在喂养野生动物的争论显然很常见，足以引发恶搞。见A.P. Herbert, *Uncommon Law*, Methuen & Co., London, 1935。

法律的奇怪矛盾

关于动物审判的怪异历史，主要资料来源是Edward Payson Evans, *The Criminal Prosecution and Capital Punishment of Animals*, W. Heinemann, London, 1906。

关于田鼠审判（以及关于纪念啮齿动物审判的当地糖果的迷人细节），见Werner Kräutler, ‘Vor genau 500 Jahren: Der Mäuseprozess von Glurns’, Tirol Isch Toll website, 11 April 2020, https://tirolischtoll.wordpress.com/2020/04/11/der-maeuseprozess-von-glurns。关于据说为老鼠建设的桥梁，见‘Der Glurnser Mäuseprozess’, *Franz Magazine*, 26 November 2011。

第三章　归罪动物

关于动物审判的历史，我们仍然主要参考Edward Payson Evans, *The Criminal Prosecution and Capital Punishment of Animals*, W. Heinemann, London, 1906。尤其是Appendix F，埃文斯在其中讲述了31起猪被起诉的事件。

我们还再次提到涉及斯塔福㹴伊兹的案件*Isbester v Knox City Council* [2014] VSC 286; [2014] VSCA 214; [2015] HCA 20。

驯化动物和犯罪

抵人的牛

关于美索不达米亚法，见Reuven Yaron (trans.), *The Laws of Eshnunna*, E.J. Brill, Leiden, 1988, and L.W King. (trans.), ‘The Code of Hammurabi’, The Avalon Project website（最后登录时间：2021年10月21日）, https://avalon.law.yale.edu/ancient/hamframe.asp.。另见Reuven Yaron, ‘The Goring Ox in Near Eastern Laws’, *Israel Law Review*, vol, 1, no. 3, 1966, pp. 396–406。

318 讨论对抵人的牛的惩罚的《出埃及记》段落是21:28–21:31。

我们参考了*Bava Kamma*, William Davidson Edition, Sefaria database（最后登录时间：2021年10月21日）, www.sefaria.org/Bava_Kamma, paras 21 and 22 of 90b。

关于犹太法及其医学看法，见Jeremy Brown, ‘Bava Kamma 46a–Injuries from Cows’和‘Bava Kamma 29a–Injuries from Bullfighting’, Talmudology blog（最后登录时间：2021年10月21日）, www.talmudology.com。感谢犹太法学生加布里埃尔·坎特–韦伯为我们提供更多的信息，我们也参考了他的论文‘Animals in Court: Do Animals and Other Non-Human Natural Features Have Legal Personality to be Represented before a Beit Din?’, June 2020。在他的建议下，我们也参考了W. David Nelson (trans.), *Mekhilta de Rabbi Shimon bar Yohai*, Jewish Publication Society, Philadelphia, 2006, p. 631 (LXVII:IV, 10M and 11J)并查阅了*Mishnah Sanhedrin* 1:4, Sefaria database

（最后登录时间：2021年10月21日），www.sefaria.org/Mishnah_Sanhedrin中规定的程序性原则中对更多凶恶动物的处理。

关于牛造成的危险，见：

- Henry M. Busch Jr, Thomas H. Cogbill, Jeffry Landercasper and Betty O. Landercasper, ‘Blunt Bovine and Equine Trauma’, *The Journal of Trauma*, vol. 26, no. 6, 1986, pp. 559–560.
- Colin G. Murphy, Ciara M. McGuire, Natasha O’Malley and Paul Harrington, ‘Cow-Related Trauma: A 10-Year Review of Injuries Admitted to a Single Institution’, *Injury: International Journal of Care of the Injured*, vol. 41, no. 5, 2010, p.548.

关于涉及踩踏的牛的爱尔兰案件，请见John Fallon, ‘Frenzied Cows Kill Lucy, 60, in Attack’, *The Sun*, 26 February 2015。

关于英国牛的爱尔兰审判，见‘1641 Depositions’, Trinity College Library Dublin website（最后登录时间：2021年10月21日），https: //1641. tcd.ie。证词集记录了1641年叛乱期间爱尔兰人（多数是新教徒）的经历。特别是Thomas Johnson的证词。我们也参考了Keith Pluymers, ‘Cow Trials, Climate Change and Causes of Violence’, *Environmental History*, vol. 25, no. 2, 2020, pp.287–309。

关于公牛洛伦索致人死亡，当时的报纸有报道。见Francis Scott and Gerard Couzens, ‘Horror: Spanish Bullfighter Víctor Barrio Gored to Death in the Ring before a Stunned Crowd’, *The Daily Mail*, 10 July 2016。另见Rosa Jiménez Cano, ‘Víctor Barrio, una Esperanza Rota’, *El País*, 11 July 2016。

牛仔竞技公牛里奇·迪奇的案件：*Smith v Capella State High Court Parents and Citizens Association* [2004] QSC 109。

其他古代法律体系

关于古希腊法律，见：

- Aristotle, *Constitution of Athens & Related Texts*, trans. H. Rackham, William Heinemann Ltd, London, 1952. 319
- Karolus Lehmann (ed.), *Lex Alamannorum*, Hahnsche Buchhandlung, Hanover, 1966, s.96.4 (B Codex s. 99.20)，7世纪或8世纪梅罗文加王朝的法兰克法典。

- Plato, *Laws*, trans. R.G. Bury, William Heinemann Ltd, London, 1968.

我们也参考了：

- Societas Aperiendis Fontibvs (ed.), *Lex Baiwariorum*, Impensis Bibliopolii Hanhniani, Hannover, 1892, s.19.7（关于猪吃尸体），8世纪的配套法兰克法典。

杀人动物受审

关于动物审判的历史，我们参考了以下出版物：

- Sara M. Butler, ‘Persons under the Law? Medieval Animal Rights’, Legal History Miscellany blog, 19 February 2018, https://legalhistorymiscellany.com/2018/02/19/persons-under-the-law-medieval-animals-rights.
- Peter Dinzelbacher, ‘Animals Trials:A Multidisciplinary Approach’, *Journal of Interdisciplinary History*, vol. 32, no. 3, 2002, p. 405–421.
- Edward Payson Evans, *The Criminal Prosecution and Capital Punishment of Animals*, W. Heinemann, London, 1906.
- J. J. Finkelstein, *The Ox That Gored*, American Philosophical Society, Philadelphia 1981.
- Jen Girgen, ‘The Historical and Contemporary Prosecution and Punishment of Animals’, *Animal Law*, vol. 9, 2003, pp. 97–133.
- Moshe Greenberg, *Studies in the Bible and Jewish Thought*, Jewish Publication Society, Philadelphia, 1995, pp. 25–41.
- Walter W. Hyde, ‘The Prosecution and Punishment of Animals and Lifeless Things’, *University of Pennsylvania Law Review*, vol. 64, 1916, pp. 696–730.
- Bernard S. Jackson, *Essays in Jewish and Comparative Legal History*, Brill, Leiden, 1975.
- Bernard S. Jackson, *Wisdom-Laws: A Study of the Mishpatim of Exodus 21:1–22:16*, Oxford University Press, Oxford, 2011.
- Philip Jamieson, ‘Animal Liability in Early Law’, *Cambrian Law Review*, vol. 19, 1988, pp. 45–68.

- Marilyn A. Katz, ‘Ox-Slaughter and Goring Oxen: Homicide, Animal Sacrifice, and Judicial Process’, *Yale Journal of Law and the Humanities*, (1992) vol. 4, no. 2, 1992, pp. 249–278.
- Peter T. Leeson, ‘Vermin Trials’, *The Journal of Law and Economics*, vol. 56, no. 3, 2013. 320
- James McWilliams, ‘Beastly Justice’, *Slate*, 21 February 2013.
- Glanville Williams, *Liability for Animals*, Cambridge University Press, Cambridge, 1939.
- Steven M. Wise, ‘The Legal Thinghood of Nonhuman Animals’, *Boston College Environmental Affairs Law Review*, vol. 23, no. 3, 1996, pp. 471–546.
- Reuven Yaron, ‘The Goring Ox in Near Eastern Laws’, *Israel Law Review*, vol, 1, no. 3, 1966, pp. 396–406.

关于猪吃人和杂食的倾向，见：

- Simon Worrall, ‘Why We Love and Loathe-The Humble Pig’, *National Geographic*, 24 May 2015.
- Mark Essig, *Lesser Beasts: A Snout-to-Tail History of the Humble Pig*, Basic Books, New York, 2015.
- ‘Savaging of Piglets (Cannibalism)’, The Pig Site（最后登录时间：2021年10月21日）, https://thepigsite.com.

令我们惊惧的是，我们找到了过去十年很多人被猪吃掉的新闻报道：

- ‘Five-Month-Old Baby Eaten Alive by Pigs near Hyderabad’, *Times of India*, 17 July 2015.
- ‘Oregon Farmer Eaten by His Pigs’, *BBC News*, 2 October 2012.
- Chris Pleasance, ‘Toddler Is Mauled to Death and Eaten by a Pig after Crawling into Its Pen in China’, *Daily Mail*, 14 November 2014.
- ‘Russian Woman “Eaten by Pigs” after Collapsing’, *BBC News*, 7 February 2019.
- Mbulelo Sisulu, ‘Pigs Eat Newborn Baby’s Head!’, *Daily Sun*, 17 August 2018.

关于中世纪末期对动物的态度，我们参考了Thomas Aquinas,

The 'Summa Theologica' of St Thomas Aquinas, trans. Fathers of the English Dominican Province, Burns, Oates & Washburne, London, 1918。

涉及猪的早期中世纪法律、猪的行为和牧猪法的详细讨论，以及和猪有关的神学，见Jamie Kreiner, *Legions of Pigs in the Early Medieval West*, Yale University Press, New Haven, 2020。

关于伦巴底法律和放牧的猪，见Thom Gobbitt, 'From Grave Robbing to Pastured Pigs: References and Legal Thinking in Lombard Law-Books, c.1050–1125', *Manuscripta*, vol. 64, no. 2, 2020。

动物审判背后的动机是什么？

为了弄清人为何希望起诉动物（野生和家养动物），我们大量参考了Geoffrey Goodwin and Adam Benforado, 'Judging the Goring Ox: Retribution
321 Directed Toward Animals', *Cognitive Science*, vol. 39, no. 3, 2015, p. 619–646。

关于中世纪对孩子的看法，见：

- Philippe Ariès, *Centuries of Childhood*, New York Vintage Books, New York, 1962.
- Barbara Hanawalt, *Growing Up in Medieval London: The Experience of Children in History*, Oxford University Press, New York, 1993.
- Nicholas Orme, *Medieval Children*, Yale University Press, New Haven, 2001.
- Shulamith Shahar, *Childhood in the Middle Ages*, Routledge, London, 1990.

英国例外论

亨利·德·布雷克顿的摘录来自Henry de Bracton, *On the Laws and Customs of England*, ed. G.E. Woodbine, transl. S.E. Thorne, 4 vols, Harvard University Press, Cambridge, MA, 1968–1977。

Queen v Great Western Railway Company (1842) LR 2 QB 773是在铁路事故中丧生的人的亲戚依据供神物法起诉火车本身的案件。此案显然变得臭名昭著，供神物法后来被《1846年供神物法》（*Deodands Act 1846* [9 & 10 Vict. C. 62]）废除。《1846年致命事故法》（*Fatal Accidents Act 1846* [9 & 10 Vict. c.93]，一般被称为《坎贝尔勋爵法》[*Lord Campbell's Act*]）的颁布是为了对铁路事故造成的死亡提供补救。在新南威尔士州，废除供神物法的法

规《1849年供神物法废除法》（*Deodands Abolition Act 1849*）也被通过。

关于“交出罪体”，见：

- Oliver Wendell Holmes Jr, *The Common Law and Other Writings*, Legal Classics Library, Birmingham, 1982.
- Stefan Jurasinski, ‘Noxal Surrender, the Deodand, and the Laws of King Alfred’, *Studies in Philology*, vol. 111, no. 2, 2014, pp. 195–224.
- Glanville Williams, *Liability for Animals*, Cambridge University Press, Cambridge, 1939.

关于供神物法，见：

- Sara M. Butler, ‘Carts, Ships and Trains: Abusing the Deodand’, Legal History Miscellany blog, 29 May 2020, https://legalhistorymiscellany.com/2020/05/29/carts-ships-and-trains-abusing-the-deodand.
- Anna Pervuhkin, ‘Deodands: A Study in the Creation of Common Law Rules’, *American Journal of Legal History*, vol. 47, no. 3, 2005, pp. 237–256.

关于中世纪英国验尸官调查猪造成的死亡的医疗记录，见：

- Sara M. Butler, *Forensic Medicine and Death Investigation in Medieval England*, Routledge, London, 2014.
- H. E. Salter (ed.), *Records of Mediaeval Oxford: Coroners' Inquests, the Walls of Oxford, Etc.*, Oxford Chronicle Co. Ltd, Oxford, 1912. 322

古代报告中还记载了其他几个案件。所有这些案件的裁断都是“意外事故”：

- 1218年，在约克郡，一名男孩被发现死于猪的咬伤，该猪被以6便士的价格没收：Doris M. Stenton (ed.), *Roll of the Justices of Eyre in Yorkshire in 3 Henry III*, vol. 24, Selden Society, London, 1937。
- 1248年在伯克郡，一只猪咬了克莱门特的女儿艾丽斯，使她立即死亡，该猪被以9便士的价格没收。报告提到“最早发现（艾丽斯的遗体）的人及其他任何人，均未受到怀疑”：M.T. Clanchy (ed.), *The Roll of the Berkshire Eyre 1248*, vol. 90, Selden Society, London, 1979, p.349。

- 1256年，在什罗普郡，名为“布里奇诺斯的奥尔迪丝”的两岁男孩被猪咬伤并死亡，该猪被以8便士的价格没收：A. Harding (ed.), *The Roll of the Shropshire Eyre 1256*, vol. 96, Selden Society, London, p.294。

关于英国城镇如何寻求控制猪，见Dolly Jørgenson, ‘Running Amuck? Urban Swine Management in Late Medieval Europe’, *Agricultural History*, vol. 87, no. 4, 2013, pp.429–451。人们制定了规定以尝试控制“安东尼”猪和其他伤人的猪。

关于1329年母马击打儿童耳下的案件，见3 Edw. 3, Fitz Corone 311, Eyre of Northampton（当事人的姓名和具体信息不详，只有最简单的信息记录下来）。翻译选自Donald W. Sutherland, *The Eyre of Northamptonshire, 3–4 Edward III (1329–1330)*, vol. 1, Selden Society, London, 1983, p.189。

对英国现代早期法律的讨论，见Matthew Hale, *Historia Placitorum Coronæ-The History of the Pleas of the Crown and William Blackstone, Commentaries on the Laws of England*, book IV, In the Savoy, London, 1736。

酒馆老板将恶马放入人群的案件：R v Dant (1865) Le & Ca 567, 169 ER 1517。

1628年包含关于猪吃掉婴儿的引言的案件：*Hollowaye's Case* (1628) Palmer 546; 81 ER 1213。其实案件涉及一名“守林员”（守卫其领主的树林的人）将一个侵入的孩子拴在马尾上，导致其死亡。这是一个很难看懂的案件，因为是用混合了诺曼法语、拉丁语和英语的“法律法语”（Law French）写的。在报告中，多德里奇法官写道：“有这样一个案例，一名私生子婴儿被从其母亲身边带走并藏在猪圈里，一头母猪过来吃掉了婴儿，该女子因此被绞死。”感谢乔安娜·麦库恩的翻译。

我们未能找到这样的真实案例：我们怀疑这是一个虚假的故事或者一个假设的场景。然而，说这是对真实事件的反映，也不是完全不可能。2015年在印度，一个7个月流产的女婴被遗弃在垃圾堆上并被野猪吃掉：Gareth Roberts, ‘Shock as Pigs Are Caught on Camera Fighting Over Remains of Baby Dumped at Rubbish Tip’, *Daily Mirror* 3 March 2015。

关于苏格兰法律和对“任性的”马的看法，见A.D.M. Forte, ‘The Horse That Kills: Some Thoughts on Deodands, Escheats and Crime in Fifteenth-

Century Scots Law', *Tijdschrift voor Rechtsgedschiedenis*, vol. 58, 1990, pp. 95–110。 323

对巫术的起诉

关于"公鸡"下蛋的描述，见Edward Payson Evans, *The Criminal Prosecution and Capital Punishment of Animals*, W. Heinemann, London, 1906。

关于"公鸡"如何下蛋的乏味解释，我们参考了E. V. Walter, 'Nature of Trial: The Case of the Rooster That Laid an Egg', in R.S. Cohen和N.W. Wartofsky (eds), *Methodology, Metaphysics and the History of Science*, Springer, Cham, 1984。

关于塞勒姆审巫案，见Rebecca Beatrice Brooks, 'Animals in the Salem Witch Trials', History of Massachusetts blog, 20 February 2012, https://historyofmassachusetts.org/animals-in-the-salem-witch-trials。

被判死刑的家养狗

关于波斯琐罗亚斯德教，请见詹姆斯·达梅斯特泰对《万迪达德》的翻译，选自*Sacred Books of the East*, American edition, Christian Literature Co., New York, 1898，www.avesta.org/vendidad/vd13sbe.htm。

涉及霍德什和印第安纳的堪培拉案件：*Elliott v Weiss* [2001] ACTSC 127。

关于米西的塔斯梅尼亚州案件：*Pearce, Peter v Kingborough Council* [1998] TASSC 62。

关于乔克的维多利亚州案件：*Gubbins v Wyndham City Council* [2004] VSC 238。

澳大利亚与狗袭击有关的法规包括：

- 澳大利亚首都领地《2000年家畜法》，s.55。
- 新南威尔士州《1998年伴侣动物法》，ss.25–28；北部地方《法律改革（杂项规定）法》（Law Reform [Miscellaneous Provisions] Act），s.32。
- 南澳大利亚州《1995年犬猫管理法》，s.66。
- 塔斯梅尼亚州《2000年犬只控制法》，s.62(3)(g)(ii)。
- 维多利亚州《1994年家养动物法》，s.29(11)。只有所有者违反该维多利亚州法案时，才能获得法案规定的赔偿：*Johnson v Buchanan* [2012] VSC 195。

- 西澳大利亚州《1976年犬只法》（*Dog Act 1976*），s.46。

允许法庭命令销毁犬只的维多利亚法律条文是维多利亚州《1994年家养动物法》，s.29。

塔斯梅尼亚州早期的规则见于塔斯梅尼亚州《1987年犬只控制法》（*Dog Control Act 1987*），s.59，后来被塔斯梅尼亚州《2000年犬只控制法》，s.62取代。

堪培拉对身份识别的规定来自澳大利亚首都领地《2001年证据法》（*Evidence Act 2001*）part 3.9和联邦《1914年犯罪法》（*Crimes Act 1914*），ss.3ZM-3ZQ。维多利亚州的额外规定来自维多利亚州《2015年陪审团指示
324 法》（*Jury Directions Act*），ss.35, 36。

野生和半野生动物

威廉·莎士比亚引言来自*The Merchant of Venice*, Act 4, Scene 1, lines 130–140。

关于狼袭击的奇怪历史，见Michelle Starr, ‘Wolves among Us: Five Real-Life Werewolves from History’, *CNET*, 29 October 2015。

对大象处以私刑

关于大象玛丽的怪异历史，见Thomas G. Burton, ‘The Hanging of Mary: A Circus Elephant’, *Tennessee Folklore Society Bulletin*, vol.37,1971。

关于托普西的电刑处决的细节，我们参考了1903年的老报纸，包括*The New York Herald*和*New York Press*，见fultonhistory.com。

关于爱迪生的参与，见‘Thomas A. Edison Papers’, Rutgers University website, http://edison.rutgers.edu（最后登录时间：2021年10月21日）。

乔治·奥威尔的文章：‘Killing an Elephant’, *Selected Writings*, Penguin, Harmondsworth, 1957。

大猩猩和人格

关于“大猩猩计划”，更多信息见GAP网站：www.projetogap.org.br/en/。

关于大猩猩的攻击性，见：

- Chelsea Whyte, ‘Chimps Beat Up, Murder and Then Cannibalise Their Former Tyrant’, *New Scientist*, 20 January 2017.
- Michael L. Wilson, Christophe Boesch, Barbara Fruth et al., ‘Lethal Aggression in *Pan* Is Better Explained by Adaptive Strategies than Human Impacts’, *Nature*, no, 513, 2014, pp. 414–417.
- Christopher Flynn Martin, Rahul Bhui, Peter Bossaerts et al., ‘Chimpanzee Choice Rates in Competitive Games Match Equilibrium Game Theory Predictions’, *Scientific Reports*, vol. 4, 2014, art.5182.

大猩猩咬掉其饲养员手指的案件：*James v Wellington City* [1972] NZLR 70。

关于大猩猩特拉维斯和它对查拉·纳什所做的事情的悲惨记述，我们参考了一些报纸文章，包括：

- Andy Newman, ‘Pet Chimp Is Killed after Mauling Woman’, *The New York Times*, 16 February 2009.
- Dan P. Lee, ‘Travis the Menace’, *New York Magazine*, 23 January 2011.
- Jane Goodall, ‘Loving Chimps to Death’, *Los Angeles Times*, 25 February 2009. 325

现代对野熊的起诉

有关偷窃的熊的报道见Paddy Clark, ‘Bear Convicted for Theft of Honey’, *BBC*, 14 March 2008。

关于名为卡佳的熊，见Will Stewart, ‘Brown Bear Serving Prison Sentence in Human Jail for GBH “Released” after 15 Years’, *The Mirror*, 17 November 2019。

第四章　理解动物

美国最高法院关于拉布拉多犬弗兰基的案件：*Florida v Jardines*, 569 US 1 (2013)。

阿利托引用的1318年爱尔兰法规来自K.M. Brown et al. (eds), ‘Legislation: Statutes of the 1318 Parliament’, The Records of the Parliaments of Scotland to 1707 database, 1318/9, accessed 21 October 2021, www.rps.ac.uk/trans/1318/9。

退休警官1955年撰写的文章是C. Sloane, ‘Dogs in War, Police Work and on Patrol’, *The Journal of Criminal Law, Criminology and Police Science*, vol. 46, no. 3, 1955, p. 385–395。

有关阿扎里亚·张伯伦案中用野犬所做的动物园实验，描述见G. Edmond, ‘Negotiating the Meaning of a “Scientific” Experiment During a Murder Trial and Some Limits to Legal Deconstruction for the Public Understanding of Law and Science’, *Sydney Law Review*, vol.20, no.3, 1998。

动物证人

中央情报局关于受过训练的猫的文件是‘Memorandum for: [deleted], Subject: [deleted] Views on Trained Cats [deleted] for [deleted] Use, March 1967’, Document 27, in J. Richelson (ed.), *National Security Archive Electronic Briefing Book No. 54*, George Washington University, Washington, DC。

动物对熟悉事物的反应

描述华盛顿特区关于普林斯/巴迪的所有权的案件是‘A Dog's Tail Cannot Commit Perjury’, *The Washington Times*, 4 June 1922, p. 7。基利·莫勒破产和他的商店的出售的广告来自*The Evening Star*, 8 December 1922。

关于吠叫的狗的华盛顿州案件：*State v Russell*, 141 Wn. App. 733 (2007)。

关于有争议的牛的纳米比亚案件：S. *v Hepute* [2001] NAHC 23。

动物对陌生事物的反应

夏洛克·福尔摩斯的引言来自Arthur Conan Doyle, ‘Silver Blaze’,

The Memoirs of Sherlock Holmes, Project Gutenberg, Salt Lake City, (1899) 2019。

O. J.辛普森审判的完整文字稿来自Simpson Trial Transcripts website, accessed 21 October, http://simpson.walraven.org。史蒂文·施瓦布和他的邻居（苏克鲁·博兹特佩），以及妮科尔·布朗·辛普森的邻居（伊娃·斯
坦）的证词是1995年2月8日提供的。更远处听见“很悲伤的动物声”和 326
“哀号”的邻居（巴勃罗·芬尼维斯）于1995年2月7日作证。“狗宣称”的讥讽是 F. 李·贝利1995年2月21日说的。贝蒂·利特施瓦格、朱莉·斯特林和卡罗尔·格尼的引言来自M. Gelman, ‘Quiet Akitas Wail at Trouble, Experts Say–Trial Focus Turns to Nicole’s Dog’, *The Seattle Times*, 9 February 1995。

描述涉及史酷比的巴黎案件的是P. Allen, ‘Scooby the Dog Makes Legal History after Appearing in Court as a Witness in a Murder Case’, *Daily Mail*, 10 September 2008。

描述后来关于坦戈的案件是M. de Graaf, ‘You’re Barking Up the Wrong Tree, M’lud! Tango the Labrador Takes the Witness Stand in French Murder Trial’, *Daily Mail*, 4 April 2014。

南澳大利亚州涉及鲁斯蒂的案件：Rusty is *R v Lowe* [2016] SASCFC 118。

动物模仿看见或听见的事物

描述1993年的鹦鹉案件的是‘Parrot May Have the Answer to a Killing’, *The New York Times*, 12 November 1993, p. 20。

描述2010年鹦鹉案件的是D. MacDougall, ‘Woman’s Daughter Charged with Abuse and Neglect’, *Post and Courier*, 7 December 2010。

关于2014年的鹦鹉案件，见P. Holley, ‘Their Son Was Killed. They Believe His Parrot Is Telling People Who Pulled the Trigger’, *The Washington Post*, 6 June 2016。鹦鹉巴德的一段录音于2016年6月4日被发布在Marty Duram的“脸书”上，www.facebook. com/watch/?v=1108723029169984&extid=eH43Og8SdDiOtZ4P。

描述2018年的鹦鹉案件的是‘“¡Ay por Favor Soltame, ay No!”, La Frase que Repitió un Loro Testigo de un Femicidio’, *Clarin*, 23 May 2020。另见‘Pidieron Prisión Perpetua para los Acusados del Femicidio de Elizabeth

Alejandra Toledo’, *Télam*, 22 September 2021。

关于监听猫项目的引言来自R. Wallace and H. Melton, *Spycraft*, Bantam Books, London, 2009, pp. 200–201。更丰富多彩的叙述来自J. Richelson, *The Wizards of Langley*, Westview, Boulder, 2001, pp. 147–148。

警用动物

埃德温·布拉夫的信被发表为‘The East-End Murders’, *The Times*, 8 October 1888。关于后续事件的报道，见‘The East-End Murders’, *The Times*, 9 October 1888, 和‘The East-End Murders’, *The Times*, 10 October 1888。

彭伯顿关于其在开膛手杰克案中使用大猎犬的引言来自N. Pemberton, ‘Bloodhounds as Detectives: Dogs, Slum Stench and Late-Victorian Murder Investigation’, *Cultural and Social History*, vol. 10, no. 1, 2013, pp. 69–91。

关于南非对狗的使用，见B. Blum, ‘The Hounds of Empire: Forensic Dog Tracking in Britain and Its Colonies, 1888–1953’, *Law and History Review*,
327 vol. 35, 2017, pp. 621–665。

利用动物的嗅觉

南澳大利亚州的巴士案件：*In the matter of section 350(2)(A), Criminal Law Consolidation Act 1935; Questions of Law Reserved (No 3 of 1998)* (1998) 71 SASR 223 [1998] SASC 7163。

高等法院申请：*Hoare v The Queen* [1999] HCATrans 186。

悉尼夜店案件：*DPP v Darby* [2002] NSWSC 1157，上诉是ID *Darby v Director of Public Prosecutions* [2004] NSWCA 431。

新南威尔士州法律是新南威尔士州《2001年警察权力（毒品探测）法》（*Police Powers [Drug Detection] Act 2001*），ss. 7, 8。另见新南威尔士州《2002年执法（权力和责任）法》（*Law Enforcement [Powers and Responsibilities] Act 2002*）, ss.147,148。

美国有关毒品嗅探犬的判决，见*United States v Place*, 462 US 696 (1983)。加拿大有关毒品嗅探犬的判决，见*R v Kang-Brown* [2008] SCC 18。

利用动物的牙齿

被上诉到美国最高法院的佛罗里达州最高法院的裁决：*Jardines v State*

73 So. 3d 34 (2011)。

南澳大利亚州关于里格斯和科达的裁决：*Police v Williams* [2014] SASC 177。来自美国文章的引言在[257]。

动物专家

1918年南非的两个案件：*R v Kotcho*和*R v Barley* (1918, E.D. L. 91)，相关描述见B. Blum, ‘The Hounds of Empire: Forensic Dog Tracking in Britain and Its Colonies, 1888–1953’, *Law and History Review*, vol. 35, 2017, pp. 621–665。

1920年南非的案件：*R v Trupedo* (1920 A.D. 58)。

基思·希尔的引言来自‘Police Dogs and State Rationality in Early Twentieth-Century South Africa’, in L. van Stittert and S. Swart (eds), *Canis Africanis: A Dog History of Southern Africa*, Brill, Boston, 2008。

关于南非种族隔离时期对Trupedo案的重申，见S. *v Shabalala* 1986 (4) SA 734 (A)。印度后来的判决是*Gade Lakshmi Mangaraju alias Ramesh v State of A. P.* 2001 6 SCC 205。

告知法庭动物行为

1963年印度的判决：*Abdul Rajak Murtaja Defedar v State of Maharashtra* 1969 2 SCC 234.关于1920年南非的判决，见*R v Trupedo* (1920 A.D. 58)。1903年内布拉斯加判决：*Brott v State*, 70 Neb 395 (1903)。

1960年苏格兰的判决：*Patterson v Nixon* 1960 SCJ 42。1962年加拿大的判决：*R v Haas* (1962) 35 DLR (2d) 172。

1964年新西兰（伍德豪斯做出的）的判决：*R v Te Whui & Buckland* [1964] NZLR 748；后来上诉法院的判决：*R v Lindsay* [1970] NZLR 1002和*R v McCartney* [1976] 1 NZLR 472。

1966年北爱尔兰的判决：*R v Montgomery* [1966] NI 120。

1988年新南威尔士州的判决：*R v Ross Alexander Barnes* (新南威尔士州最高法院——刑事上诉法院，No 452 of 1987, 1 December 1988)。

1995年英国的判决：*Pieterson v R* [1994] EWCA Crim 5。 328

以动物为警方的搜查辩护

检控官和哈丁医生的引言来自G. Edmond, ‘Negotiating the Meaning

of a “Scientific” Experiment During a Murder Trial and Some Limits to Legal Deconstruction for the Public Understanding of Law and Science’, *Sydney Law Review*, vol. 20, no. 3, 1998。

佛罗里达州嗅探犬的第二个案件：*Harris v State*, 71 So. 3d 756 (2011)（佛罗里达州最高法院）和*Florida v Harris*, 568 US 237 (2013)。

用动物寻找罪犯

莫林长官的引言来自Gary Edmond, ‘Negotiating the Meaning of a “Scientific” Experiment, *Sydney Law Review*, vol, 20, no. 3, 1998, pp.361–401。

格雷厄姆法官的引言来自*R v Kotcho; R v Barley* (1918, E. D. L. 91)。

1926年不列颠哥伦比亚省案件和异议来自*R v White* [1926] 3 DLR 1，后来的案件是*R v Haas* (1962) 35 DLR (2d) 172。

1980年维多利亚州的案件：*R v Joe Saccu* [1980] VicSC 36。

1999年新南威尔士州的案件：*R v Benecke* [1999] NSWCCA 163。

10年后新南威尔士州的案件：*Muldoon v R; Carter v R* [2008] NSWCCA 315。

2013年昆士兰州涉及杰克的案件：*R v Tamatea* [2013] QCA 399，关于后续事件的描述，见S. Hurley, ‘31 Minutes of Fear: Australian Deportee Jailed over Knifepoint Manukau Mall Hostage Situation’, *The New Zealand Herald*, 1 July 2019。

第五章　伤害动物

纽黑文殖民地法院发生的事件来自Charles Hoadley (ed.), *Records of the Colony and Plantation of New Haven from 1638 to 1649*, Case, Tiffany & Co, Hartford, 1858。具体包括托马斯·巴杰的审判(p.61), 乔治·斯潘塞的审判(pp.62–73)和托马斯·霍格的审判(pp.295–296)。

关于对帕特里克·麦克利戈特的起诉，描述见*Queensland Police Service v McElligott* [2020] QMC 1。另见Lea Emery, ‘Attack Left Dog “Terrified”’, *Gold Coast Bulletin*, 17 February 2020, p.3。

对罗德里克·米切尔的起诉，描述见*Mitchell v Marshall* [2014] TASSC

43。另见Helen Kempton: ‘Two Animal Cruelty Charges Thrown Out’, *The Mercury* (Hobart), 1 August 2008, p.10和‘Farm Animals “Left for Dead”: Cruelty Case Back in Court’, *The Mercury* (Hobart), 26 October 2010, p.12。

杰弗里·乔叟的诗，见*The Parliament of Foules*, ed. T. Lounsbury, Ginn, Heath & Co, Boston, 1853。

关于牧神节可能的仪式，见Plutarch, ‘The Life of Julius Caesar’, *Parallel Lives*, Loeb Classical Library edition, Harvard University Press, Cambridge, MA, 1919。 329

与动物性交

关于对各类性关系的禁止，见《利未记》18:6–23。

英格兰兽奸法规：

- 英格兰《惩治兽奸法案》（*An Acte for the Punysshement of the Vice of Buggerie,* 25 Hen. 8, c.6 [1533]）。
- 英国《1861年侵害人身罪法》，24 & 25 Vict., c.100, s.61。
- 英国《2003年性犯罪法》（*Sexual Offences Act* 2003），s.69。

塔斯梅尼亚州兽奸罪行见塔斯梅尼亚州《1924年刑法》（*Criminal Code Act 1924*），Schedule 1, s. 122。

定义兽奸

塔斯梅尼亚州关于“非自然犯罪”的案件：*R v Wells* [1833] TASSupC 3。

塔斯梅尼亚州涉及与狗发生非插入性行为的案件：*Elnami v Tasmania* [2020] TASSC 54。

加拿大涉及与狗发生非插入性行为的案件：*R. v. D.L.W.*, 2016 SCC 22 (CanLII), [2016] 1 SCR 402。

加拿大改革法规：《修正〈刑法典〉法案（兽交和斗兽）》（*An Act to Amend the Criminal Code [Bestiality and Animal Fighting]*），SC 2019, c 17。

维多利亚州关于与动物发生性行为的条文见于《1958年犯罪法》，ss. 35A(3), (4) & (5); 35C(a)(ii), (b)(iii); 54A;和54B。

英格兰涉及家禽兽交的案件：*R v Brown* (1889) 24 Q.B.D. 357。

证明兽奸

讨论的新南威尔士州案件由新南威尔士州档案和记录馆（NSW State Archives and Records）保存于‘NRS 3397 Judge Advocate’s Bench of Magistrates, Proceedings’系列资料。“新冠”疫情导致档案馆不开放，我们参考了线上文稿。关于玛丽·丹尼尔斯、乔治·希森、詹姆斯·里斯的案件，见：

- ‘1804, Mary Daniels’, Unfit for Publication: NSW Supreme Court and Other Bestiality, Buggery and Sodomy Trials 1727–1930 website（最后登录时间：2021年10月21日）, www.unfitforpublication.org.au/trials/1800s/5-1804-mary-daniels.
- ‘Violent Crimes and Violent Deaths in Australia and New Zealand 1788–1853’, Criminal Justice Research Centre website（最后登录时间：2021年10月21日）, https://cjrc.osu.edu/research/interdisciplinary/hvd/australia-new-zealand/crimes-and-deaths, 23 April 1796, pp. 12–13 (George Hyson), 31 January 1799, pp. 13–14 (James Reece).

惩罚兽奸

《利未记》对各类性行为的惩罚见20: 10–17。

科林·希格森的案件报告见于：*R v Higson* (1984) 6 Cr App R 20。与之
330 区分的案件是*R v Tierney* (1990) 12 Cr App R(S) 216。

关于“更糟糕，更糟糕，够糟糕了”的案件，见‘1812, Daniel Gilmore’, Unfit for Publication website（最后登录时间：2021年10月21日）, www.unfitforpublication.org.au/trials/1800s/14-1812-daniel-gilmore。

高级教士（威廉·乌拉索恩）的证据来自UK Parliament, *Report from the Select Committee on Transportation*, House of Lords, London, 16 August 1838。关于“非自然犯罪”的内容在p. xxvii。

高等法院案件：*Bounds v R* [2006] HCA 39。

虐待动物

《利未记》引言见20:14和15。

关于“穷人”的案件，见‘1823, James Ruark’, Unfit for Publication website（最后登录时间：2021年10月21日）, www.unfitforpublication. org. au/trials/1800s/18-1823-james-ruark.。

关于被烧死的骡子和被免于因兽奸而被处决的母驴，见Edward Payson Evans, *The Criminal Prosecution and Capital Punishment of Animals*, W. Heinemann, London, 1906。

科顿·马瑟因兽奸而被处决的描述见*Magnalia Christi Americana or The Ecclesiastical History of New England*, vol. 2, S. Andrus and Son, Hartford, 1865, pp. 405–407。

定义虐待

英国法规：

- 《防止虐待及不当对待牛的法案》（*An Act to Prevent the Cruel and Improper Treatment of Cattle*），3 Geo. IV c. 71 (1822)。
- 《更有效地防止虐待动物的法案》（*An Act for the More Effectual Prevention of Cruelty to Animals*），12 & 13 Vict. c. 92 (1849)。

斗鸡案件：*Budge v Parsons* [1863] EngR 270。

给牛去角的案件：*Ford v Wiley* (1889) 23 QBD 203。昆士兰州法条是《2001年动物关照和保护法》（*Animal Care and Protection Act 2001*），s.18。

关于动物安乐死的案件：*R v Menard*, 1978 CanLII 2355; 43 CCC (2d) 458。

证明虐待

对纪录片电影人的采访见‘Making a Killing’, *Four Corners*, ABC, 16 February 2015。

高等法院判决见*Kadir v The Queen; Grech v The Queen* [2020] HCA 1。

惩罚虐待

维多利亚州数据（和RSPCA引言）来自Sentencing Advisory Council, *Animal Cruelty Offences in Victoria*, Sentencing Advisory Council, Melbourne, 2019。 331

“达灵丘陵强奸犯”案件：*Buckley v R* [2006] HCA 7。另见*Buckley v Queensland Parole Board* [2017] QSC 41。

新南威尔士州的新禁令是《1900年犯罪法》（*Crimes Act 1900*），s.31AB。

第六章 保护动物

涉及丹尼尔·布赖顿的案件：

- *Brighton v Will* [2020] NSWSC 435.
- *Will v Brighton* [2020] NSWCA 355.

适用法律是新南威尔士州《1900年犯罪法》，s.530。

关于艾丽斯以及“为我众筹”活动的更多信息，见K. Caines，‘Dog Pack Mauls Young Camel’，*Macarthur Chronicle*, 2 February 2016。

关于兴建动物园的提议和布赖顿的背景，详情来自K.Caines，‘Zoo Plans Feature Close Encounters with Animals’，*Macarthur Chronicle*, 26 April 2016。

报道失踪的鳄鱼的是：

- C. Ngo，‘Fears for Missing Croc Duo’，*Macarthur Chronicle*, 14 March 2017.
- C. Ngo，‘Sad End for Croc Crackle’，*Liverpool Leader*, 6 May 2017.
- ‘Steve Irwin Version Two’，*Country News*, 25 April 2017.

报道对布赖顿的忽视指控的是：

- A. Tullis，‘RSPCA Gives Evidence in Cruelty Case’，*Campbelltown-Macarthur Advertiser*, 22 August 2018.
- R Dickins，‘Get Wild Mobile Zoo Owner Cleared of Animal Cruelty Charges’，*Campbelltown-Macarthur Advertiser*, 4 December 2018.

涉及山火捐款的案件是*In the Matter of the New South Wales Rural Fire Service & Brigades Donations Fund; Application of McDonald & Or* [2020] NSWSC 604)。

私法：照护动物

照护特定的动物

忠犬巴比的故事见Ben Johnson, ‘Grayfriars Bobby’, Historic UK website, accessed 21 October 2021, www.historic-uk.com/ HistoryUK/ HistoryofScotland/Greyfriars-Bobby。

八公的故事见Jessica E. Page, ‘Hachiko Statue University of Tokyo’, Japan Travel website, 21 April 2015, https://en.japantravel.com/tokyo/hachiko-statue-university-of-tokyo/20013。 332

小猫查兹科的故事见‘Cat Sits by Owners’ Graves at Greek Cemetery Mourning Their Death’, *Neos Kosmos*, 8 December 2020。

关于M.格伦纽斯·科尔科塔·波塞勒斯的遗嘱，见Michelle Lovric, *Weird Wills and Eccentric Last Wishes*, Zondervan, Grand Rapids, 2004, pp. 52–53和Virgil M. Harris, *Ancient Curious and Famous Wills*, Beard Books, Washington, DC, (1911) 2000, pp. 20–21。哈里斯也提到最古老的遗嘱出现于古埃及。

关于有狗的墓葬，见Simon J.M. Davies and François R. Valla, ‘Evidence for Domestication of the Dog 12,000 Years Ago in the Natufian of Israel’, *Nature*, no. 276, 1978, pp. 608–610。

遗赠资金给信任的人

关于名叫米西的猫的案件，见Adam Bell, ‘Trust Fund Pets Are Rolling in It as Owners Leave Huge Inheritances to their Furry Loved Ones’, *The Daily Telegraph*, 5 December 2014。

小熊维尼的故事，见Julia Marsh, ‘Dachshund Robbed of $100K Trust Fund: Lawsuit’, *New York Post*, 28 July 2016。

关于盖尔·波斯纳为吉娃娃犬孔奇塔设立信托，讨论见Kyle Munzenrieder, ‘Gail Posner Left a $3 Million Trust Fund and Mansion to Her Dogs and Her Son Is Pissed’, *Miami New Times*, 17 June 2010。

澳大利亚RSPCA的宠物遗产选项在网上有详细说明：‘Pet Legacies’, RSPCA website（最后登录时间：2021年10月21日）, www.

rspca.org.au/support-us/pet-legacies。

遗赠资金给动物

黑色母马的案件：*Pettingall v Pettingall* (1842) 11 LJ Ch 176。

其他涉及遗赠给动物的案件：

- *Mitford v Reynolds* (1848) 16 Sim 105; 60 ER 812（马）。
- *Re Dean* (1889) 41 Ch D 552（马和猎犬）。
- *Re Haines* (reported in *The Times*, 7 November 1952, p. 11)（两只猫）。
- *Re Howard* (reported in *The Times*, 30 October 1903, p. 3)（两只狗和一只鹦鹉）。

为金鱼立遗嘱的故事（尾巴[1]）似乎源自‘The Eccentricities of Testators’, *Green Bag*, vol. 15, no. 2, 1903, pp. 583–585。

将土地留给大象的男子的故事来自‘Indian Man Upsets Wife by Bequesting Land to Two Elephants’, *The Guardian*, 11 June 2020。

表明禁止永久权规则仅限人类生命的爱尔兰案件:*Re Kelly* [1932] IR 255。

英国法官将猫的寿命纳入司法认知的案件:*Re Haines* (reported in *The Times*, 7 November 1952, p. 11)。

延长永久权时限的澳大利亚法律：

- 北部地方《财产法》（*Law of Property Act*），s.187。
- 333 新南威尔士州《1984年永久权法》（*Perpetuities Act 1984*），s.8。
- 维多利亚州《1968年永久权和累积法》（*Perpetuities and Accumulations Act 1968*），s.5。
- 澳大利亚首都领地《1985年永久权和累积法》（*Perpetuities and Accumulations Act 1985*），s.8。
- 塔斯梅尼亚州《1992年永久权和累积法》（*Perpetuities and Accumulations Act 1992*），s.6。
- 西澳大利亚州《1969年物权法》（*Property Law Act 1969*），

1 英文中表示“故事”的单词“tale”与表示“尾巴”的单词“tail”读音相同。

s.101。

- 昆士兰州《1974年物权法》（*Property Law Act 1974*），s.209。

南澳大利亚州将其完全废除：南澳大利亚州《1936年物权法》（*Law of Property Act 1936*），s.61。

关于科奇·本内特的故事，见Glenda Kwek, ‘Sydney’s Old Crock of a Cockie Was a Legend at 120’, *The Sydney Morning Herald*, 31 August 2011。

最近，格里·W.拜尔提到寿命很长的鹦鹉可能造成的问题并提出应对建议，见‘What If Your Parrot Outlives You? Preparing for Your Bird’s Future’, *SSRN*, 8 October 2020。

猎狐信托得到支持的案件：*Re Thompson* [1934] Ch 342。

利昂娜·赫尔姆斯利的故事，完整的讲述见Jeffrey Toobin, ‘Rich Bitch: The Legal Battle over Trust Funds for Pets’, *The New Yorker*, 29 September 2008。

关于麻烦的死，见Susan Donaldson James, ‘Leona Helmsley’s Little Rich Dog Trouble Dies in Luxury’, *ABC News* (US), 10 June 2011。

关于卡尔·拉格斐和他的猫舒佩特，信息来自：

- ‘Karl Lagerfeld: Designer’s Cat Choupette “Named in His Will”’, *BBC News*, 21 February 2019.
- Liam O’Brien, ‘Karl Lagerfeld Says He Wants to get Married... to His Cat’, *The Independent*, 1 June 2013.
- Dana Thomas, ‘What Happened to Choupette? Karl Lagerfeld’s Cat, and Rumoured Heir, Has Become a Business unto Herself’, 21 January 2020, *The New York Times.*
- Choupette Lagerfeld (@choupetteofficiel)“照片墙”账户。

要求动物被杀死

莱斯利·比斯古尔德表示纳图夫文化时期埋葬的狗是被杀死的，见*Animals and the Law*, Irwin Law, Toronto, 2011, pp. 2–3。

澳大利亚缺少要求所有者死后将动物杀死的案件，见Alex Bruce, *Animal Law in Australia: An Integrated Approach*, Lexis Nexis Butterworths, Chatswood, 2018。

关于西施犬在主人死去后被杀死的美国案件，详见Rob Bailey-

Millado, ‘Healthy Dog Euthanized to Be Buried with Dead Owner as Her Will Requested’, *New York Post*, 22 May 2019。

要求动物被杀死的条款未被执行的美国案件包括：

334 • *Re Caper's Estate* 34 Pa D & C 2d 121 (1964)（狗的安乐死）。

- *Re Estate of Clive Wishard* ACWSJ Lexis 34836 (1992)（马的安乐死）。
- *Smith v Azanzino* No 225698 (1980)（旧金山县最高法院）。

照护普遍的动物

英国女王伊丽莎白一世管理慈善团体的法规是《1601年的慈善用途法》（*Charitable Uses Act of 1601* [43 Eliz I, c.4]）。其在英格兰和威尔士被《1888年永久管业和慈善用途法》（*Mortmain and Charitable Uses Act 1888* [51 & 52 Vict, c.42]），s. 13(1)废除，该法在序言中保留了原法的s.13(2)。英国慈善团体和慈善信托的法律现由《2011年慈善法》（*Charities Act 2011* [c. 25]）管辖。

关于麦克诺顿法官的四个类别，阐述见*Commissioners for Special Purposes of Income Tax v Pemsel* [1891] AC 531 at 583。

澳大利亚规定“预防或解除动物痛苦的目的”是慈善目的的法规是联邦《2013年慈善法》（*Charities Act 2013*），s.12 (1)(i)。s.12(1) (j)也涵盖了“提升自然环境”的目的。

规定让动物和人类受益的信托都属于慈善性质的一系列英国判决包括：

- *University of London v Yarrow* (1857) 1 DeG & J 72, 44 ER 649.
- *Re Douglas* (1887) 35 Ch D 472.
- *Re Vallance* (1876) 2 Seton's Judgments & Orders, 7th ed, 1304,在*Re Herrick* (1918) 52 ILT 213中被引用。
- *Re Joy* (1888) 60 LT 175.

关于RSPCA的历史，见‘RSPCA: Our History’。RSPCA website (UK), www.rspca.org.uk/whatwedo/whoweare/history（最后登录时间：2021年10月21日）。

认为防止虐待动物的信托不属于慈善性质的案例包括*Armstrong v Reeves*

(1890) 25 LR Ir 325和*Re Foveaux* [1895] 2 Ch 501。然而，这些案件确实考虑过反对活体解剖的目的可能是慈善性质的。

Re Wedgwood [1915] 1 Ch 113认为防止虐待动物属于慈善性质。引言来自判决的p.122。

认为反对活体解剖的目的不属于慈善性质的案件：*National Anti-Vivisection Society v Inland Revenue Commissioners* [1948] AC 31。

认定不受人类干预的动物庇护所不属于慈善性质的案件：*In re Grove-Grady* [1929] Ch 557。

为动物的普遍利益创立信托被驳回的案件：*Murdoch v Attorney-General* (Tas.) (1992) 1 Tas R 117。

为信鸽争取利益的案件：*Royal National Agricultural and Industrial Association v Chester* (1974) 48 ALJR 304。引言来自pp.304–305。法庭应用的威尔伯福斯法官的“公共效用”测试来自*Scottish Burial Reform and Cremation Society v Glasgow Corporation* [1968] AC 138。他们拒绝像Russell和
Sachs LLJ在*Incorporated Council of Law Reporting for England and Wales v Attorney-* 335
General [1972] Ch 73中建议的那样测试“任何对社区有益的目的”。

涉及为珠颈斑鸠设立信托的案件是*Royal Society for the Prevention of Cruelty to Animals (NSW) v Benevolent Society of New South Wales* (1960) 102 CLR 629。引言来自判决的pp. 648–649。珠颈斑鸠19世纪60年代被引入澳大利亚并蓬勃发展：‘Spotted Dove’, Birdlife Australia website, www.birdlife.org.au/bird-profile/spotted-dove（最后登录时间：2021年10月21日）。

为本土动物设立信托得到支持的案件包括*Re Ingram* [1951] VLR 424和*A-G (NSW) v Sawtell* [1978] 2 NSWLR 200。

公法: 为动物说话

RSPCA关于布赖顿的声明，见‘Record Prison Sentence for Petting Zoo Owner Who Stabbed, Beat, Hanged Dog to Death’, RSPCA NSW website, 27 June 2019, www.rspcansw.org.au/blog/media-releases/record-prison-sentence-for-petting-zoo-owner-who-killed-dog。

澳大利亚涉及大象所有权的案件：*Pearson v Janlin Circuses Pty Ltd* [2002] NSWSC 1118。

防止虐待动物的法律：新南威尔士州《1979年防止虐待动物法》（*Prevention of Cruelty to Animals Act 1979*），s. 5(2)。

关于阿纳的命运，描述见H. Moore,‘Killer Elephant “Died of a Broken Heart”’, *News.com.au*, 13 August 2020。

涉及大象露西的案件相关讨论，见Shaun Fluker,‘Lucy the Elephant v. Edmonton (City)’, University of Calgary Faculty of Law ABlawg blog, 1 September 2010, https://ablawg.ca/2010/09/01/lucy-the-elephant-v-edmonton-city和Kathleen Harris,‘Supreme Court Dismisses Case Involving Lucy the Elderly Elephant’, *CBC News*, 20 December 2019。覆盖露西的动物福利法律是《动物保护法》（*Animal Protection Act,* R.S.A. 2000, c. A-41）和《野生动物法》（*Wildlife Act,* R.S.A. 2000, c. W-10）。

为动物诉讼

马圭尔寻求迫使维多利亚公园组织就其控制维多利亚州阿尔卑斯国家公园野马数量的计划与社区协商的案件：*Maguire v Parks Victoria* [2020] VSCA 172。较早因野马发起的案件是*Australian Brumby Alliance Inc. v Parks Victoria Inc.* [2020] FCA 605。

允许一些没有资格的诉讼的联邦法律是《1999年环境保护和生物多样性保护法》（*Environment Protection and Biodiversity Conservation Act 1999*），s.475。

菲尔·马圭尔案件的结果，见‘Feral Horse FAQs’, Parks Victoria website, www.parks.vic.gov.au/get-into-nature/conservation-and-science/conserving-our-parks/feral-animals/feral-horses/feral-horse-faqs（最后登录
336 时间：2021年10月21日）。

关于非人类权利项目提起的案件，详见‘Litigation, Nonhuman Rights Project website, www.nonhumanrights.org/litigation(最后登录时间：2021年10月21日)。涉及汤米的案件是*People ex rel. Non-human Rights Project Inc. v Lavery*, 998 N.Y.S.2d 248 (2014)。另见后来未报道的、2018年5月8日判决的案件。

涉及虎鲸的案件：*Tilikum v Sea World*, 842 F.Supp.2d 1259 (2012)。

动物提起诉讼

斯莱特对猕猴“自拍”的拍摄过程最初的叙述，见S. Morris, ‘Shutter-Happy Monkey Turns Photographer’, *The Guardian*, 5 July 2011。其修改后的描述，见C. Cheesman, ‘Aperture Priority Photographer Plays Down Monkey Reports’, *Amateur Photographer*, 5 July 2011。“猕猴自拍”案：*Naruto v Slater* 888 F 3d 418 (9th Cir 2018)。保罗·巴比关于此案的文章是“Monkey Selfies”: Reflections on Copyright in the Photographs of Animals: *Naruto v. Slater*, 888 F.3d 418 (9th Cir 2018)’ (2018) 52 *UC Davis Law Review Online* 103。

关于鲸类的案件：*Cetacean Community v Bush*, 386 F.3d 1169 (2004)。

关于哥伦比亚案件，见‘Animals Recognized as Legal Persons for the First Time in U.S. Court’, Animal Legal Defense Fund website, https://aldf.org/article/animals-recognized-as-legal-persons-for-the-first-time-in-u-s-court(最后登录时间：2021年10月21日)。

关于旺阿努伊河的法规：新西兰《2017年旺阿努伊河（旺阿努伊河索赔解决）法》（*Te Awa Tupua [Whanganui River Claims Settlement] Act 2017*）。

刑法：为动物辩护

新南威尔士州的法律：《1998年伴侣动物法》，s. 18。

“害兽审判”的奇特案件

在这一部分，我们再次参考了Edward Payson Evans, *The Criminal Prosecution and Capital Punishment of Animals*, W. Heinemann, London, 1906。

描述被颁发给雪儿阿美的奖章的是Kayla Webley, ‘Top 10 Heroic Animals’, *Time*, 21 March 2011。

阐述圣奥古斯丁和圣托马斯·阿奎那的观点是：

- St Augustine, *De Civitate Dei*, Oxbow Books, Oxford, 2005, book I：“根据造物主最公正的指令，它们的生与死都受我们的利用。”
- Thomas Aquinas, *The 'Summa Theologica' of St Thomas Aquinas*, trans. Fathers of the English Dominican Province, Burns, Oates &

Washburne, London, 1918, q. 64, art.2.

萨拉·M.巴特勒在‘Persons under the Law? Medieval Animal Rights’, Legal History Miscellany blog, 19 February 2018, https://legalhistorymiscellany.com/2018/02/19/persons-under-the-law-medieval-animals-rights中探讨了中世
337 纪对动物的态度的更复杂的方面。

关于斯蒂芬·德波旁为消除对圣猎犬的崇拜所做的努力，见Étienne de Bourbon, *Anecdotes historiques ... d'Étienne de Bourbon*, Librairie Renouard, Paris, 1877。保罗·许亚姆斯翻译的段落可见于‘Medieval Sourcebook: Stephen de Bourbon (d. 1262): De Supersticione: On St. Guinefort’, Fordham University website, last modified 8 September 2000, https://sourcebooks.fordham.edu/source/guinefort.asp。

提到对吉尼弗特持续的崇拜的是Colin Dickey, ‘A Faithful Hound: How a Dog Came to Be Recognised as a Saint’, *Lapham's Quarterly*, 18 June 2013。

将害兽审判和巫术审判联系在一起的文章是Peter T. Leeson, ‘Vermin Trials’, *The Journal of Law and Economics*, vol, 56, no. 3, 2013, pp.811–836。

对巫术审判在欧洲的发展最全面的叙述是Norman Cohn, *Europe's Inner Demons: The Demonization of Christians in Medieval Christendom*, revised ed., University of Chicago Press, Chicago, 1993。

苏格兰韵诗收录于Robert Chambers, *Popular Rhymes of Scotland*, W & R Chambers, Edinburgh, 1858, p. 120（附驱逐令的说明！）。

Leslie Megahey（导演），《猪的末日》（*The Hour of the Pig*），BBC 电影, 1993，科林·费斯饰演“理查德·库尔图瓦”，但该人物明显是以德夏塞内兹为基础创作的。

独特的丹尼尔·布赖顿案

布赖顿杀死狗时，新南威尔士州《1979年防止虐待动物法》s.34要求虐待发生一年内提起诉讼。《2021年防止虐待动物修订法》（*Prevention of Cruelty to Animals Amendment Act 2021*）改变了诉讼时限。

结语　法律的动物

触手之日

关于2020年海洋艺术比赛，更多信息请见‘2020 Ocean Art Contest Winners’, Underwater Photography Guide website, www.uwphotographyguide.com/ocean-art-contest-winners-2020（最后登录时间：2021年10月21日）。其中有获奖图像的链接（包括《触手之日》）、评委的评论（包括托尼·吴的评论）和加埃塔诺·达里奥·加尔朱洛的“照片故事”。比赛规则见www.uwphotographyguide.com/ocean-art/competition-details。

《1986年著作权法》（联邦）对“作者”的定义来自s. 10 (1)。

与章鱼相关的谋杀案件，报道见‘South Korean Court Upholds “Octopus Murder” Acquittal’, *ABC News*, 12 September 2013。

关于拍照的章鱼，描述见J. Lee, ‘Is This Picture-Taking Octopus As Smart as She Seems?’, *National Geographic*, 17 April 2015。 338

人类动物的权利

人类身份

涉及X战警玩具的案件是*Toy Biz Inc. v US*, 248 F. Supp.2d 1234 (2003)。报道更早案件的是123 F. Supp. 2d 646 (2000); Supp. 2d 17 (2001); and 219 F. Supp. 2d 1289 (2002)。

关于人—猴嵌合体的研究是Tao Tan, Jun Wu, Chenyang Si et al., ‘Chimeric Contribution of Human Extended Pluripotent Stem Cells to Monkey Embryos Ex Vivo’, *Cell*, vol. 184, no. 8, 2021, pp. 2020–2032。

澳大利亚关于杂交和嵌合胚胎的（联邦层面上的）法规是《2002年禁止人类克隆生殖法》（*Prohibition of Human Cloning for Reproduction Act 2002*），ss.9,17,18。

联合国《关于人类克隆的宣言》（*Declaration on Human Cloning*）收录于General Assembly, 59th Session, Agenda Item 150, International

Convention against the Reproductive Cloning of Human Beings, Report of the Sixth Committee, A/59/516/Add.1, 24 February 2005。

人权

《大宪章》原件的图片和文字见于‘Magna Carta 1215’, British Library website, www.bl.uk/collection-items/magna-carta-1215（最后登录时间：2021年10月21日）。关于其目前的形式，见Magna Carta (1297) on Legislation.gov.uk, www.legislation.gov.uk/aep/Edw1cc1929/25/9/contents（最后登录时间：2021年10月21日）。

美国宪法的前十条修正案见于‘The Bill of Rights’, National Archives website, www.archives.gov/founding-docs/bill-of-rights（最后登录时间：2021年10月21日）。

法国《人权和公民权宣言》可见于‘Déclaration des Droits de l’Homme et du Citoyen de 1789’, Léfigrance website,www.legifrance.gouv.fr/contenu/menu/droit-national-en-vigueur/constitution/declaration-des-droits-de-l-homme-et-du-citoyen-de-1789（最后登录时间：2021年10月21日）。

关于《世界人权宣言》，见‘Universal Declaration of Human Rights’, UN website, www.un.org/sites/un2.un.org/files/udhr.pdf（最后登录时间：2021年10月21日）。

澳大利亚对塔斯马尼亚州反抗议法的裁决是*Brown v Tasmania* [2017] HCA 43。更早就维多利亚州反对猎鸭的抗议做出的裁定是*Levy v Victoria* [1997] HCA 31。最近引入针对动物权利抗议者的新限制的法律之一是联邦《2019年刑法典修正（农业保护）法》（*Criminal Code Amendment [Agricultural Protection] Act 2019*）。

加拿大关于玛斯昆狩猎权的裁决：*R v Sparrow* [1990] 1 SCR 1075。

英格兰关于猎狐的裁决：*R (on the Application of Countryside Alliance and others) v Attorney General & Anor* [2007] UKHL 52。

看见动物

339

探讨西雅图的章鱼猎捕事件的是M. Hanel, ‘The Octopus That Almost Ate Seattle’, *The New York Times Magazine*, 16 October 2013。关于章鱼角

力，同时代的一些描述见K. Veronese, ‘Octopus Wrestling, a Sport That Amounted to Cephalopod Home Invasion’, *Gizmodo*, 17 February 2012。

关于对活章鱼的制备方式，描绘见‘Your Food Shouldn't Be Trying to Escape From Your Plate-Watch These Videos and Never Eat Octopus!’,PETA website, 6 April 2017, www.peta.org/living/food/eating-octopus-cruel。PETA声称一家餐馆为应对反对食用活动物的运动而修改了菜单：‘Update: Sik Gaek Restaurant Removes Live Animals from Menu’, PETA website, 26 March 2021, www.peta.org/action/action-alerts/octopuses-new-york-restaurant。

澳大利亚关于负鼠宰杀视频合法性的裁定：*ABC v Lenah Game Meats Pty Ltd* [2001] HCA 63。

美国关于斗狗的裁决：*United States v Stevens*, 559 US 460, (2010)。修订后的美国法律来自18 US Code, s. 48。

非人类动物的权利

动物尊严

适用范围仅限个人或人类的三项澳大利亚权利法规是：

- 首都领地《2004年人权法案》（*Human Rights Act 2004*），s.6。
- 维多利亚州《2006年人权和责任宪章法》（*Charter of Human Rights and Responsibilities Act 2006*），s.6。
- 昆士兰州《2019年人权法》（*Human Rights Act 2019*），s.11。

关于前两者的背景，见J. Gans, ‘Denial of Non-Human Rights Protection in Australia’, *New Zealand Law Review*, vol. 2011, no, 2, 2011, pp. 229–260。

瑞士法条是*Federal Constitution of the Swiss Federation*, art. 120.2。瑞士裁决是*X und Y gegen Gesundheitsdirektion des Kantons Zürich und Mitb.*, Swiss Federal Supreme Court (Oct. 7, 2009) BGE 135 II 384 (Switz.), p.405。

印度裁决是*N.R. Nair And Ors., Etc. Etc. vs Union Of India (Uoi) And Ors.* (High Court of Kerala, 6 June 2000, AIR 2000 Ker 340)。

关于章鱼奥克塔维，见J. Antczak, ‘Octopus Drains Tank, Dies, Activists Blame Death on Stress in Captivity’, *Los Angeles Daily News*, 12 April 1994和J. Michael Kennedy, ‘Octopus Dies as Tank Empties’, *Los Angeles Times*, 12 April 1994。

动物痛苦

边沁的引言来自J. Bentham, *Principles of Morals and Legislation*, Clarendon Press, Oxford, 1789, p.311。

新南威尔士对“动物”的定义来自《1979年防止虐待动物法》，s.4(1)。

大卫·福斯特·华莱士关于龙虾的论文：‘Consider the Lobster’，*Gourmet*, August 2004, pp. 50–64。

340 新南威尔士州关于人道杀死甲壳纲动物的指导方针可见于：‘Humane Harvesting of Fish and Crustaceans’，Department of Primary Industries website, www.dpi.nsw.gov.au/animals-and-livestock/animal-welfare/animal-care-and-welfare/other/companion-animal-files/humane-harvesting-of-fish-and-crustaceans（最后登录时间：2021年10月21日）。

关于2017年对鱼商的诉讼，见N. Zhao，‘Sydney Fishmonger Convicted of Animal Cruelty over Lobster Treatment’，*The Guardian*, 15 February 2017。

欧盟指令是*Directive 2010/63/EU of the European Parliament and of the Council of 22 September 2010 on the protection of animals used for scientific purposes*, Official Journal of the European Union, 20 October 2010, L 276/33, 3(b)。

动物知觉

边沁的引言来自J. Bentham, *Theory of Legislation*, 5th ed., Turner & Co, London, p.429。

欧盟条文是《欧盟运作条约》（*Treaty on the Functioning of the European Union*），art.13。

相关新西兰法规是《1999年动物福利法》，para (a) of the long title，以及ss.80(2)(b)和 100(1)(fa)。“动物”的定义在s.2(1)。

澳大利亚首都领地法律是《1992年动物福利法》（*Animal Welfare Act 1992*），s. 4A(1)(a)。“动物”的定义收录于该法的“词汇表”中。

韦伯斯特的引言来自J. Webster, *Animal Welfare: Limping towards Eden*, Oxford, Blackwell, 2005, p.11。

关于边沁处理过的遗体的展示，见‘Auto-Icon’, University College London website（最后登录时间：2021年10月21日）.

埃米娅·斯里尼瓦桑的论文是‘The Sucker, the Sucker!’, *London Review of Books*, vol. 39, no. 17, 7 September 2017。

英国法规是《1993年动物（科学程序）命令》（英国，Animals [Scientific Procedures] Act [Amendment] Order），s. 3。

动物权利

拟议的《世界大猩猩宣言》，见The proposed World Declaration on Great Apes is available at ‘World Declaration on Great Apes’, GAP Project website, www.projetogap.org.br/en/world-declaration-on-great-primates（最后登录时间：2021年10月21日）。

动物福利党针对2019年野生动物修订（鸟类保护）议案的兼容声明见*Parliamentary Debates (Hansard)*, Legislative Council, 59th Parliament, 1st Session, 11 September 2019, pp 3019–3020。 341

印度的“动物权利大宪章”：*The Constitution of India*, s. 51A (g) & (h)。印度裁决：*Animal Welfare Board of India vs. A. Nagaraj and Ors.* (2014) 7 SCC 547。

尾声：身为动物

勒尔·考尔斯的书是*If I Were An Animal*（Morrow, New York, 1987）。另一版本是*People as Animals*, Robin Clark Ltd, London, 1986。由于无法获取这本书，我们主要依赖以下书评：

- B. Flanagan, book review, *Star-Tribune*, 16 March 1987.
- R. Lewis, ‘Cats, Dogs Top Comeback List’, *Los Angeles Times*, 9 June 1988.
- ‘Noted with Pleasure’, *The New York Times*, 1 November 1987.
- R. Taylor, book review, *Bookmaking*, Boston Globe, 11 October 1987.

卡特·科拉引言来自‘Cat Cora: Her Kitchen Rules’, Jonathan Coulton interview with Cat Cora, *Ask Me Another*, NPR, 13 January 2017。

343 # 图片来源

《天鹅标记实例》（p.43）：佚名艺术家，‘Swan Marks’，in W. Yarrell, *A History of British Birds*, vol. 3, John Van Voorst, London, 1843。

《泰晤士河上的天鹅清点》（p.45）：Henry Robert Robertson, *Swan-Hopping* (1875),Chronicle / Alamy提供。

《14世纪养蜂插图》（p.83）：佚名艺术家, beekeeping illustration (1500s), CPA Media Pte Ltd / Alamy提供。

S. T. 吉尔描绘的《约翰·霍罗克斯的“伤残者的帐篷”》（p.104）：S.T. Gill, *Invalid's Tent, Salt Lake 75 Miles North-West of Mount Arden* (1846), Art Gallery of South Australia, Morgan Thomas Bequest Fund 1944提供。

《对母猪及其猪崽的审判》（p.131）：佚名艺术家, *Trial of a Sow and Pigs at Lavegny*, in *The Book of Days: A Miscellany of Popular Antiquities*, vol. 1, W & R Chambers, London, 1863。

《安斯巴赫的狼》（p.148）：佚名艺术家, *The Wolf of Ansbach*, in Wolfgang Schild, *Die Geschichte der Gerichtsbarkeit. Vom Gottesurteil bis zum Beginn der modernen Rechtsprechung*, Nikol Verlagsgesellschaft, Hamburg, 1997。

《监听猫行动》（p.165）：佚名艺术家，‘Operation Acoustic Kitty: How the CIA's Attempt to Turn CATS into Cyborg Spies Ended Abruptly after the Cat Was Run Over by a Cab’, *Daily Mail*, 9 May 2013。

《猕猴鸣人拍摄的“自拍照”之一》（p.240）：Monkey ‘Selfie’ by Naruto (2011), David Slater提供。

《触手之日》（p.262）：Gaetano Dario Gargiulo, *The Day of the Tentacle* (2020)，摄影师提供。

索引 345

自 然 文 库

Nature Series

鲜花帝国——鲜花育种、栽培与售卖的秘密
艾米·斯图尔特 著 宋博 译

看不见的森林——林中自然笔记
戴维·乔治·哈斯凯尔 著 熊姣 译

一平方英寸的寂静
戈登·汉普顿 约翰·葛洛斯曼 著 陈雅云 译

种子的故事
乔纳森·西尔弗顿 著 徐嘉妍 译

醉酒的植物学家——创造了世界名酒的植物
艾米·斯图尔特 著 刘夙 译

探寻自然的秩序——从林奈到E.O.威尔逊的博物学传统
保罗·劳伦斯·法伯 著 杨莎 译

羽毛——自然演化的奇迹
托尔·汉森 著 赵敏 冯骐 译

鸟的感官
蒂姆·伯克黑德 卡特里娜·范·赫劳 著 沈成 译

盖娅时代——地球传记
詹姆斯·拉伍洛克 著 肖显静 范祥东 译

树的秘密生活
科林·塔奇 著 姚玉枝 彭文 张海云 译

沙乡年鉴
奥尔多·利奥波德 著 侯文蕙 译

加拉帕戈斯群岛——演化论的朝圣之旅
亨利·尼克尔斯 著 林强 刘莹 译

山楂树传奇——远古以来的食物、药品和精神食粮
比尔·沃恩 著 侯畅 译

狗知道答案——工作犬背后的科学和奇迹
凯特·沃伦 著 林强 译

全球森林——树能拯救我们的40种方式
戴安娜·贝雷斯福德－克勒格尔 著　李盎然 译　周玮 校

地球上的性——动物繁殖那些事
朱尔斯·霍华德 著　韩宁　金箍儿 译

彩虹尘埃——与那些蝴蝶相遇
彼得·马伦 著　罗心宇 译

千里走海湾
约翰·缪尔 著　侯文蕙 译

了不起的动物乐团
伯尼·克劳斯 著　卢超 译

餐桌植物简史——蔬果、谷物和香料的栽培与演变
约翰·沃伦 著　陈莹婷 译

树木之歌
戴维·乔治·哈斯凯尔 著　朱诗逸 译　林强　孙才真 审校

刺猬、狐狸与博士的印痕——弥合科学与人文学科间的裂隙
斯蒂芬·杰·古尔德 著　杨莎 译

剥开鸟蛋的秘密
蒂姆·伯克黑德 著　朱磊　胡运彪 译

绝境——滨鹬与鲎的史诗旅程
黛博拉·克莱默 著　施雨洁 译　杨子悠 校

神奇的花园——探寻植物的食色及其他
露丝·卡辛格 著　陈阳　侯畅 译

种子的自我修养
尼古拉斯·哈伯德 著　阿黛 译

流浪猫战争——萌宠杀手的生态影响
彼得·P.马拉 克里斯·桑泰拉 著　周玮 译

死亡区域——野生动物出没的地方
菲利普·林伯里 著　陈宇飞　吴倩 译

达芬奇的贝壳山和沃尔姆斯会议
斯蒂芬·杰·古尔德 著　傅强 张锋 译

新生命史——生命起源和演化的革命性解读
彼得·沃德 乔·克什维克 著　李虎 王春艳 译

蕨类植物的秘密生活
罗宾·C.莫兰 著　武玉东 蒋蕾 译

图提拉——一座新西兰羊场的故事
赫伯特·格思里-史密斯 著　许修棋 译

野性与温情——动物父母的自我修养
珍妮弗·L.沃多琳 著　李玉珊 译

吉尔伯特·怀特传——《塞耳彭博物志》背后的故事
理查德·梅比 著　余梦婷 译

稀有地球——为什么复杂生命在宇宙中如此罕见
彼得·沃德 唐纳德·布朗利 著　刘夙 译

寻找金丝雀树——关于一位科学家、一株柏树和一个不断变化的世界的故事
劳伦·E.奥克斯 著　李可欣 译

寻鲸记
菲利普·霍尔 著　傅临春 译

众神的怪兽——在历史和思想丛林里的食人动物
大卫·奎曼 著　刘炎林 译

人类为何奔跑——那些动物教会我的跑步和生活之道
贝恩德·海因里希 著　王金 译

寻径林间——关于蘑菇和悲伤
龙·利特·伍恩 著　傅力 译

编结茅香——来自印第安文明的古老智慧与植物的启迪
罗宾·沃尔·基默尔 著　侯畅 译

魔豆——大豆在美国的崛起
马修·罗思 著　刘夙 译

荒野之声——地球音乐的繁盛与寂灭
戴维·乔治·哈斯凯尔 著 熊姣 译

昔日的世界——地质学家眼中的美洲大陆
约翰·麦克菲 著 王清晨 译

寂静的石头——喜马拉雅科考随笔
乔治·夏勒 著 姚雪霏 陈翀 译

血缘——尼安德特人的生死、爱恨与艺术
丽贝卡·雷格·赛克斯 著 李小涛 译

苔藓森林
罗宾·沃尔·基默尔 著 孙才真 译 张力 审订

发现新物种——地球生命探索中的荣耀和疯狂
理查德·康尼夫 著 林强 译

年轮里的世界史
瓦莱丽·特鲁埃 著 许晨曦 安文玲 译

杂草、玫瑰与土拨鼠——花园如何教育了我
迈克尔·波伦 著 林庆新 马月 译

三叶虫——演化的见证者
理查德·福提 著 孙智新 译

寻找我们的鱼类祖先——四亿年前的演化之谜
萨曼莎·温伯格 著 卢静 译

鲜花人类学
杰克·古迪 著 刘夙 胡永红 译

聆听冰川——冒险、荒野和生命的故事
杰玛·沃德姆 著 姚雪霏等 译

驯狐记——西伯利亚的跳跃进化故事
李·阿兰·杜盖金 柳德米拉·特鲁特 著 孙思清 柯遵科 译

有罪的猪——稀奇古怪的动物法历史
凯蒂·巴尼特 杰里米·甘斯 著 邵逸 译

图书在版编目（CIP）数据

有罪的猪：稀奇古怪的动物法历史 /（澳）凯蒂·巴尼特，（澳）杰里米·甘斯著；邵逸译 . —北京：商务印书馆，2025
（自然文库）
ISBN 978-7-100-24035-2

Ⅰ. ①有… Ⅱ. ①凯… ②杰… ③邵… Ⅲ. ①野生动物保护法—研究—世界 Ⅳ. ① D912.1

中国国家版本馆 CIP 数据核字（2024）第 103108 号

自然文库
有罪的猪：稀奇古怪的动物法历史
〔澳〕凯蒂·巴尼特 杰里米·甘斯 著
邵逸 译

商务印书馆出版
（北京王府井大街 36 号 邮政编码 100710）
商务印书馆发行
北京中科印刷有限公司印刷
ISBN 978 - 7 - 100 - 24035 - 2

2025 年 1 月第 1 版 开本 880 × 1240 1/32
2025 年 1 月北京第 1 次印刷 印张 15

定价：76.00 元